创新思维法学教材
Legal Textbooks of Creative Thinking

法律职业伦理

Ethics of Legal Profession

江国华　彭超　周紫阳　编著

WUHAN UNIVERSITY PRESS
武汉大学出版社

图书在版编目(CIP)数据

法律职业伦理/江国华,彭超,周紫阳编著.—武汉:武汉大学出版社,2020.9(2021.10重印)

创新思维法学教材

ISBN 978-7-307-21463-7

Ⅰ.法… Ⅱ.①江… ②彭… ③周… Ⅲ.法伦理学—高等学校—教材 Ⅳ.D90-053

中国版本图书馆CIP数据核字(2020)第067780号

责任编辑:胡 荣　　责任校对:李孟潇　　版式设计:韩闻锦

出版发行:**武汉大学出版社**　(430072 武昌 珞珈山)

(电子邮箱:cbs22@whu.edu.cn 网址:www.wdp.com.cn)

印刷:武汉中科兴业印务有限公司

开本:787×1092 1/16　印张:21.75　字数:516千字　插页:1

版次:2020年9月第1版　2021年10月第2次印刷

ISBN 978-7-307-21463-7　定价:49.00元

目　录

导论：法律职业伦理教育

法律职业伦理在法律职业人的职业生活中占有十分重要的位置，但是如何对法律职业人员进行系统的教育与训练，是一个非常复杂的工程。本章试图从法律职业伦理教育的目标、方法与途径等方面探索法律职业伦理教育方面的规律，以促进法律职业伦理教育的科学性和规范化。

第一节　法律职业伦理教育概述

一、法律职业伦理教育的概念

顾明远教授主编的《教育大辞典》中，关于教育的定义是："教育（education）传递社会生活经验并培养人的社会活动。"① 教育的含义有广义和狭义之分。广义的教育，泛指影响人们知识、技能、身心健康、思想品德形成和发展的各种活动，产生于人类社会初始阶段，存在于人类社会生活的各种活动过程中。狭义的教育，主要指学校教育，即根据一定的社会要求和受教育者的发展需要，有目的、有计划、有组织地对受教育者施加影响，以培养一定社会或阶级所需要的人的活动。②

法律职业伦理教育作为法律教育的重要内容，是内化法律职业伦理理念，提高法律人职业素养的社会活动。法律职业伦理教育存在于法律职业的执业活动中，同时延伸至法律职业准入前的阶段及法律职业执业活动结束以后的阶段。探究法律职业伦理的构建、发展法律职业伦理的教育对法治建设具有至关重要的意义，既能提高法律工作者的职业素养、道德操守和自律水平，更能使法律职业得到全社会的认可和尊重。

二、法律职业伦理教育的发展

广义的法律职业伦理教育应该说从法律职业产生伊始就已存在，但狭义的法律职业伦理教育的发展则经历了一个漫长的过程。对于法律职业的伦理要求，思想家们较多地从法律职业人的人格方面加以论述，"公正""正义""廉明"等是一种普遍适用于一切官职的道德，同时也是对法律职业人的道德要求。法社会学创始人爱尔里希有句名言：法官的人格，是正义的最终保障。③ 柏拉图在《法律篇》第 11 卷中就对"律师"这一职业作了

---

① 顾明远教授主编：《教育大辞典》，上海教育出版社 1990 年版，第 47 页。

② 张静：《谈对教育的理解》，载《教育艺术》2006 年第 6 期。

③ 转引自陈宜：《试论法律职业伦理教育》，载《中国司法》2005 年第 4 期。

评论，他认为律师的职业是高尚的，反对那些不顾正义，只为金钱而运用自己的技巧和口才的律师。柏拉图很早就提出了有关代理和辩护的伦理问题。不少法理学家在其论著中都有关于法律人作为政治家的讨论，认为作为法律人应具备忠诚、承诺、超然、坦诚、审慎等品德。早期的法律职业实行学徒制的培养方式，法律职业的新进入者，需要通过学徒期的训练，在训练中资深的法律人对新成员在训练技巧的同时，也通过言传身教进行职业伦理的思想灌输。而法律职业行会也在努力地培养成员具体的个人道德，强调忠诚、平等、服从、个人责任等价值。在法律职业的准入方面，道德品质良好是必要的条件之一。

罗马是古代法学教育的发源地，从共和国后期以来，国家就容许法学家广收青年传授学业，开办私塾法律教育，首创私人法律学校至帝国时期又改私立法律学校为公立性质。① 公元 425 年狄奥多西二世在康斯坦丁始设第一所法律大学。罗马法律教育经过查士丁尼法典编纂时期的改革，在师资条件、课程设置、教学方法、考试制度乃至毕业分配等各个方面，都达到相当完备、健全的水平，在历史上首创了五年制大学法律教育的典型，开设了修辞、辩证法、法律、数学、天文、几何、伦理和音乐等课程。在当时，是否受过专门的高等法律教育，便成为国家任免司法官吏的先决条件。

美国现代形式的法学院是在 1870 年左右发展起来的。在起初的 100 年中，法律职业伦理课程并没有成为法律教育内容中独立的部分，当时采用“普遍法”的方式进行职业责任教育，即假设律师们面临的道德问题会随着各种课程的出现而被“普遍地”贯穿始终地进行讲授，很少或者没有专门讲授职业责任的课程。而有学者认为用普遍法进行法律职业伦理教育的法律教育是失败的，因为法律职业伦理问题非但没有得到普遍讲授，反而被普遍忽略。② 1970 年前后，由美国最高法院前法官汤姆·克拉克领导的委员会断定存在一种有关律师纪律的“可耻的”事态，并认为律师行为规则的实施是相当差的，公众大多没有受到能力差或不讲职业道德的律师们的保护，1972 年的水门事件暴露出，律师们已经卷入到尼克松执政时期各种各样的不道德事件中。美国学者认为法律职业伦理后蕴藏的观点基本上是依循以下逻辑：美国实现民主要靠法治，法治要运作，需要人民对之抱有信心，人民要对法治有信心，必须首先对法律人有信心，要让人民信赖法律人，法律人必须在实际和表面上都没有违反伦理之事。这就是法律职业伦理的重要性。③ 社会呼吁关注法律教育中的律师职业责任教育。在克拉克委员会的报告以及水门危机后的 30 年间，美国的法律职业伦理教育发生了若干变化。首先，美国每一所法学院学生都被要求修一门专门讲授律师职业责任的课程。这些课程要求法律学生花 30 课时或更多的课时学习律师们在执业时所面临的职业道德问题、适用于律师的行为规则以及其他有关职业道德指南的材料。这些课程属于强制性课程，学生要想毕业必须完成并通过这些课程。许多法学院教授专门研究律师职业责任，并把它看做全部课程中的一个重要部分，并将相当的学术力量用于该题目的研究。其次，美国绝大多数州要求法学院毕业生在获准执业前通过一个关于

---

① 郭萍：《罗马法的复兴与继受的当代意义》，载《党史博采（下）》2006 年第 12 期。

② 屈永茂：《论法律职业伦理教育的知识性与素养性》，载《中国法学教育研究》2017 年第 3 辑。

③ 许身健：《欧美律师职业伦理比较研究》，载《国家检察官学院学报》2014 年第 22 卷第 1 期。

律师职业责任法的特别考试。未通过考试的学生不能开业。这一考试有助于每个律师了解职业行为的基本规则。最后，美国大多数州都实施对律师的继续教育。

在我国古代，《吕氏春秋·离谓》记载：邓析"与民之有讼狱约：'大狱一衣'，小狱襦袴。民之献衣襦袴而学讼者，不可胜数"。邓析教人诉讼，但《吕氏春秋》说他是"以非为是，以是为非，是非无度，而可与不可日变。所欲胜因胜，所欲罪因罪"，显然伦理的内容并不在其教授之列。① 明清两代代写诉状的讼师已普遍存在，甚至在社会中还出现了传授"代写词状"的"专著"，如明代的《做状十段锦》就是讲述写状子的要领。但由于这些人的活动没有法律依据，也没有法律来规范和约束，不少讼师敲诈勒索、坑害当事人，深为百姓痛恨也为统治阶级所不容。直到清朝末年，中国才出现了专门的法学教育机构。1904 年，清政府建立了中国有史以来的第一所法学教育专门机构——直隶法政学堂。② 后来，在北京和各省先后建立起了一些法政学堂，一些综合大学里设有法律系科，清末的法政学堂的课程设置、教材、师资无不深受日本影响。在南京国民政府时期，大学法学教育与法律职业紧密联系在一起，法律学校专注于法律学的灌输而忘掉道德的训育，在全国的法律学校的课程中，除了中央大学法学院与东吴法律学院有讲到法律伦理学外，其他学校都没有设置该课程。③ 新中国的法学教育历来注重法律理论课程，对法律职业伦理的教育重视不够，往往依赖于一般的政治和道德教育。一些学校在开设的律师学课程中也涉及律师的职业道德和执业纪律，但没有将法律职业伦理作为单独的一门课程开设。现今，中国各大学法学院的本科生乃至硕博士教学课程都鲜少开设法律职业伦理科目，此外，在职法律职业伦理教育也流于形式，这就导致司法腐败案件频发、一些律师的职业道德岌岌可危、法治环境乌烟瘴气等法治窘境，发展法律职业伦理道德教育已刻不容缓。

现阶段，"依法治国"被明确写入宪法，成为治国基本方略，社会主义法治在不断地建立和完善。对初任法官、检察官和取得律师资格实行统一的司法考试制度，标志着法律共同体正在逐步形成。中国的法律教育正面临着前所未有的挑战，这意味着法律教育担负的不再仅仅是传授法律知识和培养法律智慧的责任，更主要的是要担负起建构法律共同体、塑造法律的品格并进而塑造法治社会之秩序的重任。孙笑侠教授认为法律家共同体形成的标志之一是"法律家共同体内部传承着法律职业伦理，从而维系着这个共同体成员以及共同体的社会地位和声誉"④。可见，法学教育应当重视素质教育的理念在法学界已经形成共识，中国法学教育中的素质教育应当包含以下几个方面：培养追求真理、维护正义的崇高理想；培养崇尚法律、法律至上的坚定信念和具备法律职业伦理、恪守法律职业

---

① 胡国义：《邓析"两可之说"评析》，载《温州师范学院学报（哲学社会科学版）》2016 年第 10 期。

② 余继田、李永成、孙小龙：《从法政到政法——由近代以来法学教育机构名称演变所引发的思考》，载《河北经贸大学学报（综合版）》2010 年第 3 期。

③ 孙晓楼著：《法律教育》，中国政法大学出版社 1997 年版，第 34 页。

④ 孙笑侠：《法律家的技能与伦理》，载《法学研究》2001 年第 4 期。

伦理的精神品质。

三、法律职业伦理教育的功能

法学专业知识的传授、法律技能的锻炼以及法律职业伦理的培养是当前我国开展法学教育、培养法律人才的重要组成部分，而法律职业伦理的培养更是最为基础的部分，如果作为专业的、为社会提供服务的法律人才从本质上便不具备公平、公正、高尚、清廉的职业道德，那么我国的法律教育注定会从根源上腐烂。只有法律人忠于法律、维护法律的公平和正义，我国的法律事业才会蒸蒸日上。这足以可见法律职业伦理教育的重要地位和价值功能。

（一）法律职业伦理教育的育人功能

一是塑造法学专业学生的综合素质。有关现代法学专业培养目标的定位在理论界有三种观点：第一，精英说。将我国的法学教育目标定位为法律精英教育。认为精英教育是作为高度经验理性的法治的需要；同时，法律职业者作为“产品”要有众多的知识，更需要高尚的职业道德和职业品格。① 第二，职业教育说。认为法学教育的最终目的在于对有志于从事法律实务的人进行科学且严格的职业训练，使他们掌握法律的实践技能及操作技巧，能够娴熟地处理社会当中各种错综复杂的矛盾。② 法学教育的使命在于进行职业教育或者进行职业训练。第三，通识说。认为法学教育作为现代普通大学教育的一部分，其所提供的应当是一种通识教育。具有高尚的职业道德是培养法律人才的首要价值标准。平等、公正、正义的民主思想应当是法律人才职业道德品质的应有内容。③ 虽然存在争论，但是，无论把培养目标定在哪一个层次，法律职业伦理素养都是法律职业人综合素质的重要组成部分。法律人才应比社会一般公民具有更高的道德水平，而且还要达到其特有的职业伦理标准。孙晓楼先生在为民国法律教育所作的规划中指出，有了法律学问，而没有法律道德，那不合乎法律的本质上的意义，也不合乎法律教育的目的。④ 所以，在法律职业人的综合素质中，法律职业道德素养是重要的组成部分。法律职业人所从事的是在公平正义理念指导下的职业，法律职业者在其职业活动中肩负着正确适用法律、公正解决纷争、有效维护社会秩序的重要职责。有法谚云：“法官是会说话的法律，法律是沉默的法官。”在法律职业活动中，对从业者的道德水准的要求是高于普通人的。在法学教育中，通过法律职业伦理教育，培养法律职业人对法治精神的追求、对法律的崇尚与信仰，逐渐提高法律职业人的法律职业道德素养，是提高法律职业人综合素质的重要途径。

二是提高法律职业人的职业技能。法律职业是一个具有高度技术性的职业。英国亨利

① 范愉：《当代中国法律职业化路径选择——一个比较法社会学的研究》，载《北方法学》2007年第1期。

② 王安异：《法学教育模式及其选择》，载《法学教育研究》2010年第2期。

③ 郭明瑞、王福华：《“现代法学教育论坛”观点实录》，载《法制日报》2001年9月2日。

④ 张志铭：《法律职业道德教育的基本认知》，载《国家检察官学院学报》2011年第3期。

六世时的大法官福蒂斯丘曾经阐述过法律职业神秘性的思想，即法律乃法官与律师界的特殊科学。他说道："我很清楚，您的理解力飞快如电，您的才华超群绝伦，但是，要在法律方面成为专家，一个法官需要花二十年的时光来研究，才能勉强胜任。"① 詹姆士一世时期，法官柯克与英王詹姆士一世就国王可否亲自坐堂问案发生分歧，柯克有一段精彩的阐述：的确，上帝赋予陛下丰富的知识和非凡的大资；但是陛下对英格兰王国的法律并不精通。涉及陛下臣民的生命、继承、动产或不动产的诉讼并不是依自然理性来决断的，而是通过技术理性和法律的判断来决断的；法律乃一门艺术，一个人只有经过长期的学习和实践才能获得对它的认知。法律是解决臣民诉讼的金质魔杖和尺度，它保障陛下永享安康太平。② 法律职业的技术性表现为法律推理技能、法律解释技能、法律程序技能等方面，而这些技能的形成都是在法律理念的统领之下的。法律理念塑造了法律职业者特有的思维方式，在法律思维方式下，形成了法律职业者的职业技能。所以，法律职业人的培养要从法律理念教育做起，法律理念是法律职业伦理基本规范的组成部分。进行法律职业伦理教育是训练法律职业人职业技能的基础，只有塑造了良好的法律职业伦理水平，才能够不断提高法律职业人的职业技能。

三是提升法律职业人的发展能力。"法律是一门每天面临着新问题的学科。"③ 法律是以一定社会的物质生活条件为基础的，社会是不断发展的，所以，法律制度也是处在一个不断发展变化的过程中。即使在法律制度相对稳定的时期，法律职业者每天也要面对不断新出现的法律适用的情境。所以，法学专业的教育不但要实现对现有知识的传授，还要培养法律职业人自我发展的能力。美国联邦的资深法官万斯庭认为："任何一种制度下，法官教育——无论是通过正规的、系统的课程学习还是自学，或同时采取两种方式——都是一个永不终止的过程。"④

面对日益发展变化的世界，培养法律职业人的自我发展的能力，为其日后的发展打下基础是十分必要的。从辩证的角度看，动与静是相对的，相对于变化的法律制度来说，法学理念是稳定的，正如张文显教授所说："具体的法律制度会改变，但闪光的法学理念将会永存。"法律理念的教育是与法律职业伦理教育融为一体的，通过法律职业伦理教育，使法律理念和精神与个人的价值观整合，从而使我们培养的法学人才能够在变化的世界中独立地作出法律职业者的价值判断。法律职业伦理教育还可以培养法律职业人的职业认同感，较高的专业兴趣和职业热情也会推动他们在未来的工作中不断完善与提高，以适应社会与法律的发展变化。

（二）法律职业伦理教育的社会功能

1. 培育法律职业群体

---

① ［美］爱德华·S. 考文著：《美国宪法的"高级法"背景》，三联书店1996年版，第33页。

② 齐延平：《论现代法学教育中的法律伦理教育》，载《法律科学》2002年第5期。

③ 齐延平：《论现代法学教育中的法律伦理教育》，载《法律科学》2002年第5期。

④ 转引自宋冰编：《程序、正义与现代化——外国法学家在华演讲录》，中国政法大学出版社1998年版，第284页。

法律职业群体是以从事法律事务为主要生活来源的特殊性职业人群。① 法律职业群体的形成是现代法治社会的基础和前提。正如韦伯所说，我们近代的西方法律理性化是两种相辅相成的力量的产物。一方面，资本主义热衷于严格的、形式的，因而——在功能上——尽量像一部机器一样可计量的法，并且特别关心法律程序；另一方面，绝对主义国家权力的官僚理性主义热衷于法典化的系统性和由受过理性训练的、致力于地区平等进取机会的官僚运用的法的同样性。两种力量中只要缺一个，就无法出现近代法律体系。② 法律职业群体的共同特征可概括为：一是法律职业或法律家的技能以系统的法律学问和专门的思维方式为基础，并不间断地培训、学习和进取。二是法律家共同体内部传承着法律职业伦理，从而维系着这个共同体的成员以及共同体的社会地位和声誉。三是法律职业或法律家专职从事法律活动，具有相当大的自主性或自治性。四是加入这个共同体必将受到认真考查，获得许可证，得到头衔，如律师资格的取得。③

法律职业群体应当是经过专门训练的职业化的专业人士，他们的语言、知识、思维、技能以及伦理都与普通人不同。这其中法律职业人共同的法治观念与价值追求是其得以划分为独立的职业群体的伦理基础。“法律职业的最高品格是公平、公正，对法律职业者而言，这既是执法的技术问题，更是一种道德要求。尤其是司法官员所从事的司法活动常常是被视为：主持公道、伸张正义、惩恶扬善，抑浊扬清，是社会正义的最后一道防线。这就要求他们在个人品行方面必须具有不可动摇的正直品格，能够成为社会公众依赖的楷模。”④ 法律职业群体高尚的道德标准是法律职业声望的重要保障。法律职业群体的道德内化需要经过长期的教育和实践过程而实现。“如果我们不能够造就一大批尊重规则、追求正义的法律家并且使他们来操作法律的程序，那么，制度再完备的法律规范，设置再合理的司法制度，最终的结果仍将是徒劳无益的。”⑤ 所以，法学专业学生的职业伦理教育是提高法律人才职业道德标准，培育法律职业群体的基础性工作。

2. 净化社会法治环境

法治社会需要良好的法律制度，更需要具有较高素质的法律职业者。史尚宽先生指出：“虽有完美的保障审判独立之制度，有彻底的法学之研究，然若受外界之引诱，物欲

---

① 法律职业主体主要包括法官、检察官、律师和法学家。但不同的国家，对法律职业的范围界定各异。在大陆法系国家，法律职业主体主要包括法官、检察官、官方律师和私人开业律师、法律顾问、公证员以及法学家等。而英国的法律职业主体则主要指律师，即出庭律师和诉状律师；在美国则一般包括法官、私人开业律师、公司法律顾问、政府部门法律官员和法学教师五类。在我国，主要有两种观点：一是广义说，即不仅将从事法律工作的人员如法官、检察官、律师视为法律职业，还将警察、公证员、法律顾问、立法工作者、法学教师和研究人员等法律工作者也纳入法律职业范围之中。二是狭义说，即法律职业仅包括法官、检察官和律师。参见范进学：《法律职业：概念、主体及其伦理》，载《山东大学学报（哲学社会科学版）》2000 年第 5 期。

② 陈宜：《试论法律职业伦理教育》，载《中国司法》2005 年第 4 期。

③ 孙笑侠：《法律家的技能与伦理》，载《法学研究》2001 年第 4 期。

④ 陈宜：《试论法律职业伦理教育》，载《中国司法》2005 年第 4 期。

⑤ 李汉昌：《司法制度改革背景下法官素养与法官教育透视》，载《中国法学》2001 年第 1 期。

之蒙弊，舞文弄墨、徇私枉法，则反而以其法学知识为其作奸犯科之工具，有如为虎附翼，助纣为虐，是以法学修养虽为切要，而品格修养尤为重要。”① 在法治社会中，相对于完善的法律制度，法律职业群体的职业道德水平是更重要的方面。正如丹宁所言：如果法律因为不道德的法官或道德败坏的律师们而得不到公平的执行，就是拥有正义的法律也是没有用的。② 在我国建设法治社会的进程中，“中国的法律教育正面临着前所未有的发展机遇与挑战。法律教育担负的不再仅仅是生产法律知识和传授法律智慧的责任，更主要的是要担负起建构法律共同体、塑造法律的品格并进而塑造法治社会之秩序的重任。法律职业伦理教育有利于培养一批有良知的法律执业者，客观公正地执行法律，推动社会在法治的轨道上向前发展”③。法治社会需要具有较高素养的法律职业者，法学教育必须担负起这一历史使命，培育法治社会所需要的法律专业人才。“他们所要承担起的历史使命是对法治社会之建立给以深远的思考和计划，因而在法治的推进过程中所形成的共同体之集团整体性，有着进取的意义并展现着一个不同寻常的意义世界——为了我们想要做的人和我们旨在享有的社会。”④

3. 推动社会文明进步

制度文明是社会文明的重要方面，制度文明的发展推动社会文明进步。法治文明是制度文明的组成部分，“法制现代化的价值意义就在于保障和促进公民的权利，并且要创造一个正常的社会生活条件，使个人的合法愿望和尊严能够在这些条件下实现。正是在这个意义上，现代法制精神强调法律对国家权力的有效制约……这种对国家权力的法律限制，正是为了更充分有效地保护社会主体的自由权利，进而促进整个社会的积极进步”⑤。法治的进步是与人的主观因素分不开的，“法的形成和适用是一种艺术，这种法的艺术表现为何种样式，取决于谁是‘艺术家’”⑥。“法律家的任务，在拥护天下的正义，惩斥不义，建国家于健全的道德的基础上。”⑦ 所以，法律职业者的素质，就直接影响到法治的进步与社会文明的发展。法律职业者的道德素质，更是社会道德的先导，然而，遗憾的是，当前一些法律工作者枉顾公平、正义、人权等法律价值，煽动民意来绑架公共道德。“药家鑫案”“李庄案”等涉法事件的酝酿、发酵、扩散、破灭的过程，都有丧失法律职业伦理底线的无良法律从业者在幕后煽风点火、推波助澜。比如在李庄案中，为了帮助被告人洗脱罪名，李庄违反法律规定、违背职业伦理帮助被告人与他人串证，教唆被告人编造被公安机关刑讯逼供，“吊了八天八夜、打得大小便失禁”等谎言，并唆使其向法庭提供虚假供述企图翻供，并引导网络舆论走向，试图向法官施加压力予以轻判。如果法律沦

① 史尚宽著：《宪法论丛》，台湾荣泰印书馆1973年版，第336页。

② 转引自杨一平著：《司法正义论》，法律出版社1999年版，第148页。

③ 张文显、卢学英：《法律职业共同体引论》，载《法制与社会发展》2002年第6期。

④ 公丕祥著：《法哲学与法制现代化》，南京师范大学出版社1998年版，第458页。

⑤ 公丕祥著：《法哲学与法制现代化》，南京师范大学出版社1998年版，第458页。

⑥ ［日］大木雅夫著：《比较法》，范愉译，法律出版社1999年版，第263页。

⑦ ［意］德·亚米契斯著：《爱的教育》，夏丏尊译，译林出版社1998年版，第280页。

为法律从业者谋取私利的工具，法律职业的声誉将坠落谷底，会进一步阻碍社会文明的进步。“这就要求社会精英阶层应成为社会伦理道德的航标。法律职业者尤其是法官历来被社会尊为社会正义的守护神，因此他们更应成为社会圣人伦理的践履者。”① “法律家是宣告正义的神之使者。唯有这神圣的正义，才配普施洗礼于国民。”② 提高法律职业者的道德素质，就要从法学人才的培养入手，在教育与实践中逐渐习得和养成良好的道德品质，塑造社会文明的楷模，推动社会文明进步。

第二节　法律职业伦理教育的目标

法律职业伦理教育的目标是法律职业伦理教育的最终指向，是法律职业伦理教育所要达到的最高标准。法律职业伦理教育的目标应为对法律职业伦理的认知与践行。

一、对法律职业伦理的认知

康德曾指出：“有两种东西，我对它们的思考越是深沉和持久，它们在我心灵中唤起的惊奇和敬畏就会越来越历久弥新。一个是我们头顶浩瀚的星空，另一个就是我们心中的道德律。”③ 道德潜移默化地指引着人们的言行，是来自内心深处的认同。而道德和伦理往往具有相同的含义，因而，职业伦理也就是职业道德，是指“为某一职业的全体从业人员应普遍遵循，并被有关职业组织采纳为其职业规范的行为准则，违反者将受到执业纪律的惩戒”④。对法律职业伦理的认知是法律职业伦理教育目标的初始指向，是塑造法律职业伦理素质的基础。对法律职业伦理的认知应当包括三个方面：

（一）对法律职业的认知

法律职业伦理教育要从了解法律职业的特点和本质出发。波斯纳曾指出，职业的标志是这样一种信念，即这是一个有相当公共意义的工作岗位，从事这一工作要求有非常高的专业甚至是深奥的知识，这种知识只有通过专门的正式教育或某种精细监管的学徒制才能获得。必须强调，一种工作之所以被分类为职业，其关键并不在于其实际拥有社会珍视的专门知识；关键是要有一种确信，即某些群体拥有这样的知识。因为，正是这种确信才使这个群体可以声称其职业性地位，有机会获得因这种地位赋予的独占性的特权以及由此带来的个人利益。⑤ 法律职业是指专门从事法律适用、法律服务工作的特定职业。“法律职业者是一个拥有共同专业的法律知识结构、独特的法律思维方式，具有强烈的社会正义感和公正信仰的整体，由于他们以为公众服务为宗旨，所以不同于虽有一定技巧但完全追逐

---

① ［美］理查德·A. 波斯纳著：《道德和法律理论的疑问》，苏力译，中国政法大学出版社 2001 年版，第 216~217 页。

② ［意］德·亚米契斯著：《爱的教育》，夏丏尊译，译林出版社 1998 年版，第 283 页。

③ ［德］康德著：《实践理性的批判》，韩水法译，商务印书馆 2001 年版，第 59 页。

④ 薛波主编：《元照英美法词典》，法律出版社 2003 年版，第 1103 页。

⑤ ［美］理查德·A. 波斯纳著：《道德和法律理论的疑问》，苏力译，中国政法大学出版社 2001 年版，第 216~217 页。

私利的工匠。在现代社会，他们不仅实际操作法律机器，保障社会机制的有效运作，而且被当作法律秩序和社会正义的守护神。"① 因而，对法律职业者的道德要求理应高于常人，只有这样，法律从业者才能保持本心、坚守内心公平、正义、公正等法律价值标准，不受利益诱惑而丧失法律职业伦理。遗憾的是，司法界不断涌现的法律人败坏法律的案件无不让法律人汗颜，司法界出现重大的贪腐案件固然有其他原因，但法律职业伦理的丧失应该是根本原因。为了防止法律人因背离法治信仰、践踏法律尊严而"失足"落马，唯有加强对法律职业从业者的职业道德、职业伦理教育，筑牢法律人内心的伦理防线，坚守住法律人的职业底线，才能打造拥有高度职业尊荣感、职业认同感的法律职业共同体。②

（二）对法律职业伦理规范的认知

法律职业伦理规范是从事法律职业所应承认和遵从的道德准则。对法律职业伦理规范的认知是建立伦理评价的前提，只有了解法律职业伦理规范，才能以该规范约束自己的行为，并对相关行为和事件作出评价。法律职业伦理规范包括：一是正义规范。西方法谚云："为了正义，哪怕天崩地裂。"可见，在法律的世界里，正义占据着极高的地位。罗尔斯指出："正义是社会制度的第一美德，一如真理是知识的第一美德一样。"罗德曾说："法律职业不应仅为一己之私利而离群索居，而应为了回应人类内心的一种原始的渴望而产生和存续。这种最原始的冲动就是对社会秩序的追求与公平正义的捍卫。"③ 正义是法律的价值追求，也是法律职业伦理规范的核心。对正义观的培养是塑造学生法律职业伦理的首要内容，对正义的理解、对正义的追求都要贯穿于法学教育的始终。二是平等规范。平等是法律的基本价值，米勒认为："有两种不同的有价值的平等，一种是与正义有联系的，另一种则是独立于正义的。第一种平等是分配性的。它确定了某种利益——例如权利——应当平等地加以分配，因为正义要求这样做。第二种平等则并非在这种意义上是分配性的。它并不直接确定对权利或资源的任何分配。相反，它确定了一种社会理想，即人们相互把对方当作平等来对待的一个社会——换句话说，一个不把人们放到诸如阶级这样等级化地排列的范畴中去的社会——的理想。我们把这第二种平等称作地位的平等，或简称社会平等。"④ 在法律职业者的道德评价中，平等是基本的道德规范。三是效率规范。"与秩序、正义和自由一样，效率也是一个社会最重要的美德。一个良好的社会必须是有秩序的社会、自由的社会、公正的社会，也必须是高效率的社会。"⑤ 在现代社会中，效率也是法律职业活动的价值追求。四是勤勉的规范。法学是一门开放的学科，它与许多学科都存在着联系。所以，法律工作者需要有广阔的学科视野和坚实的理论功底。布兰代斯

① 王利明：《法律职业专业化与司法改革》，载苏泽林主编：《法官职业化建设指导与研究》第1辑，人民法院出版社2003年版，第25页。

② 公丕潜、杜宴林：《法治中国视域下法律职业共同体的建构》，载《北方论丛》2015年第6期。

③ ［美］德博拉·L. 罗德著：《为了司法/正义：法律职业改革》，张群等译，中国政法大学出版社2009年版，第25页。

④ ［英］戴维·米勒著：《社会正义原则》，应奇译，江苏人民出版社2001年版，第259页。

⑤ 张文显著：《法哲学范畴研究》，中国政法大学出版社2001年版，第217页。

曾指出："一个法律工作者如果不曾研究经济学和社会学，那么他就容易成为一个社会公敌。"法学又是一个发展的学科，它随着社会的发展不断更新。博登海默指出："社会变化，从典型意义上讲，要比法律变化快。"① 基于法律的上述特点，就要求法律职业者具备勤勉的伦理准则，在工作上勤勉尽责，在学习上勤奋努力。五是清廉规范。法社会学创始人爱尔里希有句名言：法官的人格，是正义的最终保障。社会对法律职业者有更高的廉洁要求。我国古代清官尚且说："一丝一粒，我之名节，一厘一毫，民之脂膏。宽一分，民受赐不止一分；取一文，我为人不值一文。"法律职业者廉洁正直的工作作风是社会的导向，推动法治的进步。

（三）对法律职业伦理评价的认知

"善"是伦理评价的基本准则。法律职业伦理也应以"善"作为评价标准，即"对法之善的实现度与促进度"。法之善是从伦理学上要求法律制度的运作要有利于自由、平等、民主、法治、人权、秩序等价值的最大化。② 在法律职业伦理教育中，要引导法律职业人认识法律职业伦理的评价标准，从而构成法律职业人的职业伦理评价体系。在法律职业伦理的评价体系中，"善"是法律职业伦理的基本评价标准。但是，法律职业活动又具有其自身的特点，它是在人类共有的理念和价值追求下所从事的职业活动，所以，作为"善"在法律职业活动中的具体要求又与法律的理念和价值相融合，构成法律职业所特有的职业伦理评价体系。在正如庞德所说："在法律史的各个经典时期，无论在古代或近代世界里，对价值准则的论证、批判或合乎逻辑的适用，都曾是法学家的主要活动。"③ 笔者认为法律职业伦理评价体系包括秩序、自由、正义和效率。秩序是法律的追求。秩序的存在是人类活动的必要前提。"在文明社会中，法律是预防和制止无序状态的首要的、经常的手段。"④ 秩序是法律职业者的活动准则，法律职业者通过其职业行为，修复和维护社会秩序。能够促进秩序的行为，才是善的行为。自由，自古以来就是人类的追求。法律表征为规则，但规则并不是为限制自由而设，而是为保护自由而设。"法律按其真正的含义而言，与其说是指导一个自由而有智慧之人去追求他的正当利益……法律的目的不是为了废除或限制自由，而是保护和扩大自由。"⑤ 法律职业者是自由的使者，他们维护着由自由转化而来的权利，通过责任保障自由的实现。正义是人类社会的美德和崇高理想。"正义只有通过良好的法律才能实现。""法是善和正义的艺术。"正义是法律职业者职业活动的评价标准，在立法中要衡量是否实现了分配正义，在司法中要衡量是否实现了程序正义。正义通过法律职业者的职业行为得以实现。效率也是社会最重要的美德之一。德沃

① ［美］E. 博登海默著：《法理学——法律哲学与法律方法》，邓正来译，中国政法大学出版社2004年版，第419页。

② ［英］丹宁勋爵著：《法律的正当程序》，李克强等译，法律出版社1999年版，第12页。

③ ［美］庞德著：《通过法律的社会控制法律的任务》，沈宗灵、董世忠译，商务印书馆1984年版，第55页。

④ 张文显著：《马克思主义法理学——理论、方法和前沿》，高等教育出版社2003年版，第227页。

⑤ ［英］洛克著：《政府论：下篇》，叶启芳、瞿菊农译，商务印书馆1964年版，第35~36页。

金认为："经济效益是一种集体性的目标：它要求如此这般地分配机会和自由以便实现以某种方式定义的逐步积累的经济利益。"① 现代社会，效率是重要的价值，效率也是法律职业活动的伦理评价标准，法律职业者应当学会在效率与公平之间构建平衡。

二、对法律职业伦理的践行

法律职业伦理教育是法律职业伦理内化的过程，法律职业伦理的践行是法律职业伦理养成的重要阶段。法律职业伦理的践行包括：

（一）以职业伦理指导立法活动

立法活动是法律运行的重要环节，它为法律运行的其他环节提供了规范的蓝本，法律职业伦理在立法活动中应得以体现。法治乃"良法之治"，立法活动要体现程序正义，整个立法过程要遵循一定的程序，法律职业者在立法程序中要做到民主、公开、互涉、自律和科学。立法还是一项技术性很强的活动，在立法的过程中"各种价值观念和价值选择经过反复交流、撞击、修正、补充，最终成为多数立法者同意的选择方案，即法律选择"②。立法者在立法活动中凭借其职业伦理对法律所保护的行为和价值进行判断，进而通过立法进行协调和平衡，这是重要的法律职业伦理践行的过程。

（二）以职业伦理指导法律适用

法律的生命力在于它在社会生活中的具体实施，而法律实施的程度和效果取决于法律职业者的素质。"法的形成和适用是一种艺术，这种法的艺术表现为何种样式，取决于谁是'艺术家'。"③ 法律适用是法律职业活动中的主要环节，法律职业者在这一环节中需要依靠其法学知识和法律职业伦理对具体的个案作出判断和处理，这是法律职业伦理践行的重要过程。在这一过程中，法律职业者的职业伦理外化，直接作用于社会，并产生效果。正如丹宁勋爵曾经指出的："法官判案的过程实质就是在各种利益间进行平衡。"④ 法官的伦理能力实质就是在平衡利益的过程中，消除各种冲突的能力。⑤

（三）以职业伦理指导法律服务

以律师为代表的法律职业者与法官、检察官的职业责任不同，律师的主要工作是进行法律服务。从事法律服务的律师在职业伦理方面有其特殊的要求，律师的职业道德具有鲜明的自律性的特点。也有学者认为律师的职业具有非道德性的特点⑥，律师首要的职业伦理要求是诚信义务。因此，律师的职业活动中经常会面临道德冲突问题，诸如维护法的精神与保护当事人的利益的冲突；忠于法律与诚信义务的冲突等法律职业

---

① ［美］罗纳德·德沃金著：《认真对待权利》，信春鹰、吴玉章译，中国大百科全书出版社 1998 年版，第 127 页。

② 张文显著：《马克思主义法理学——理论、方法和前沿》，高等教育出版社 2003 年版，第 347 页。

③ ［日］大木雅夫著：《比较法》，范愉译，法律出版社 1999 年版，第 263 页。

④ ［英］丹宁勋爵著：《法律的正当程序》，李克强等译，法律出版社 1999 年版，第 12 页。

⑤ ［英］丹宁勋爵著：《法律的正当程序》，李克强等译，法律出版社 1999 年版，第 12 页。

⑥ 详细论述参见孙笑侠：《法律家的技能与伦理》，载《法学研究》2001 年第 4 期。

伦理问题。处理道德冲突的过程是重要的伦理践行过程，法律职业者需要依据职业伦理规范作出判断和选择。

第三节 法律职业伦理教育的途径和方法

一、改革法学专业课程设置①

法律职业伦理既是一种内心意识，又是一种能力。法律职业伦理的养成需要知识的积累，所以，在法学专业教育中，通过课程调整，可以加强法律职业伦理教育。首先，要开设专门的法律职业伦理课程。在我国，虽然有很多大学里设置了法学院，但在本科生中开设法律职业伦理课程的寥寥无几，仅有中国政法大学、中国人民大学等学校的法学院在近几年开设了本门课程。相反，在国外，“法律职业伦理课占它们教学的半壁江山，否则的话，就会产生技能越高害人越深的作用”②。我们应当在法学专业的必修课程中开设法律职业伦理课程，通过系统的法律职业伦理教育，引导学生认知法律职业伦理规范，增强职业荣誉感，自觉加强法律职业伦理修养。其次，要在法学专业课程中全面渗透法律职业伦理教育。法律职业伦理是与法学理念、价值和法学知识不可分离的。在法学专业课程的讲授中应结合所学内容，突出法学理念与价值，让学生感受深刻的法律思想、光辉的法律人格、独特的法律魅力，从而坚定法律信仰，奠定法律职业伦理自修能力的基础。③ 最后，要加强通识教育。在法学专业学生的培养计划中要加入通识课程、跨学科的课程，开阔学生的学科视野。虽然法学有其自身的学科体系，但是法律所调整的是社会生活的方方面面，要想学生在未来的法律职业活动中能够作出正确的伦理评价与判断，就需要在法学教育阶段让学生了解更多的跨学科的知识。加之，法律职业伦理有其存在的社会文化基础，多学科的知识积累可以提升学生的道德修养和文化底蕴，为学生构筑追求真理、培养信仰的精神家园。

二、严格的法律职业准入制度

现代法律人才不仅应具有专业知识和专业技能，还必须具有很高的思想道德素质和文化科学素质，正因为如此，当今世界几乎所有国家都有严格的法律职业准入制度。对从业资格考试、选任、培训纪律和职业伦理惩戒以及业务素质的不断提高加以规范，以保证法律职业人员的基本素质，维护法律职业的声誉。法律职业成为社会中最为训练有素的一个行业。在法律职业资格的取得上，当今世界各国对此都作了严格的规定，一般都要求必须具有高等的法学教育学历，经过相当时期的学习，再通过法律职业资格考试或考核合格，同时必须品行良好。

---

① 白云、苗正达：《论法律职业伦理教育》，载《黑龙江高教研究》2008 年第 11 期。

② 张志铭：《法律职业道德教育的基本认知》，载《国家检察官学院学报》2011 年第 3 期。

③ 许娟：《法律何以能被信仰?》，载《法律科学》2009 年第 5 期。

三、制定完备的法律职业伦理规范

在西方，律师以及医师、牧师等被称为专业人士（professional），这三种职业都有一种特色，医师是照顾人的身体，律师是照顾人的生命权、身体的自由权、财产权，牧师是照顾人的灵魂，所以这“三师”，从中世纪开始就被视为专业人士，他们被赋予比较高的伦理要求。因此，各国都对这三种职业有比较高的社会期待，这些职业的从业人员需要靠内部的自治来建立起职业伦理规范，以维护行业的良好社会形象。法律行业的职业道德及执业规则构成了完整的法律职业伦理，两者相辅相成，共同维系着法律职业伦理体系。职业道德规范较为概括、原则，但针对性差，可操作性差；而执业规则由职业道德演绎而来，但更为具体，针对性强，可操作性强。违反执业规则的行为会受到相应的制裁，在执业规则没有规定的方面职业道德则起着指导的作用。联合国《关于律师作用的基本原则》中规定，律师在任何时候都应根据法律和公认的准则以及律师的职业道德，自由和勤奋地采取行动。作为一个独立、自主，以评判正当性与合法性为其职责的职业群体，职业水准的高下并不完全取决于专业知识的掌握，具有为其他行为人所尊崇的品质是法律正义的前提，因而必须强调群体成员的自律，而增强其自律意识的关键又在于自律机制的建立和完善。这种机制应该能够给职业地位与专门知识带来荣耀，具有可操作的制度与手段使其成员严格地执行规范，一有违反必然惩戒，加上共同体成员之间相互熟知所产生的来自同事的关注和监督等，将可以有效地维护这一群体成员的职业道德。

西方法律教育中，法律职业伦理教育是通过相当严格、非常详细和具体的职业法规体现和实施的，虽然这些规范主要不是由国家的强制力保障的，而是由法律职业团体强制实行的，但在实际上具有法律的效力。这些职业规范也并非仅仅是对法律职业的限制，同时也是对职业的一种建设性的支持，通过它们保证了法律职业行为的规范化，保证了司法公正和社会公众的利益，同时也维护了法律职业共同体的存在和团体利益。法律职业伦理一方面应通过法律伦理学法律道德、法律职业伦理与执业纪律规范、法律名家名著等课程教化，另一方面也通过法律史学、程序法、实体法等专业课程强化。

美国律师协会作为美国各州投身律师行业的律师们组成的志愿性组织，成立于1878年，该协会的目标是提升司法水准，寻求美国法律的统一，以及维系法律职业的崇高标准。协会之下有30个委员会，它们负责诸多的法律问题，比如海商法、职业伦理、法律教育、司法制度以及穷人的法律援助。它的分支机构包括美国法律学生协会、美国律师基金会（该组织致力于法学研究和教育）等。

通过正规的法律教育和考试所强化和内化了的知识、技能、伦理乃至信仰就能够在司法过程中对法律解释进行严格而细致的制约，对司法过程参与者的行为加以规范。在西方国家，不论是英美法系还是大陆法系国家，都有非常完备的法律职业培训制度。这种培训有以下基本特点：第一，设立专门培训机构。各国普遍都成立有专门的培训机构，对法律职业者进行在职培训和后续教育，如日本的司法研修所、德国的法官进修学院、法国的国家法官学校、美国的国家司法学院、英国的法官学习委员会等。第二，设立强制性规章，要求法律职业者在一定的时期接受不得低于一定时间的培训。第三，经费保证。大陆法系国家培训机构由国家设立，经费也由国家统筹保障。第四，培训方式灵活多样。培训的目的是使从业者不断适应社会需要，提升理论水平和理论素养，掌握新的适用法律技术。因此培训采用各种不同的形式，如学习讨论会、讲授学习班、专题研究等。规范化的培训制度，使法律职业者始终保持较高的业务素质，保证诉讼活动的高质量。

第一章　法律职业及其伦理规范

法律职业与伦理的关系是一个不言自明的问题。近年来司法领域暴露出的诸多问题，如司法腐败、律师缺乏诚信等，都与法律职业伦理的缺失有着密切联系。司法制度的改革固然重要，但再好的制度也离不开人的坚守，在法律职业人员的伦理道德水平未得到实质性提高的情况下，仅仅依靠制度上的修修补补并不足以釜底抽薪。正是在此种功能的期待下，法律职业伦理试图在推动中国法律进步的进程中扮演愈加重要的角色。

第一节　法 律 职 业

法律职业的产生是一个长期的历史演进过程，它因社会劳动分工的细密、社会生活的复杂化多元化而产生。专业化的法律职业是近年来与市场经济相适应的法治不同于以往其他类型法治的重要体现，也是一国建构法治程序不可或缺的中介。何为法律职业，无疑是法律职业研究中的核心问题。

一、法律职业的概念

对于何为法律职业，并没有统一的定义。《不列颠百科全书》将其定义为"以通晓法律和法律应用为基础的职业"。美国著名学者罗斯科·庞德认为："法律职业，是一群人从事一种有学问修养的艺术共同发挥替公众服务的精神；虽然附带地以它谋生但不失其替公众服务的宗旨。"① 国外与法律职业相似的理论还有"法律共同体""法律专职人员"等。就法律共同体而言，马克斯·韦伯认为："法律共同体是由某种共同的特质维持或形成的其成员间因共识而达成协议的群体，其特征是具有同质性。"② 就法律专职人员而言，其在德国主要指拥有深厚法学理论功底，能够熟练运用法律知识从事法律实践活动并以优异的成绩取得法律执业资格的法学家们，而不仅仅是为社会提供法律服务的律师人员。"以往具有公职身份的法律人员在整个法律职业当中占据主导地位，律师人员相对较少。现今由于法治事业的不断发展，律师行业的规模迅速扩大，涌入了很多优秀的法律人才。"③ 我国学者王利明教授认为："法律职业者是一群精通法律专门知识并实际操作和

---

① ［美］罗斯科·庞德著：《法理学》（第一卷），邓正来译，中国政法大学出版社 2004 年版，第 354 页。

② ［德］马克斯·韦伯著：《论经济与社会中的法律》，中国大百科全书出版社 1998 年版，第 198 页。

③ 参见［美］埃尔曼著：《比较法律文化》，贺卫方译，三联书店 1990 年版，第 105~106 页。

运用法律的人……他们受过良好的法律专业训练，具有娴熟的运用法律的能力和技巧。由于他们以为公众服务为宗旨，又不同于虽有一定技巧，但完全追逐私利的工匠，在现代社会，他们不仅实际操作着法律机器，而且保障着社会机制的有效运作，而整个社会的法治状况在很大程度上要依赖于他们的工作和努力。”① 沈宗灵认为：“在中国，‘法律职业’一词可以指所有从事法律工作的人，但一般仅指以下四者：法官、检察官、律师、法律教学与研究人员。”②

法律职业主体包括法官、律师、检察官，这也是一般意义上的法律职业的范围。但是在我国，除了上述三种职业外，与法律职业有着直接或间接关系的还包括法学家、公证人、政府和企业的专职法律顾问、警察、仲裁员、司法调解员、法律服务工作者，这些职业能否纳入到法律职业的范围中，则存在较大分歧。从世界上各国情况来看，在广义上，从事法律的人员一般有三类：一是应用类法律人才，主要指律师、法官和检察官；二是学术类法律人才，主要指法律教师和法学研究人员；三是指法律辅助类技术应用人才，主要职责是辅助律师、法官和检察官工作。③ 此外，还包括立法人员、仲裁员、公证员等。法律职业的分工和职业结构的形式及其演变，主要是由社会发展阶段和社会形态决定的，同时，也是随着社会分工的发展和人类资本理论的广泛运用逐步发展而来的。我国学者对于法律职业也有广狭义之分。④ 笔者认为法律职业是由操作法律事务并以实现法律价值作为终极目标的一类人的活动所构成的职业。广义上的法律职业是指所有以操作、研究、实施法律为主要目的的职业，即一般意义上的法律工作者；狭义上的法律职业则主要指律师、

---

① 王利明：《法律职业专业化与司法改革》，载苏泽林主编：《法官职业化建设指导与研究》第1辑，人民法院出版社2003年版，第25页。

② 沈宗灵著：《比较法研究》，北京大学出版社1998年版，第640页。

③ 霍宪丹教授也认为应该以法律职业的职能作为分类的标准，把法律职业分为应用类法律人才、学术类法律人才、法律辅助类技术应用型人才。霍宪丹：《关于构建法律职业共同体的思考》，载《法律科学》2003年第5期。

④ 2015年12月，中共中央办公厅、国务院办公厅印发了《关于完善国家统一法律职业资格制度的意见》（以下简称《意见》）。《意见》明确指出，法律职业人员是指具有共同的政治素养、业务能力、职业伦理和从业资格要求，专门从事立法、执法、司法、法律服务和法律教育研究等工作的职业群体。《意见》明确要求：担任法官、检察官、律师、公证员、法律顾问、仲裁员（法律类）及政府部门中从事行政处罚决定审核、行政复议、行政裁决的人员，应当取得国家统一法律职业资格。国家鼓励从事法律法规起草的立法工作者、其他行政执法人员、法学教育研究工作者，参加国家统一法律职业资格考试，取得职业资格。2017年9月1日第十二届全国人大常委会第二十九次会议通过《关于修改〈中华人民共和国法官法〉等八部法律的决定》，对我国《法官法》《检察官法》《律师法》《公务员法》《公证法》《仲裁法》《行政复议法》《行政处罚法》八部法律作出修改，将法定的法律职业范围从法官、检察官、律师、公证员，扩大到从事行政处罚决定审核、行政复议、行政裁决的工作人员以及法律顾问、仲裁员（法律类）。可见，我国这一文件对统一人们对法律职业范围的认识将起到重要而长远的影响，但《意见》给出的定义和范围的界定仍是开放性的。

法官、检察官这几种依托深厚法律知识而居于法律实施核心层的独立存在的职业。① 本书采用广义上的概念。

二、法律职业的属性

不同法系对法律职业的范围界定各异。在大陆法系国家，法律职业主体包括法官、检察官、律师、公证人、法律顾问及法学家等。而在英美法系国家，英国的法律职业主要指律师（出庭律师、事务律师），美国的则一般包括法官、私人开业律师、公司法律顾问、政府法律顾问、政府部门法律官员和法学教师五类。在中国，法律职业者是指从事法律工作的人员，如法官、检察官、律师、公证人、法律顾问、立法工作者、法学教师和研究人员。但是，无论如何界定法律职业的范围，法律职业都有其共同特征或属性。从特征角度而言，法律职业主要包含以下几个特征："（1）法律职业人员都是在排除法律之外因素的可能干预下独立地展开法律工作的；（2）法律工作直接产生法律实施的效果；（3）法律职业道德具备一定的贯通性。这些特征为界定法律职业划出了一个相当广泛的范围，根据现实的司法实践的需要，将与法律相关联的职业纳入法律职业的范围是很有必要的。"② 就法律职业的共同属性而言，主要体现为以下几点：

（一）政治性

法律属于上层建筑，属于政治文明的范畴。一个国家的法律职业人员必然要服从于这个国家的政治要求，体现统治阶级的根本利益。自 20 世纪 80 年代以来，西方学界对法律职业的认识逐渐从其市场垄断和社会分层方面的功能转向了其政治属性，认为身处"市场与国家之间"的法律职业不仅是"经济人"（homo economicus），而且还是"政治人"（homo politicus），在政治舞台的各个侧面都可以看到他们的身影。③ 我国是社会主义国家，对法律职业人员的职业道德要求必然要体现社会主义国家的政治要求，具体体现为坚持社会主义民主政治制度，维护社会主义法制的尊严，维护社会的公平与正义。法律职业人员职业道德上的这种政治要求在任何国家都是必然存在的，也是道德的政治化在法律职业领域的具体反映。④

（二）专业性

一种职业之所以被称为职业，首要表征就是这种职业具有独立性，即这种职业不依附

---

① 根据我国法治建设实践的具体情况及 2015 年 12 月中共中央办公厅、国务院办公厅印发的《关于完善国家统一法律职业资格制度的意见》，我国法律职业可以分为核心法律职业和非核心法律职业两类。核心法律职业包括法官、检察官和律师这几种依托深厚法律知识背景而居于法律实施核心层的独立存在的职业。非核心法律职业包括居于法律实施核心层之外的上游、下游及外围，从事法学研究、法律教育、法律制定、刑事侦查、治安行政、法律执行、法律技术、法制宣传、法律咨询、法律助理等法律工作的人。这两类法律职业共同构成了我国的法治工作队伍。参见陆俊松主编：《伦理与法律职业实务》，中国政法大学出版社 2018 年版，第 9 页。

② 李本森主编：《法律职业伦理》，北京大学出版社 2008 年版，第 6 页。

③ Terence C. Halliday and Lucien Karpik（eds.），*Lawyers and the Rise of Western Political Liberalism: Europe and North America from the Eighteenth to Twentieth Centuries*，Oxford：Clarendon Press，1997.

④ 李艳荣：《浅谈对法律职业道德的认识》，载《职业教育》2010 年第 1 期。

于其他任何一种社会职业。法律职业的专门化就是指法律作为一种职业相对于其他社会职业而言所具有独立性，这是法律职业化的外部表征。① 法律职业随社会分工发展起来，且这种分工日益细化。当社会生活日趋复杂化时，法律规范也就变得越来越具有抽象性和普遍性，法律的专业化和职业的专门化便成为了社会生活的必需。社会分工的细化和专门化，使得现代人们对职业外的事务与纠纷的处理越来越倚重专家和权威；即使在同一领域，由于事务的专门化使得对本领域的其他事务也缺乏深入透彻的了解而借助于专家。这时，社会出现了一个界限明确并形成独立阶层的集团——法律专家。② 因此，法律的专业化和职业的专门化就成为现代社会发展的必然趋势。苏力教授认为："从国内外的历史经验来看，随着社会分工、特别是市场经济条件下的高度社会分工的发展，法律机构会发生一种趋势性的变化，即法律的专门化。法律专门化在此可以有三种并不必然分离的含义。首先是社会中从事法律事务的人员的专门化；其次，伴随着法律事务人员的专门化而有法律机构具体设置的专门化；第三表现为相对独立的法律机构运作。"③ 简而言之，法律职业的专门化包括法律职业人员的专门化、法律职业机构的专门化和法律职业运作的专门化。这一表述既有静态的内涵，也有动态的内涵。我们认为，法律职业的专门化包括法律职业从社会中分化独立、法律职业领域的专门化和法律职业职能的专门化三个组成部分。这是法律职业区别于其他社会职业的重要标志。

法律职业的专业性很强，每个法律专业人员都应该具备一定的资格条件。法律职业的专业性是法律职业的高层次的重要因素。法律职业的专业属性主要体现在四个方面：

1. 法律职业技能

法律职业技能，一般是指从事法律职业的人所应具备的与法律职业密切相关的能力、技术和方法的总称。法律职业技能是人们从事法律职业活动的前提。法律职业活动即是适用法律、解决纠纷、维护社会秩序的一种实践活动，担负着维护人的生命财产安全和社会稳定繁荣的责任。这就要求法律职业的从业者只有具备一种专门的技能才能胜任这一职业。可以说，法律技能亦是法律职业实现其承载社会责任的必要条件。法律职业技能又直接来源于法律实践。法律技能是一种直接经验，它有赖于人们在法律实践中的逐渐领会、以致精熟。法律职业技能虽然直接来源于对法律实践活动的体验，但亦与正规的学校教育密切相关。没有发达的法学教育就没有法律职业的形成。法学教育提供给法律职业的是系统的而不是零星的，是统一的而不是相互冲突的法律学问。这也是法律职业技能统一的前提。法律职业内在的特殊性要求使其成为一个"受限制的职业"，最典型的限制就是要求从业者接受长期的正式教育，包括某些大学类型的专门教育。④ 因此法律职业者没有接受

---

① 夏锦文：《法律职业化：一种怎样的法律职业样式——以司法现代化为视角的考察》，载《法学家》2006 年第 6 期。

② ［美］埃尔曼著：《比较法律文化》，贺卫方、高鸿钧译，三联书店 1990 年版，第 104 页。

③ 苏力：《法律活动专门化的法律社会学思考》，载《中国社会科学》1994 年第 6 期。

④ ［美］安索尼·T. 克罗曼著：《迷失的律师》，周战超、石新中译，法律出版社 2002 年版，第 44~45 页。

过专门教育，就欠缺了具备法律职业技能的条件。①

2. 法律职业伦理

法律职业伦理是法律职业活动中应当遵循的伦理道德规范。进一步说，它是法律工作者处理法律问题时必须遵循的执业规范的总和。伯尔曼在《法律与革命》中将法律职业伦理的传承作为法律职业共同体的一个重要特征。② 因此，法律职业必须具备本职业的伦理。法律职业内部传承着职业伦理，法律人实践着这种职业伦理。法律以正义为最终和永恒的价值为追求目标的，因而法律职业始终以追求正义这一最高伦理价值为目的，凡以法律为职业的人莫不以追求法的正义价值实现为己任，这是法律职业与其他职业相区别的重要标志。

3. 职业活动的自主性

法律人从事法律活动，具有相当大的自主性或自治性；对法律自治的追求出现了职业主义和一体化的倾向，因而也就造成了专业化的司法官吏，并进而产生了法律职业的专门逻辑。法律人在通过程序构成的“法”的空间中运用法律概念术语、职业化的方法和技能，进而培养起不同于普通大众逻辑的法律思维。

4. 执业准入

准入法律职业一旦形成，加入该职业者必将受到认真考察，获得许可。法律职业与医生职业一样是一个具有限制性、垄断性的特征的职业，未经专门训练，未掌握精良的法律知识、娴熟的法律技能与严格的法律职业伦理的人不能进入这个职业的殿堂。所以需要设定职业准入制度以检测申请者的素质。

（三）独立性

司法独立原则已经在现代法治国家普遍确立，并已成为保护人权、制约权力、宣誓与捍卫司法公正、配与实现社会正义的有力武器。这一原则“凝聚了人们对于司法权运作规律的透彻理解，这种理解是在许多经验、教训的基础上获得的”③。在司法独立的进程中，司法权独立于立法权和行政权的这种“外部独立”对于司法权的科学运作必不可少，但即使是在司法权内部，也应有分工与合作，其前提就是不同法律职业部门的相互独立。

法院所行使的审判权当然属于司法权。一般而言，法院奉行被动性和中立性原则，被

① 爱德华·柯克爵士（Sir Edward Coke，1552. 2. 1-1634. 9. 30），是英国法学家和政治思想家。他于1613年被任命为王座法院首席法官后，就一直被称为“柯克大法官”。1618年11月6日，英国国王詹姆斯一世召集普通法院的大法官们来到自己面前，要他们讨论一下并允许自己来审理案件。他原本以为，法官不过是“国王的影子和仆人”，只要国王愿意，他就可以在威斯敏斯特大厅主持任何法庭的审判。但令他没有想到的是，首席大法官柯克代众法官回禀国王说：“对此我当着所有大法官的面回答说，而且他们都同意的是，国王本人不能断案。所有案件都应该由法院根据英格兰的法律或习惯予以确定和审判。”国王被激怒了，说道：“这就意味着我应当居于法律之下，要是这么说就是谋叛。”柯克大法官毫不退让，他借用布雷克顿法官（英国历史上最伟大的法学家之一，在13世纪长期担任王室的法官）的话说：“国王虽居于万民之上，却在上帝和法律之下（quod Rex non debet esse sub homine，sed sub Deo et lege.）。”这就是“法律是国王”的著名论断。

② ［美］伯尔曼著：《法律与革命》，贺卫方等译，中国大百科全书出版社1993年版，第9页。

③ 樊崇义主编：《诉讼原理》，法律出版社2003年版，第446页。

视为实现社会正义的最后屏障。为此，必须在机构设置上使法院独立于检察机关和律师事务所。检察权究竟属于何种性质的国家权力？目前尚存在一定的争论，而且各国的定位也有所差异。但总体而言，检察权在司法领域中的作用也日益增强，为了公正独立地行使检察权，检察机关必须与其他司法机关分设且彼此独立。律师的工作机构是律师事务所，他们也组成了自治组织即律师协会。律师协会可以自主地制定本行业的职业伦理规范、新成员的录取标准，决定对违反职业伦理的惩戒。自治性是律师协会的最大特点，这一特点决定了律师职业不依赖于任何国家权力，因此律师协会应当与国家审判机关、国家检察机关相分离。① 因此，法律的专业化和职业的专门化，必然导致法律机构在社会生活中的相对独立性。职业垄断化、法律的权威性主要体现在审判机构、检察机构的独立性和律师、公证人协会组织机构的自治管理上。

（四）自主性

从事法律职业或从事法律活动，具有相当大的自主性或自治性，对法律自治的追求也就出现了职业主义的倾向，因而造就了专业化的司法官吏，并进一步形成了法律职业的专门逻辑。“职业自治的权力通常要求建立在法律职业的特别的知识专长是独特的，并且完全不同于其他形式的知识的观念之上，因而法律职业的特殊业务能够清楚地区别于其他职业的业务。”② 法律人在由程序构成的“法的空间”里运用法律概念术语、职业化的方法和技能，进行不同于普通大众逻辑的法律思维，它们就是被称为“人为理性”的那些东西。

（五）伦理性

法律职业的伦理性，维系着这个共同体的成员以及共同体的社会地位和声誉。③ 法律以公正为最终的和永恒的价值，因而法律职业始终以追求公平、正义这一最高伦理价值为目的。凡以法律为职业的人莫不以追求法的价值实现为己任，这是法律职业与其他职业相区别的重要标志。法律职业必须具备本职业特有的伦理。法律职业内部传承着职业伦理，法律人实践着这种职业伦理。法律职业伦理有别于大众伦理和其他职业伦理，因而它受法律活动规律的制约，受法律职业技能的影响。比如，律师不能因委托人罪恶深重而拒绝接受委托，法官应当平和对待刑事被告，只能作无罪推定等。这显然有别于大众伦理“嫉恶如仇”式的道德逻辑。法律职业伦理成为共同体内部的职业习惯、行为方式和信仰，从而维系着这个共同体的成员，克服了职业技术理性所带来的职业弊端，并提升了共同体的社会地位和荣誉。

（六）整体性

法律职业主体知识结构的整体性与法律职业主体对法律的公正价值追求的整体性，构成了一个同质的价值团。④ 对法律职业者的选拔、考试、录用、培训应当路径一致，这样

---

① 夏锦文：《法律职业化：一种怎样的法律职业样式——以司法现代化为视角的考察》，载《法学家》2006 年第 6 期。

② 孙笑侠：《法律家的技能与伦理》，载《法学研究》2001 年第 4 期。

③ 贲国栋：《论法律职业化的伦理精神》，载《江海学刊》2010 年第 6 期。

④ 李磊：《论法律职业化与法学教育改革》，载《民族教育研究》2013 年第 1 期。

有利于形成共同语言、共同思维模式与价值观一致的职业法律家集团。目前我国法官、检察官、律师、公证人等都必须具有法学本科文凭通过国家司法统一考试，取得法律职业资格证书就是这种整体性的体现。

三、法律职业的分类

不同法系国家对于法律职业的分类并不相同，即便在同一法系国家，法律职业的分类和具体要求也存在较大差异。

（一）英美法系国家

1. 英国

法律职业者包括职业法官和职业律师，但是一般是指律师。英国的法律职业存在一定的流动性，法官是从具有丰富从业经验的优秀律师或下级法院的优秀法官中选拔的。①

（1）大律师

大律师，在英国称为“Barrister”，中文名称除“大律师”外，还有“巴律师”“高级律师”“出庭律师”“辩护律师”“专门律师”等译文版本。

大律师是指能在英国上级法院执行律师职务的律师。大律师一般是精通某门法律或某类案件的专家。大律师有更多的机会被任命为巡回法院、高等法院的法官和上诉法院法官。此外，大律师经过大法官的提名，还可由英国授予皇家大律师（Queen's Counsel）的称号。

要成为大律师必须参加一个大律师组织——四大律师学院，作为该院的学生，完成学术与职业训练，参加法学院内一定的餐会次数（Diningterms）。这四大律师学院（inns of court）为：林肯律师学院（Lincoln's Inn 1422），徽章为狮子和十字架；中殿律师学院（The Middle Temple 1501），徽章为圣羊；内殿律师学院（The Inner Temple 1505），徽章为飞马；格雷律师学院（Gray's Inn 1569），徽章为狮身鹰首兽（Griffin）。

（2）小律师

小律师，在英国被称为“Solicitor”，中文除把Solicitor翻译为“小律师”外，还有翻译成“沙律师”“撰状律师”“诉讼律师”“初级律师”“事务律师”等。

小律师是直接受当事人委托，在下级法院及诉讼外执行律师职务，为当事人提供多种法律服务的人。小律师的活动范围远较大律师广泛。他们可以担任政府、公司、银行、商店、公私团体的法律顾问，也可以在下级法院，如治安法院、郡法院和验尸官法院执行代理和辩护职务，还可以处理非诉讼案件，为当事人起草法律文书和解答一般法律问题。②

在英国，除了荣誉治安法官以外所有的法官都只能从参加全国4个律师工会的律师中任命。其中担任领薪治安法官必须具有7年以上的初级律师经历。记录法官必须具有10年以上的初级律师或者高级律师经历。巡回法官必须具有10年以上高级律师经历或5年以上记录法官经历。高等法院法官必须具有10年以上的高级律师经历而且年龄必须在50

① 张丽英：《英国的法律职业与法学教育及其借鉴》，载《西安电子科技大学学报（社会科学版）》2007年第6期。

② 丁以升：《两大法系陪审制度比较研究》，载《贵州警官职业学院学报》2007年第6期。

岁以上。上诉法院法官必须具有15年以上的高级律师经历并且年龄一般在60岁以上。

2. 美国

在美国，法律职业者一般包括法官、私人开业律师、公司法律顾问、政府部门法律官员和法学教师。在美国，只有在大学法学院毕业并获得JD，即法律职业博士，在美国任何大学本科毕业生都可以报考法学院，学习三年，修满学分，即授予JD学位。经过严格的律师资格考试合格，并有若干年以上从事律师工作经验的律师或者法学教授才有担任联邦法院法官的资格。目前，全美约2.8万名法官几乎都是从律师（特别是出庭律师）中选拔出来的。与法国等大陆法系国家不同，美国法律职业的流动性很大。

（二）大陆法系国家

在大陆法系国家，法律职业者主要指法官、检察官、私人开业律师、法律顾问、法律公证人和法律教师等。大陆法系国家法律职业的一个共同特征在于其法律职业中的各个部门相互隔绝。

1. 法官、检察官

法官和检察官不一定是从律师当中选拔的，但必须经过多年的法律学系和实践锻炼，并且通过严格的司法考试。法国的法官和检察官主要是通过进入国家司法官学校学习后选任。① 在通过学生招考、公务员招考和其他在职人员招考等考试（2000—2004年录取率基本在5%~10%）或者凭资格直接进入司法官学校（2000—2004年录取率约为20%）以后，司法学员要进行为期31个月的培训，共分为两个阶段：一般培训和专门培训。

一般培训为25个月，以熟悉司法事务、了解其在任职期间必须知道的经济、社会生活中的一些问题为目标，其中包括在法院和检察院实习。一般培训结束以后，司法学员将组织一次考试，以检测其知识掌握情况，评委将对学院进行评估、推荐其适合从事的职务。如职数可能，司法学员可以在法官和检察官两个职业中选择。

专门培训为6个月，针对的是司法学员毕业后将从事的第一个职务，司法学员将在其要工作的法院或检察院实习。按照有关规定，对于凭资格直接进入司法官学校的司法学员，学习期可以适当缩短。

2. 律师

在大陆法系国家，对律师资格的取得以及有关规定，存在很大的差别。但是一般都要求具备大学法学本科毕业这一条件，并通过专门的考试。

在德国，要想取得律师资格需要经过两次国家考试。在大学的法学系经过大约五年半的学习之后，大学的各门必修课以及选修课均合格者，可以取得大学的法学本科毕业证书。② 不过，法学专业的学生只要通过至少7个学期的专业学习，就可以参加第一次司法考试。而没有经过正规法律教育的人，例如其他专业的学生，则不能参加司法考试。第一次考试内容涵盖商法、民法、刑法、宪法和行政法。此外，还有关于法哲学、法律史和罗马法的科目。考试合格者即获得实习文官的资格。

---

① 朱其高：《法国司法官职业道德建设的做法与启示》，载《民主与法制时报》2016年10月20日，第7版。

② 朱文俊：《德国律师制度的产生与发展》，西南政法大学2009年硕士学位论文。

通过第一次国家考试以后，需参加为期两年半共5个学期的实习。实习内容有律师、法官、检察官等业务，并要参加8次口试和8次笔试，考试全部合格并顺利完成实习任务者，由有关领导人写出书面鉴定，才能参加第二次国家考试，即候补文官考试，考试内容主要是起草判决书以及其他诉讼文书。通过这一考试以后，实习文官即获得候补文官资格，再向州司法行政机关提出申请，由其按照法定条件和程序审查合格以后，州司法行政机关为申请人出具允许担任律师职务的证件。然后，再到规定的法院宣誓，并通过法院允许以后，申请人即取得律师资格，在该法院管辖区内作为开业律师职业。

（三）我国的法律职业

1. 我国法律职业的分类

有关我国法律职业的分类，学者们看法不一。沈宗灵在其《比较法研究》中对法律职业是这样定义的："在中国，'法律职业'一词可以指所有从事法律工作的人。但一般仅指以下四者：法官、检察官、律师、法律教学与研究人员。"① 这些法律职业者是"依托深厚法律知识背景而居于法律实施核心层的独立存在"②。张文显教授认为法律职业共同体由法官、检察官、律师以及法学学者构成，其形成是以法律为其联结纽带或生活表现为基础。③ 王利明教授认为，法官、检察官、律师、法学家、立法者等法律工作者共同构成了一个法律共同体。其中最为典型者，是法官、检察官和律师，他们常常被称为是推动法治的"三驾马车"。法律共同体具有相同的理念，接受相同的训练，掌握相同的技巧，因此能够共同护佑法治之舟的平稳航行。

2017年9月1日，第十二届全国人民代表大会常务委员会第二十九次会议通过的《关于修改〈中华人民共和国法官法〉等八部法律的决定》规定初任法官，初任检察官，申请律师，公证员执业，在行政机关中初次从事行政处罚决定审核、行政复议、行政裁决、法律顾问的公务员以及担任法律类仲裁员的，应当通过国家统一法律职业资格考试，取得法律职业资格。据此，国家规定需要"通过国家统一法律职业资格考试"的从业人员，均属于我国法律职业之范围。

2. 我国法律职业的形成与发展

法律职业阶层的兴起是历史发展带来的社会分工日益精细化的必然结果。如前所述，传统社会在政治上高度统一，经济和社会关系比较简单，另有宗教道德加以辅助，大多数纠纷在家族、社区即可解决；对相对复杂的案件，从事法律职业的、具有丰富生活经验的人也能作出裁判。但是，随着商品经济尤其是市场经济的发展，一方面政治多元化，另一方面社会关系高度复杂化、矛盾冲突的规模和数量扩大化，因此社会需要大量专门的法律人员来解决纠纷；同时，为保证整个社会的和谐统一，这些专门的解决复杂社会矛盾的法律人员还应当经过相对一致的法律知识技能培训，具有相对一致的法律观念。这样，经过长期的理论学习和实践操作，这些专门的法律人员渐渐摆脱了政治、道德和其他一般社会关系的束缚，形成一个拥有共同的专业法律知识体系、独特的法律思维方式以及社会正义

① 沈宗灵著：《比较法研究》，北京大学出版社1998年版，第640页。

② 李本森主编：《法律职业伦理》，北京大学出版社2005年版，第6页。

③ 张文显：《法律职业共同体引论》，载《法制与社会发展》2002年第6期。

感和公正信念的整体。① 法律职业阶层在现代社会的重要作用已不仅限于解决纠纷，因为人们在很多情况下无法对自己生活或职业范围以外的事情作出评判，只有依赖于评判是非曲直的专家权威，即来自法律职业阶层的人。在此意义上，法律职业阶层对引导、培养整个社会的法律意识具有不可取代的地位。

法律职业者是不同于行政官员的特殊阶层，其受过专业法律教育，拥有特殊的法律知识理论、法律思维方式、职业伦理道德修养和丰富的实践经验，其所属机构具有较强独立性，以从事法律工作为生涯。

独立、超然和理性是法律职业者的本色，也是法律职业者威信之基础。独立是地位意义，超然是行动意义，理性是思想意义。这三个方面互相联系，有机地构成了法律职业者之本色。② 一国完备的法律交给不同资质的人员会产生完全不同的效果。如果将完备的法律交由行政官或只具有行政官素质的官吏来适用，则尚不足以称之为法治。德国法学家莱因斯坦说："法的形成和适用是一种艺术，这种法的艺术表现为何种形式取决于谁是艺术家。"正因如此，法治国家要求只有受过严格专业训练的人才能充当法官、检察官、律师、公证人。法律人才进入高级行政官行列，才能体现法治国家的真正意义。因此，法律职业化是法治国家的重要标志，法治是法律职业者之治。

中国社会没有法律职业的传统。③ 在漫长的封建社会中，高度的中央集权制度使行政和司法不分，行政长官同时又是各类案件的审理官。虽然，为了帮助行政官吏们履行"断狱讼"的职责并为老百姓涉讼提供帮助，出现了"讼师""刀笔吏""讼棍"，但并未在此基础上发展成真正的法律职业。真正意义上的法律职业在中国出现是近代清末司法改革的结果。1906 年实行官制改革，设立了最高审判机关，地方各级审判厅和检察厅，专门的司法机构和司法人员在中国产生。到了中华民国时期，在清末司法改革的基础上进一步仿效西方，建立了司法机构和司法人员制度。1954 年，《中华人民共和国人民法院组织法》《中华人民共和国检察院组织法》诞生，新中国的司法工作和司法队伍建设进一步发展。十年动乱，检察院被完全取消，法院名存实亡。十一届三中全会后，七八宪法重新设立人民检察院。随着《法官法》《检察官法》《律师法》先后出台，中国的法律职业进入了一个新的发展阶段。

改革以来，尤其是党的十五大提出依法治国、建设社会主义法治国家以来，法律在国家和社会生活中的地位越来越重要。然而，与此发展趋势极不适应的是，我国法律职业的

---

① 王申：《法官法律知识的本源与确证》，载《现代法学》2012 年第 2 期。

② 李龙、刘连泰：《论中国语境下法官职业化的几个基本维度》，载《法律适用：国家法官学院学报》2002 年第 11 期。

③ 中国司法严重行政化，中国历来没有把从事司法活动作为专门职业来看待，而是等同于行政官吏或视为行政官吏。因此，在中国人的传统法治观念中，不存在法律职业者与行政官的区别。从此种角度而言，我们的司法活动几乎都是由行政官来执行。即整体司法体制的人、财两权交由同级政府掌握的行政化体制；内部管理制度是行政式服从关系的制度（人员管理实行公务员管理）；司法人员的思维（包括司法技能、司法态度、司法伦理、价值标准）都是按照行政官吏的模式来培养和倡导。依法治国，建设社会主义法治国家，作为治国方略和奋斗目标，已被庄严地载入我国宪法。实现社会主义法治国家必须保证法制的统一性、司法的独立性和法律工作的职业性。

专业化程度过低，整体素质不高，缺乏一个独立的法律职业共同体，严重阻碍了我国民主法制建设进程的推进，影响了司法公正和司法效率的实现和提高。① 因此，建构一个高素质的法律职业共同体，已是我国经济社会发展和民主法制建设的迫切要求。

2001 年，我国决定在法官、检察官和律师的资格获得问题上实行国家统一司法考试制度。2001 年 6 月 30 日第九届全国人大常委会第二十二次会议分别通过了对于 1995 年 2 月 28 日第八届全国人大常委会第十二次会议通过的《中华人民共和国法官法》和《中华人民共和国检察官法》的修改决定。经过修改的《中华人民共和国法官法》和《中华人民共和国检察官法》规定，国家对初任法官、初任检察官和取得律师资格实行统一的司法考试制度。同时规定，初任法官、初任检察官采用严格考核办法，按照德才兼备的标准，从通过国家统一司法考试并且具备相应任职条件的人员中择优提出初步人选。这是在新的历史条件下，我国为了全面提高法律职业人员的综合素质和整体水平，从而最大限度地实现司法公正而采取的一项意义重大、具有远见卓识的战略举措，标志着我国法律职业共同体的初步形成。

2015 年 12 月，中共中央办公厅、国务院办公厅印发了《关于完善国家统一法律职业资格制度的意见》（以下简称《意见》）。《意见》贯彻落实了党的十八大和十八届三中、四中全会精神，提出了完善国家统一法律职业资格制度的目标任务和重要举措。《意见》明确了法律职业人员范围：法律职业人员是指具有共同的政治素质、业务能力、职业伦理和从业资格要求，专门从事立法、执法、司法、法律服务和法律教育研究等工作的职业群体。担任法官、检察官、律师、公证员、法律顾问、仲裁员（法律类）以及政府部门中从事行政处罚决定审核、行政复议、行政裁决的人员，应当取得国家统一法律职业资格。国家鼓励从事法律法规起草的立法工作者、其他行政执法人员、法学教育研究工作者等，参加国家统一法律职业资格考试，取得职业资格。

2017 年 9 月 1 日，第十二届全国人民代表大会常务委员会第二十九次会议通过《关于修改〈中华人民共和国法官法〉等八部法律的决定》，法律修改后，初任法官，初任检察官，申请律师，公证员执业，在行政机关中初次从事行政处罚决定审核、行政复议、行政裁决、法律顾问的公务员以及法律类仲裁员必须通过国家统一法律职业资格考试。这两次修改是对我国法律职业共同体范围的进一步扩大，有助于我国司法公正的司法效率的进一步实现。

四、法律职业的技能

（一）法律职业的语言

任何职业都拥有自己的职业话语体系。② 法律语言即是这一世界或帝国的普通话，它不仅为塑造一个特征鲜明的法律共同体提供了根本性的前提，而且使该共同体及其成员获

① 徐显明：《对构建具有中国特色的法律职业共同体的思考》，载《中国法律评论》2014 年第 3 期。

② 王川：《职业教育研究要找到自己的话语体系》，载《广州番禺职业技术学院学报》2011 年第 4 期。

得了对法律及其衍生权力的独占。① 这些话语由专业词汇组成，形成专业领域，进而形成专业屏障。法律职业的语言是一种特殊的语言，其中的术语由两部分组成：一是来自制定法规定的法律术语，二是来自法学理论的法学术语。法言法语也是一种技能，它具有沟通、转化和建构三大功能。②

1. 沟通功能

法律语言能够准确、简约地传递信息，在法律职业共同体的同行之间使用相同的术语进行交流，不会产生大众语言所带来的繁琐与不一致。

2. 转化功能

在当代的法治国家，几乎所有的社会问题，不论它们来自民间还是官方，不论具体还是抽象，不论是春秋大义还是鸡毛蒜皮，一概可以运用法言法语转化为法律问题进行分析判断。③ 甚至连不容易或不应当转化的政治问题，也完全可能被转化为法律问题而提交法律解决。

3. 建构功能

当然，即使在法治发达的美国，能够真正掌握和运用法律语言的人仍仅限于法律职业者。所以，法律人通过把日常语言转化和重构为“具有普遍适用性的法律语言”，并成为法律语言的独断诠释者和载体，才把自身建构为一个独立的、享有很好社会特权和影响的职业共同体。

（二）法律职业的知识

法律职业的知识是一种专业知识，它主要由两部分组成，一部分是制定法关于规则的知识，另一部分是法律学问中关于原理的知识。④ 我们以往总是要求法官学法、懂法，这是局限于制定法中的规则知识，是低层次的要求。事实上，关于规则的知识是暂时的，立法者大笔一挥就会改变这种知识，更何况关于规则的知识是机械的、有缺陷的，比如法律漏洞，这就需要法官和律师们运用普适的法律原理来处理关于规则知识的局限性。⑤

（三）法律职业的技术

作为一门社会科学，法律更多地表现为一门技术，是一种用以做事的规则。如果一个法学院无法教给它的学生从事法律职业的技术，就如同一个医学院无法教给未来的医生如何进行手术和诊断一样，是无法想象的。

尽管不同的法律职业者，特别是律师和法官之间，需要掌握的技术是大不相同的。但作为一个合格的法律人，一般都要求掌握法律解释技术、法律推理技术、证据运用技术、法庭辩论技术、法律文书写作技术和法律起草技术等。

---

① 王秀红：《浅谈法官的品格与素养》，载《人民司法》2006 年第 5 期。

② 郭辉：《浅谈法言法语的功能》，载法律图书馆，http：//www.law-lib.com/Lw/lw_view.asp?no=12807。

③ 朱永红：《论法律逻辑学与法律思维能力的培养》，载《河北法学》2006 年第 7 期。

④ 孙笑侠：《作为职业知识体系的法学》，载《现代法学》2007 年第 4 期。

⑤ 瞿晓云：《中国法官素质问题初论》，华东政法大学 2004 年硕士学位论文。

第二节　法律职业思维

有关思维和思维科学的研究，早在20世纪80年代中期便在我国蓬勃展开，而对思维问题的重视则可追溯至古希腊亚里士多德以前的整个西方哲学传统。以这样的背景而论，中国法学界目前对“法律思维”问题的关注似乎显得姗姗来迟。法律思维可从思维方式的视角来理解，它注重的是人们站在法律的立场，思考和认识社会的方式和惯性；它更强调法律的固有特性、法律自身运作的文化积习和性格。① 法律思维方式是按照法律的逻辑来观察、分析和解决社会问题的思维方式，在现代法治国家中，法律思维方式的根本问题是用法律至上、权利平等、社会自治等核心观念来思考和评判一切涉及法的社会争议问题。

一、法律思维的概念

从逻辑角度而言，法律思维因“法律”一词作定语而应归于思维这个属概念，法律思维离不开思维的一般规定性。因此，要界定法律思维的概念，首先应该从考察普遍意义上的思维入手。思维作为人脑的特有机能和人类特有活动，是指“在表象、概念基础上进行分析、综合、判断、推理等认识活动的过程”②。思维是一个人的主观认识活动，而这很大程度会受到外界事物的影响，比如，社会环境、社会地位、教育程度等，因此，一个人的主观意识会随着外界的变化或多或少地改变，并逐渐形成自己独特的处理事情的方式。同时，基于研究角度和学术语境的差异，思维不可避免地具有多义的特征。《辞海》对思维的定义也有三个：（1）思考；（2）理性认识或者理性认识的过程；（3）相对于存在而言，指意识、精神。对思维进行类型化的考量，可作出不同的分类：按照思维的发展趋向，可以分为感性思维和理性思维；按照思维的构成机制，可以分为形象思维、逻辑思维和灵感思维；按照思维的对象和方式，可以分为法律思维、政治思维、伦理思维、经济思维……法律思维仅是诸多思维中的一种，而且是极具专业性的一种特殊思维方式。③ 因为在现实社会中，法学知识需要运用于实处，运用到活生生的事件中，所以在纷繁复杂的实例里面寻求突破口就需要法务人员具有细致的观察力，同时还要具备严谨的法律逻辑思维能力，这不同于课本中学习的“从理论到实践”的模式，而是与之相反，必须从实践经验入手，找寻法条进行支撑，再运用理论予以印证。而这，就是一个法律职业人基本的处理方式，这不仅要求法律职业人对事物的表象进行分析、推理，而且要求从中得到对己有利的最终结果。

从上述对思维的分类可知，与公共决策有关的思维方式，在理论层面上大致可以归为四种，即政治思维、经济思维、道德思维、法律思维。政治思维的最大特点是把政治上的利弊权衡当作思维的中心。经济思维的特点就是在决策过程中，把经济上的成本和收益的

---

① 谌洪果：《法律思维：一种思维方式上的检讨》，载《法律科学》2003年第2期。

② 夏征农、陈至立主编：《辞海》，上海辞书出版社2011年版，第1819页。

③ 程朝阳：《论法律思维及其养成》，载《中国法学教育研究》2008年第2期。

比较当作中心，这与政治思维有很大区别。① 换言之，如何用最小的投入获得最大的产出，或者用相同的投入获得比别人更多的产出，是经济思维的核心问题。道德思维的特点是把道德上的善恶评价作为核心，至于政治上的利弊权衡、经济上的成本收益比较等因素，则退居次要地位。而就法律思维而言，其考虑的核心因素是合法性，其在一定程度上就是合法性思维。法治社会要求以法律思维来思考问题，以合法性为考虑问题的前提。因此，即使某一决策在政治上是有利的，在经济上很有效益，在道德上也很高尚，但只要违法，就不为法律思维所允许。

至于法律思维的定义，可谓见仁见智。台湾学者王泽鉴先生认为："法律思维（legal mind）是法律职业者（也称法律人）依循法律逻辑，以价值取向的思考、合理的论证，解释适用法律的过程。"② 而在王利明先生看来，法律思维有广义和狭义之分，广义的法律思维是所有法律职业者所进行的法律思维，是法律人观察社会现象、认识社会规律所具有的一种独特的思维方式。而狭义的法律思维仅指司法过程中围绕裁判所进行的法律思维，是法官所独有的思考问题、处理案件所应该具有的一种独特思考方式，体现了法官在职业过程中养成的独有职业素养。当然，法律思维并不为法官所独有，而是每个法律人所共同具有的素质。③ 另有林来梵教授给出的定义："法律思维又被称为法学思维或法治思维，是法学方法论的研究对象。"④ 也有学者将法律思维置于法治理念的逻辑中予以理解，认为法律思维就是"按照法律的逻辑（包括法律的规范、原则和精神）来观察、分析和解决社会问题的思维方法"⑤。概言之，法律思维是诸多思维中的一种，它以法官或律师的思维为典型代表，是指根据法律进行的思维，目的是探索事物的法律意义。法律思维是法律职业者的特定从业思维方式，是法律人在决策过程中按照法律的逻辑来思考、分析、解决问题的思考模式，或叫思维方式。

二、法律思维的特征

特征分析有助于更好地把握特定的法律概念。就法律思维的特征而言，不少学者作出过归纳。例如，有学者认为法律思维具有规范性、全面性、共识性、程序性和严谨性等特征。⑥ 也有学者认为法律思维的总体特点主要表现为"崇尚秩序，追求正义；尊重规则，信仰良法；程序优先，重视证据；高度理性，适度保守"⑦。还有学者认为法律思维是一个来回穿梭于规范与事实之间的思维过程，是不断运用各种具体法律方法的思维过程，是法律结果指向性的思维过程。⑧ 虽然不同学者表述各异，但基本反映了法律思维的核心特征。在笔者看来，法律思维的特点可以归纳为以下几点：

---

① 郑成良：《法治理念与法律思维》，载《吉林大学社会科学学报》2004 年第 4 期。

② 王泽鉴：《民法思维》，北京大学出版社 2009 年版，第 1 页。

③ 参见王利明：《论法律思维》，载《中国法学教育研究》2012 年第 2 期。

④ 林来梵：《谈法律思维模式》，载《东南学术》2016 年第 3 期。

⑤ 郑成良：《法治理念与法律思维》，载《吉林大学社会科学学报》2004 年第 4 期。

⑥ 参见王利明：《论法律思维》，载《中国法学教育研究》2012 年第 2 期。

⑦ 参见林来梵：《谈法律思维模式》，载《东南学术》2016 年第 3 期。

⑧ 李瑜青、张建：《法律思维内涵与特征再思考》，载《东方法学》2012 年第 2 期。

（一）主体的特定性

法律思维的主体可以是法官、检察官、律师等法律工作者，也可以是从事社会管理的行政执法人员，还可以是专门的法学研究者等，可以说法律思维是法律职业者和法学研究、传播者共有的智慧资源，是伴随法律专门化而形成的维系共同体的内在精神力量。一般而言，普遍存在的人是所有认知活动的主体，当然也是思维活动的主体。但是，由于生活环境、成长背景、知识结构和实践经验的差异，不同个体的人与人之间的思维方式也存在多样性。在现代法治国家中，只有法律职业者才拥有符合法治精神、原则、理念和要求的思维习惯和程式，亦即法律思维。而不掌握公权力的普通个人也可能有符合法治精神、原则、理念和要求的判断、想法和主张，但这些思维活动都不能直接被应用于解决问题，只是我们通常所说的“法律意识”。当然，此类法治意识也可能通过沟通、交流和建议等方式传达、输送和注入给公权力的享有者和行使者，进而演变成法治思维，形成符合法治理念的决策、行为和方式，进而去解决具体的社会问题。但在不同的国家地区、不同的历史阶段，主要的法律思维主体也会存在差异性。在英美法系，由于司法能动主义盛行，法官成为法治建设的主导者，自然也是法治思维的最主要的主体。在大陆法系的历史传统中，由于司法力量相对于行政力量更加保守落后，面对社会转型时期的重大棘手问题，往往是行政机关率先作出反应，充当重大社会矛盾的“灭火者”，行政机关中的工作人员成为法治思维的最主要主体。即便是同一国家处于不同的历史时期，其法律思维的主要主体也会有所不同。在美国 20 世纪 30 年代的经济危机期间，罗斯福新政导致整个国家快速进入行政国家的历史阶段，政府成为纠正“市场失灵”的主体，自然也是该特定时期法治思维的主要运用者。而 20 世纪 60 年代以后，由于经济的“滞胀”展现出“政府失灵”，美国又很快进入了司法国家的历史阶段。理所当然，法官又成为了法治思维的主要运用者。

（二）思维的过程性

法律思维是主体从现象到本质、以达至法律真实为最低标准的一个思考过程。进入法律视野的客观事实经常呈现纷繁杂陈、杂乱无章的现象。这些现象背后隐藏着事物的质的规定性。法律思维作为理性的思考方式，需要对大量的现象进行分析加工，“无数客观外界的现象通过人的眼、耳、鼻、舌、身这五个官能反映到自己的头脑中来，开始是感性认识。这种感性认识的材料积累多了，就会产生一个飞跃，变成了理性认识”①。这种飞跃本身就是思考的结果。但是，由于法律思维的对象一般都是发生过的事实，法律职业者只能根据符合程序要件的当事人的主张和举证，以及依照法定程序收集的信息和证据进行分析判断。只能达到程序要求的法律真实，而不可能完全再现客观真实。因此，法律思维虽然是主体从现象到本质的思考过程，但这种思考以达至法律真实为标准，即所谓的合法性优于客观性。

（三）思维的实践性

法律思维以法律职业者的法律知识和经验阅历为前提。与法律职业者相关联的不仅是法律规范整体，还涉及具体的事实构成。法律思维不可能凭空产生，其必然以对事物的

① 《毛泽东文集》第 8 卷，人民出版社 1999 年版，第 320 页。

“先见”为前提。所谓“先见”是指个人在评价事物时所必备的平台，其先前的生活阅历、知识等构成理解倾向的基础因素，不可避免地带有个人的主观色彩。① 法律职业者运用法律思维，必须具备深厚的法律知识底蕴，否则思考法律问题就会没有依据和方向；同时，法律职业者还必须具备丰富的人生阅历和社会经验，否则就无法认识事实构成。因此，只有具备了法律知识与“先见”这两个前提，法律思维才可能产生。

（四）思维的规范性

法律思维是规则性的思维，它不是随意的、散发的形象思维，也不同于纯粹从实践出发的经验思维。② 特定法律职业共同体的法律思维总是离不开该群体所在国家所形成的一套概念、制度、体系和规则。法律体系不仅是概念和规范得以有序组织的基础，也是法律人便捷、准确认识法律概念和规范的工具。法律思维以法律规范和客观事实为思考材料。法律思维的逻辑起点是进入法律视野的自然事实，这些自然事实包括时间、地点、人物、行为、动机等。法律思维通过法律规范要求，区分出自然事实和法律事实，并在此基础上进行建构，区分出法律事实的性质。法律思维的过程就是将法律研究和事实研究结合起来的过程，法律规范和客观事实则是这个思考过程的质料。用简图可以表示为：自然事实→初步法律研究→法律事实及其性质→法律事实和证据研究→深入法律研究→裁判事实。

（五）思维的价值性

法律思维以法治理念为价值指引，以定分止争为目的。③ 如前所述，法律思维是一种法律方法，其既是实现法治的条件也是法治自身的固有要求。关于法律思维以法治理念为价值指引的问题，将在下文论述。多数情况下，法律思维表现为一个判断过程，以得出结论并给出理由为结果，其现实意义就是定分止争，即案件的审结。④ 定分是对争执问题是与非的判断，止争是在判断的基础上据法裁断，给出法律结论和理由。在此，法律的目的与法律思维的结果形成了契合。

三、法律思维的基本规则

我国建设法治国家，要逐渐学会法律思维，法制工作者要精通法律思维，要了解法律思维的基本规则，只有这样才能建设法治国家。具体而言，法律思维的基本规则主要有以下几点：

（一）以权利义务为中心

由于合法性的认定与排除只能通过权利与义务的分析来完成，因而，说法律思维方式的重心在于合法与非法之分析，与说法律思维方式的实质在于权利与义务分析，其意思是完全相同的。⑤ 因此，法律思维就表现为以权利和义务为线索的不断追问：某主体是否有权利作出此种行为、享有此种利益和作出此种预期？与之相对的主体是否有义务如此行事

① 马凤辰：《试论检察官法律思维的养成》，载《河北检察》2015 年第 1 期。

② 孙光宁、焦宝乾：《法治思维引导下的法律方法论研究》，载《政法论丛》2014 年第 5 期。

③ 谢晖：《中国古典法律解释中的目的智慧》，载《法学论坛》2005 年第 4 期。

④ 马凤辰：《试论检察官法律思维的养成》，载《河北检察》2015 年第 1 期。

⑤ 郑成良：《法治理念和法律思维论纲》，载《法制日报》2000 年 4 月 23 日。

或以此种方式满足对方的请求和预期？在这里，只有权利和义务才是无条件的和绝对必须考虑的核心因素，而其他因素是否应当予以考虑，则是有条件的和相对的，在许多场合，甚至是可以忽略不计的。

（二）普遍性优于特殊性

法律规则中所规定的关系模式具有普遍性，而运用法律所要解决的具体法律问题则具有特殊性。① 由于法治的理想在于用普遍的规则来治理社会，因此，法律思维必然要突出普遍性的优先地位。② 在这里，对普遍性的考虑是第一位的，对特殊性的考虑是第二位的，原则上，不允许以待决问题的特殊性来排斥既定规则的普遍性，更不能以“下不为例”的方式来思考和解决具体的法律问题。只有在同时满足以下两个条件时，才可以使特殊性优于普遍性：（1）不优先考虑特殊性，就会使具体法律问题的处理产生不同寻常的“恶果”，以至于同法律的基本理想发生令人难以容忍的冲突；（2）特殊性同时被提升为普遍性，使今后的类似问题得到类似的处理。

（三）合法性优于客观性

任何结论都必须建立在客观事实的基础上——这是实证科学思维方式的基本要求，也是政治的、经济的和道德的思维方式的重要原则。③ 然而，这个要求和原则对于法律思维而言并不完全适用，因为对于通过法律思维推导出一个法律上的决定而言，它必然具有以下三个特殊之处：（1）面对不确定的客观事实，也必须作出一个确定的法律结论。对被诉的犯罪嫌疑人以有罪证据不足而作出无罪判决，即为其适例。（2）已查明的客观事实可以被法律的证据规则所排斥。在某些争讼中，尽管某方当事人所提供的证据足以让人们确信某一事实的存在，然而，其证据若带有合法性瑕疵，则完全可能被争讼的裁判者所否定，并作出与客观事实相反的法律结论。（3）在某些特定条件下，法律允许以虚拟的事实作为裁判的根据，而且，不允许用客观事实来对抗这个虚拟的事实。例如，在拟制送达（公示送达）的场合，当事人实际上并未“收到”，并不构成一个足以推翻法律视为“已经收到”的理由。因此，在适用法律解决涉法性争端的场合，尊重法律是第一位的和无条件的，客观事实是否必须得到尊重，则需以它能够被合法证据所证明为前提条件。

（四）形式合理性优于实质合理性

形式合理性，也就是规则合理性或制度合理性，它是一种普遍的合理性。而实质合理性则只能表现为个案处理结果的合理性。④ 借助于形式合理性来追求实质合理性，依据于这样的认识：对于社会正义而言，普遍性规则的正义或制度正义是首要的和根本性的，离开了规则正义或制度正义，就不可能最大化地实现社会正义。人治理论轻视形式合理性的价值，实质上是轻视普遍规则和制度在实现社会正义过程中的作用，相反，它把实现社会正义的希望寄于个人品质之上，试图借助于不受“游戏规则”约束的圣人智者来保证每

① 邓玮：《司法实践中平衡术的动力与行动逻辑》，载《政治与法律》2008年第1期。

② 郑成良：《法治理念和法律思维论纲》，载《法制日报》2000年4月23日。

③ 聂小明：《高职学生法律思维方式培养探析》，载《安徽电子信息职业技术学院学报》2007年第5期。

④ 郑成良：《论法律形式合理性的十个问题》，载《法制与社会发展》2005年第6期。

一个案件都能得到实质合理的处理。① 历史经验证明，这种理想往往沦为幻想，即使获得短暂的成功，也严重依赖于偶然性因素。两相比较而言，人治理论主要借助官员的个人理性，一种不受普遍规则约束的“现场理性”来全权处理一切社会事务，法律只是“办事的参考”；法治理论主要是借助于规则化、形式化、客观化的公共理性——法律——来处理涉法性社会事务，官员的个人理性只是在法律允许的和有限的自由裁量范围内发挥作用。因此在法治国家中，当针对一个个案，通过法律思维来寻求一个法律结论时，对形式合理性的满足就不能不被放在首要的位置，尽管少数个案处理会产生不尽如人意的实质不合理。

（五）程序问题优于实体问题

法律对利益和行为的调整是在程序中实现的。法治原则要求人们必须通过合法的程序来获得个案处理的实体合法结果。② 因此，从法律的角度来思考问题，就应当强调程序合法的前提性地位，这意味着违反法定程序的行为和主张，即使符合实体法的规定，也将被否决，从而不能引起预期的法律效果。我们知道，程序正义是制度正义最关键的组成部分，也是保障实现个案实体正义最有力的制度性条件，在此意义上说，对程序问题的重视程度，恰恰是识别一个人、一个社会是否真正接纳了法治原则这一个文化公理的最佳方式。

（六）理由优于结论

法律思维对理由的要求有特殊之处：其一，理由必须是公开的，而不能是秘密的。其二，理由必须有法律上的依据。③ 换言之，它必须是一个在法律上能够成立的理由，而不是仅仅来自于纯道德的或其他方面的考虑。其三，理由必须具有法律上的说服力。它应当使法律游戏的参加者和观众相信，结论不是来自于某一个人的主观好恶，而是本案事实认“游戏规则”内在的逻辑中所引出的结果。就此而论，与其说法律思维的首要任务是寻求解决问题的结论，毋宁说是寻求据以作出结论的理由——那些认同法律并依赖于法律的人们能够接受的理由。那种只提供结论而不提供理由的思维方式，是不符合法律思维方式本质特征的。

四、案例评说

将抽象的法律概念置于个案情境下有助于加深理解，下文拟通过“许霆案”来使上述法律思维的概念、特征和基本规则具体化、形象化。④

本案的基本案情是：2006 年 4 月 21 日晚，广州青年许霆在 ATM 取款机取款时，恰逢自动取款机运行失常。在发现取款 1000 元而银行账户只扣除 1 元的情形下，许霆心生犯意，先后取款 171 笔，合计 17.5 万元，此后潜逃，一年后被抓获，一审被以盗窃金融机构罪判处无期徒刑。判决一出，各界哗然相争，大部分人认为刑法有关盗窃金融机构罪的

---

① 王国锋：《法治社会建构过程中的观念冲突与协调》，载《彭城职业大学学报》2000 年第 4 期。

② 胡兴元：《法律思维的本体解析》，载《安徽农业大学（社会科学版）》2009 年第 5 期。

③ 郑成良：《法治理念和法律思维论纲》，载《法制日报》2000 年 4 月 23 日。

④ 参见林来梵：《谈法律思维模式》，载《东南学术》2016 年第 3 期。

处罚规定以及法院据此所作的判决结果过于严苛。最终，法院通过启动刑法上的特别减刑程序，在二审改判被告人许霆5年有期徒刑。

对于上述这种的取款行为，从法律思维的角度来看，是有问题的。用法律术语来说，它具有违法性，其行为本身至少属于民法上的“不当得利”，依据民法规定应当返还，如果情节严重，甚至可能构成盗窃罪，比如在我国，就构成了盗窃罪中特别严重的一种类型——盗窃金融机构罪。① 对此，各国法律基本有类似的规定，只是宽严程度不同罢了。换言之，从法律思维来看，经济学思维模式下的那种认为“只要利益最大化，什么都可以做”的见解是行不通的。

第三节 职业伦理

法律与伦理问题是法律哲学的永恒和主题。法律脱胎于伦理，成为以国家强制力量作为保障的社会控制手段。但是法律的这种控制不可能机械地完成，必须通过国家的法律机构和运作法律机构的法律人来实现。这样一群以法律为职业的法律人就构成了法律职业共同体。法律职业人员在长期的司法实践中养成的职业意识、行为逐渐地演化成这个职业特有的伦理规范和伦理要求。

一、伦理与道德

伦理与道德是伦理学的两个核心概念，核心概念的辨析对进一步发展和完善学科体系、促进道德建设具有一定意义。② “伦”和“理”在最初是分开使用的，古时多用单音字，微言大义。“伦”的繁体为“倫”，源于“侖”，会意字，本义是辈、类的意思。许慎在《说文解字》中解释为“辈”，后引申为秩序，如赵岐在《〈孟子·离娄下〉注》释为“序”，成语不伦不类、语无伦次就是这种体现。③ “伦”有广狭之分，狭义的“伦”仅指人伦，是人际利害关系或关系秩序，一般采狭义。“理”是形声字，从王（玉），里声，原指“治玉”，后引申为道理、条理、规范、原则的意思。“理”实质上表达的就是在社会生活中，我们如何才能处理好与自己相关的各种利害关系，表达的是在社会生活中如何成人如何做人的道理。“伦”“理”连用最初见于《礼记·乐记》：“凡音者，生于人心者也，乐者，通伦理者也”。简而言之，伦理就是指人们用以处理自身与自身之外的万事万物的关系的规范。

中国古代的伦理更多地局限在亲属之间、君臣之间的关系。在西方，伦理一词源于希腊文 Ethos，该词后来演变为“伦理的”“德性的”。现代伦理学的研究范围早就超越了亲属、君臣领域，扩展到人与人、人与社会的各种关系。

“道”和“德”最初也是分开使用的。“道”原指人行的道路，人们要想到达目的地就必须沿道而行。后引申为道理、规律，提升为哲学概念，则指事物的本体或事物运动变

① 张明楷：《许霆案的刑法分析》，载《中外法学》2009年第1期。

② 邢春国：《“信息伦理”与“信息道德”辨析》，载《科技情报开发与经济》2015年第20期。

③ 杨君旺：《试论道德关系在新闻媒体的重要性》，载《新闻传播》2014年第3期。

化所必须遵循的普遍规律。如在《道德经》中，“道”就具有本源、本体的作用。“道”是支配物质世界万事万物运动变化的普遍规律，指宇宙自然运动发展变化规律的为天道，指社会运动变化发展规律的为人道。“德”在西周初期文献中写作“悳”，意为把心放得端正就为有德了。

“德”在古代通“得”，《说文解字注》中就有“德者得也”的说法。“道”与“德”相互依存相互关联，是历史和逻辑的统一。① “道德”就是“道”与“德”的辩证统一；就是由“道”而成“德”，由“德”而显“道”的过程；就是作为个体的人遵循事物变化发展的普遍规律和人们的共同价值取向来行事，并把这种观念和做法内化为自己的行为自觉；就是“道能自守之谓德”。我国最早把“道德”二字连用，始于荀子《劝学》：“故学至乎礼而止矣。夫是之谓道德之极。”在西方，道德一词起源于拉丁语 Mores，意思是风俗习惯，引申为规则、规范之意。总之，从道德的起源和社会关于道德的一般理解来看，道德一般意为人民的行为规则或规范，是人类社会特有的普遍的主流意识。

（一）伦理与道德的同一

伦理与道德是相互联系、相辅相成的，伦理离不开道德，道德离不开伦理。伦理是道德形成和发展的基本前提和客观依据，是道德的本质和原则，而道德是伦理的具体化和必然指归；伦理是理性的应然，对道德生活有指导和约束作用，道德是知性的实然，体现伦理精神；② 伦理是自在的，是普遍的共性和客观存在，道德是自为的，是特殊的个体对普遍共性和客观精神的体悟；伦理是既定的方向和目标，是道德教育和修养的皈依标准，道德是追寻伦理方向、实现伦理目标过程中的行为自觉。

同时，伦理与道德的具体内容随着人类社会的进步发展而不断发展完善。伦理不是僵化不变的普遍统一精神，伦理应以主体反思为前提和基础才能真正成为伦理，而道德则要向伦理进军，成为具有客观必然性的社会现实。③ 道德是服务于伦理生活的，我们应研究、挖掘自在伦理关系中存在的“理”，抓住营造和谐伦理关系的规律，变自在为自觉。

（二）伦理与道德的分殊

1. 价值取向不同

伦理是中性词，没有情感褒贬性，没有特定的价值取向，伦理是某种关系的领域。④ 道德是褒义词，具有正面的价值取向，具有社会肯定性，如“要讲道德”“德育”“德才兼备”，这是取向、倡导、态度，但不会说成“要讲伦理”“要做有伦理的人”。

2. 侧重点不同

伦理的侧重点是对人们在社会生活中形成的各种客观存在的社会关系的强调，特别关注的是如何保持这些复杂纷繁的社会关系处于一种和谐有序的状态之中。而道德的侧重点则是社会个体，关注的是社会个体能否将由伦理衍生出来的道理内化为德性，并外化为行为自觉。

---

① 高云：《伦理与道德关系刍议》，载《南京财经大学学报》2014 年第 1 期。
② 曾志伟：《“伦理”与“道德”辨析》，载《长江论坛》2009 年第 4 期。
③ 高云：《伦理与道德关系刍议》，载《南京财经大学学报》2014 年第 1 期。
④ 刘林鹰：《伦理与道德的关系之探讨》，载《长春理工大学学报》2009 年第 5 期。

3. 义务向度不同

伦理要求处于特定伦理关系的双方都要恪守一定的“理”，互为条件才能使伦理关系处于融洽和谐状态，互动性强。履行伦理义务具有双向性要求，比如，父慈子孝，君仁臣忠，兄友弟恭。只有处于特定伦理关系的双方皆履行相对应的伦理义务，这一特定伦理关系才得以和谐有序，否则正常的伦理关系就难以维系。① 而道德则不同，由于道德强调个体，道德义务只具有单向性要求。道德是作为独立个体的人体悟、发展和完善自身的努力，它立足于自我，强调自我之应当。② “你对我不仁”，不会成为“我对你不义”的理由，真正的道德不会因为他人的不道德而陨灭。

4. 作用机制不同

伦理是客观现实，是客观法，是他律的；道德是主观意愿，是主观法，是自律的。③ 伦理关系是一种客观存在，正是这种客观存在的人伦关系对每个个体的社会身份和角色作了界定，伦理对于人们行为应当的要求正是源于人们的这种特殊的身份和角色，因而，它也应当是一种客观存在，具有什么样的社会角色和身份，就应遵照与这一角色和身份相宜的道理。因而，伦理的要求在一定意义上体现的就是社会的、群体的要求，是他律的。而道德则不同，它是要将外在的法转化为内在的法，如果个体实现了这种转变，伦理他律性的客观法也就成为了个体自律性的自觉守法了。这正如黑格尔的论述：道德是指个体品性，是个人的主观修养与操守，是主观法；伦理是指客观的伦理关系，是客观法。伦理一旦化为个人的自觉行为，变为一个人的内在操守，就成为道德。

二、职业伦理

职业伦理也可以称为职业道德，其属于专业伦理学或应用伦理学的范畴。职业伦理是某种职业或专业的从业人员以伦理自然律为基础，根据本行业的专业知识，经过逻辑推演而形成的。职业伦理的历史可以追溯到职业产生的历史，有职业的产生，就必然有职业伦理的要求，比如医生的办公室里经常挂的“救死扶伤、治病救人”的匾额，就体现了医生这一职业的伦理要求。职业道德是随着职业的出现而产生和逐步发展的，是社会道德在职业领域的具体体现。

职业伦理与大众伦理常被放在一起进行比较，二者之间殊同兼备，而就二者的冲突而言，主要表现为两个方面④：第一，对大众而言，一般并不面临必须进行的选择，很容易从道德困境中摆脱出来，因此，大众伦理规范的冲突有时候可以避免。况且，对大众伦理很容易达成一致，在一些基础方面对大众伦理的认识是共通的，这是社会存续的基础。而对职业伦理尤其法律职业伦理而言却并非如此，“希波克拉底之誓”约束着医生的行为，

① 王天林：《法律与伦理的契合与冲突——以拒证特权制度为视角》，载《政法论坛》2010 年第 3 期。

② 高云：《伦理与道德关系刍议》，载《南京财经大学学报》2014 年第 1 期。

③ 王静：《浅析伦理与道德的辩证关系——基于黑格尔〈法哲学原理〉的思考》，载《科学与财富》2010 年第 12 期。

④ 余涛：《我们需要何种法律教育——从法律职业伦理困境谈起》，载《法学教育研究》2012 年第 6 期。

“触碰上帝袍服，权衡善恶”的法律人应对本职工作有高度的神圣感和责任感，职业的特殊属性使得法律人无法采取超脱的态度，随时跳出必须进行的选择困境。对医生和法官、律师而言，大多数时候必须面对选择。面对手术台上病人，医生需要及时施救；法官必须对案件作出判决，律师必须选择维护或者出卖当事人的利益。他们无法通过回避严重事态来置身事外，这种强制性选择是职业伦理相对大众伦理更容易暴露出矛盾与冲突的另一重要原因。第二，大众伦理是为了减轻社会对强制性规则尤其是暴力规则的依赖，将分散的人群整合成社会的共同体。而职业伦理则追求群体内的规则操作的便捷性，在将相同职业的人整合成职业共同体的同时，也将该职业共同体和其他社会共同体相对隔离。① 这种职业伦理的相对封闭性，也使它和大众伦理必然存在冲突。更何况相对封闭的法律领域是社会矛盾最为集中的领域，包含了各种价值冲突与道德权衡，法律职业伦理往往会涉及道德悖论，需要理性的权衡，但这种权衡的效果有时候并不明显，反而容易引起大众的误解。

由于职业的多样性，职业道德也具有多样性的特征，不同的职业有着不同的职业道德要求。② 如医生有“医德”，艺人有“艺德”，教师有“师德”，官员有“官德”等。随着职业的日益发达，出现了行业协会，行业协会制定的职业伦理法典、规范和条例等都体现了职业伦理的内容。法国著名伦理学家爱弥儿·涂尔干对职业道德做过精辟的论述：“职业道德的每个分支都是职业群体的产物，那么它们必然带有群体的性质。一般而言，所有事物都是平等的，群体的结构越牢固，适用于群体的道德规范就越多，群体统摄其成员的权威就越大。群体越紧密地凝聚在一起，个体之间的联系就越紧密、越频繁，这些联系越频繁、越亲密，观念和情感的交流就越多，舆论也越容易扩散并覆盖在一起。……所以我们可以说，职业道德越发达，它们的作用越先进，职业群体自身的组织就越稳定、越合理。”③

恩格斯指出：“实际上，每一个阶级，甚至每一个行业，都各有各的道德。”④《中国大百科全书·哲学卷》将职业道德界定为“在职业范围内形成的比较稳定的道德观念、行为规范和习俗的总和。它是调节职业集团内部人们之间关系以及职业集团与社会各方面的行为准则，是评价从业人员职业行为的善恶、荣辱的标准，对该行业的从业人员有特殊的约束力”。这个定义可以看做对职业道德的很好的诠释。职业道德一般包括职业道德意识、职业道德行为和职业道德规则三个层次。职业道德意识是指人们对于职业道德的基本要求的认识，包括职业道德心理和职业道德思想，具有相对稳定的特征。职业道德行为是职业道德意识在职业个体行为上的外在体现，从结果上看，它既可以是正面的道德行为，也可以是违反职业道德的行为。职业道德规则是约定俗成或通过一定的规范性形式所规定的职业的意识、行为的准则或标准，一般由职业道德原则、职业道德规范和职业纪律所组

① 余涛：《我们需要何种法律教育——从法律职业伦理困境谈起》，载《法学教育研究》2012 年第 6 期。

② 阴颖：《关于高等院校职业道德教育的思考》，载《大学教育》2013 年第 13 期。

③ ［法］爱弥儿·涂尔干著：《职业道德与公民道德》，渠东、付德根译，上海人民出版社 2001 年版，第 9~10 页。

④ 《马克思恩格斯选集》第 4 卷，人民出版社 1972 年版，第 236 页。

成。职业道德规则是在职业道德意识和职业道德行为的基础上产生和发展起来的，是职业道德的规范化形式。这是职业道德和普通的社会道德的一个重要区别。

法律职业道德是指法官、检察官、律师、公证员等法律职业人员所应遵循的行为规范的总和，是社会道德体系的重要组成部分，是社会道德在法律职业领域中的具体体现和升华。① 法律职业道德和其他职业道德相比具有更强的象征意义和感召作用，因为法律在人们的心目中是公平与正义的体现，是规范社会、惩恶扬善的最后手段，也是最强有力的手段。而作为法律的实施者、执行者、裁判者的专业法律人员所应该具有的道德品行必然要高于其他职业的道德要求，这是法律职业的特殊性所决定的。我国古代的孔子就非常重视"为政以德"的道理，他说："政者，正也。子帅以正，孰敢不正？""其身正，不令而行；其身不正，虽令不从。"② 在实践中，有的法律职业人员抱怨自己所承担的社会义务过多、道德要求过高，就是没有清楚地认识到自己所从事的职业的特殊性，没有认识到自己所从事的法律职业在社会生活中的特殊地位和作用。因此，法律职业道德建设在现实中具有特殊的意义。

三、法律职业伦理

（一）法律职业伦理的概念

法律职业伦理是指"法律职业人员（包括法官、检察官、律师、仲裁员、公证员等）在其执业活动中所应当具备或遵循的符合法律职业要求的心理意识、行为准则与规范的总和"③。它被认为是在维持法律职业之专业性的同时，也抑制技术理性中的非道德成分，并维系法律职业的公共性，同时也平衡专业性、公共性与法律人自我谋生性之间的关系。法律职业伦理很大程度上是一种制度性伦理，即它依托法律这一制度性背景，同时也是一种程序性伦理，即它通过将普通道德考量纳入程序轨道而实现伦理目的。

法律职业伦理是法律制度的重要组成部分，也是法律职业发展的重要保障。通过对现代法律职业伦理的考察，可以发现其多以成文的规范形式表现，通过制度化来保障其得到有效的实施，如《法官职业道德基本准则》《律师职业道德基本准则》。其对于法律职业共同体成员的要求不同于对一般公众的要求，而是以法律人应有的品质和对法律的理解、认同为基础。"理解产生认同，认同产生合意，合意建构规范，规范调整行为，行为构成关系，关系产生秩序。由此，法律职业伦理是立在信念、角色和责任基础之上的规则体系。"④

（二）法律职业伦理的基本构造

随着法律职业的形成与法律职业共同体在法治国家的对话、分工与合作，我们可以大

① 姜银忠、赵文兵：《公证职业道德的内涵及培育》，载《中国公证》2011 年第 12 期。

② 《论语·颜渊篇》。

③ 高其才编著：《司法制度与法律职业道德》，清华大学出版社 2014 年版，第 26 页。

④ 参见柴鹏：《法律职业伦理现状及其培育——以实证调研数据为基础》，载《证据科学》2015 年第 2 期。

致归纳出直接关乎正义与公平并蕴涵着法律专业的核心价值的法律职业伦理的基本构造。①

第一，现代法律职业伦理多以成文的、规范的形式加以表现，并诉诸制度化建构保障实现。法律职业的合法化是与其成员做什么以及如何去做有着密切关联的，法律职业的价值目标是追求秩序、公平和正义的实现，而保障法律职业合法化的天然屏障当属法律职业共同体成员对法律职业伦理的信守与践履。法律职业伦理规范从不成文走向成文，并以制度化的建构保障实现，是现代法治发展的必然要求。

第二，法律职业伦理注重以法律职业共同体中“人”的品格要求为基础，以行为为导向加以调整，并以行为作为道德评价的对象。② 法律职业伦理规范首先注重于对法律职业共同体中“人”的品格的要求。法律职业有别于其他一般的社会职业，它是以公平、公正的立场将法律运用到具体的人和事的。因此，它要求法律共同体成员必须具备良好的道德品质。作为法律职业共同体的伦理规范对其从业者应具备的道德品质至少包含了四方面的要求：基于从事法律专业要求的美德，基于追求社会正义要求的美德，基于法律专业本身建立在纪律与信任之上而要求的法律专业者应具备的良好品格与声誉的美德，服膺“法治”成为维持法治传统、捍卫自由民主价值次序的中道力量应具有的美德。

第三，法律职业伦理是建立在信念、角色和责任基础之上的规则体系。法律职业共同体应遵行的基于法律职业所形成的道德准则主要表现为两种，即信念与基于角色之上的责任而形成的准则，其对法律职业群体行为的调整的目的在于通过内在的调整与外在的规范与约束，实现法律职业群体在社会中的角色的发挥及责任的担当。③ 其中，信念伦理显现法律职业共同体的同一性，体现了法律职业共同体伦理的共性要求，是法律职业伦理的共性的内容。而基于角色之上的责任伦理则侧重于在法律职业共同体相同责任基础上的内部的角色分工所衍生出的具体职责，其凸显的是，法律职业共同体在从事角色职能活动中应遵循的具体的职业伦理规范，体现了蕴涵于共性之中的个性要求。

第四，法律职业伦理规范在逻辑结构上可分为由低到高的三个层次：一是以“人”的品格要求为基础的道德规范；二是规则诱导；三是纪律约束。“道德的基础是人类精神的自律。”相对于法律而言，道德对人们行为的调控有其特殊的机理和方式，④ 以道德规范的形式明确法律职业者的道德义务的价值在于：首先，道德规范的目的与取向是重在引导与激励，从而区别于法律与纪律的惩戒；其次，道德规范中可以更多地包含信念性的职业道德内容。信念性职业道德规范的建立是使职业伦理经由内心深化的过程。当今的法律职业道德不仅仅局限于法律人品质特征的要求，它更多地强调了对法律职业人的行为诱导的准则和约束性的纪律规则。由此，使得对法律职业人的管理、检查与监督更便于操作。

（三）法律职业伦理的特征

与一般社会道德相比，法律职业道德具有主体的特定性、职业的特殊性和更强的约束

---

① 参见常艳、温辉：《法律职业共同体伦理问题研究》，载《河南社会科学》2012 年第 2 期。

② 苏新建：《法律职业伦理的再反思——从外在要求到行为哲学》，载《浙江工商大学学报》2011 年第 1 期。

③ 张姝：《形成法律职业共同体的社会意义》，载《中国科技信息》2006 年第 1 期。

④ 常艳：《论检察官职业道德基本准则——公正》，载《中国检察官》2010 年第 15 期。

性等特征。

首先，主体的特定性，是指法律职业道德所规范的是专门从事法律工作的法官、检察官、律师、公证员等法律职业人员。

其次，职业的特殊性，是指上述主体由于所从事的工作直接关系到国家法律制度的实施和保障，对于这些职业的道德规范就应该体现职业的特点，这样才有可能保持职业的先进性和树立职业的良好社会形象。法律职业的特殊性主要表现在以下几个方面：

第一，法律职业的政治属性。法律属于上层建筑，属于政治文明的范畴。一个国家的法律职业人员必然要服从于这个国家的政治要求，体现统治阶级的根本利益。① 我国是社会主义国家，对法律职业人员的职业道德要求必然要体现社会主义国家的政治要求，具体体现为坚持社会主义民主政治制度，维护社会主义法制的尊严，维护社会的公平与正义。法律职业人员职业道德上的这种政治要求在任何国家都是必然存在的，也是道德政治化在法律职业领域的具体反映。②

第二，法律职业的法律属性。法律职业是运用法律和实施法律的工作，工作的内容和法律密切相关。由于法律是国家以强制手段来调整不同的社会主体之间的法律关系的规范，与社会主体的权利与义务密切相关，因此具有很强的严肃性、精确性和公正性，在客观上就要求从事法律职业的人员具备很高的职业道德水准，才能有效地维护和确保法律的正确实施。③

第三，法律职业的行业属性。法律职业具有鲜明的行业性特征。由于法律职业队伍构成较为复杂，其内部存在法官、检察官、律师、公证员等具体行业之分，因而不可能有完全统一的法律职业道德规范。不同法律职业人员之间的道德界限存在差异，在职业道德上的具体要求各有不同，因此具有鲜明的行业特征。④

第四，法律职业的专业属性。法律职业的专业性很强，每个法律专业人员都应该具备一定的资格条件。法律职业的专业性是法律职业高层次的重要因素。⑤ 法官、检察官、律师、公证员等属于法律的实践人员，其专业水平的高低与职业道德水平的高低是密切联系的。因此，法律职业的专业属性对于法律职业道德的影响具有十分重要的积极意义。

最后，更强的约束性，是指法律职业道德相对于一般社会道德而言，具有更强的约束性。违反职业道德的法律职业人员要承担更大范围的责任。法律职业道德总是和法律职业责任密切联系在一起的。实践中，法律职业道德中的很多内容都以纪律规范形式体现出来，如我国最高人民法院发布的《人民法院审判纪律处分办法（试行）》、最高人民检察院发布的《检察人员纪律处分条例（试行）》、中华全国律师协会发布的《律师执业行为规范》等，对于违反相应的职业道德规范的行为规定了具体的处罚办法，这对于促使法

① 李艳荣：《浅谈对法律职业道德的认识》，载《职业教育》2010 年第 1 期。

② 王国侠：《中国司法改革的实践探索——基层法院审判资源管理现状及优化路径》，载《上海政法学院学报：法治论丛》2015 年第 4 期。

③ 刘旺洪：《论法理学的核心范畴和基本范畴》，载《南京大学法律评论》2000 年第 1 期。

④ 郭忠：《道德和法律的界限初探》，载《西南政法大学学报》2001 年第 5 期。

⑤ 来文彬、陈小燕：《法律职业教育的社会化和专业性——以西方现代家事调解实践为视角》，载《职教论坛》2015 年第 14 期。

律职业人员遵守其职业道德具有十分重要的约束作用。

第四节　法律职业伦理渊源与原则

法律职业伦理在形式上具有规范性和非规范性相统一的特征。一方面，法律职业有大量的伦理规范，如《法官法》《检察官法》《律师法》以及诉讼法中的职业道德规范。此外还有行为规范如《法官职业道德基本准则》《检察官职业道德规范》《律师职业道德和执业纪律规范》等；另一方面，还存在大量的非规范性的法律职业道德，比如法律职业道德习惯、意识等。

一、法律职业伦理的规范渊源

法律职业伦理的渊源是法律职业伦理的表现形式。法律职业伦理的表现形式除了规范形式外，还包括非规范形式，比如法律职业习惯、传统礼仪等。从规范形式看，法律职业伦理的渊源主要表现为以下几个方面：

（一）宪法与法律

1. 宪法

宪法作为法律职业伦理的规范渊源是毋庸置疑的。宪法作为法律职业伦理的规范渊源是毋庸置疑的。作为国家的根本法，宪法是所有法律的渊源，因此守宪护宪自然就成为了所有法律职业者的天职。法律职业伦理的养成来源于法律实践，来源于宪法在成文意义上的规定和实践层面上的适用。

宪法作为法律职业伦理的规范渊源。首先体现在法律职业者应当具有基于宪法的政治意识。① 具有法律职业伦理的法律人不应当将目光聚集在小我，而是要具有政治意识。政治宽泛而言就是众人之事。对于法律人而言，要培育一种基于宪法的政治意识，尤其是培养基于宪法序言的政治意识。② 人是政治性的存在，法律人更与政治相关联。法学界曾认为法学应该将政治的因素排斥出去，保持一种纯正的法学，法治之所以未能建成，就是因为政治权力的干扰。③ 但是，法律与政治并不能割裂开来，有什么样的政治就有怎样的法治。作为法律人如果不能理解中国的政治生态，甚至拒绝增加政治的维度思考问题，怎么能够更好地履践自己的职责呢？当下的法学课程中很少谈到政治，即便谈论法律与政治也缺乏一个建设性的思考，而仅仅是一种批判的姿态。在教学中，应该增加政治学等相关的社会科学课程以及政治经典的研读，最重要的是在分析法学问题、案例分析、法条解析时应加入政治的维度。

其次，宪法规定的诸多制度成为了直接维护法律职业伦理的有力保障。我们已经知道，法律职业伦理具有约束功能。但凡道德都具有约束功能，目的在于保障社会的稳定与

---

① 曹军超、刘玥：《法律职业者的伦理道德剖析》，载《法制与社会》2011 年第 1 期。

② 陈金钊：《法治时代的法律位置——认真看待法律逻辑与正义修辞》，载《法学》2011 年第 2 期。

③ 崔勇：《论法律职业伦理养成与自由教育》，载《齐鲁师范学院学报》2016 年第 1 期。

发展，法律职业伦理也不例外，并表现得更为严格。因为法律职业体既是法律意志的体现者，又是司法改革的推动者，更是社会秩序的守护神。① 这就决定了法律职业伦理在约束法律职业体认真履行职责方面，具有极其重要的意义。而宪法规定的监督机制是法律职业伦理约束功能的重要依据。《宪法》第 41 条规定："中华人民共和国公民对于任何国家机关和国家工作人员，有提出批评和建议的权利；对于任何国家机关和国家工作人员的违法失职行为，有向有关国家机关提出申诉、控告或者检举的权利，但是不得捏造或者歪曲事实进行诬告陷害。对于公民的申诉、控告或者检举，有关国家机关必须查清事实，负责处理。任何人不得压制和打击报复。由于国家机关和国家工作人员侵犯公民权利而受到损失的人，有依照法律规定取得赔偿的权利。"法律职业体内部的监督检查制度和人民群众的监督制度，是宪法和法律明确规定的制度，而这种监督当然包括对法律人职业道德的监督，如果有违反行为，不论是法纪监察机关，还是人民群众，都可以提出批评和建议。这种制度规定为法律职业伦理划明了底线，明确指出了法律职业者禁止触碰的红线。②

另外，相关法律在总则部分有关"依据宪法，制定本法"的规定也能为宪法是法律职业伦理的规范渊源这一结论提供佐证。例如《法官法》第 1 条规定："为了提高法官的素质，加强对法官的管理，保障人民法院依法独立行使审判权，保障法官依法履行职责，保障司法公正，根据宪法，制定本法。"第 3 条规定"法官必须忠实执行宪法和法律，全心全意为人民服务。"《检察官法》第 1 条规定："为了提高检察官的素质，加强对检察官的管理，保障人民检察院实施法律监督，依法独立行使检察权，保障检察官依法履行职责，保障司法公正，根据宪法，制定本法。"第 3 条规定："检察官必须忠实执行宪法和法律，全心全意为人民服务。"《律师法》中也明确要求"律师执业必须遵守宪法和法律，恪守律师职业道德和执业纪律。律师执业必须以事实为根据，以法律为准绳。律师执业应当接受国家、社会和当事人的监督。律师依法执业受法律保护"。由此可见，宪法是法律职业伦理的重要的规范渊源，遵守宪法是法律职业者培育自身职业伦理的重要途径。

2. 法律

法律规范必然要吸收伦理道德规范，这是法律与道德的天然关系的结果。伦理道德规范中的核心内容或最高层次的内容往往被法律所吸收，上升为法律规范。③ 比如《中华人民共和国法官法》（以下简称《法官法》）第 3 条规定："法官必须忠实执行宪法和法律，全心全意为人民服务。"法官在司法实践中应当遵守的一些伦理规范被纳入法官的法律义务规范中，比如在《法官法》"义务和权利"一章中就规定法官应当"清正廉明，忠于职守，遵守纪律，恪守职业道德"。《中华人民共和国检察官法》（以下简称《检察官法》）中也有类似规定。《中华人民共和国律师法》（以下简称《律师法》）在总则部分规定："律师执业必须遵守宪法和法律，恪守律师职业道德和执业纪律"，在第四章"律师的业务和权利、义务"中规定了许多律师义务规范，比如与司法人员关系规范、与当事人关

① 邹川宁：《关于法官职业道德的理解与限定》，载《法律适用》2001 年第 10 期。

② 莫纪宏：《法律职业化是司法公正的制度保障》，载《中国司法》2015 年第 1 期。

③ 叶方兴、李志江：《论道德法律化限度研究的基本路径——以对传统的研究路径反思为中心》，载《河海大学学报（哲学社会科学版）》2009 年第 3 期。

系规范，这些都是律师职业道德规范的重要内容。除了上述涉及法律职业主体的法律之外，在《中华人民共和国刑事诉讼法》《中华人民共和国民事诉讼法》《中华人民共和国行政诉讼法》三大诉讼法中，对于法官、检察官、律师等法律职业人员的职业道德也有规定，比如，我国三大诉讼法关于法律职业人员在执业过程中回避、保密等的规定，就是法律职业伦理的重要内容在法律中的具体体现。

（二）司法解释与司法政策

司法解释在法律职业伦理方面主要涉及法官、检察官的职业道德，当然很多内容也涉及律师、警察等其他法律职业人员的职业道德。比如最高人民法院、最高人民检察院都有关于执行《刑事诉讼法》的司法解释，其中的许多内容涉及法官、检察官、律师的职业道德问题，如有关回避、辩护、审判中立等的规定中就包含大量的法律职业道德的内容。这些内容把基本法律中规定的抽象的、原则的和操作性不强的法律职业道德规范加以具体化，变得可以操作，这样也就促进了法律职业伦理规范在司法实践中的实施。

（三）法规与规章

1. 行政法规

这一类规范主要集中在行政管理部门。比如国务院发布的《法律援助条例》中有关律师的法律职业伦理规范。

2. 部门规章

包括司法部、公安部等部门发布的有关法律职业道德的规章，比如司法部制定的《律师违法行为处罚办法》等。

（四）行业规范与道德规范

1. 行业规范

目前主要的法律职业大多有自己的行业道德规范，如最高人民法院发布的《法官职业道德基本准则》、最高人民检察院发布的《检察官职业道德规范》、中华全国律师协会发布的《律师职业道德和执业纪律规范》、中国公证员协会发布的《公证员职业道德基本准则》。这些行业规范集中反映了法律职业的伦理规范。学习和研究法律职业伦理主要依据这些行业规范。

2. 国际公约

这方面主要集中在联合国国际人权公约，特别是有关刑事司法方面的法律文件中，比如《执法人员行为守则》《关于司法机关独立的基本原则》《关于检察官作用的基本准则》《关于律师作用的基本原则》等。这些文件中有大量的对法官、检察官、律师、警察等法律职业人员的伦理要求和规范。

3. 道德规范

除上述渊源外，法律职业伦理的渊源还包括一般的社会伦理道德规范。这方面的规范包括国家制定的有关职业道德规范的内容，对于研究和制定法律职业伦理规范也具有直接的指导作用。

二、法律职业伦理的基本原则

法律职业伦理的基本原则是法律职业伦理中的一线伦理，是法律职业最为核心的价值原则。法律职业伦理的基本规则为二线伦理。① 明确法律职业伦理的基本原则对于确定法律职业伦理的基本内容，规范法律职业人员的行为标准，形成法律职业共同体所共同遵循的职业使命要求具有十分重要的作用。不同的社会制度，法律职业伦理的原则有不同的内容，我国是社会主义国家，我国法律职业伦理的原则必然要体现社会主义国家的性质。当然，在体现国家性质的同时，也要体现法律职业道德共同遵循的规律。我国的法律职业伦理原则的要求主要包括：

（一）忠实执行宪法和法律

我国《法官法》第 3 条规定："法官必须忠实执行宪法和法律，全心全意为人民服务。"《检察官法》第 3 条规定："检察官必须忠实执行宪法和法律，全心全意为人民服务。"最高人民检察院发布的《检察官职业道德规范》中的"忠诚"规范就包括忠于党、忠于国家、忠于人民，忠于事实和法律，忠于人民检察事业。《律师法》第 3 条规定："律师执业必须遵守宪法和法律，恪守律师职业道德和执业纪律。"《律师职业道德和执业纪律规范》第 5 条规定："律师在执业中必须坚持为社会主义经济建设和改革开放服务，为社会主义民主和法制建设服务，为巩固人民民主专政和国家长治久安服务，为维护公民的合法权益服务。"《公证员职业道德基本准则》第 1 条规定："公证员应当忠于宪法和法律，自觉践行社会主义法治理念。"无论从法律的规定还是实践的要求看，法律职业人员都必须把忠实执行宪法和法律、维护法律的尊严这一原则作为本职业的首要原则。坚持这一原则，要求法律职业人员明确自己所担负的职业使命，不断通过自己的职业活动服务于国家的改革开放和社会主义经济建设，服务于人民民主专政制度，运用法律手段保障国家的政治、经济、文化等各项建设的顺利进行。

（二）以事实为根据，以法律为准绳

以事实为根据，以法律为准绳是我国法制的一项基本原则，法律职业伦理也必然要体现这一原则。我国三部诉讼法中都规定了"以事实为根据，以法律为准绳"的原则。以事实为根据，就是法律工作要做到一切从与案件相关的客观事实出发，以查证属实的证据和凭借这些证据认定的案件事实为基础，而不能以主观想象、推测和查无实据的主观臆想、空口无凭的议论作为根据，必须认真查清事实真相，在充分掌握客观事实的基础上作出判断、决定、行动。以法律为准绳，就是要严格依法办事。作为法律职业人员，遵守法律、依法执业是最基本的道德要求。在我国，"有法可依、有法必依、执法必严、违法必究"是社会主义法治的基本原则。以事实为根据，以法律为准绳，是法律职业人员贯彻社会主义法治基本原则和正确适用法律的基本要求。法律职业人员在执业中必须坚决贯彻这一原则。这一原则在规范法律职业主体的相关法律中都有反映。《法官法》第 7 条规定，法官"审判案件必须以事实为根据，以法律为准绳，秉公办案，不得徇私枉法"。《检察官法》第 8 条规定，检察官"履行职责必须以事实为根据，以法律为准绳，秉公执法，不得徇私枉法"。《律师法》第 3 条第 2 款规定："律师执业必须以事实为根据，以法律为准绳。"《公证员职业道德基本准则》第 3 条规定："公证员应当依法办理公证事项，恪守客观、公正的原则，做到以事实为依据，以法律为准绳。"可见，"以事实为根据，

① 危文高：《法律职业伦理教育的主要问题与反思》，载《法学教育研究》2015 年第 2 期。

以法律为准绳”不仅是社会主义法制的基本原则，而且是法律职业人员的职业道德的基本要求。

（三）严明纪律，保守秘密

法律职业本身的特殊性在客观上要求法律职业人员严明纪律和保守秘密。严守纪律是法律职业人员依法履行职责的基本要求。作为法律职业人员必须遵守的行为规范、法律职业纪律是维持法律职业活动的正常秩序的重要措施。没有纪律保障，法律职业人员的职业活动就会失范，这既会影响法律人员职业活动的有效性，也会给法律职业人员的形象带来很大的负面影响。这一原则体现在法律行业的许多纪律性规范性文件中，如最高人民法院的《人民法院审判纪律处分办法（试行）》《关于审判人员严格执行回避制度的若干规定》，最高人民检察院的《关于完善人民检察院侦查工作内部制约机制的若干规定》《关于检察人员严格执行回避制度的若干规定》，司法部的《律师和律师事务所违法行为处罚办法》等。对这些法律职道德规范的具体内容的认真遵守，是法律职业人员完成审判、侦查、法律监督、起诉、代理、公证等工作的基本保障。不严格遵守法律职业纪律，便没有合理公正的法律行为，更不会有正确的行为结果。

保密问题在法律职业伦理中有着非常重要的地位。保守秘密是严守执业纪律的重要内容。法律职业的特点决定了法律职业人员在日常的工作中会直接或间接地接触到各种秘密，包括国家秘密、侦查秘密、审判秘密、商业秘密、个人隐私等，因此，保守秘密成为对法律职业人员从事职业活动的必然要求，我国多项法律制度也都对这一内容作出了明确规定。比如，《法官法》第32条规定，法官不得泄露国家秘密或审判工作秘密；《检察官法》第8条规定，检察官应当保守国家秘密和检察工作秘密；《律师法》第38规定，律师应当保守在执业活动中知悉的国家秘密和商业秘密，不得泄露当事人的隐私等。法律职业人员泄露职业活动中属于秘密事项的内容不仅会给国家和人民以及当事人的利益造成不同程度的损害，也会严重损害法律职业的严肃公正的形象。因此保守职业秘密是法律职业人员职业道德中的又一项十分重要的内容。

（四）互相尊重，相互配合

在法律职业活动中，法律职业人员的职务行为不是孤立的，既有职业内部的关系，也有职业外部的关系，① 法律职业人员必须发挥相互协作、互相配合的精神，才能顺利完成工作。在刑事诉讼领域，法官、检察官、律师各自担负着不同的职责，但目的是一致的，就是要达到依法惩罚犯罪与维护人权的目的。法律职业人员之间的相互配合表现为两个方面，一方面是法律职业中同一行业的法律职业人员之间的相互配合，如法官之间、检察官之间、律师之间的内部的相互配合、相互协作；另一方面是法律职业内部不同行业的相互配合，如法官、检察官和律师之间的相互配合。

法律职业是享有崇高地位和声望的职业，法官、检察官、律师虽然各司其职，互相区别，互相监督，但是又互相配合、相辅相成。虽然各自担负的职责不同，但是目的相同，就是维护司法公正，维护国家和人民的利益。因此法律职业人员在人格和依法履行职责的地位方面是平等的。如果法官、检察官、律师在履行职责的过程中不能互相尊重，而是互

① 陈秋羽：《法官职业伦理研究》，河北经贸大学2017年硕士学位论文。

相贬低、互相拆台，就会严重损害法律职业在人们心目中的崇高形象。

互相尊重，相互配合，要求法律职业人员在履行法律职责的过程中做到严格遵守职业纪律，依法执业，不超越职权擅自干预和妨碍其他法律职业人员的正常办案。如法官之间不能随便过问其他法官正在办理的案件。法官、律师、检察官在办理案件的过程中，要防止先入为主、固执己见、刚愎自用的心理，要耐心听取不同的法律职业人员的意见。有的法官、检察官在审理案件之前就已经对案件有了自己的看法，于是在案件审理的过程中对于律师提出的代理意见、辩护意见采取不耐烦的态度，或打断，或制止，甚至呵斥；有的法官、检察官在法庭上盛气凌人、颐气指使；有的律师在法庭上目中无人，无理取闹。这些现象都是法律职业人员履行职责中的大忌。

互相尊重、相互配合，要求法律职业人员谦恭有礼，遵守有关司法礼仪。如《法官职业道德基本准则》第 24 条规定："坚持文明司法、遵守司法礼仪，在履行职责过程中行为规范、着装得体、语言文明、态度平和，保持良好的职业修养和司法作风。"

（五）恪尽职守，勤勉尽责

恪尽职守，勤勉尽责对于法律职业人员而言就是在自身职业活动中严格履行自己的职责，对工作积极、认真负责。工作积极就是要求法律职业人员勇挑重担，埋头苦干，兢兢业业，一丝不苟，为国家的法律事业多作贡献，为做好法律工作肯花时间，能够吃苦耐劳，必要时牺牲个人利益把工作做好。认真负责最根本的就是对分内的职责负责。为此，法律职业人员既要认清自己的职责，还要在履行职责中以积极的态度想方设法按照职责要求做好每一项工作。恪尽职守、勤勉尽责的法律职业人员能够以负责的态度、积极的行为来完成自己的工作任务。相反，若法律职业人员对待工作的态度是消极的、行为是散漫的，那么其分内的工作任务就不太可能圆满完成。在司法实践中人民群众对法律职业人员的工作存有很多不满，这些不满不仅来自于司法腐败方面的问题，还来自于法律职业人员在具体工作方面的一些不尽如人意的表现，比如办案拖拉、态度生硬冷漠等。这些行为都是法律职业人员不能很好地恪尽职守、勤勉尽责的表现，其负面影响是明显的。

我国现行的许多法律规范都有对这一原则明确而具体的规定。比如，《法官职业道德基本准则》第 11 条规定："严格遵守法定办案时限，提高审判执行效率，及时化解纠纷，注重节约司法资源，杜绝玩忽职守、拖延办案等行为。"《律师法》和《律师职业道德和执业纪律规范》都规定律师在执业过程中，应该尽职尽责向当事人提供法律服务。这些规定一方面以法律的形式确立了对法律职业人员在职业活动中恪尽职守、勤勉尽责的宏观要求，另一方面也明确了这一原则性规定的一些具体要求，这既可增强法律职业人员遵守这一原则的意识，又可提高他们遵守这一原则的能力。

（六）清正廉洁，遵纪守法

从古至今，由中而外，均要求法律职业清廉，概莫能外。清正廉洁，遵纪守法的原则，就是要求法律职业人员在工作中不得利用职务上的方便为自己谋取非法利益，不在从事职业活动的过程中作出违反法律以及行业规章规定的行为，保持一身正气、清正廉洁的优良作风。法律职业人员要识大体，顾大局，不畏权势，不为权力、地位、名誉、金钱和其他物质利益所动摇，"俯首甘为孺子牛"，真正做到一心为公，强化作为法律职业者的服务意识。也就是说，法律职业人员要时时刻刻想到自己是一名法律工作者，自己的一言一行都要表现出良好的职业形象。为民施法是每一个法律职业人员的基本工作。由于法律和权力、权利、利益紧密联系在一起，因此法官、检察官和律师如果缺乏无私奉献、敬业献身的精神，就有可能利用法律为自己谋取非法利益，徇私枉法，造成损害他人和国家利益的后果。法律职业人员在司法和提供法律服务的过程中要始终把国家和人民的利益放在首位，保持清正廉洁，秉公执法，取信于民，维护法律职业人员的职业形象。

这一法律职业道德原则具体体现在许多具体的规范性文件中，《法官法》《检察官法》《律师法》都有关于“清正廉洁”的规定。法官、检察官不能私自会见当事人及其代理人，不得接受当事人及其代理人的请客送礼。

第五节　法律职业伦理的功能与意义

蔡元培先生指出：“官吏者，据法治事之人。国民既遵法律，则务勿挠执法者之权而且敬之。非敬其人，敬执法之权也。且法律者，国家之法律，官吏执法，有代表国家之任，吾人又以爱重国家之故而敬官吏也。官吏非有学术才能者不能任。”① 法律职业人员实际上就是“据法治事之人”，因此其职业伦理的外在表现必然会对社会各方面产生影响。

一、法律职业伦理的功能

由于道德渗透在社会生活的方方面面，它具有能动的社会作用，对社会生活的规范和发展产生巨大的积极的促进作用，② 而法律职业道德作为职业道德的一种，也必然具有一定的社会功能，这些功能通过法律职业者的职业行为和生活表现出来。法律职业道德的社会功能主要包括示范功能、调节功能、提升功能和辐射功能。

（一）示范功能

示范意义上的法律职业道德是对法律职业者个人和法律职业环境的具体道德上的描述。③ 我国目前的法律职业大多数有自己的成文的职业道德规范，这些规范本身就具有示范性的特征。加强法律职业道德建设就是要弘扬这些优秀的法律职业道德，在法律职业人员中树立先进的法律道德意识，培养自觉遵守职业道德规范的良好习惯。

（二）调节功能

法律职业道德作为一种道德范畴，是整个社会调节中的一部分，因此，调节功能是法律职业道德的最主要功能。法律职业道德的调节功能是指法律职业道德具有通过评价等方式来指导和纠正法律职业人员的行为和实际行动，以协调法律职业人员之间，法律职业人员与法律职业服务器对象之间关系的能力。④ 法律职业道德进行调节的特点在于，通过社

① 蔡元培著：《中国伦理学史》，商务印书馆 1999 年版，第 185 页。

② 康琳：《论礼仪教育的功能》，载《湖南师范大学教育科学学报》2006 年第 4 期。

③ 姚少飞：《论大学法学教育中的法律职业道德教育》，首都师范大学 2008 年硕士学位论文。

④ 姚青：《高校教师职业道德及建设研究》，大连理工大学 2009 年硕士学位论文。

会舆论、良心、风俗习惯、榜样的感化和思想教育等方式手段，使法律职业人员形成内心的善恶观念和情感、信念，自觉地尽到对他人和社会应尽的责任和义务，以达到协调各种相关的社会关系。

（三）提升功能

我国法律职业人员来源比较复杂，法律职业道德的水准差异较大，且总体水平不尽如人意。加强法律职业道德建设对于提升整个法律职业队伍的职业道德水平无疑具有十分重要的作用。法律职业道德对于法律职业人员的提升作用是通过法律职业道德教育来实现的。

（四）辐射功能

法律职业人员的执业活动涉及社会生活的方方面面，法律职业人员的道德意识、道德行为对整个社会也会产生影响。加强法律职业道德教育建设不仅在于树立良好的法律职业的形象，同时也对整个社会的道德建设具有辐射作用，从而带动整个社会的道德文明和精神文明的进步，这种作用的发挥主要是通过法律职业道德的激励来实现的。① 只有对法律职业道德有了全面、准确地认知，才能强化法律职业道德教育，才能培养合格的法律职业人才。

二、法律职业伦理的意义

关于法律职业伦理的重要地位，有学者认为，法律职业伦理是法律人才培养的基本内容，法律专业技术与职业伦理就是“才”与“德”的关系，两者对于法律从业者来讲无疑都是不可或缺的；法律职业伦理是克服自身职业病的良方，其能保障这个社会的正义事业和社会的良心；良好的法律职业伦理是达成职业使命的保障。② 笔者认为，法律职业伦理的意义主要表现在以下几个方面：

首先，从法律职业发展史来看，法律职业伦理对于法律职业意义重大。韦伯在论述近代专业化官僚产生的时候说：“近代官吏团体已发展成一支专业劳动力，经过长期的预备性训练后有专长。并且近代官僚集团出于廉洁正派考虑，发展出一种高度的身份荣誉意识，若是没有这种意识，可怕的腐败和丑陋的市侩习气，将给这个团体造成致命的威胁。没有这种廉洁正派，甚至国家机构纯粹技术性的功能也会受到威胁。国家机构对于经济的重要性，一直在稳步上升，尤其是随着社会化的扩大，这种重要性还会得到进一步的加强。”③ 这种“身份荣誉意识”就是一种职业道德。这段话完全适用于法律职业，如果没有法律职业伦理，那么法律家纯粹技术性的功能也会受到威胁，甚至变得更为可怕。因为法律家的职业技术是一种有意识地排斥道德与政治等诸种法外因素的所谓“人为理性”或“技术理性”，其中的道德的含量很低。更何况，律师与政府官员不同的是他们直接面向委托人收取费用，他们的法律知识与技术通过法律服务市场的交换关系，直接兑换成为

---

① 郭守信：《论法律职业道德培养与实现》，载《剑南文学：经典阅读》2011 年第 11 期。

② 参见王永：《探析法律职业伦理及其教育的重要性》，载《工会论坛》2011 年第 5 期。

③ ［德］马克斯·韦伯：《学术与政治》，冯克利译，生活·读书·新知三联书店 1998 年版，第 68 页。

货币，这又使许多业内外人士的担忧雪上加霜。因此，业内外人士更关注职业伦理。所以我们完全有理由把是否存在法律家职业伦理,① 当成法律职业产生、存在与否的标志之一。②

其次，从法律职业伦理的功能看，法律职业伦理可以抑制“技术伦理”。法律职业除了要加强其职业技能专长即“业务”能力之外，还需要通过职业伦理来抑制其职业“技术理性”中的非道德性成分，将其控制在最低程度；需要通过职业伦理来保障其职业技术理性中的道义性成分发挥到最高程度。

从个案分析的角度，技术性冷漠可能带来的负面影响可见一斑。以“莫兆军案”为例③。法官莫兆军在审理案件中负责任地对待了张某某夫妇的抗辩意见，而且严格依照民事法律证据规则“谁主张谁举证”的要求，以三段论推理方式认定在被告未就其主张的借据是受原告胁迫而提出相应证据或证据线索的情况下，推定不存在被告因受原告胁迫而写下借据的法律事实，却存在能以借据证明的借贷关系，所以判决被告败诉。肇庆市中级人民法院一审判决莫法官无罪也印证了法律逻辑推理是以法律事实而非客观事实为前提的，张某某夫妇的死亡与莫法官审理案件行为并无直接关系。虽然在大多数案件中，运用证据规则所得到的法律事实能够与客观事实保持一致，但在特定个案中，能凸显出法律事实和客观事实的显著区别，本案即是如此，一个经过正当法律程序的审判却得到了一个不正义的结果，运用法律思维实现了法律正义却没有实现社会正义，当法院再次运用法律思维肯定了莫法官职业行为的合法性的同时，社会公众则从感性的角度给出了司法冷漠和司法不公的评价。显然，公众可能以道德的、宗教的或政治的等视角进行裁定和衡量，运用了常人、道德人、政治家的典型思维，而唯独没有从法律的视角，运用法律思维来判断该案，于此，法律思维和大众思维产生了沟通的困难，司法机关因司法活动不被理解和认可而贬损了公信力。④

再次，从法律职业伦理的范围看，法律职业伦理有利于法律职业专门化。法律职业专

---

① 通常认为法律“职业道德”的概念比法律“职业伦理”在内涵上要广泛。前者包括法律家的职业行为规范、道德品质以及调整法律工作中社会关系的道德规范。沈忠俊等：《司法道德新论》，法律出版社 1999 年版，第 18 页。因此，鉴于本书所论及的内容主要是法律职业伦理方面，所以仅限定在“法律职业伦理”的范围。

② 美国学者 E. 格林伍德在其《职业的特征》一书中谈到职业的特征时将职业道德的存在作为职业成立的条件，他说职业拥有道德法典，要求其所有成员遵守它，违反者将可能被开除出职业。转引自朱景文：《现代西方法社会学》，法律出版社 1994 年版，第 103 页。

③ “莫兆军案”的基本案情是：2001 年 9 月 27 日，广东四会市法院法官莫兆军开庭审理李某某告张某某夫妇等 4 人借款 1 万元经济纠纷案，当时李某某持有张某某夫妇等人写的借条，而张某某辩称借条是由李某某与冯某某持刀威逼所写的。莫兆军经过审理，认为无证据证明借条是在威逼的情况下写的，于是认为借条有效，判处被告应予还钱。当年 11 月 14 日，张某某夫妇在四会市法院外喝农药自杀身亡。11 月 14 日，四会市公安部门传唤了李某某、冯某某两人，两人承认借条系他们持刀威逼张某某夫妇等人所写，后二人分别处以抢劫罪被判处 7 年和 14 年有期徒刑。2002 年 10 月 22 日，莫兆军被四会市检察院以玩忽职守罪逮捕关押 317 天，2003 年 12 月 4 日，肇庆市中级人民法院一审判决莫兆军无罪。

④ 参见卢学英：《公信力缺失社会中的法律职业重塑——以法律职业思维的修正为基点》，载《甘肃社会科学》2012 年第 1 期。

门化能克服中国法律职业大众化、行政化和政治化的倾向。因为我们对法律人“德才兼备”的要求总是强调他们的普通道德要求，如守法、廉洁、高效等，或者是把“德”理解为政治素质。

最后，从法律职业伦理的效果来看，法律职业伦理有助于实现公平正义。法律是关涉正义公平信仰的。法律经常被比作医学，之所以重要就在于它们都关涉到人自身。医学的对象是生理上的人，而法律的对象是权利意义上的人，时刻在保护和弥补法律意义上的社会关系。法律被认为与正义有关，比如司法就被认为是社会正义的最后一道防线，当这条防线腐朽了，这个社会就毫无公平正义可言，人们无法得到最后的救济。当在“游戏规则”内无法得到补偿救济的时候，人们往往就会选择私力救济或以暴制暴。所以法律人的素质就更为重要，因为其关系到一个国家的民众对于国家是否公平、正义和具有良心的感受，所谓“看得见的正义”。一个社会的公平、正义必然是通过具体的事和人来表达的，法律人的法律实践就是很重要的载体。①

① 王申：《法官法律知识的本源与确证——以法官的实践理性为视角》，载《现代法学》2012 年第 2 期。

第二章　立法职业伦理

2012年12月4日，习近平总书记在《在首都各界纪念现行宪法公布施行30周年大会上的讲话》中指出，全国人大及其常委会要加强重点领域立法，拓展人民有序参与立法途径，通过完备的法律推动宪法实施，保证宪法确立的制度和原则得到落实。国务院和有立法权的地方人大及其常委会要抓紧制定和修改与法律相配套的行政法规和地方性法规，保证宪法和法律得到有效实施。2014年10月20日，习近平总书记在《中共中央关于全面推进依法治国若干重大问题的决定》中提到，推进科学立法、民主立法，是提高立法质量的根本途径。科学立法的核心在于尊重和体现客观规律，民主立法的核心在于为了人民、依靠人民。要完善科学立法、民主立法机制，创新公众参与立法方式，广泛听取各方面意见和建议。① 因此加强立法职业伦理，提高立法质量，规范立法工作，具有十分重要的理论和实践意义。

第一节　立法的价值

一、立法的含义与特征

在我国，立法有广义和狭义之分。从广义上讲，立法是指国家依照法定的职权和程序，制定、认可、修改、补充、废止法律和其他规范性文的活动。从狭义上讲，立法是指最高国家权力机关（全国人民代表大会及其常务委员会）依照法定的职权和程序，制定法律这种特定的规范性文件的活动。社会主义立法过程，就是将工人阶级领导下的广大人民的意志上升为国家意志，以规范性文件的形式表现出来的过程，其目的在于以体现全国人民共同意志的法律规范来指导和约束全体成员的行为，建立、维护和发展有利于社会主义的社会关系和社会秩序，保障和促进社会主义市场经济和现代化建设的发展。

立法是一种活动的过程，其目的是产生和变更法这一特定的社会规范。其特征表现在：

（一）立法主体是特定的国家机关

立法主体是同立法权密不可分的概念，是立法权的载体，是在整个立法活动与过程中，实践立法理论、实现立法目的、构建立法制度、运用立法技术并最终完成立法任务的

---

① 中国共产党第十八届中央委员会第四次全体会议，于2014年10月20日至23日在北京举行。全会听取和讨论了习近平受中央政治局委托作的工作报告，审议通过了《中共中央关于全面推进依法治国若干重大问题的决定》。

决定者。① 并不是所有国家机关都可以立法，只有那些可以产生和变更法的国家机关才是立法主体。在我国，根据宪法和相关法律的规定，立法主体包括：全国人大，全国人大常委会，国务院，各部委，省、自治区、直辖市人大及其常委会，省一级人民政府，设区的市的人大及其常委会，设区的市的人民政府，以及自治县、享有授权立法权的市。立法主体必须是享有职权立法权或授权立法权的特定的权力机关和行政机关。

（二）立法必须依照特定的职权和程序

特定的职权即立法权，立法权是指特定的国家机关根据法律的规定或者特殊的授权而依法享有的产生与变更法的国家权力。根据其来源与依据，我国的立法权可以分为职权立法权与授权立法权。② 同时，立法必须依照特定的程序。在我国，狭义上的立法程序主要分为四个阶段：一是提出法律议案。法律议案是指依法享有专门权限的机关和个人向立法机关提出的关于制定、修改和废止法律的正式提案。现代世界各国享有立法提案权的主体各不相同。在我国，全国人大和地方人大会议的主席团、常委会等机关和个人提出法律议案后，必须经过一定程序列入议事日程，再经过广泛调查研究、征求意见、反复讨论形成正式的法律草案，交由立法机关审议。二是审议法律草案。根据我国法律规定，法律草案由全国人大主席团提请全国人大会议讨论，或交有关委员会单独审查或联合审查后，提请全国人大会议讨论。同时，我国《宪法》的修改和重要法律草案，除了由全国人民代表大会讨论外，还要经过全国人民讨论，或者广泛征求意见。如我国在制定《合同法》时，多次修订合同法草案并公布征求意见稿，成为立法民主化的典范。三是通过法律。立法机关在审议法律草案的基础上，采取一定的形式，对法律草案正式表示同意，使之成为法律。四是公布法律。根据《宪法》和《立法法》的规定，我国法律由中华人民共和国主席根据全国人大或全国人大常委会的决定公布。我国民族自治地方人大制定的自治条例和单行条例，省、直辖市人大及其常委会制定的地方性法规，都必须报全国人大常委会备案。

（三）立法内容包括制定、认可、修改、补充、废止法律

在立法的内容中，制定是最基本也是最主要的；认可是承认国际条约、国际惯例、判例或其他规范，使之产生法的效力的活动；修改是指对现行的某规范性法文件的内容或结构作出某种变动，如宪法修正案和刑法修正案；补充是对现行的某一规范性法文件不作改动，而以新的单行法文件对该规范性法文件的内容作出一定的补充；废止是指废除某一法律，终止其效力的活动。

二、立法的价值

法律作为一种社会秩序的调整手段，必然以一定的价值取向为依据，不同的价值取向决定不同的法律观；不同的法律观也体现着不同的价值取向。③ 中国古代儒家强调礼治，

---

① 陈宏光：《立法权概念的评析》，载《安徽大学法律评论》2002 年第 1 期。

② 张海鹏：《授权立法的法理分析》，复旦大学 2014 年硕士学位论文。

③ 宗志强：《司法的价值取向与司法的方法——从司法平衡的角度切入》，载《山东审判》2005 年第 6 期。

法家重视刑治，儒法合流后礼法合流、德主刑辅，形成价值判断上的共同性和通融性。立法价值是指制定（修改）法律（法规、规章），对确认、分配、衡量、维护某种或某些社会关系与社会利益所能产生的符合立法主体需要或立法目的的效益。① 立法的价值就是要在法律中实现自由、平等、安全、民主、效率等法的基本价值，并且在个人与社会、自由与平等、秩序与自由、效率与公平等这些法的价值彼此出现冲突时得到平衡，最终达成高度和谐。

法是一种工具，是人类认识世界与改造世界的重要手段之一。人类通过对客观事物的科学认识，以法特有的指引、评价、预测、教育、强制等规范作用来确定和促进有利于统治阶级的社会秩序，使生产、生活、科研等社会秩序健康发展，正常运转，最终提高效率，确保公平，实现自由与平等。

一方面，法律不仅仅是一种工具，它还具有伦理价值，属于制度文明范畴。法的自身始终与正义、公平等紧密相连。汉字“法”的古体就是一种象征着公平、公正的独角兽；西方很早以前就把法比喻为一手执宝剑、一手持天平的正义女神。这是因为人类社会存在着个人与社会、自由与平等、管理与服从等矛盾，需要法律这一“调剂器”来缓解和调节这些矛盾与冲突，力求实现社会的正义与公平，否则社会将难以存在和发展。另一方面，立法时要贯彻自由、平等、民主等法的价值，使人的生存权、发展权等基本人权得到最大限度的实现。不是人为法律和国家而存在，而是法律与国家为人而存在。② 为全人类或绝大多数人类谋取最大的利益和幸福，应当成为法的终极目的。在我国，立法的价值主要表现在以下几个方面：

（一）保护人民的利益

利益是由一定的经济关系和其他社会关系所决定的客观存在。保护利益可以通过政治的、经济的、行政的乃至道德的手段来实现。但以法律来保护和限制利益，则是最主要和最常用的手段。法律并不是创造利益，而是承认或者拒绝承认某些特定的利益，对其加以保护或限制。而利益在法律上的体现就是权利（包括权力）。因此，权利和义务是法律承认与保护利益的主要方式，也是法律上保障利益的有效手段。在阶级社会，法律是统治阶级意志的产物，而这种意志是“由他们的共同利益所决定的”③，因此，法律又是统治阶级共同利益的体现。

在我国，法律是人民意志与利益的产物，“人民的利益是最高的法律”④。因此，立法就是要用法律手段来维护和促进人民的利益，一切立法都要以人民的意志与利益为出发点和最高准绳。

“人民的利益是最高的法律”是社会主义立法的根本指导思想，也是社会主义立法的价值取向，它表明社会主义立法必须反映全民或绝大多数人民的共同意志，而不能是某一

---

① 郭道晖著：《法的时代呼唤》，中国法制出版社 1998 年版，第 375~376 页。

② 李龙、凌彦君：《马克思主义法学的发源地——〈黑格尔法哲学批判〉解读》，载《理论月刊》2015 年第 3 期。

③ 《马克思恩格斯全集》第 3 卷，人民出版社 1960 年版，第 378 页。

④ 《列宁全集》第 33 卷，人民出版社 1985 年版，第 189 页。

部分人的意志。这是社会主义立法的人民性与民主性的深刻体现。而“人民的利益”这个“最高法律”的具体而基本的体现就是宪法。一切立法都必须以宪法为依据，这也就是以人民利益为依据。社会主义立法要保护人民的利益，就要以“有利于发展社会主义社会生产力，有利于增强社会主义国家的综合国力，有利于提高人民生活水平”为具体目标，就要以马列主义、毛泽东思想、邓小平理论、“三个代表”重要思想以及科学发展观、习近平新时代中国特色社会主义思想为指导思想。

（二）维护权利

如前所述，利益在法律上的体现就是权利（包括权力），任何法律规范都可归结为权利义务结构。法律要保护利益，就须规定特定的主体享有法律上的权利，同时规定不得侵犯他人的权利，或为实现他人的权利而应承担义务。

我国社会主义立法以权利（包括权力）为其核心。1982 年的《宪法》将“公民的基本权利和义务”由原第三章提升到第二章，置于规定国家机构权力之前，表示了对公民宪法权利的重视。公民的权利类型与内容也有了较大发展，恢复了“公民在法律面前一律平等”的规定，增加了公民人格尊严不受侵犯的权利。关于公民的人身自由、宗教信仰自由、公民住宅不受侵犯、通信自由和通信秘密受法律保护，以及公民对于任何国家机关和国家工作人员有提出批评和建议的权利，对他们的违法失职行为有提出申诉、控告或检举的权利等，都比过去规定得更加具体。①

依据《宪法》，我国立法机关制定了一系列有关公民权利的法律。

1. 强调人民的权利至上性

为了维护公民个人的权利，必须首先在立法上维护和加强作为整体的人民的权利及其主要体现者——人民代表大会制度。据此，我国陆续制定了《选举法》《全国人民代表大会组织法》《地方各级人民代表大会和各级人民政府组织法》《村民委员会组织法》等。

2. 重视公民个人权利的立法

在保障公民政治权利方面，制定了《中华人民共和国集会游行示威法》。在保障公民的私权方面，《民法通则》对公民的人身权、财产权、知识产权等作了具体确认与规范，并制定《中华人民共和国婚姻法》《中华人民共和国继承法》、《中华人民共和国专利法》等单行法保护公民的婚姻家庭权、私有财产权、知识产权。而《中华人民共和国物权法》在保护私权方面则更为具体、详尽。

3. 制定社会保障立法

如《国家赔偿法》《劳动法》《义务教育法》等。

4. 保障某些特殊群体利益

我国陆续制定了一系列有关法律，包括《残疾人保障法》《未成年人保护法》《老年人权益保障法》《妇女权益保障法》《消费者权益保护法》等。

5. 重视权利救济

我国先后制定了《刑事诉讼法》《民事诉讼法》《行政诉讼法》。尤其是《行政诉讼

① 彭真：《关于中华人民共和国宪法修正草案的报告》，载《中华人民共和国法律及有关法规汇编（1979—1984 年）》，人民出版社 1985 年版，第 616~617 页。

法》的颁布，为“民告官”提供了重要依据，标志着我国民主建设的重大进展。此外，我国还于1999年颁布了《行政复议法》，扩大了行政复议的范围，加大了权利立法的力度，加强了行政机关内部监督，这一系列举措对促进行政机关依法行使职权，维护公民利益和社会秩序，保护公民、法人或其他组织的合法权益，都具有重要意义。

（三）制约权力

任何权力天生都有扩张性，不受制约就会导致权力专横与权力腐败，使人民的民主权利和其他权利受到损害。① 因此，立法在赋予权力时应对其加以制约。根据宪法及相关法律规定，我国实行的是人民代表大会制度，人民的权利是至上的。行政机关、司法机关由人大产生，对人大负责，受人大监督，各权力之间不是平等或平衡的。由全国人大和地方各级人大的权力对行政机关和司法机关的权力加以监督、制约。而由人民选举产生的人民代表大会必须接受人民群众的监督，人民群众可以其享有的政治权利和社会权利对人大进行监督制约，从而最终实现权与利的平衡。另外，司法机关还可对行政侵权行为进行制约，司法机关内部也可以进行相互制约。

对权力的制约包括对立法权、司法权和行政权的控制。

首先，对立法权的制约。此处的立法权是广义的立法权，包括全国人大及其常委会制定法律的权力，国务院制定行政法规的权力，省级人民代表大会制定地方性法规的权力以及民族自治地方人大制定自治条例与单行条例的权力，如已在宪法中有了原则性规定，则任何法律与法规的内容，都不得与宪法相抵触。2015年3月15日修改施行的新《立法法》对此也作了规定。但在现实中仍存在一些制定法律尤其是地方性法规越权、侵权的行为，因此，需要制定监督法对此种越权、侵权行为加以制约。

其次，对司法权的制约。我国在《人民检察院组织法》、《人民法院组织法》及三大部门诉讼法中，都对司法机关之间的相互配合与相互制约以及审判监督程序等方面作出了具体规定。但由于规定得过于原则，其实际成效不尽理想。同时一些外部干扰因素影响了法院、检察院依法独立行使职权，如何对其加以制约亟待在立法上进行明确规范。

最后，对行政权的制约。这主要是对行政越权与行政侵权的制约。关于这一方面的内容，本书将在下一章中加以详细阐述。

我国正处于社会转型时期，推行法治已成为时代的迫切要求。在我们这样缺乏法治传统的国家，建构以法律作为社会秩序的调整方式，应考虑人性中自然属性与社会属性之间的矛盾与冲突，在此基础上寻找到一种恰当的社会控制方式。② 伴随着经济体制的转变，人们的利益格局也朝着多元化的方向发展，人的自然属性中的个人欲望不断增强，与社会属性的冲突也在不断加剧。与此相对应，对社会秩序的调整方式也应具有多元化。一方面加强伦理建设，提高个人道德修养，增强人的社会属性；另一方面加强法制建设，进行系列立法，规范社会行为方式，以抑制人的自然属性的过度膨胀。伦理建设与法治建设并举，在我们这样一个物质文明和精神文明均尚欠发达的国家，是达到社会有序化

① 《权力不受制约监督必然导致滥用和腐败》，载《人民日报》2009年3月18日。

② 姜登峰：《法律起源的人性分析——以人性冲突为视角》，载《政法论坛》2012年第2期。

的必由之路。①

第二节　立法者的公心与私利②

按照法律伦理学的原理，立法者不应也不能运用立法权为自己谋取权益。这就要求有一个“没有利害关系的立法者”，即立法主体最好不是利益的直接相关人，而且能具有相对超然的态度。这种立法者的利益超然性，即所谓的立法者的“公心”。

但立法机关也有其权益，特别是当立法主体是某个行政部门或地方机关时，就易产生部门和地方保护主义，出现立法时“借法扩权”的现象，此所谓立法者的“私利”。

一、立法者的公心

法是由国家制定或认可的、调整人们的行为或社会关系的社会规范；法是规定权利和义务，由国家强制力保证其实施的社会规范。立法者在立法过程中必须实现立法的价值，兼顾效率与公平，保持高度的利益超然性。③ 但立法者的利益超然性，并不能排斥其应有的利益倾向性。因为，法律是统治阶级或人民共同利益的体现，立法者决不能逾越这个共同利益，而应该站在本阶级或全体人民的立场上，维护本阶级或全体人民的整体利益、长远利益，并权衡各种不同的利益，做到有所侧重、有其倾向。

社会主义法是广大人民的共同意志和利益的集中体现。这里的“人民”范围很广，除了工人、农民、知识分子外，还包括一切拥护社会主义的爱国者和拥护祖国统一的爱国者。我国由于历史的原因，存在多种经济成分，而每一种经济成分都有其利益的体现，因此，社会主义法必须集中体现代表不同经济成分的各类主体的特殊利益。处理利益关系的基本原则应是兼顾国家、集体、个人三者的利益。党和国家的基本路线、方针、政策是人民意志和利益的基本体现，法律就对其予以充分的体现。④ 立法者应贯彻“一个中心，两个基本点”的路线；应妥善处理“改革、发展、稳定”的关系，应反映经济体制和经济发展方式两个根本性转变的要求，应力求用法定制度引导社会成员树立正确的竞争观念，正确处理竞争与协作、自律与监督、效率与公平、经济效益与社会效益之间的关系；应发挥法律的引导功能，引导社会成员形成把国家利益即公共利益放在首位，而又充分尊重公民个人合法利益的社会主义利益观；⑤ 应防止和制约不适应社会主义市场经济要求的行政管理体制制度化、法律化以及妨碍政府职能转变和行政管理体制改革、政府机构改革的做法。

立法者要确保“公心”，实现立法的价值，必须坚持正确的立法指导思想和基本

---

① 特约评论员：《德法兼行 共治国家》，载《道德与文明》2001 年第 2 期。

② 余其营、吴云才著：《法律论理学研究》，西南交通大学出版社 2009 年版。本节参考了此书的有关章节编写而成。

③ 魏长领、李源：《法治国家建设的道德基础》，载《伦理学研究》2018 年第 2 期。

④ 辛守良：《兼顾三者利益思想是马克思主义理论的光辉发展》，载《经济科学》1984 年第 6 期。

⑤ 付子堂：《对利益问题的法律解释》，载《法学家》2001 年第 2 期。

原则。

（一）坚持正确的立法指导思想

我国的社会主义立法，必须坚持马克思列宁主义、毛泽东思想、邓小平理论、“三个代表”重要思想以及科学发展观，遵循宪法的基本原则，以经济建设为中心，坚持社会主义道路，坚持人民民主专政，坚持中国共产党的领导，坚持马克思列宁主义、毛泽东思想、邓小平理论，坚持改革开放，尤其要坚持“解放思想，实事求是”的思想。这就要求立法者必须摆脱旧的计划经济体制的束缚和传统的人治思想观念，克服“左”的教条主义和超越阶级的乌托邦思想，以我国长期处在社会主义初级阶段这一科学论断与基本国情为依据，以邓小平理论为指针，建立适应社会主义市场经济体制的法律体系，规定我国立法的基本原则、发展方向与根本任务。尤其是在我国加入世界贸易组织的新形势下，立法者必须坚持正确的指导思想，制定和修改一系列适应国际发展需要的法律法规，形成内容完备、结构严谨、内部和谐、形式科学的社会主义法律体系。

（二）坚持正确的立法基本原则

立法基本原则实质上是立法所遵循的目标以及追求的价值、理念和精神，是法律的灵魂，是立法工作的指南。社会主义立法基本原则包括社会主义民主原则、人民利益至上原则、以权利为核心原则、权力制衡原则、原则性与灵活性相结合原则等。

1. 坚持人民利益至上原则

坚持人民利益至上原则，要求立法者对各种利益加以权衡并在立法中进行公平合理的分配。第一，要坚持“人民的利益是最高的法律”。如前所述，这是社会主义立法的根本指导原则，是实现依法治国的保障。① 第二，要以国内各民族中最大多数人的最大利益为准则。但并不排斥少数人的利益，要以“照顾少数”原则作为补充。在宪法和有关法律中，都要有照顾少数民族特殊利益的变通规定。第三，要坚持利益优先与利益兼顾的结构优化原则。立法者在确认或否定某种利益时，要选择最佳的利益结构，既要将某些重要利益置于优先位置，又要兼顾各种不同利益。② 第四，坚持利益分配的公平正义原则。衡量利益在立法中的分配是否符合公平正义原则，最终标准在于这种分配是否符合一定生产方式的要求，是否有利于解放和发展社会生产力，是否有利于社会进步。

2. 坚持以权利为核心原则

实现社会主义法律的民主化，要求立法者有明确的公民权利意识，处处以公民权利为重。第一，要落实宪法中有关公民各项权利与自由的立法。在规定行使宪法权利的原则与范围的同时，要规定侵犯或滥用这些宪法权利的行为所应负的法律责任。第二，在制定授权性规范时，不能因扩大行政或司法的权力而损害公民的权利。第三，在制定命令性、禁止性规范时，应以不侵犯公民的合法权利为度。譬如在制定保密法时，不能侵犯公民的知情权。第四，坚持权利立法的实在性。由应有权利到法定权利再到现实权利，是立法与执法和行使权利的过程，其中，立法具有决定意义。因此在立法时，除全面规定各种概括权

---

① 翟小波：《代议机关至上的人民宪政》，载《清华法学》2007 年第 2 期。

② 张斌：《论现代立法中的利益平衡机制》，载《清华大学学报（哲学社会科学版）》2005 年第 2 期。

利和具体权利外，还须对实现权利予以物质保证与制度保证。第五，保证权利救济。我国已制定了《国家赔偿法》《行政复议法》以及刑事、民事和行政三大诉讼法，使公民可以从多种渠道获得司法救济。同时，立法者也应规范立法，使权利救济渠道更加全面，更加易于操作。

3. 坚持权力制衡原则

正当、合法地行使权力，是为了加强管理，提高效率。如果对权力放任不羁，其强制性就会变为侵犯性，导致权力滥用，从而侵犯人民的权力或公民的权益。立法中要注意在授权与限权上取得平衡，实现对权力的制衡。立法者只有坚持正确的立法指导思想和根本原则，增强立法伦理观念，才能确保"公心"，实现立法的价值。

二、立法者的私利

法律作为统治阶级或人民意志的体现，绝不能对某一个利益主体情有独钟。① 这就要求立法者必须具有较高素质，能高瞻远瞩，权衡诸多利益冲突，对众多的立法要求作出正确的抉择，确保公平与正义等法的价值的实现。但由于不同群体都有各自的行为目标和利益，立法者也有其自身权益以及受其他原因的驱使，极易产生私利。

立法者由于利益的驱使，在立法过程中容易带有主观色彩,② 特别是当立法主体是某个行政部门或地方机关时，极易产生部门和地方保护主义，进而产生立法冲突，致使法律成为某些部门之间和地方之间争权夺利的工具。

有专家指出，部门保护主义和地方保护主义的主要表现有：(1) 自觉和不自觉地企图通过立法片面地强化、扩大部门权力，主要是争得为本部门、本系统带来实际利益的审批权、发证权、收费权、处罚权；(2) 不大重视社会主义法制的统一和尊严，自觉和不自觉地从本部门、本地方考虑问题，不适当地追求建立、完善本部门、本地方的所谓"法律体系"，各自为政；(3) 自觉和不自觉地企图通过立法解决在日常工作中难度较大的实际问题，主要是机构、编制经费（财政拨款、减免税收、银行贷款、社会集资）以及具体工作问题、技术问题、思想教育问题；(4) 超越职权、擅自解释法律、法规，或者各搞各的规章"打规章仗"，干扰、冲击法律、法规的正确执行。部门和地方保护主义的存在严重损害了社会主义法律的统一和尊严，易滋生权力滥用与权力腐败，败坏社会风气，影响法治建设和伦理建设，进而影响社会主义事业的顺利发展。

由于立法权限不明以及部门和地方保护主义等原因，容易在立法过程中形成立法冲突。立法冲突不仅给当事人造成巨大经济损失，而且使公民和法人在经济活动中无所适从，损害人们对法律的信任和信心，危及我国的法治建设。

造成立法冲突的深层原因除立法主体多元化、立法权限不明外，最重要的原因是经济

---

① 方世荣、孙才华：《关于政策与法律关系的再思考——从集中和反映人民意志的视角》，载《湖北社会科学》2006 年第 5 期。

② 吴卫忠：《论立法过程中的利益表达》，载《湖南医科大学学报（社会科学版）》2008 年第 4 期。

利益多元化。① 改革开放以来，经济上的利害关系冲突加剧，不同的经济利益产生不同的立法需求。这种立法需求在没有得到事先规范和事后有效监督的情况下，必定产生一定程度的立法混乱。由于立法的利益含量增高，法律的背后是经济利益，许多法律的冲突实际是经济利益之争。② 例如，北京市曾出台一项地方性法规，要求外地户口进入北京市的个人或单位向北京市交纳五万至十万元城市增容费，这一法规一出台就遭到中央机关的反对。北京市政府不得不发文停止了这一法规的实行。由此可见，造成立法冲突的内在原因是经济利益的驱使。

要克服立法者的私利，确保公心，就必须坚持社会主义的指导思想和基本原则，并从法律上加以明确，在实际中确保实施。《中华人民共和国立法法》第 3 条规定："立法应当遵循宪法的基本原则，以经济建设为中心，坚持社会主道路，坚持人民民主专政，坚持中国共产党的领导，坚持马克思列宁主义毛泽东思想邓小平理论，坚持改革开放。"第 4 条规定："立法者应当依照法的权限和程序，从国家整体利益出发，维护社会主义的统一和尊严。"第 5 条规定："立法者应当体现人民的意志，发扬社会主义民主，保障人民通过多种途径参与立法活动。"这些规定第一次从法律上规定了社会主义立法的指导思想和基本原则，对于规范立法活动，健全国家立法制度，建立和完善有中国特色社会主义法律体系，保障和发展社会主义民主，克服地方和部门保护主义，推进依法治国，建设社会主义法治国家，都具有十分重要的意义。

第三节　立法职业伦理

要探讨立法职业伦理，首先需要明确三个问题：第一，为什么要有立法职业伦理？即立法职业伦理存在的必要性；第二，立法职业伦理探讨的是法律问题还是道德问题？第三，立法职业伦理与一般道德的关系是什么？③ 下文将先对这三个问题作出回答，并最终在此基础上对立法职业伦理的内容加以释明。

一、三个问题及其解答

第一个问题，为什么要有立法职业伦理？

首先，立法者应受到约束。如前所述，立法者有其公心，这要求立法者不应也不能运用立法权为自己谋取利益，但同时，立法者也有其私利，且其私利的克服不能仅凭借立法者自身的道德素养，毕竟立法者剥去其光鲜亮丽的外壳后，也只是普通人，而人都是逐利的。

其次，应当用立法职业伦理约束立法者。④ 就现行立法而言，诸如《宪法》《立法

---

① 杨世建：《法制统一的反思：中央与地方立法权限的界分及冲突解决》，载《南京大学法律评论》2006 年第 2 期。

② 蔡定剑：《法律冲突及其解决的途径》，载《中国法学》1999 年第 3 期。

③ 参见唐永春：《法律职业伦理的几个基本问题》，载《求是学刊》2003 年第 5 期。

④ 参见易有禄：《基本权利：立法权正当行使的内在限度》，载《人权》2015 年第 2 期。

法》都规定了立法者立法应该遵守的原则或程序，从表面上看，是法律在对立法者进行约束。但是法律上至根本大法宪法下至地方性法规，无一不是出自立法者之手，悖论就此产生——我们将约束立法者的希望寄托于这些规则上，而这些规则却是由立法者所确立的，约束的有效性难以保障。故笔者认为，应当用立法职业伦理对立法者进行约束。至于其具体如何发生效力，将会在第三个问题中提到。

第二个问题，立法职业伦理讨论的是法律问题还是道德问题？

此处的法律问题是指立法活动是否符合法律已明确规定的立法原则、立法程序，道德问题则是指立法活动是否符合实质的道德准则。显然，此处讨论的应该是道德问题，即立法活动是否符合实质的道德准则，其原因在于，立法原则和程序其实是制度化的道德准则，其理解与应用、修改与创制，都需要实质的道德准则作为依据和支撑。① 换言之，对立法职业伦理的讨论是应然而非实然的讨论，想要说明的是立法应当遵守怎样的行为准则，而不是它目前被规定为什么。当然，这并不意味着我们要抛开现有法律规定，相反，由于立法是其背后实质道德法律化重要途径，我们将以其作为出发点进行讨论。

第三个问题，立法职业伦理与一般道德的关系是什么？

一般道德进行的评价，是一种好与坏的价值评价，即“什么是好人”与“什么是坏人”，而对于立法职业伦理来说，它所关注的重点并不是好与坏的区别，而是实质的“人”，即它最关心的命题是“立法者的一般性质”。② 当然，这并不是说我们不能对立法者作出好与坏的评价，只是这种好与坏的评价并不是立法职业伦理所考虑的。这是因为，假定立法职业伦理关心的是“怎样才是一个好立法者”，那么诸如穿着得体、热爱生活等品质，都将无可争议地被纳入“好”的职业伦理中，在理论上，这种职业伦理将无穷无尽，对立法职业伦理的讨论即使不失去意义，也将变得冗长而繁琐。③ 故，符合立法职业伦理并不是某一主体成为“好”的立法者的标准，而是某一主体成为真正的“立法者”——即该主体取得行使立法权的正当性的必然要求。④

对立法职业伦理与一般道德的讨论，有两个目的：其一，避免在讨论中陷入这样的误区：将一般道德（或者比一般道德更高的道德标准）作为立法职业伦理的关注重点，从而导致立法职业伦理的讨论变得空泛而无意义；其二，通过证明立法职业伦理的约束力，佐证第一个问题中提到的“应当用立法职业伦理约束立法者”的观点。第一个目的已经在上述讨论中自然实现，而第二个目的还需稍加推导：如前所述，立法职业伦理是某一主体成为真正立法者的必要条件，那么一旦其行为违背立法职业伦理，即使其形式上仍是在行使立法权，也不成其为真正的立法者，相应的，其所立之法也因此失去了正当性。⑤ 简而言之，立法职业伦理之效力在于——否定不遵守它的立法者本身，从而否定不正之

① 参见陈秀萍：《试论道德法律化》，载《当代法学》2001 年第 3 期。

② 陈景辉：《同案同判：法律义务还是道德要求》，载《中国法学》2013 年第 3 期。

③ 参见陈景辉：《忠诚于法律的职业伦理——破解法律人道德困境的基本方案》，载《法制与社会发展》2016 年第 4 期。

④ 参见张振鹏：《角色伦理调控功能论析》，载《道德与文明》2012 年第 4 期。

⑤ 杜雪飘：《浅谈立法的伦理价值》，载《法制博览（中旬刊）》2012 年第 2 期。

法。①

综上，我们确立了这样的讨论基础：(1) 立法职业伦理有必要存在。(2) 其内容不是法律法规的已然规定，而是遵守其背后的实质价值或准则。(3) 立法职业伦理关注的不是评价好坏的一般道德，而是赋予立法者行使立法权的正当性的那些准则。将这三点联系在一起，我们可以得出这样的结论：如果存在这样一种价值或行为准则，可以给予立法者之立法以正当性，那么立法职业伦理的内容就是：立法者应当遵守这一价值或行为准则。

二、宪法是立法正当性之来源

要找到立法背后的实质性准则，我们应该且只能从《宪法》入手，这是由宪法的根本大法地位所决定的。《宪法》第 5 条明确规定："一切法律、行政法规和地方性法规都不得同宪法相抵触。"《立法法》第 1 条也明确规定："为了规范立法活动，健全国家立法制度，提高立法质量，完善中国特色社会主义法律体系，发挥立法的引领和推动作用，保障和发展社会主义民主，全面推进依法治国，建设社会主义法治国家，根据宪法，制定本法。"故找到了宪法背后的实质性准则，该准则将能普遍适用于一切立法活动。

《宪法》第 58 条规定："全国人民代表大会和全国人民代表大会常务委员会行使国家立法权。"故宪法可作为立法权正当性的来源，只是有个前提——要使源于宪法的权力获得正当性，我们要先证明宪法的至上性本身。

（一）制宪权视角的局限

在西方，宪法的至上性源于自然法中的高级法观念，自然法并非实证意义上的法律，它是一种关于正义的观念。自然法起源于古希腊哲学，它的形成戴着神学的枷锁，它要求人们不得违背神的旨意。随着经济的发展，自然法所追求的正义和自由被解放出来，柏拉图的正义论体现了最朴素的自然法思想，即法律的制定必须以正义为原则。② 资产阶级革命胜利后，自然法学派所提倡的权利、平等、法治等理念符合资产阶级的政治需求，孟德斯鸠的三权分立、洛克的天赋人权更是直接被写入宪法中。由此，宪法便带上了自然法的高级法色彩，从而具有了至上性。

在我国，宪法虽然缺乏古老的自然法作为支撑，但有长篇的宪法序言作为立宪背景。有学者主张，《宪法》序言赋予了宪法高级法地位："本宪法以法律的形式确认了中国各族人民奋斗的成果，规定了国家的根本制度和根本任务，是国家的根本法，具有最高的法律效力。"其中"以法律形式"和"本宪法……具有最高的法律效力"就直指制宪权和立宪时刻，制宪权和立宪时刻标志着一个国家法律计时的开始，是一个神圣的时刻，因此高于政府和日常立法。③

但是，从制宪权视角赋予宪法至高性存在两个难以回避的问题。

第一，要想把宪法的至高性建立在制宪权和立宪时刻上，就内在地要求制宪权是绝对

① 刘爱龙：《论立法者的伦理素质》，载《学术交流》2007 年第 4 期。

② 参见刘瑞：《西方自然法思想述评》，载《知识经济》2010 年第 19 期。

③ 陈端洪：《论宪法作为国家的根本法与高级法》，载《中外法学》2008 年第 4 期。

的且一次性的，因为如果制宪权可以反复多次行使，宪法将会随时处在可以被重新制定的不确定状态，其至高性自然也就不存在了。既然制宪权是一次性的，那么之后对宪法的修改只能被理解为修宪权，可是矛盾却出现了：中华人民共和国的立宪时刻是“五四宪法”的制定，然而1957年后“五四宪法”被搁置了，其后“七五宪法”“七八宪法”到“八二宪法”，到底是修宪权的行使还是制宪权的行使?① 如果看作修宪权的行使，其修改幅度未免太大，而且如此大幅度的修宪权与制宪权之间的界限十分模糊；如果看作是制宪权的行使，则会损伤宪法至上性。

第二，制宪权与人民主权原则存在矛盾。《宪法》明确规定“中华人民共和国的一切权力属于人民”。一方面，制宪权赋予宪法以至上性；另一方面，人民作为主权者享有国家的一切权力，必然有一方需要服从。如果人民权力凌驾于宪法之上，那么宪法自然失去其至上性；如果制宪权凌驾于人民主权之上，制宪权本身的正当性来源又将遭到质疑。

（二）宪法的必要性视角

第二种视角，从宪法存在的必要性入手。

当代宪法的正当性都面临这样的悖论：一个正当的宪法只能通过民主的认可被接受，而民主的认可需要先于宪法的程序来形成，但该程序本身也需要民主的认可。②

宪法具有正当性，论证其能准确反映人民意志并不是唯一路径。换个视角，如果能论证宪法保障了民主价值，宪法也能具有正当性。即由于传递人民意志的程序无法先于宪法自行获得正当性，故人民意志的表达从根本上就存在瑕疵，且容易被滥用，因此，宪法的必要性不在于体现人民意志，而在于防止其不受控制或在转化为国家意志过程中发生异化。宪法中的规范性要素，自由和平等则是近代人民主权的必然要求，人民作为整体性概念，必然预设了人的社会属性以及人与人之间的沟通，在沟通中，要真正体现民主的本质，则必然要求每个人的自我决定权，并拥有“平等的自由”，这同时构成了对人民意志和以此为基础的国家权力的限制。③ 在此视角下，宪法获得了正当性。

（三）宪法序言作为高级法背景

第三种视角，对比于西方以自然法作为宪法的高级法背景，我国扮演宪法高级法背景的就是宪法序言。

我国宪法序言洋洋洒洒一千八百余字，其实质上是一份“史记”，从鸦片战争后为国家独立、民族解放和民族自由进行的奋斗，到废除帝制创立民国的辛亥革命，再到中华人民共和国的成立，一化三改，现在处于并将长期处于社会主义初级阶段……其首要记载了四件大事，即推翻帝制，推翻三座大山，完成所有制改造，发展经济建设。在这四件大事中，有三件是由中国共产党领导者人民完成的，这其实说明：宪法序言通过将历史事实精心排列，上升为不以人的意志为转移的客观历史规律。④ 如果说美国宪法序言是通过“我们人民”这样的措辞，以契约为宪法赋予了效力，那么我国宪法就是通过历史性、“中国

① 参见贺日开：《修宪权受制性的法理沉思》，载《法学评论》2006年第5期。

② 王锴：《制宪权的理论难题》，载《法制与社会发展》2014年第3期。

③ 李忠夏：《从制宪权角度透视新中国宪法的发展》，载《中外法学》2014年第3期。

④ 喻中：《论宪法的终极效力依据》，载《政法论丛》2011年第2期。

人民”的贯穿始终性、“国家独立、民族解放、民主自由”的目的统一性，使宪法既不脱离古代文明，又带有现代民主色彩，从而为宪法提供了效力依据。①

三、立法职业伦理——遵守宪法

根据我们在本节第一部分所梳理的逻辑，立法职业伦理要求立法者遵守使其立法具有正当性的准则，而宪法使立法者之立法具有了正当性，宪法本身又是正当的，于是立法职业伦理的内容就是“遵守宪法”。对此应作如下理解：

第一，遵守宪法指的并不是机械地遵守，而是发自内心地尊重宪法，理解并拥护宪法。这意味着立法职业伦理不应浮于表面，而应该深植于每一个立法者的内心。

第二，遵守宪法，并不意味着立法者只用遵守宪法。除宪法之外，那些遵循了宪法的基本原则，弘扬了宪法精神，保障了宪法实施的，不抵触宪法的法律也应自然得到立法者的尊重。只是这种尊重应建立在审慎的基础上——即以宪法为唯一绝对的标尺，时刻以宪法标准对其他法律规范进行衡量，不得抵触。

第三，遵守宪法，同时敬畏法律。敬畏法律，是为了避免出现“泛法律化”现象，即立法者对任何问题或矛盾，都试图以法律的方式加以解决。诚然，法律是社会关系的调节器，但这不意味着其是万能的，混淆法律与政策、法律与道德的调整边界，百害无一利。②

四、立法职业伦理的约束力——以祁连山立法失职追责为例

立法职业伦理是为约束立法者而存在的，为避免其缺少实际约束力而沦为空谈，有必要探究立法职业伦理的效力。笔者以祁连山立法失职追责为例，进行讨论。

2017 年 7 月，中共中央办公厅、国务院办公厅就甘肃省祁连山国家级自然保护区生态环境问题发出通报。该通报指出：生态环境问题的发生，原因包括“立法层面为破坏生态行为放水”，依照党政同责、一岗双责、终身追责、权责一致的原则，对相关立法者在修正《甘肃省祁连山国家级自然保护区管理条例》过程中失职、渎职，致使该条例部分内容严重违反上位法的规定的行为问责。③

值得注意的是，由于立法工作的特殊性，在许多情况下，即使通过的法律法规有问题，也是不能追责的。《宪法》第 75 条规定：“全国人民代表大会代表在全国人民代表大会各种会议上的发言和表决，不受法律追究。”其背后的逻辑在于：为使立法者不畏强权或利益集团的威胁，大胆表达民意，真正成为人民意志与利益的忠实代言人，④ 立法者在立法过程中的一些行为应受到保障。这意味着，即使因人大代表的错误观点导致“问题立法”被通过，也不能追究其责任。通过祁连山立法失职追责事件与人大代表言论免责

---

① 参见田飞龙：《宪法序言：中国宪法的“高级法背景”》，载《江汉学术》2015 年第 4 期。

② 刘祎：《论哈特之〈实证主义和法律与道德的分离〉》，载《商》2014 年第 44 期。

③ 《中共中央办公厅、国务院办公厅就甘肃祁连山国家级自然保护区生态环境问题发出通报》，载《人民日报》2017 年 7 月 21 日。

④ 杨临宏、苏西刚：《试论人大代表的言论免责权》，载《云南法学》2000 年第 2 期。

权的对比，可以看出，对立法失职的追责，实质依据不在于结果——所立之法的好坏，而在于其行为本身是否符合某种规则。且笔者认为，这种规则不是局限于关于立法追责的有关条例，而是其背后的立法职业伦理。原因在于，职业伦理作为一种行为准则，其内在地包含了“遵守职业伦理，即不受谴责，不遵守职业伦理，则带来可谴责性”的意味。

综上所述，立法职业伦理的约束力体现为：立法者违反立法职业伦理，将导致对立法者立法失职的追责；立法职业伦理作为立法失职追责的实质依据，间接对立法者产生约束力。

第三章　行政伦理

正如英国历史学家阿克顿所说："权力使人腐败，绝对的权力绝对使人腐败。"① 权力具有天然的腐朽性，因此，需要加强行政伦理建设，对行政权进行法律上的控制和道德上的约束，制定公务员伦理规范，以提高公务员的职业素养。

第一节　行政权的法律控制

行政权具有强制性、自我扩张性等特点，如果行政机关违法或不当地行使权力，容易侵犯公民、法人或者其他组织的合法权益，从而破坏统一的法律秩序进而影响社会公共利益。因此，需要对行政权进行法律控制。立法的价值之一就是对权力的制衡。

一、行政权法律控制的内容

行政权进行法律控制就是要求行政主体依法行政，依法行政要求行政主体必须依据法律法规取得、行使行政权力，并对行使权力的行为承担法律责任。它贯穿于行政权力过程的始终，是指导、规范行政权运作的基本准则。其主要内容有：

（一）职权法定

行政权是以国家强制力为保障，维护社会秩序和社会公共利益，增进社会福利，保障公民生命、财产和人身自由不受侵犯的权力。由于行政权事关公共利益和个人权益，同时又具有强制性和自我扩张性，极易被滥用。一旦行政主体不当行使或滥用此项权力，不仅会损害社会公共利益，而且会给公民、法人的人身、财产权利造成损失。为此，必须对行政权的取得、行使加以规范和约束。行政主体的自我规范和约束只是一种途径，更主要的是应当通过反映和代表人民意志的法律加以规范和约束。② 从这种意义上说，行政主体的所有权力都应当由法律予以创设和规定具有特别的意义。

所谓"职权法定"，就是指行政机关及其工作人员的职责、权力均由法律创设，行政机关及其工作人员行使权力都应当以法律为依据，非依法律取得的权力应当被推定为无权限，非依法律规定行使的权力应推定为无效。③ 相应的行政行为自始不产生法律效力或根据行政相对人的请求，由有权机关终止其法律效力。职权法定是保障公平合法行政的前提，是行政权的法律控制的重要组成部分。

---

① ［英］阿克顿著：《自由与权力》，译林出版社 2011 年版，第 123 页。

② 罗培新：《从政府管制走向市场导向》，载《法学》2003 年第 5 期。

③ 袁玲：《论行政法中的责任行政原则》，中国政法大学 2006 年硕士学位论文。

职权法定还表明，未经法律授权的事项，行政主体不得为之。对于可能侵犯公民、法人或其他组织合法权益的权力，凡是法律未授予行政机关的，行政机关不得行使。换言之，行政机关及其工作人员行使的可能影响公民、法人或者其他组织的人身、财产权益的行为，必须得到法律的明确授权，行政机关不得享有法律规定以外的任何特权。

（二）权责统一

行政法上行政权力与行政责任是密不可分的。行政机关行使的权力又是必须承担的责任与业务。① 如维护社会治安、惩治违法行为既是公安机关的主要权力，同时也是一种义务。如果公安机关在违法行为出现时不行使这项权力，也就意味着失职渎职，没有依法履行义务。在通常情况下，行政主体不能放弃让渡其权力，否则就意味着失职、不作为。在个别情况下，行政机关可以依法行使或不行使其自由裁量权，这取决于法律的特别授权规定。

（三）依程序行政

程序合法是实体权力合法的保障。在西方许多国家，依程序行政源自英国的“自然公正原则”和美国的“正当程序原则”。② 其基本含义是：任何人不能成为审理自己案件的法官；行政机关在行使权力、裁决纠纷时不能偏听、偏信，应当给予当事人同等的辩论权利；对当事人作出不利裁定前，应当事先通知并给予其听证的机会。随着越来越多的国家制定行政程序法或建立行政程序制度，依程序行政已构成行政行为规范和监督行政权力的普遍规则。③

（四）违法行政必须承担法律责任

依法行政的关键是行政机关必须依法承担行使职权产生的法律责任。行政机关违反职权法定、权责统一及依程序行政等法律规定及原则行使职权的，必须承担相应的法律后果，接受必要的制裁。行政主体承担法律责任是多种形式的，既包括行政责任、民事责任，又包括刑事责任。没有法律责任就没有依法行政，也就没有对行政权的法律控制。要求行政主体承担法律责任是保障行政机关及其工作人员依法行政的根本方式，也是实现对行政权的法律控制的有效途径。

二、行政权法律控制的方式

对行政权的法律控制的方式，包括内部控制与外部控制两种。

1. 内部控制

内部控制即在有关行政法或行政机构组织法中，专门规定某些防止滥用职权、制裁不公正或错误的行政行为的条款，可以是一些行政权限的界定或限制性规定，也可以是为监督行政机关及其工作人员、审核其行政决定而规定特别程序，如行政机关的行政程序、国家工作人员守则等。此外，我国已通过立法，设置了某些横向的内部监督机关，如审计机

---

① 张坤世：《论行政法上的责任行政原则》，载《广东行政学院学报》2005 年第 5 期。

② 袁曙宏：《西方国家依法行政比较研究》，载《中国法学》2000 年第 5 期。

③ 王万华：《新行政诉讼法中“行政行为”辨析——兼论我国应加快制定行政程序法》，载《国家检察官学院学报》2015 年第 4 期。

关等。这种横向监督可以避免行政系统内部纵向的上下级监督，但仍易偏袒、姑息某些行为，仍需要更加明确的法律规定。

2. 外部控制

外部控制主要是指来自行政机关外部的国家权力机关、监察机关及司法机关的控制。权力机关对行政权的控制主要是宪法规定的法律监督，包括对行政行为的合理性、合法性及行政机关工作人员的遵纪守法等方面的监督，可以撤销行政机关制定的行政法规、规章和其他不适当的行政决定。司法机关对行政权的控制主要是人民法院的监督。监察机关的控制主要是指监察机关可以对涉嫌职务违法，贪污贿赂、失职渎职等职务犯罪的行政机关工作人员进行调查和留置。① 人民法院主要是通过行政诉讼和行政复议等法律行为，对具体行政行为的合理性、合法性进行审查，撤销违法的具体行政行为，变更显失公平的行政处罚行为等。

第二节　行政权的道德控制

一、道德对行政权的约束

有权力就可能产生腐败，凌驾于社会之上的国家是人类最后一个“祸害”，表明国家(政府) 并非道德的化身。② 所以，不仅需要用法律去制约行政权，而且在法律难以干预或者干预不力的地方，道德应当作为辅助力量去填充这个真空，并强化法律的力度。

中国古代儒家崇尚德治，重视统治者的德治，即对行政权的道德约束。③ 孔子要求“为政以德”（《论语・为政》）、“克己复礼，天下归仁”（《论语・颜渊》）；孟子强调“以德行仁者王”（《孟子・公孙丑上》），主张“以德服人”（《孟子・公孙丑上》）；荀子更直接主张以“王道”（孔子的德治思想）约束行政权：“人主者，天下之利执也。得道以持之，则大安也，大荣也，积美之源也；不得道以持之，则大危也，大累也，有之不如无之。”（《荀子・王霸》）。④ 汉唐以后，礼法合流，“德礼为政教之本，刑罚为政教之

① 《中华人民共和国监察法》第 15 条规定：监察机关对下列公职人员和有关人员进行监察：(一)中国共产党机关、人民代表大会及其常务委员会机关、人民政府、监察委员会、人民法院、人民检察院、中国人民政治协商会议各级委员会机关、民主党派机关和工商业联合会机关的公务员，以及参照《中华人民共和国公务员法》管理的人员；（二）法律、法规授权或者受国家机关依法委托管理公共事务的组织中从事公务的人员；(三）国有企业管理人员；(四）公办的教育、科研、文化、医疗卫生、体育等单位中从事管理的人员；（五）基层群众性自治组织中从事管理的人员；（六）其他依法履行公职的人员。第 19 条规定：对可能发生职务违法的监察对象，监察机关按照管理权限，可以直接或者委托有关机关、人员进行谈话或者要求说明情况。第 20 条规定：在调查过程中，对涉嫌职务违法的被调查人，监察机关可以要求其就涉嫌违法行为作出陈述，必要时向被调查人出具书面通知。对涉嫌贪污贿赂、失职渎职等职务犯罪的被调查人，监察机关可以进行讯问，要求其如实供述涉嫌犯罪的情况。

② 郭道晖：《道德的权力和以道德约束权力》，载《律师世界》2002 年第 6 期。

③ 陈立滢：《中西古代德治思想比较研究》，西南政法大学 2006 年硕士学位论文。

④ 郭道晖：《道德的权力和以道德约束权力》，载《律师世界》2002 年第 6 期。

用”（《唐律疏议》），礼法并举、德主刑辅成为历代王朝奉行不替的治国方针。对于一般官吏，我国古代也曾设“清议”（或称乡议），举孝廉，实行九品中正制度，进行道德约制。

现代西方国家，其法治比较发达，通过法律以权力制约权力，对防止权力腐败有一定效果。同时，对执政党的执政官员的道德约束也起到了一定作用。贵为总统或议员、内阁成员，一旦其私生活上的污点被揭发，不但竞选即告失败而且在位时也得自请辞职。尼克松的“水门事件”就因事涉政治道德，克林顿也因被控有过逃税行为和“性骚扰”劣迹，而处于尴尬被动境地。

由此可见，道德力量能在一定范围内、一定程度上成为约束行政权的辅助力量。其原因在于：一是国家权力和行政权除了必须有合法性依据外，还需要有道义基础，有社会道德舆论的支撑。为政者其身不正，其令不行。纵有威权而无道德威信，就不足以为政。而威信是否能建立，在于民心，亦即人民对执政者的道德评判。① 所谓“得道多助，失道寡助”“多行不义必自毙”，说的就是权力存亡兴败的道德根源。二是社会道德是一种无形的社会力量，它一旦凝聚为公众舆论，或形成风俗习惯势力，就具有强大的社会强制力，即社会权力，就可以直接地或通过转化为国家权力而间接地去制约国家权力。②

二、行政权道德约束的方式③

道德对行政权的约束有两种主要方式，即自律和他律。

（一）行政权的道德自律

行政权要建立在道义的基础上，这就要求在获得行政权力时，是合乎正义的；在行使行政权力时，也要以道德来自我约束，而且在法律难以或无法干预的领域，能以道德自律。

道德自律是防止行政专横的重要制约力量。④ 克服行政专横主要要求实行“依法行政”原则。但行政行为不只有合法性问题，还有适当性问题。如在行使行政自由裁量权时，在允许酌情裁量的范围内，行政行为是否适当、合理，不是靠法律约束，而是靠行政执法者的道德自律。

就执政党的领导权而言，也有道德自律问题。在我国，中国共产党作为领导党，在国家与社会生活中具有特殊地位，在不存在反对党也没有政党法的条件下，更需要强调执政党的道德自律。毛泽东、邓小平同志曾多次强调端正党风的重要性。江泽民同志也提出“治国必治党，治党必从严”。胡锦涛同志在党的十七大报告中指出，要以改革创新精神全面推进党的建设新的伟大工程，切实改进党的作风，着力加强反腐倡廉建设。治国的关键是治党，而治党的关键是加强执政党自身的道德自律。习近平总书记在河南考察时强

① 王建新：《以道德规制权力——我国权力文明建设的现实手段》，载《社会科学家》2011 年第 11 期。

② 郭道晖著：《法的时代呼唤》，中国法制出版社 1998 年版，第 143~144 页。

③ 余其营、吴云才著：《法律论理学研究》，西南交通大学出版社 2009 年版，第 163 页。

④ 郭道晖：《道德的权力和以道德约束权力》，载《律师世界》2002 年第 6 期。

调，事靠人为，事在人为。建设一支德才兼备的高素质执政骨干队伍，是我们事业成功的根本保证。面对纷繁复杂的社会现实，党员干部特别是领导干部务必把加强道德修养作为十分重要的人生必修课，自觉从中华优秀传统文化中汲取营养，老老实实向人民群众学习，时时处处见贤思齐，以严格标准加强自律、接受他律，努力以道德的力量去赢得人心、赢得事业成就。各级党组织要加强对党员干部的教育、管理、监督，用好选人用人考德这根杠杆，引导党员干部堂堂正正做人、老老实实干事、清清白白为官。领导干部要用道德力量赢得人心。当前精神文明建设的主要任务，应是加强执政党自身的道德建设，应是约束党政干部滥施权力，应是强化共产党及其干部艰苦朴素、廉洁奉公、全心全意为人民服务的作风。

（二）行政权的道德他律

以道德约束行政权，最有力的途径是使道德形成权力，从而以道德权力来驯化国家权力。① 道德约束行政形成权力，可以有两种途径：一是道德的法律化，使之获得法律的国家强制力；二是道德的社会权力化，使之具有社会强制力。

1. 道德的法律化

道德的法律化是道德约束行政权较为有效的、稳定的手段。② 美国现代法理学家博登海默指出："那些被视为是社会交往的基本而必要的道德正义原则，在一切社会中都被赋予了具有强大力量的强制性质。这些道德原则约束力的增强，是通过将它们转化为法律规则而实现的。"③ 将约束政府官员权力的道德原则法律化，是西方国家的普遍做法。如英国、加拿大、新西兰、澳大利亚、韩国等国家的公务员行为准则或公职人员道德法。美国 1987 年通过了《从政道德法》，对政府官员申报私人财产、收受礼品等作出规定，使官员的"个人利益与其担任的公职不发生冲突"，以及作为他们的"道德规范和行为准则"。

我国制定了《中华人民共和国国家公务员法》，对公务员的职业道德作出原则性的法律规定。又如《关于领导干部报告个人重大事项的规定》《中国共产党党员领导干部廉洁从政若干准则（试行）》《行政机关公务员处分条例》等系列规定，这些都是防止公务员以权谋私的措施。此外，全国人大代表对"一府一委两院"（人民政府、监察委员会、人民法院、人民检察院）工作及其工作人员的评议制度，也包括了对他们行为的道德评议，也是用道德约束权力的一种方式。

2. 道德的社会权力化④

这主要是运用公民的言论自由权、参政议政权、批评权、控告权、建议权乃至集会游行示威自由等宪法权利，在集体行使这些个人权利和各种社会组织行使其集体权利的情况下，形成有组织的社会公共舆论，通过人民的报纸、广播、电视等传媒，对行政权的正确行使予以支持、褒扬，对某些恶行丑闻加以曝光，从而转化为强有力的道德权力，促使正

① 张幽兰：《道德权力对国家权力的约束》，载《湖湘论坛》2002 年第 3 期。

② 丁祖豪：《略论行政道德法律化建设的若干问题》，载《聊城大学学报（社会科学版）》2004 年第 4 期。

③ ［美］E. 博登海默著：《法理学—法哲学及其方法》，华夏出版社 1987 年版，第 361 页。

④ 郭道晖：《论社会权力的存在形态》，载《河南省政法管理干部学院学报》2009 年第 4 期。

气得以弘扬，腐败得以抑制。在公共舆论的压力下，监督政府主动承担政治上的和道义上的责任，端正或者改进作风、政风，克服权力腐败现象。

第三节　公务员的伦理规范

伦理规范作为规范的一种，是社会在道德领域中对其成员提出的行为标准，它在本质上是社会客观要求和人们主观利益选择相结合的产物。公务员由于其职业的特殊性，必须更加注重伦理规范。

一、公务员伦理规范的含义与特征

我国长期没有“公务员”这一概念，只有“国家干部”“国家行政机关工作人员”等概念，这不利于分类管理。根据中共十三大报告的精神，我国着手建立国家公务员制度。1993 年《国家公务员暂行条例》公布以后，我国“公务员”从名称到内涵均得到了相对统一。根据《国家公务员暂行条例》第 3 条的规定，国家公务员是指“各级国家行政机关中除工勤人员以外的工作人员”。其具体是指国家依法定方式和程序任用的，在中央和地方各级国家行政机关中工作的，依法行使国家行政权，执行国家公务的人员。2006 年 1 月 1 日起施行的《中华人民共和国国家公务员法》对公务员的概念进一步作出了科学的界定。其第 2 条规定：“本法所称公务员，是指依法履行公职、纳入国家行政编制、由国家财政负担工资福利的工作人员。”而对公务员的管理，不能仅仅依靠《公务员法》《国家赔偿法》等全国性法律，也应借助距离公务员更近、规定更为细致的行为规范来具体实现。一般而言，公务员行为规范是指由行政主体制定并实施的、对该行政主体所属公务员及其下级机关所属公务员职务行为和非职务行为的规范性文本，主要由伦理规范、考核规范、业务规范、奖惩规范以及投诉规范五部分构成。① 其中，公务员伦理规范是指根据行政工作的特殊性在社会道德的一般原则指导下所形成的国家公务员必须遵守的行为规范。它是国家公务员必须遵循的评价与判断善恶的标准，是社会主义道德在行政工作中的体现，是社会职业道德的一个重要组成部分，是行政伦理核心和原则在行政实践中的展开，也是社会主义精神文明建设的基本内容之一。

道德作为调节人与人以及个人与社会之间关系的规范，反映在公务员实施行政行为中，集中地表现为国家公务员与国家、集体和个人的关系。② 国家公务员在如何处理个人利益与维护国家行政关系中，表现出自己的道德风貌。

公务员伦理规范与其他职业道德规范相比较，具有以下特点：

第一，公务员伦理规范与国家利益、人民的生命财产利益休戚相关。行政机关依照宪法或行政组织法的规定，代表国家行使行政职权，管理国家行政事务，发挥对国家社会、经济、文化等的组织管理职能，担负着保障国家安全、维护社会秩序、发展社会经济和福利等重任，与个人、组织发生密切联系。因国家公务员能否廉洁奉公、立场坚定、爱憎分

---

① 刘福元：《公务员伦理规范的立法与完善》，载《理论导刊》2015 年第 10 期。

② 冯珊：《公务员行政道德建设刍议》，载《中国商界》2012 年第 3 期。

明、公平正直、团结协作、忠于职守，不仅关系到人民群众的切身生命、财产利益，而且关系到党的威信、国家的权威以及社会主义事业的成败。

第二，公务员伦理规范与法律密切相关。行政活动的特点决定了公务员伦理规范与法律的紧密关系。因为，公务员代表国家行使行政职权，从事公务管理，其中包括行政执法，所以公务员违反伦理规范的行为往往是违反法律的行为，不仅要受到道德谴责，而且要受到法律制裁。所以公务员伦理规范相对其他职业伦理规范而言，更加严格，更加有约束力。① 也正因为如此，它们往往规定在法律法规之中，成为法律规范。如《公务员法》中规定的公务员必须公正廉洁、克己奉公、不得以权谋利，其既是伦理规范，又是法律规范。

二、公务员伦理规范的主要内容

不同的统治阶级对其公务员有着不同的伦理要求。社会主义公务员伦理规范有着比资本主义公务员伦理规范更加现实、更加科学、更加全面的内容。② 社会主义公务员伦理规范的主要内容包括以下几个方面。

1. 立场坚定，爱憎分明

在我国，一切权力属于人民，行政机关作为行使行政职权的国家机关，一方面应坚定地保护人民的生命、财产利益，另一方面要毫不留情地打击敌人，这是国家和人民赋予行政机关及国家公务员的神圣职责。因此，立场坚定、爱憎分明是公务员伦理规范的首要内容，也是最主要的规范，对其他规范起主导作用。如果公务员是非不分、爱憎不明，甚至背叛人民，成为人民的敌人，那样就谈不上公正廉洁、克己奉公、遵纪守法、依法办事、忠于职守。公务员必须时刻牢记人民才是我们服务的最高利益所在，要真正做到全心全意为人民服务。但是在当前市场经济大潮中，有些公务员抵制不住金钱、权力、美色等浊流的冲击，蜕化变质，成为人民的敌人。所以，公务员必须恪守立场坚定、忠于人民、爱憎分明的伦理规范。

2. 公正廉洁，克己奉公

行政机关是代表国家行使行政权的国家机关。工作的严肃性决定了其职业道德的廉正性。这种高度的廉正性表达了行政职业道德的义务和责任，是代表国家意志的行政活动的道德准则的体现。公务员应该公正廉洁，而且必须公正廉洁，只有一身正气、两袖清风，才能做到不贪赃枉法、不行贿受贿、不营私舞弊，才能保护公民、法人及其他组织的合法权益，捍卫社会主义法制，推进社会主义精神文明建设。尤其是当前，国家公务员必须以身作则，带头认真开展“三讲”教育，要讲学习、讲政治、讲正气，廉洁从政，克己奉公；要带头践行社会主义荣辱观，成为廉洁奉公的模范。

3. 遵纪守法，忠于职守

在现代法治社会，政府率先守法已成为社会稳定和发展的重要因素，其根本原因不是我们对政府道德标准的高要求，而是由政府拥有的权力的性质所决定的。行政权力具有命

---

① 刘福元：《公务员伦理规范的立法与完善》，载《理论导刊》2015 年第 10 期。

② 孙克伟：《当代中国公务员的行政伦理建设》，山东大学 2007 年硕士学位论文。

令力、强制力、执行力，是一种不平等的权力，因此公务员必须成为遵纪守法的典范。① 这并不是说公民守法不重要，而是公务员守法对于实现法治更为关键。作为执法队伍的重要组成人员，若其不能遵守工作纪律，甚至在职枉法、包容违法犯罪行为，产生的危害将不容小觑。自 2018 年 1 月，中共中央、国务院发出《关于开展扫黑除恶专项斗争的通知》以来，多地纪委监委在中央纪委国家监委网站上点名通报曝光了多件党员干部涉赌和充当“保护伞”的典型案例。石伙胜利用自己担任广州市公安局番禺区分局石楼派出所治安组便衣打击组组长、负责协助民警查办辖区内“黄、赌、毒”案件的职务便利，接受开设赌场的犯罪分子的请托，向其通风报信，帮助逃避公安机关查处，并收受其给予的现金人民币 4800 元。贵州省荔波县公安局禁毒大队原副大队长蒙亮宇在任荔波县公安局玉屏派出所民警、副所长期间，徇私枉法、收受贿赂，收受李某、覃某、潘某某等人开设麻将馆、赌场“关系费”共计 19.3 万元，并纵容包庇江某开设涉黄场所，为赌博、涉黄组织者充当“保护伞”。福建省福州市长乐区公安局潭头派出所原综合室主任余永锋多次收受辖区内赌场经营者王某、施某等人钱款合计人民币 30.1 万元，利用负责查处赌场的工作便利，为其通风报信，致使相关赌场逃避查处，长期经营渔利。身为执法人员，其利用职务之便充当违法犯罪行为的“保护伞”，其为谋取个人不正当利益纵容违法犯罪行为，违反工作纪律，罔顾国家相关法律规范，严重破坏了公务员形象，扰乱了国家法治秩序。因此，在加强法律控制的同时，必须对公务员加强道德约束，要求公务员遵守宪法、法律和法规，依法行政，忠于职守，勤奋工作，尽职尽责，服从命令，刚直不阿不畏权势。

4. 联系群众，保守秘密

密切联系群众是我们党的三大优良作风之一，是共产党的干部区别于剥削阶级旧官吏的标志之一。密切联系群众是我们事业取得胜利的根本保证。公务员代表行政机关行使行政职权，管理国家事务和社会事务，与人民群众有着广泛的接触。因此，公务员必须克服“官贵民贱”“官本位”等封建传统意识的影响，相信群众，依靠群众，密切联系群众，倾听群众意见，接受群众监督，扎根于人民群众之中，努力为人民服务。但公务员自身定位不准、使命感不强等问题时常发生。“老百姓的事，小事也是大事”类似的要求和精神，对相当一批公务员而言，并没有进心入脑。中央督察组来了，才重视并解决问题，背后隐藏着一种错误的政绩观，即“领导重视的事”才是重要的事。这类公务员在处理解决问题时，第一考量的不是问题本身，而是看谁提出的问题，然后再根据提问题者的身份来判断问题的轻重缓急，进行行政资源的配置，严重背离了“扎根于人民群众之中，努力为人民服务”的方向。

保守秘密就是保卫、守护和不泄露秘密。公务员在主观方面要有保密观念，客观方面要有保密的措施和纪律，保障国家秘密不被他国窃取，工作秘密不被他人获悉。由于公务员职业本身的特殊性，加上法律赋予公务员的权利，使得务员在执行公务活动中接触秘密的可能性很大，涉及秘密的范围也很广泛。因此，公务员保守秘密的意义就极其重大。

此外，公务员还必须遵守热爱本职、精通业务、忠于事实、秉公执法、不徇私情、刚

---

① 袁小婷：《论行政机关行使权力中的权利要素》，载《才智》2011 年第 34 期。

正不阿、不畏权势等伦理规范。

三、公务员职业道德评价的方式

职业道德评价是依据一定的职业道德标准，通过社会舆论、传统习惯和内心信念等方式，对他人或自己的职业行为进行善恶评价，表明褒贬态度的道德活动。评价公务员是否遵从伦理规范的方式主要有社会舆论、传统习惯和内心信念三种。①

1. 社会舆论

社会舆论是公众对社会生活中的事物和现象所作出的富有情感色彩的倾向态度。社会舆论分为自发的和有组织的两种。社会舆论形成和传播的手段既有报刊、广播、电视、文艺、网络等大众传媒的宣传和传播，也包括其他各类书面和口头的议论。

社会舆论在客观上对人们的行为有一种约束的力量，它反映着整个社会对人们行为的一种监督，具有明显的优势，对于调节社会关系有着重要作用。② 正确的社会舆论的约束力，在于它表现着社会发展对于人们道德品质的客观要求，表达着社会或集体中绝大多数人的愿望和意志，形成了强有力的道德权力。

在现实生活中，社会舆论对廉洁奉公的人民公仆进行歌颂和赞美，对少数道德沦丧、腐化堕落的公务员进行谴责，都表达了广大人民群众对公务员道德要求和良好愿望。公务员要接受舆论监督，密切注意人民群众的反映，行政公开、行政公正。

2. 传统习惯

传统习惯是人类在社会生活中长期形成的行为倾向和社会风俗。传统习惯在道德评价中有着特殊作用。因为，它有着源远流长、时代久远的特点，特别是由于它总是和民族情绪、社会心理交织在一起，成为民风民俗，因此，常被作为行为标准的补充。③ 中华民族是具有悠久文明历史和优良传统的伟大民族，流传有很多有益的传统习惯。对于从政者，有济贫扶危、嫉恶如仇、从善如流、忠信仁爱、清正廉明、执法如山等传统习惯。一个公务员违反伦理规范，常常会受到社会舆论和传统习惯的谴责。

3. 内心信念

内心信念是人们发自内心的对某种伦理义务的真诚信仰和强烈责任感，是对个人行为的善恶作出的自我评价。依照伦理规范，对照自己的行为进行自我监督、自我约束和自我完善。它通过良心来发挥作用。行为发生以后，良心能对其后果和影响作出评价。公务员的内心信念是在行政活动中逐步形成的，是公务员履行行政职责的精神支柱，是清正廉明、依法行政的内在驱动力。作为社会主义国家的公务员，要在行政活动中努力提高道德水平，提高运用内心信念进行自我道德评价的自觉性。同时，公务员也有责任用道德评价的方式促进行政伦理的发展。当下，随着公车改革在全国范围内的开展，昔日的“车轮腐败”得到了有效遏制。但与此同时“车轮上的懒政”却又在一些地方悄悄滋生。根据新华社记者的采访，在湖南、河南、山西等地，个别地方公务员抱怨申请不到公车，或车

---

① 米东生：《努力加强公务员队伍职业道德建设》，载《社会主义论坛》2008 年第 6 期。

② 张骐：《论法的价值共识》，载《法制与社会发展》2001 年第 5 期。

③ 王云骏：《浅议道德规范法规化》，载《江西社会科学》1997 年第 1 期。

补不到位，出现了“没公车不愿下乡”“尽量少下乡”的情况。根据调查，一些公务员“不愿下乡”的原因集中在车补不到位、车辆申请困难和缺少租车平台等方面。但不论是哪一个原因，都不能构成公务员不能下乡的不可抗力。从最根本上说，公务员不是无法下乡，而是主观上不愿下乡。为人民服务是公务员的工作宗旨，公仆情怀应该贯穿于干部的日常工作始终。但现在看到的俨然已经是缺乏理想信念支撑的功利型公务员：给车、给钱才下乡；不给车，补贴没到位就不干。这样的心态与党的群众路线、“两学一做”、“三严三实”等要求相距甚远。而对于目前“车改”过程中出现的问题，2004 年，首次以全国人大代表身份提交公车改革建议的湖北省统计局副局长叶青表示，这些问题属于“车改”过渡期的正常表现，人多车少，可用车辆不足的问题会随着车改深入推进，社会化、市场化服务繁荣得到有效解决，但这些问题背后反映出的一些公务员主观心态和理想信念方面的问题，却值得好好重视。

【案例 3-1】

原河南省公安厅原厅长秦某海违纪案

一、案 情 简 介

秦某海，男，1953 年 3 月生，黑龙江省泰来县人，汉族，大专学历，1971 年 2 月参加工作，1976 年 3 月加入中国共产党，副总警监警衔。曾任河南省十二届人大常委会副主任、党组书记。秦某海违反廉洁自律规定，长期占用公物，收受礼金，挥霍浪费公共财产；利用职务上的便利，在干部选拔任用、企业经营等方面为他人谋取利益，收受巨额贿赂；与他人通奸。其中，受贿问题涉嫌犯罪。

自 2001 年至 2013 年，被告人秦某海职务上的便利，为多个单位和个人在职务晋升、企业收购、门票涨价、车辆年审等方面提供帮助，直接或通过其家人非法收受上述单位和个人给予的财物共计折合人民币 2086. 1702 万元。其中包括他人为秦某海“雅好”摄影提供的各项资金支持上百万元。

2014 年 9 月 23 日，秦某海已被采取双规措施，并立案侦查。2016 年 11 月 28 日，山东省淄博市中级人民法院公开宣判河南省人大常委会原副主任秦某海受贿案，对被告人秦某海以受贿罪判处有期徒刑十三年六个月，并处罚金人民币 200 万元；对秦某海受贿所得财物及其孳息予以追缴，上缴国库。

二、焦 点 问 题

（一）“雅贿”的受贿数额如何认定

本案在庭审中的主要争议焦点是秦某海的“朋友们”为其摄影提供的各种资金支持，比如某公司长期为其提供最新的摄影设备，出资为其摄影作品举办展览等开支，是否能算作非法收受他人财物，从而作为定罪量刑的参照。

（二）公务员如何对待自己的兴趣爱好

现在越来越多的官员偏爱收藏古玩字画等“雅好”，面对“朋友”以相互交流的名义送上门来的与其兴趣爱好相关的贵重物品，不能保持廉洁的作风，违反党纪甚至违法法律。因此公务员如何对待自己的兴趣爱好，如何提高警惕，避免各种形式的"雅贿"是此案引出的公务员伦理规范的焦点问题。

三、裁判要点和理由

（一）党内处分

经查，秦某海违反廉洁自律规定，长期占用公物，收受礼金，挥霍浪费公共财产；利用职务上的便利，在干部选拔任用、企业经营等方面为他人谋取利益，收受巨额贿赂；与他人通奸。其中，受贿问题涉嫌犯罪。

秦某海身为党的高级领导干部，严重违反党的政治规则和组织纪律，严重违纪违法，且在党的十八大后仍不收敛、不收手，性质恶劣、情节严重。

裁判理由：依据《中国共产党纪律处分条例》等有关规定，经中央纪委审议并报中共中央批准，决定给予秦某海开除党籍、开除公职处分；收缴其违纪所得；将其涉嫌犯罪问题、线索及所涉款物移送司法机关依法处理。

（二）法律裁判

2016 年 11 月 28 日山东省淄博市中级人民法院公开宣判河南省人大常委会原副主任秦某海受贿案，

法院经审理查明：2001 年至 2013 年，被告人秦某海利用担任中共焦作市委书记、河南省人民政府副省长、公安厅厅长、河南省人大常委会党组书记、副主任等职务上的便利，为他人在企业经营、职务晋升等事项上谋取利益，非法收受他人财物，共计折合人民币 2086.1702 万元。①

山东省淄博市中级人民法院认为，被告人秦某海的行为构成受贿罪。鉴于秦某海到案后，如实供述自己罪行，主动交代办案机关尚未掌握的大部分受贿犯罪事实，认罪悔罪，积极退赃，具有法定、酌定从轻处罚情节，依法可以从轻处罚。据此对被告人秦某海以受贿罪判处有期徒刑十三年六个月，并处罚金人民币 200 万元；对秦某海受贿所得财物及其孳息予以追缴，上缴国库。

四、案例评析

按照党中央"依法治国""以德治国"的方略，公务员在行政管理过程中，需要遵循公正性与中立性的基本准则。但是受我国封建传统陋习影响，少数公务员群体中还存在官本位思想，这种不良思想已经演变并集中转化为不良的政治生态，给我国的发展带来不好的影响。除了在制度设计上寻求改变以外，如何加强当代中国公务员应有道德建设是更需要迫切解决的问题。因此笔者根据此案，侧重从公务员职业伦理规范进行几点分析与思考。

---

① 《河南人大原副主任秦某海一审被判 13 年半，涉案两千余万》，载人民网，http：//rmrbimg2.people.cn/html/items/wap-share-rmrb/#/index/home/3/normal/detail/1942683547501568 _ cms _ 1942683547501568/normal，最后访问日期：2018 年 6 月 20 日。

（一）应提高警惕，防止自己的兴趣爱好被他人投其所好

就本案来看，1998 年就任焦作市市长之初，由于对当时宣传云台山的照片不满，秦某海便自己拿起相机拍摄。他把自己拍摄的云台山风景照印成画册、挂历，制成图版，四处宣传推介。他的摄影作品被作为云台山宣传推广的代表作，在北京、上海等大城市的地铁站中展示。随后他常以开发云台山的功臣和权威自居，不再仅仅满足于宣传景区，开始追求自己在该领域的名气。个别有求于他的企业和个人开始为其摄影作品出资举行展览，在这一过程中他也似乎忘记了自己的初心是为了推广云台山，服务于人民。

随后其摄影的爱好开始与贪腐联系在一起，变相收受他人提供高达上百万元的摄影器材，并放任他人为其投入资金宣传自己的摄影作品，在此期间秦某海曾两次获中国摄影最高奖——金像奖，并成为中国摄影家协会理事，但据专业人士分析，其拍摄作品与专业水准相差甚远。自此秦某海从一个将自身爱好与为人民服务相结合的正面典型，变成了一个被爱好拖累落马的高官。

所以，公务员必须时刻坚守本心，面对可能有求于自己的单位或个人，以及非正常的获利，都要提高警惕。严守公务员廉洁义务的内容，不得贪污、受贿、行贿以及不得经商办企业或兼任有酬职务，不得以权谋私，不得浪费国家资财。

（二）提高个人素质和法治意识

崇尚法治、依法办事本是对公务员的基本要求，但有的公务员人治观念浓厚，民主观念不强，滥用职权，有的公务员法律素养不高，法律意识淡薄，自恃地位特殊，有法不依，并对自己徇私枉法的腐败行为心存侥幸。

本案与其他腐败案件的相似点在于贪腐官员心存侥幸，利用职务便利在职务调整和调动过程中非法收受他人财物。2005 年上半年，在副省长兼公安厅厅长位置上的秦某海开始在公安系统调整干部。当年 5 月，漯河市公安局局长孟某如愿调任焦作市公安局局长。为表达谢意，孟某以汇报工作为由来到秦某海的办公室，亲手奉上了 2 万元现金，秦某海稍作推辞便收下。此后，每年中秋节送 2 万元，春节送 3 万元。2005 年至 2014 年，秦某海先后 25 次收受孟某给予的人民币共计 105 万元。在涉案 33 个行贿人中，行贿数额最多的是秦某海的部下李某某。为了感谢秦某海将自己提拔、调动，感谢秦某海帮助其妻子、儿媳调动工作，李某某先后 17 次在秦某海办公室等地，送给秦某海美元、欧元以及名表等财物共计折合人民币 240 余万元。①

随着国家对腐败的治理力度加大，行贿的方式不再是简单的金钱方式，以本案来说，部分行贿人以“雅贿”的方式，出资为秦某海拍摄宣传片，为其摄影作品举办展览，将昂贵的摄影器材长期借给其使用。此类行贿方式与正常人际交往的界限较为模糊，如果没有较高的个人素质以及法治意识，很容易走向腐败。

（三）腐败问题可能源于公共精神的缺失

一些发生腐败问题的公务员最初的从业动机和职业理想还是具有公共服务精神的，但随着权力的变大，面对各种诱惑，他们的从业动机发生了变化，逐渐忘记了当

① 贾瑞君：《梦断云台山》，载《大众日报》2016 年 7 月 28 日。

初的职业追求，价值观出现偏差，放松了对生活圈、社交圈的高标准要求。随着公共服务动机弱化，官本位意识变得浓厚，行事风格转为独断专行的家长制作风，以人民赋予、组织授予的权力为自己谋私，将个人凌驾于组织和人民之上，存在错误的权力观、利益观，以官位为重，以事业为轻，不愿失去既得利益，贪恋权力带来的种种好处。本案官员秦某海在焦作市任职期间政绩斐然，在省公安厅任职时曾大刀阔斧改革，但随后开始走向腐败就是公共精神缺失、公共服务意识弱化的体现。

因此要加强公务员公共精神的培育，树立公共权力观念。现实中贪污腐败的现象之所以屡禁不止，一个很重要的原因就在于对公务员手中权力的来源和归属没有很好的认识。由于体制的原因和民主的实践不完善以及人治因素的影响，某些公务员并没有认识到手中的权力是人民赋予的，他们应该对人民负责。因此公务员要时刻意识到，他们是公众的仆人，应具有公共服务意识，要利用手中的公共权力，去执行公共意志以实现公共利益，做到“权为民所用、情为民所系、利为民所谋”①。

（四）针对“雅贿”的一些思考

“雅贿”是指行贿人根据受贿人的喜好，采用多种方式给予其相关贵重物品或是满足受贿人喜好的新的行贿方式，是权钱交易的一个变种，其性质绝不会因贿赂的物品不同而有区别。其行贿手段具有蒙骗性，不容易留下证据，往往成为官员逃避监督的“挡箭牌”。比如部分官员把假古董假字画放在古玩店代售，再暗示送礼者到这家店以真品价格买下；以相互交流的借口，故意混淆“正常爱好”、“人情往来”与“收受贿赂”的界线，对各类“雅贿”心安理得照单全收；把“雅好”与公权混在一起，利用公权力为自己的“雅好”铺路搭桥，通过刊登文章、销售自己的字画作品、题字等方式收稿费、润笔费，变着法子谋取不当利益。

目前，党的相关纪律条例和法律条文针对“雅贿”行为都没有明确规定，而且在实际认定上又存在取证、估值等较大难度。我国《刑法》虽然对受贿罪进行了概念上的规定，对受贿物都是用“财物”进行表述，但没有对具体的“财物”内容进行列举，而在司法解释中，有对房屋、汽车、干股、证券等方面的规定，但并无对古玩、字画等艺术品的明确规定。此外，根据我国法律规定，受贿罪认定的起点数额为5000元。有些官员之所以不敢收现金却敢收价值不菲的古玩、字画，原因就在于，艺术品赝品价值往往较低，一旦东窗事发，贪腐官员也会辩解称当初“不知道是真品，以为是赝品”。此外，艺术品爱好者相互馈赠或者交换藏品的投资行为较为普遍，如果没有相关的证据或记录，很难认定官员收受艺术品的行为就是收受贿赂，这给量刑定罪带来了不小困难。

---

① 罗旭华：《反腐视野下的公务员公共精神探析》，载《南昌工程学院学报》第36卷第2期。

第四章　法官职业伦理

在司法运行过程中，法官居于司法活动的中心。作为法律的执行者，法官创造和维系着司法的公平和正义，其一言一行、一举一动都对当事人和社会公众产生着极大的影响。法官职业伦理作为影响和制约法官行为的重要因素，其状况如何直接决定了法律实施的效果，也影响着广大群众对人民法院的信心及对法律的信赖。因此，加强对法官的职业伦理的研究，对打造一支高素质的法官队伍，确保公正、廉洁、高效司法，促进社会主义法治国家的建设和人民司法事业的健康发展具有十分重要的意义。

第一节　法　　官

一、法官的概念和条件

（一）法官的概念

1. 法官的角色与定位

法官是依法行使国家审判权的审判人员，其职责是运用法律，对他人的行为进行评判，以解决纠纷，进而维护社会秩序，实现社会正义。我国历代对法官的称呼都不相同，旧时法官曾被称为推事、法曹。中华人民共和国成立后，对法官的称谓改为“审判员”，1995 年颁布的《法官法》正式确认了法官的名称。2019 年 4 月 23 日第十三届全国人民代表大会常务委员会第十次会议修订后的《法官法》第 2 条规定：“法官是依法行使国家审判权的审判人员，包括最高人民法院、地方各级人民法院和军事法院等专门人民法院的院长、副院长、审判委员会委员、庭长、副庭长和审判员。”该法第 8 条还规定，法官的职责是：（1）依法参加合议庭审判或者独任审判刑事、民事、行政诉讼以及国家赔偿等案件；（2）依法办理引渡、司法协助等案件；（3）法律规定的其他职责。法官在职权范围内对所办理的案件负责。可见，法官作为司法工作者，行使的是国家审判权，首要职责是运用法律对案件进行裁判。

法的本质在于权利，法律通过分配权利义务解决纠纷、创设秩序，同时权利又必须依赖司法救济加以保障。① 而司法就是以一种特有的方式强化权利义务观念，保障权利实现的制度和秩序。司法权的行使，最终是通过法官的裁判活动来体现的。“徒法不足以自行”，再完善的法律也要靠人来执行，因此，司法需要依靠法官来创造和维系。正如德国

① 吴杨曦：《权利秩序的法伦理研究》，西南大学 2013 年硕士学位论文。

法学家拉德布鲁赫曾说的，法律借于法官而来到人世。① 美国当代著名法学家德沃金在其《法律的帝国》中，也形象地将法院比做“法律帝国”的首都，法官则正是这个“帝国”的“王侯”。② 显而易见，离开法官这一“帝国”的“王侯”，作为规则的法律便很难实行。

那么，法官在进行法律思维和理性判断的裁判过程中应以何种角色自处呢？按照社会学的观点，社会角色应由人们的社会地位所决定，表现出符合社会所期望的行为和态度的总模式。简单来说，就是在社会上承担的责任和义务的法官运用国家赋予的司法权审理各类案件，解决社会中的各类冲突和纠纷，对违法乱纪者予以制裁，对受害者予以保护，其作出的裁判能够影响甚至决定他人的财富、命运乃至生命。因此，作为社会纠纷的终局裁决者和社会正义的最终维系者，法官的权利是特殊的，它具有三个特性：权威性、重大性和导向性。权威性是因为司法审判权是调节社会各种矛盾的最终裁判权，任何组织和个人对生效裁决都必须严格遵照执行；重大性，是因为审判权的行使，可以剥夺一个人的生命，可以影响或者改变一个人、一个家庭甚至一个组织的命运；导向性，是因为审判权行使的结果，应当体现公平、正义的价值标准。

2. 我国《法官法》对法官的定义

依据《法官法》第 2 条的规定，法官是指依法行使国家审判权的审判人员，包括最高人民法院、地方各级人民法院和军事法院等专门人民法院的院长、副院长、审判委员会委员、庭长、副庭长和审判员。法官为司法机构中审判人员的通称，司法权的执行者。法官的根本职责是参加合议庭审判案件或独任审判案件。

审判案件是指法官依照法律的规定，通过对案件的审理，以查明案件事实，并适用法律以作出判决的活动。

3. 法官制度

法官制度是审判制度的重要组成部分，是指关于法官的选任资格、选任方式、任职期限、奖励惩处、物质待遇等方面的规章制度的总称。我国《法官法》对法官制度进行较为全面的规定，但需要注意的是：

第一，法官与审判机关以外的其他国家机关（如行政机关）的工作人员在权责上存在很大的不同，必须确立独立的法官制度。

第二，司法是人民权利和社会公正的最后一道屏障，法官制度应当有助于法官独立审判，而不是相反。

第三，在人民法院内部，要实行科学的职位分类管理。对人民法院内直接行使国家审判权的人员与承担其他工作的人员要分别确定相应的符合各自工作特点的管理方式。因此，《法官法》将法官的范围规定为以上明确列举的人员。除了这些人以外，人民法院中从事司法行政工作的行政、后勤人员，以及从事其他辅助性司法工作的人员如书记员等，不属于法官。

---

①　参见史彤彪：《法律的比喻赏析和研究》，载《政治与法律》2011 年第 8 期。

②　转引自高中：《德沃金整体性法律观及其对我国法官角色定位的启示》，载《湖南商学院学报》2011 年第 6 期。

（二）法官的执业条件

1. 积极条件

法官的任职资格包括学识、学历、年龄等方面。根据我国《法官法》第 12 条的规定，担任法官必须具备以下条件：

（1）具有中华人民共和国国籍。这要求法官必须是中国公民，不能是外国人或无国籍人。根据我国《国籍法》的规定，我国不承认双重国籍，因此，法官也不得在拥有中国国籍的同时取得其他国家的国籍。

（2）拥护中华人民共和国宪法，拥护中国共产党领导和社会主义制度。《中华人民共和国宪法》第 53 条规定："中华人民共和国公民必须遵守宪法和法律，保守国家秘密，爱护公共财产，遵守劳动纪律，遵守公共秩序，尊重社会公德。"宪法是国家的根本法，是制定其他法律的依据。作为依法行使国家审判权的法官，不仅应当遵守宪法和法律，还应当坚决地拥护宪法所规定的中国共产党领导和社会主义制度等各项基本制度，自觉地维护宪法的权威和尊严。这是担任法官的基本要求，也是法官政治素质的集中表现。

（3）具有良好的政治、业务素质和道德品行。法官被视为司法公正的守护者，所以社会公众对法官的职业道德提出了更高的要求。法官除了精通法律外，还应具备稳定的道德观念和行为规范，包括热爱祖国和人民、遵纪守法、精通业务、作风正派、廉洁奉公、品行端正等。

（4）具有正常履行职责的身体条件。

（5）学历和资历要求。具备普通高等学校法学类本科学历并获得学士及以上学位；或者普通高等学校非法学类本科及以上学历并获得法律硕士、法学硕士及以上学位；或者普通高等学校非法学类本科及以上学历，获得其他相应学位，并具有法律专业知识。

（6）从事法律工作满五年。其中获得法律硕士、法学硕士学位，或者获得法学博士学位的，从事法律工作的年限可以分别放宽至四年、三年；

（7）初任法官应当通过国家统一法律职业资格考试，取得法律职业资格。

适用上述第（5）项规定的学历条件确有困难的地方，经最高人民法院审核确定，在一定期限内，可以将担任法官的学历条件放宽为高等学校本科毕业。

2. 消极条件

我国《法官法》第 13 条规定，因犯罪受过刑事处罚，被开除公职的，被吊销律师、公证员执业证书或者被仲裁委员会除名的，有法律规定的其他情形的，不得担任法官。

首先，这里规定的犯罪既包括故意犯罪，也包括过失犯罪。刑事处罚包括刑法规定的主刑，即管制、拘役、有期徒刑、无期徒刑、死刑，也包括附加刑，即罚金、剥夺政治权利、没收财产。作为司法人员，法官应当以身作则，成为遵纪守法的楷模，受过刑事处罚的人没有资格担任法官。

其次，这里规定的"开除公职"是指依法定的程序被用人单位开除。这里的公职主要指在国家机关、国有公司、企事业单位、人民团体中担任职务。曾被开除公职说明其思想政治素质低，自我约束能力差，若继续担任法官会影响到法官的职业形象。因此，不论什么原因，只要被开除公职，就一律不得担任法官。此外，《法官法》第 22 条还规定："法官不得兼任人民代表大会常务委员会的组成人员，不得兼任行政机关、监察机关、检察机关的职务，不得兼任企业或者其他营利性组织、事业单位的职务，不得兼任律师、仲裁员和公证员。”从这条规定我们可以得出，如果某人已在人民代表大会常务委员会、行政机关、监察机关、检察机关或企业、其他营利性组织、事业单位任职，或者已成为律师、仲裁员、公证员，则不得再兼任法官。这些也属于不得担任法官的情形。此项规定有利于保障法官的公正廉洁，保证法官的独立性，维护法官的良好形象。

二、法官的任免

（一）法官的任免程序

1. 最高人民法院

最高人民法院院长由全国人民代表大会选举和罢免，副院长、审判委员会委员、庭长、副庭长和审判员由最高人民法院院长提请全国人民代表大会常务委员会任免。最高人民法院巡回法庭庭长、副庭长，由院长提请全国人民代表大会常务委员会任免。

2. 地方各级人民法院

地方各级人民法院分为基层人民法院、中级人民法院和高级人民法院。

地方各级人民法院院长由地方各级人民代表大会选举和罢免，副院长、审判委员会委员、庭长、副庭长和审判员由本院院长提请本级人民代表大会常务委员会任免。

（1）在省、自治区内按地区设立的和在直辖市内设立的中级人民法院院长，由省、自治区、直辖市人民代表大会常委会根据主任会议的提名决定任免，副院长、审判委员会委员、庭长、副庭长和审判员由高级人民法院提请省、自治区、直辖市人民代表大会常务委员会任免。

（2）新疆生产建设兵团各级人民法院、专门人民法院的院长、副院长、审判委员会委员、庭长、副庭长和审判员，依照全国人民代表大会常务委员会的有关规定任免。

3. 专门人民法院

专门人民法院是我国人民法院系统的组成部分，它和各级人民法院共同行使国家的审判权。但专门人民法院在我国人民法院系统中又具有特殊性，即专门人民法院是按照特定的组织系统或针对特定的案件而设立的审判机关，而不是依据行政区域建立的审判机关。不同于地方人民法院，专门人民法院的组织与职权，由全国人民代表大会常务委员会通过法律来规定。军事法院等专门人民法院院长、副院长、审判委员会委员、庭长、副庭长和审判员的任免办法，由全国人民代表大会常务委员会另行规定。

（二）法官的免职情形

《中共中央关于全面推进依法治国若干重大问题的决定》规定，建立健全司法人员履行法定职责保护机制，非因法定事由，非经法定程序，不得将法官调离、辞退或者作出免职、降级等处分。我国《法官法》第 20 条规定了应当依法提请免除法官职务的八种情形。具体情形如下：

1. 丧失中华人民共和国国籍

根据我国《国籍法》的规定，这里所说的“丧失中华人民共和国国籍”，既包括定居外国的中国公民，自愿加入或者取得外国国籍的人，也包括中国公民是外国人的近亲属或者定居外国或者有其他正当理由，向我国有关部门申请退出中国国籍并获得批准的情况。

前一种情况是自动丧失中国国籍；后一种情况是退出中国国籍，这两种情况都可丧失中国国籍。

2. 调出所任职人民法院的

我国宪法和有关法律对最高人民法院和地方各级人民法院法官职务的任免，规定了不同的任免权限和程序。对调出本法院，即使是工作调动，继续在其他法院工作，也必须先依法免除其法官的职务，对于其是否在其他法院继续担任法官，则应根据宪法和有关法律的规定，由相应的人民代表大会和常务委员会依法决定。

3. 职务变动不需要保留法官职务的，或者本人申请免除法官职务经批准的

法官是依法行使国家审判权的工作人员。只要是不再承担审判职责的人，无论其是调动到非法院系统，还是在法院系统内承担其他行政职能，都应当依法免除其法官职务。

4. 经考核不能胜任法官职务的

我国法官既是行使国家审判权的专门人员，也是国家工作人员。按照《中华人民共和国公务员法》（以下简称《公务员法》）的规定，担任法官职务的人每年要进行考核，并对考核规定了相应的程序和条件。

年度考核的结果分为四个等级：优秀、称职、基本称职和不称职。考核结果作为调整法官等级、工资以及法官奖惩、免职、降职、辞退的依据。因此，这里规定的考核，是严格意义上的考核，是指国家依据相关的法律、法规和政策，按照严格的条件和程序，对国家工作人员的行为进行的评定，而不是就某一事件作出的处理。

5. 因健康原因长期不能履行职务的

健康的身体是任何工作得以有序开展的基本保证。实践中，法官因健康原因，无法正常履行工作职责一年以上的，应当对其工作岗位进行调整。恢复健康后，可以按具体情况进行安排。如果因健康原因，长期不能正常履行工作职责，则属于可以免职的法定事由。

6. 退休的

《法官法》第 62 条规定，法官的退休制度，根据审判工作特点，由国家另行规定。由于目前我国法官的退休制度还没有明确规定，因此是参照《公务员法》实施的。退休包括应当退休和申请退休两种情况。应当退休是指依据《公务员法》第 92 条的规定，公务员达到国家规定的退休年龄或者完全丧失工作能力的，应当退休。这里的退休年龄一般为男年满 60 周岁，女年满 55 周岁；申请退休是指依据《公务员法》第 93 条的规定，当工作年限满 30 年的、距国家规定的退休年龄不足 5 年，且工作年限满 20 年的或者符合国家规定的可以提前退休的其他情形的，本人自愿提出申请，经任免机关批准后，可以提前退休。

7. 辞职或者依法应当予以辞退的

《法官法》第 34 条对法官辞职问题进行了规定，“法官申请辞职，应当由本人书面提出，经批准后，依照法律规定的程序免除其职务”。

一般来说，辞职包括两种情况，第一种是指辞去在本单位担任的领导职务，比如各级人民法院院长、副院长、审判委员会委员、庭长、副庭长等辞去职务；第二种是指辞去公职，不再担任人民法院的法官。这里应当指的是第二种情况。

目前，法官辞职的程序是参照《公务员法》第 85 条的规定处理的。该条明确规定，

公务员辞去公职，应当向任免机关提出书面申请。任免机关应当自接到申请之日起30日内予以审批，其中对领导成员辞去公职的申请，应当自接到申请之日起90日内予以审批。

同时，《公务员法》第86条还规定了公务员有下列情形之一的，不得辞去公职：

第一，未满国家规定的最低服务年限的；

第二，在涉及国家秘密等特殊职位任职或者离开上述职位不满国家规定的脱密期限的；

第三，重要公务尚未处理完毕，且须由本人继续处理的；

第四，正在接受审计、纪律审查，监察调查或者涉嫌犯罪，司法程序尚未终结的；

第五，法律、行政法规规定的其他不得辞去公职的情形。

8. 因违纪违法不宜继续任职的。

这里所说的违纪、违法犯罪是广义的，既包括违反党纪、政纪及违反法律的行为，也包括违反《法官法》所规定的对法官的禁止性行为。

三、对法官的监督

法官通过行使国家审判权，维护司法公正，对腐败等不法行为进行惩处。然而由于司法职业的特点，法官自身也容易滋生腐败。在法官审理案件的过程中，可能存在明显的程序违法或实体违法行为，这时就需要有关部门对其进行有效的监督，对法官的监督主要包括法院系统的内部监督及法院系统的外部监督。

（一）对法官的内部监督

由于法院工作分为审判工作和司法行政工作两种，因此，法院系统内部对法官的监督可以划分为审级监督和行政监督两种方式。

1. 审级监督

审级监督是指依照法律的规定，上级法院对下级法院审判工作的监督以及上级法院通过二审和再审程序对下级法院案件的裁判进行监督。一方面，上级法院的合议庭、审判委员会等审判组织通过监督下级法院的法官对案件的审判，及时纠正法官审理案件时的违法程序或错误判决；另一方面，上级法院通过审理二审和再审案件可以发现下级法院法官对案件的审判是否公正，是否存在违法裁决行为，从而实现上级法院对下级法院的监督。由于审级监督主要依靠上级法院的合议庭、审判委员会等审判组织来完成，因此，审级监督又被称作审判组织的监督。

2. 行政监督

行政监督是指由法院内部具有行政管理职责的人员和组织对审判工作或司法行政工作进行监督。此处所讲的行政监督是管理者的监督，区别于立法、司法、行政中的行政。根据《中华人民共和国人民法院组织法》（以下简称《人民法院组织法》）、《法官法》和法院有关制度的规定，法院内部的行政监督主要包括院长监督、庭长监督、监察部门对本院和下级法院工作人员的监督以及其他司法行政部门对审判人员的监督等。由此可见，无论是院长、庭长、监察部门还是其他司法行政部门都可以监督法官的行为。监督的内容既包括院长发现法官的裁判错误提交审判委员会决定再审、庭长对法官工作情况的监督检查，又包括监察组织对法官的纪律监督、财务部门对法官的财务监督等。

（二）对法官的外部监督

对法官的外部监督主要包括各级党委、各级人民代表大会及其常务委员会、各级政协对法官的监督，检察院对法官的监督，人民陪审员对法官的监督，社会公众对法官的监督等。

1. 各级党委、各级人民代表大会及其常务委员会、各级政协对法官的监督

各级党委对法官的监督主要是通过制定各项方针政策，运用法律对法官进行指导，从而实现对法官的监督。此外，各级人民代表大会及其常务委员会（以下简称“人大”）的监督是在法官外部监督中最重要的监督方式。来自人大系统的监督主体包括各级人大常委会、人大内务司法委员会、人大法工委、办公室信访处、某代表团以及人大个人及其联名等。① 一方面，各级人大通过提出质询案，采取质询的方式，实现对法官的监督，如《中华人民共和国地方各级人民代表大会和地方各级人民政府组织法》第 28 条明确规定人大代表享有质询权；② 另一方面，各级人大还可以通过罢免或者撤职来监督法官。《人民法院组织法》第 43 条明确规定了人大的撤职权和罢免权。该条规定，“地方各级人民法院院长由本级人民代表大会选举，副院长、审判委员会委员、庭长、副庭长和审判员由院长提请本级人民代表大会常务委员会任免”。第 42 条规定：“最高人民法院院长由全国人民代表大会选举，副院长、审判委员会委员、庭长、副庭长和审判员由院长提请全国人民代表大会常务委员会任免。”对于各级政协而言，针对个别社会影响较大的特殊案件，可以建议法官重视对这些案件的处理，实现对法官工作的监督。

2. 检察机关对法官的监督

我国《宪法》第 134 条明确规定：“中华人民共和国人民检察院是国家的法律监督机关。”检察机关依照法律的规定对法官的判决和裁定的公正性、合法性及法官的廉洁性进行监督。具体体现在：地方各级人民检察院对本级人民法院第一审案件的判决、裁定认为有错误时，应当按照上诉程序提出抗诉。对于法官贪污受贿、渎职、枉法裁判的行为，检察官有权依照法律和检察机关的授权，对有犯罪嫌疑的法官提出有罪指控。

3. 人民陪审员对法官的监督

人民陪审员在参与案件的审理时可对法官进行监督。2018 年 4 月 27 日通过的《中华人民共和国人民陪审员法》明确规定，人民陪审员依法参加审判活动，独立发表意见，与法官享有同等权利。由此可见，人民陪审员是“不穿制服的法官”，他们参与审判活动的全过程，通过评议案件监督法官对案件的审理，保障审判活动的合法与公正。

4. 社会公众对法官的监督

社会公众的监督包括舆论监督、当事人及其代理人以及律师的监督等。舆论监督是指新闻媒体运用舆论的独特力量，帮助公众了解政府事务、社会事务和一切涉及公共利益的事务，并促使其沿着法治和社会生活的共同准则的方向运作。③ 虽然新闻媒体对已经发生

---

① 蔡定剑主编：《监督与司法公正——研究与案例报告》，法律出版社 2005 年版，第 313 页。

② 其第 28 条规定：地方各级人民代表大会举行会议的时候，代表十人以上联名可以书面提出对本级人民政府和它所属各工作部门以及人民法院、人民检察院的质询案。

③ 顾理平著：《新闻法学》，中国广播电视出版社 1999 年版，第 84 页。

法律效力的案件进行报道，在一定程度上会给法官造成压力，但不可否认的是，媒体在监督法官上发挥着重大作用。① 当事人及其代理人作为案件的直接利害关系人，近距离接触着法院的审判工作，他们可以通过上诉及填写案件监督卡等方式实现对法官的监督。而律师在办理案件过程中，也可以对法官庭上和庭下行为的合法性进行监督。

四、法官的违纪责任

（一）法官违纪责任概述

1. 法官违纪责任概念

法官违纪责任，是指法官违反职业道德准则、职业纪律和法律所应当承担的责任。一般来说，法官违纪责任包括行政纪律责任和刑事责任两类。《法官法》第 46 条规定了法官的十项禁止行为，法官有该十项行为之一的，应当给予处分；构成犯罪的，依法追究刑事责任。

在我国，法院掌握着司法权，但由法官代表法院具体行使审判权。② 法官在行使职权过程中，如果徇私舞弊、滥用权力，必然要承担相应的法律责任。法官违反与司法工作有关的法律、法规、规章制度、职业道德准则和工作纪律，影响审判工作的正常进行，损害司法公正与司法权威，侵犯诉讼参与人或其他人员的合法权益的行为，均应当严格依照有关规定予以处理，这符合"有权必有责"的现代法治理念要求。

2. 法官违纪责任追究的原则

《人民法院工作人员处分条例》第 4 条规定："给予人民法院工作人员处分，应当坚持以下原则：（一）实事求是，客观公正；（二）纪律面前人人平等；（三）处分与违纪行为相适应；（四）惩处与教育相结合。"对违反审判纪律的审判人员，应当根据其违纪事实、违纪性质、主观过错、情节轻重、危害后果等严重程度，区分情况，分别确定责任。

3. 法官违纪责任追究的意义

司法追求的终极目标是司法公正，即通常所说的司法正义。规定法官违纪责任的目的就是为了实现公正司法。英国思想史学家阿克顿勋爵曾说："绝对的权力导致绝对的腐败，拥有权力的人都容易滥用权力，这是万古不易的一条经验。"③ 由于权力必然趋于腐败的本性，必须对权力进行制约和平衡。司法权也不例外，只有当司法权不被滥用时，才有可能实现司法公正。徒法不足以自行，要实现司法公正不仅需要一套反映人类理性和良知的法律体系和司法体制，也需要掌握司法权的法官正确使用手中的权力。④

---

① 丁志德：《对传媒监督影响司法公正的深层思考》，载《华中师范大学学报（人文社会科学版）》2012 年第 2 期。

② 高洪宾：《法官的职业保障亟待改善——〈法官法〉颁布十周年有感》，载《法律适用》2005 年第 7 期。

③ ［英］约翰·埃默里克·爱德华·达尔伯格-阿克顿著：《自由与权力》，侯健、范亚峰译，译林出版社 2011 年版，第 342 页。

④ 何勤华、齐凯悦：《司法良知：法律与道德的完美结合》，载《人民法院报》2016 年 1 月 15 日，第 5 版。

在人们对法官的职业想象中，法官向来是作为正义使者的形象出现在公众的视野中的。维护法官崇高的职业形象，保证司法权不被滥用，对于提高司法公信力，保障社会主义法律体系高效公正运行，实现社会主义法治和司法正义具有重大的意义。司法作为守护社会正义的最后一道防线，人们总是期许其公正严明。弗朗西斯·培根曾说："一次不公正的审判，其恶果甚至超过十次犯罪。因为犯罪虽是无视法律——好比污染了水流，而不公正的审判则毁坏法律——好比污染了水源。"① 司法者若是腐败堕落，其危害将远甚于一般公权力行使者。知法犯法，枉法裁判，甚至草菅人命，不仅会引起民众的极大愤懑，而且会让人民对司法失掉信心，最终可能采取铤而走险的私力救济。为了防范执掌司法权的人滥用权力，对行使权力者附加相应的责任制衡权力，是保证其不被异化的一种有效方式。正如贺卫方教授所说："如果我们没有设立良好的司法管理制度，从而使司法者能够很情愿地去实施正义，即使人们的愿望再迫切，对司法腐败行为的谴责再严厉，终究是于事无补的。"②

（二）法官违纪责任的种类

目前，关于法官违纪责任的规定最主要和最详细的内容都在 2009 年 12 月 31 日发布的《人民法院工作人员处分条例》中。该条例将《公务员法》《法官法》中关于法官违纪责任及其惩戒的规定具体化，并且综合了以往散见在最高人民法院发布的各种决定、办法和规定中关于法官违纪责任及其惩戒的规定。这使得我国目前对法官的违纪责任及其惩戒形成了初步的体系。

法官违纪责任从内容来源上看可以分为司法内责任和司法外责任。司法内责任是法官在司法过程中的行为直接导致的责任，如由于违反回避制度，徇私枉法裁判案件导致的责任。司法外责任是法官在直接的司法活动外的不良行为产生的责任。例如在生活中不注重维护自身的法官形象，有赌博、吸毒、嫖娼的恶习，不适当地参加各种社交活动等。从责任性质上来看违纪责任又可以划为行政责任和刑事责任。行政责任是一般所说的纪律处分，而当行为性质极其恶劣，纪律处分已经不能评价其行为时，就应当使其承担相应的刑事责任。

1. 法官违纪的行政责任

（1）法官违纪行政责任的种类

根据《公务员法》《法官法》和最高人民法院发布的《人民法院工作人员处分条例》的相关规定，法官行政责任有六种类型：警告、记过、记大过、降级、撤职、开除。

各种处分的期限为：警告（6 个月），记过（12 个月），记大过（18 个月），降级，撤职（24 个月）。受处分期间不得晋升职务和级别；受记过、记大过、降级、撤职处分的，不得晋升工资档次；受撤职处分的，应当按照规定降低级别；受开除处分的，自处分决定生效之日起，解除与人民法院的人事关系，不得再担任公务员职务。

（2）法官承担违纪行政责任的情形

法官应当在司法活动的内外做到清正廉明，秉公司法，保持良好的职业操守，维护法

① ［英］弗朗西斯·培根著：《论司法》，载《培根论说文集》，水天同译，商务印书馆 1983 年版，第 193 页。

② 贺卫方著：《运送正义的方式》，三联书店 2002 年版，第 5 页。

官崇高的职业形象。法官应当严格遵守政治纪律、办案纪律、廉政纪律、组织人事纪律、财经纪律，不得有失职行为、违反管理秩序和社会道德的行为，否则就应当承担相应的纪律责任。这些行为包括违反政治纪律的行为、违反办案纪律的行为、违反廉政纪律的行为、违反组织人事纪律的行为、违反财经纪律的行为、失职行为以及违反管理秩序和社会道德的行为。

(3) 对法官的行政处分程序

第一，纪律监督机构。根据《法官法》《人民法院监察工作条例》《关于在人民法院审判执行部门设立廉政监察员的实施办法（试行）》的规定，人民法院的监察部门是人民法院行使监察职能的专门机构，对人民法院及其法官和其他工作人员实施监察的人民法院在审判执行部门设立廉政监察员。廉政监察员在所在部门主要负责人和本院监察部门的双重领导下开展工作。

第二，处分程序。

立案。监察部门根据检查发现的问题，或者控告检举的违纪线索，或者有关机关、部门移送的违纪线索，经初步核实，认为有关人员构成违纪应当给予纪律处分的，报本院院长批准后立案并组织调查。

调查。监察部门在查办违纪案件立案后，组成案件调查组和审理组分别进行案件调查和案件审理。调查时，监察部门应当全面收集证据。被调查人在调查过程中享有陈述权和辩解权。

审理。查办违纪案件时，应当组成审理组进行案件审理。参加案件调查的人员，不得参加案件审理。对于可能给予纪律处分的案件，调查组结束调查后交由审理组审理。审理案件有两种方式，包括听证和书面审理。书面审理案件，应当询问被调查人、听取其陈述和辩解，必要时，也可以与证人核对证言。

处理。对于立案调查的案件，经调查认定违纪事实不存在，或者情节轻微、不需要给予纪律处分的，应当按照批准立案的程序予以销案，并告知被调查人。对于经过审理的案件，应当视事实、情节作出相应的处分。对违纪人员的纪律处分按照下列规定进行：对本院审判委员会委员、庭长、副庭长、审判员、助理审判员和其他工作人员，下一级人民法院院长、副院长，副院级领导干部、监察部门主要负责人、专职监察员，拟给予警告、记过、记大过处分的，由监察部门提出处分意见，报本院院长批准后下达纪律处分决定；给于降级、撤职、开除处分的，由监察部门提出处分意见，经本院院长办公会议批准后下达纪律处分决定。纪律处分决定以人民法院名义下达，加盖人民法院印章。给予违纪人员撤职、开除处分，需要先由本院或者下一级人民法院提请同级人民代表大会罢免职务，或者提请同级人民代表大会常务委员会免去职务或者撤销职务的，应由人民代表大会或者其常委会罢免、免职或者撤销职务后再执行处分决定。对违反纪律的人员作出纪律处分后，有关法院人事部门应当办理处分手续，纪律处分决定等有关材料应当归入受处分人员的档案。

第三，办案期限。监察部门立案调查的案件，应当自立案之日起 6 个月内结案，因特殊原因需要延长期限的，可以适当延长，但应当报上一级人民法院监察部门备案，说明情况和原因。

第四，对处分的救济。

复议，对纪律处分决定不服的，受处分人员自收到纪律处分决定之日起 30 日内可以向作出纪律处分决定的人民法院申请复议，复议的人民法院应当在 30 日内作出复议决定。

申诉，对复议决定仍不服的，可以在接到复议决定 30 日内向作出复议决定的上一级人民法院申诉，上一级人民法院应当在 60 日内作出处理决定。上一级人民法院对不服纪律处分决定的申诉，经复查认为原决定不当的，或者上级人民法院认为下级人民法院所作纪律处分决定不当的，可以建议作出原纪律处分决定的人民法院予以变更或者撤销；也可以按照纪律处分程序直接作出变更或者撤销的决定。上级人民法院的处理决定为最终决定。

复议和申诉期间，不停止原决定的执行。

2. 法官违纪的刑事责任

在一定程度上，职业伦理责任主要是一种职业纪律责任。在很多涉及法官违反职业伦理规范的案件中，涉案法官大多被追究了刑事责任。特别是法官涉嫌贪污受贿、枉法裁判、徇私舞弊的案件，涉案法官最终都被定罪判刑。① 但是，法官违反职业伦理规范的行为并不必然构成犯罪，法官的职业伦理责任与刑事责任是有严格界限的。② 对于法官违反职业伦理的行为，只有在穷尽了所有纪律责任的追究途径之后，仍然无法给出恰如其分的处罚结果的，才能诉诸刑事追诉程序。③ 目前法官违纪的行政责任中，有许多行为的性质其实是相当严重的，比如滥用职权和徇私枉法等，很多情况下行政违纪责任已经不足以评价其行为危害的严重性，需要运用刑法加以处罚。

根据 2018 年 3 月 20 日通过的《中华人民共和国监察法》的规定，各级监察委员会是行使国家监察职能的专责机关，依照本法对所有行使公权力的公职人员（以下称公职人员）进行监察，调查职务违法和职务犯罪，开展廉政建设和反腐败工作，维护宪法和法律的尊严。监察机关有权对人民法院的公职人员进行监察。人民法院在工作中发现公职人员涉嫌贪污贿赂、失职渎职等职务违法或者职务犯罪的问题线索，应当移送监察机关，由监察机关依法调查处置。

【案例 4-1】

四川内江中院原院长熊某某受贿案④

（一）案情简介

被告人熊某某原为四川省内江市中级人民法院原党组书记、院长。其身为国家工

① 例如，2009 年 5 月 7 日，最高人民法院曾公开通报六起法官违纪违法案件，无一例外都属于法官违反职业伦理；部分法官在受到纪律处分的同时，还被移送检察机关提起公诉。参见袁祥：《最高法院通报六起法官违纪违法案例》，载《光明日报》2009 年 5 月 7 日，第 4 版。

② 2014 年，最高人民法院曾通报七起法官行为不检案件，这些受到纪律处分的法官都违反了最高人民法院有关职业伦理准则所确立的禁止性规范。参见罗书臻：《最高人民法院通报七起违反八项规定案件》，载《人民法院报》2014 年 12 月 30 日，第 1 版。

③ 陈瑞华：《法官责任制度的三种模式》，载《法学研究》2015 年第 4 期。

④ 参见：《四川内江市中级人民法院原党组书记、院长熊晓平被立案侦查》，载中国共产党新闻网，http：//fanfu. people. com. cn/n1/2017/0922/c64371-29551570. html，最后访问时间：2018 年 5 月 4 日。

作人员，在职期间利用职务便利，在司法活动、干部选拔任用、工程建设项目等方面为他人谋取利益，收受他人所送财物，数额特别巨大，涉嫌犯受贿一罪。①

四川省内江市中级人民法院原党组书记、院长熊某某（副厅级）涉嫌受贿罪一案，经四川省人民检察院指定管辖，由德阳市人民检察院侦查终结并移送审查起诉。日前，德阳市人民检察院已向德阳市中级人民法院提起公诉，该案仍在审理中。②

（二）该案焦点问题

1. 该案争议焦点为：原四川省内江市中级人民法院原党组书记、院长熊某某是否构成受贿罪？

2. 该案其他焦点问题为：熊某某是否严重违反党规党纪，该受何种处分？

3. 该案理论问题：该案中被告熊某某属于普通受贿还是斡旋受贿？两者有何区别？

（三）裁判要点和理由

1. 对于该案争议焦点。我国《刑法》第 385 条规定："国家工作人员利用职务上的便利，索取他人财物的，或者非法收受他人财物，为他人谋取利益的，是受贿罪。国家工作人员在经济往来中，违反国家规定，收受各种名义的回扣、手续费，归个人所有的，以受贿论处。"

《刑法》中所称的国家机关工作人员，是指在国家机关中从事公务的人员，包括在各级国家权力机关、行政机关、司法机关和军事机关中从事公务的人员。根据有关立法解释的规定，在依照法律、法规规定行使国家行政管理职权的组织中从事公务的人员，或者在受国家机关委托代表国家行使职权的组织中从事公务的人员，或者虽未列入国家机关人员编制但在国家机关中从事公务的人员，视为国家机关工作人员。本案被告原为四川省内江市中级人民法院原党组书记、院长，属于国家工作人员，符合受贿罪主体要件。

《刑法》第 385 条第 1 款规定的"利用职务上的便利"，既包括利用本人职务上主管、负责、承办某项公共事务的职权，也包括利用职务上有隶属、制约关系的其他国家工作人员的职权。担任单位领导职务的国家工作人员通过不属于自己主管的下级部门的国家工作人员的职务为他人谋取利益的，应当认定为"利用职务上的便利"为他人谋取利益。③ 如该案中的被告熊某某在职期间利用职务便利，既包括直接利用本人职务上的便利，也包括在干部选任、建设工程项目中利用下级主管部门的国家工

---

① 参见：《四川内江市中级人民法院原党组书记、院长熊晓平被立案侦查》，载中国共产党新闻网，http：//fanfu. people. com. cn/n1/2017/0922/c64371-29551570. html，最后访问时间：2018 年 5 月 4 日。

② 参见：《四川内江中院原院长熊晓平涉嫌受贿被提起公诉》，载新浪网，http：//news. sina. com. cn/c/nd/2018-01-12/doc-ifyqqciz6031881. shtml，最后访问时间：2018 年 5 月 4 日。

③ 参见：《最高人民法院关于印发〈全国法院审理经济犯罪案件工作座谈会纪要〉的通知》，载法律图书馆网，http：//www. law-lib. com/law/law_view. asp？id＝82074，最后访问时间：2018 年 5 月 20 日。

作人员的职务便利。

为他人谋取利益包括承诺、实施和实现三个阶段的行为。只要具有其中一个阶段的行为，如国家工作人员收受他人财物时，根据他人提出的具体请托事项，承诺为他人谋取利益的，就具备了为他人谋取利益的要件。明知他人有具体请托事项而收受其财物的，视为承诺为他人谋取利益。被告熊某某非法收受钱财，为他人谋取利益行为均包括这三个阶段，并且数额特别巨大，已然构成受贿罪的主观、客观方面犯罪构成要件；故意侵犯了国家工作人员的职务廉洁性。应依照《刑法》第 385 条的规定，以涉嫌受贿罪追究其刑事责任。

2. 熊某某身为党员领导干部，违反廉洁纪律收受礼金、财物一事，一经传出，我党给予高度重视。经四川省委批准，省纪委对内江市中级人民法院原党组书记、院长熊某某严重违纪问题进行了立案审查。经审查认为，熊某某身为党员领导干部，其行为已严重违反党规党纪。依据《中国共产党纪律处分条例》等有关规定，经四川省纪委常委会会议研究并报省委批准，决定给予熊某某开除党籍处分；由四川省高级人民法院给予其开除公职处分；将其涉嫌犯罪的线索及所涉款物移送司法机关依法处理。①

3. 对于该案中的法律理论问题。普通受贿和斡旋受贿是受贿罪的两种类型，我国《刑法》第 385 条和第 388 条分别作出了规定，其中，普通受贿要求国家工作人员利用职务上的便利，索取他人财物，或者非法收受他人财物，为他人谋取利益；斡旋受贿要求国家工作人员利用本人职权或地位形成的便利条件，通过其他国家工作人员职务上的行为，为请托人谋取不正当利益，索取请托人财物或者收受请托人财物。该案中，被告人熊某某利用自己职务上的便利，并没有通过其他工作人员，达到了收受他人财物，为他人谋取不正当利益的目的，属于普通受贿罪。对于两罪的区别，会在下文中详细论述。

（四）案例评析（侧重职业伦理角度）

对于涉嫌职务犯罪的党员、公职人员，应当依照《中国共产党纪律处分条例》和《监察法》等法律法规，给予其相应党纪处分和政务处分。对其涉嫌犯罪问题，经调查认为犯罪事实清楚，证据确实、充分的，制作起诉意见书，连同案卷材料、证据一并移送检察院依法审查、提起公诉。

四川省内江市中级人民法院原党组书记、院长熊某某涉嫌受贿罪一案由德阳市中级人民法院进行审理。本案被告原属于国家工作人员，其在职期间利用职务便利，在司法活动、干部选任以及工程建设项目招标投标中，非法收受钱财，为他人谋取利益，并且数额特别巨大，已然构成受贿罪。应依照《刑法》第 385 条的规定，以涉嫌受贿罪追究其刑事责任。对于其究竟是属于我国《刑法》第 385 条规定的普通受贿罪还是第 388 条规定的斡旋受贿罪。由于认定二者的方式不同，裁判所援引的刑法条款亦不相同，因此，有必要对二者进行区分：

① 参见：《内江市中级法院原院长熊晓平被“双开”　培植私人势力》，载凤凰网，http://news.ifeng.com/a/20170919/52078206_0.shtml，最后访问时间：2018 年 5 月 4 日。

第一，从职权行使的角度来看，普通受贿要求国家工作人员“利用职务上的便利”实施相关行为。而斡旋受贿则要求国家工作人员“利用本人职权或地位形成的便利条件”实施相关行为。对于如何区分上述两种行为，最高人民法院于2003年11月13日发布的《全国法院审理经济犯罪案件工作座谈会纪要》(以下简称《纪要》)对此有明确规定：斡旋贿赂构成受贿罪的两个特点：一是接受请托、索取或者收受财物的国家工作人员与利用职务行为为请托人谋取不正当利益的国家工作人员之间没有职务上的隶属、制约关系，如单位内不同部门的国家工作人员之间、上下级单位没有隶属、制约关系的国家工作人员之间、有工作联系的不同单位的国家工作人员之间等；二是索取或者收受财物的国家工作人员对于被利用的国家工作人员职务行为存在一定的影响，但这种影响应当是间接的，如果能够直接影响，则应适用《刑法》第385条第1款。

第二，从所谋取的利益来看，普通受贿要求为请托人谋取的利益，既包括正当利益，也包括不正当利益；既可以是物质利益，也可以是非物质利益。至于“他人谋取利益”的时间是在非法收受他人财物的同时还是之前或者之后，不影响受贿罪的成立。但是，在司法实践中存在着国家工作人员收受他人财物，并没有利用职务便利为请托人谋取利益的情形，对于这种行为是否构成受贿罪的问题，在理论界和司法实践部门都有争论。考虑到受贿罪的社会危害性主要体现在侵害了国家工作人员职务行为的廉洁性，只要是以谋取利益作为收受财物的交换条件，无论有无实际的谋取利益行为或者所谋取的利益是否实现，均不影响受贿罪的成立。而斡旋受贿仅限于为请托人谋取不正当利益。

第三，普通受贿在实践中多表现为直接的权钱交易，不需借助其他国家工作人员的职务行为。而斡旋受贿则需要借助其他国家工作人员的职务行为，实现权钱交易。①

该案中，被告人熊某某利用自己而不是其他国家工作人员职务上的便利，收受他人财物，为他人谋取不正当利益，应认定属于普通受贿罪。依照《刑法》第385条第1款的规定，以涉嫌受贿罪追究其刑事责任并无不妥。

经查，熊某某违反政治纪律和政治规矩，搞团团伙伙、培植私人势力；违反中央八项规定精神，违规操办生日宴并借机敛财，违规使用公车，超标准配备、使用办公用房；违反组织纪律，不如实报告个人有关事项，在组织函询时，不如实向组织说明问题，利用职务上的便利在干部选拔任用方面为他人谋取利益并收受财物；违反廉政纪律，收受礼金；违反工作纪律，干预和插手建设工程项目；违反生活纪律，贪图享乐、追求低级趣味；违反国家法律法规规定，利用职务上的便利，在司法审判活动、企业经营等方面为他人谋取利益并收受巨额财物，涉嫌受贿犯罪。熊某某身为党员领导干部，理想信念丧失，纪律意识淡薄，严重违反党的纪律，严重破坏内江市法院系

① 参见李丁涛：《普通受贿、斡旋受贿和利用影响力受贿辨析》，载《中国纪检监察报》2018年4月18日，第008版。

统政治生态，把商品交换原则引入司法审判中，搞权钱交易，践踏司法公正，破坏司法公信力，其行为性质恶劣，情节严重。依据《中国共产党纪律处分条例》等有关规定，经四川省纪委常委会会议研究并报四川省委批准，决定给予熊某某开除党籍处分；由四川省高级人民法院给予其开除公职处分。

各级领导干部要向党中央看齐对标，不仅发挥示范作用，带头反对“四风”，破除特权思想，形成“头雁效应”；还要担当起领导责任，认真谋划、认真抓严管，坚决纠正管辖范围内的作风问题和特权现象。在落实中央八项规定精神、反对“四风”方面，各级党员干部绝不能有歇歇脚、松口气的想法，必须始终坚持高标准、严要求。要进一步打破惯性思维，厘清公私界限，严格按照规定和标准办事，这既是对自己负责，也是对同志负责。公务接待安排高档菜肴、豪华套房、景点观光，体现的不是热情；逢年过节组织公款聚餐、滥发钱物，体现的不是关怀；借婚丧事宜给领导送礼金、开公车“撑门面”，体现的不是情谊；碍于情面没有坚持原则、半推半就接受，体现的也不是尊重。在纪检监察机关查处的违纪问题中，这类“好心办坏事”、害人害己的案例不少，相关人员受到严肃处理，退赔违纪款项，并被通报曝光，教训深刻，须引以为戒。坚持越往后执纪越严，对党的十九大以后仍然不知止、不收敛、不收手的，加大问责力度，用严明的纪律推动作风建设向纵深发展。①

要加大问责力度，重点在各级纪检监察机关应该进一步加大监督力度，将监督“触角”前移，通过践行“四种形态”，铲除腐败滋生土壤，从而落实全面从严治党各项要求。“四种形态”体现和诠释了纪严于法、纪先于法的要求，旨在建立更前沿、更严密的“防御阵地”，防止从纪律的底线退守到法律的底线；监督执纪的“四种形态”，是着眼全面从严治党、把纪律挺在前面的具体体现，是深刻把握党风廉政建设规律、提升反腐败精准度的主动选择，是坚持纪严于法、做好监督执纪问责工作的行动指南。各级监察机关必须准确把握、善加运用，使管党治党真正严起来、紧起来、硬起来。监督执纪“四种形态”的核心和本质是全面从严治党，体现了抓早抓小的一贯执纪要求。各级纪检监察机关要在认真审核把关案件质量的同时，进一步拓展执纪审理视野，加强对纪律审查过程中问题线索处置情况的监督制约，切实做到无禁区、全覆盖、零容忍。② 深入推进党风廉政建设和反腐败斗争，为地方经济社会发展提供有力保证。要做到常提醒、严预防，问题早发现，问题早整改，将问题解决在萌芽状态，实现真正全面从严治党的目的，从根本上杜绝类似熊某某重大贪污受贿案件的发生。

---

① 参见：《中央纪委公开曝光七起违反中央八项规定精神问题》，载中央纪委国家监委网站，http：//www.ccdi.gov.cn/special/jdbg3/zyjw_bgt/fjbxgdwt_jdbg3/201804/t20180426_170783.html，最后访问时间：2018 年 5 月 4 日。

② 参见：《认真践行“四种形态”，落实全面从严治党》，载搜狐网，http：//www.sohu.com/a/229520348_99890391，最后访问时间：2018 年 5 月 30 日。

第二节　法官职业伦理

一、法官职业伦理的概念和内涵

（一）法官职业伦理的概念和特征

“伦理是调整个人与他者在社会关系中的通行行为的价值规范，职业伦理则是具有特殊专业知识以及职业理念的共同体的行为价值准则。”① 法官职业伦理，是法官在职业实践中形成的比较稳定的伦理观念、行为规范和风俗习惯的总和。它是伴随着法官职业的出现、发展而形成的一种特殊的社会意识形态和行为准则，它是约束法官行为的潜在规则，是法官实现自律的基本内在要求，又是法官享有良好社会地位和声誉的有效保证。法官职业伦理有着与社会伦理道德观念相适应的一面，体现并服从于伦理的一般性规定。② 但它又与法官职业本身有着密不可分的联系，因而区别于一般的社会伦理，具有自身的价值特点和评判标准。

1. 法官职业伦理的主体是法官

由于我国法治建设的历史原因，法官队伍的构成相对来说较为复杂，法官的职业化水平较低，系统的法官职业伦理一直未能形成。③ 现在，伴随着我国法治进程的推进和司法改革的深化，法官职业伦理的独特性和重要性也愈加突显，其主体应当是拥有审判权的职业法官。由于分工的不同，法院内部还有书记员、司法警察、行政和后勤人员等一些其他工作人员，职责的不同决定了法官职业伦理的主体仅仅是法官，因为只有职业法官才是专门行使国家审判权的人员。

2. 法官职业伦理既约束法官的业内行为，也约束法官的业外活动

一方面，法官职业伦理规范着法官履行各项审判职能时的职业行为。因为法官的基本职责就是行使审判权，解决社会纠纷，维护公平正义。法官在审理案件过程中的各种行为包括立案、保全、调查、庭审、调解、裁判、执行等行为，这些行为均应受到法官职业伦理的约束。另一方面，虽然法官的主要活动是对案件进行裁判，但由于法官的一些非职业活动在一定程度上也影响着法官的形象，并且在社会公众的心目中，法官代表着公平，彰显着正义，法官的言行对社会具有较强的引导和示范作用，因此在日常生活中，法官也应当以职业伦理的基本标准严格要求自己，做好社会道德的风向标。一些与法官的职业形象相关的业外活动，也应当受到法官职业伦理的约束。

3. 法官职业伦理由法官职业的内在规律确定，兼具法律与道德的特点

---

① 宋远升著：《法官论》，法律出版社 2012 年版，第 69 页。

② 王淑荣：《西方法官职业伦理的法治底蕴——西方法治理念对法官职业伦理的影响》，载《时代法学》2006 年第 2 期。

③ 马建华：《职业化的法官与法官的职业化》，载《法律适用》2003 年第 12 期。

林肯曾经说过，法律是显露的道德，道德是隐藏的法律。而法律与道德都旨在约束法官的行为，并对法官进行追责。① 法律对法官的各类行为规范进行了成文规定，道德则大多建立在不成文的规定之上。但无论是法律还是道德，都是以一个法治国家的价值规范为基础的。因此，法律和道德应当相互融合于法官职业伦理之中，共同对法官的行为进行规范和约束。②

作为一种职业伦理，法官职业伦理既是一种行为标准，是法官在从事法律职业时为了维护法官的职业形象，规范自身行为，在伦理道德方面所应当遵循的基本准则。从更深层次上看，法官职业伦理更是一种价值伦理，蕴涵着法官应遵从的内在精神信仰。③ 在这个意义上，它包含三个层面的含义：第一，遵守社会普通公众的伦理要求，做“守法”者。这是法官职业伦理的最低要求。之所以称为最低要求，是因为一个法官首先应当是一个合格的公民、守法的公民，并且具备一般公民的道德素质。第二，正确行使自由裁量权，“依法”审理案件。这是法官职业伦理的基本要求，是法官公正、优质、高效履行司法职责的必然要求。因为司法公正，说到底还是根植于法官能否运用司法智慧和职业理性，依法裁断案件。第三，遵循内心的良知，做“护法”者。守护法律、公正司法、维护正义，这是法官这一职业与生俱来的天然的要求，这一要求需要法官不管是在业内还是在业外均应守护良知与正义，对法律具有忠诚的信仰，并具有坚强的护法品格。

（二）法官职业伦理的内涵

对于法官而言，公平、正义是基本的价值追求。④ 这一价值追求通过法官职业伦理得以实践，从实质上而言，法官职业伦理的内涵主要体现在以下几个方面：

1. 忠诚于宪法和法律

“法律必须被信仰，否则它将形同虚设。它不仅包含有人的理性和意志，而且还包含了他的情感、他的直觉和献身以及他的信仰。”⑤ 对宪法和法律表达忠诚和信仰是法官职业伦理的基本内容。公正是法律职业的根本价值取向，是法官职业伦理追求的价值目标，法官担负着维护社会公平正义的职责，这就需要依靠法律职业工作者正确、准确地适用法律才能得以实现。法律职业者的基本使命，就是准确地贯彻法律。因此，忠诚于宪法和法律，忠实地理解和实施法律，就成为所有法律职业者都应遵循的基本伦理准则。忠诚于宪法和法律要求法官自觉形成对宪法和法律的内心确认和信服，要求法官认同宪法和法律的内在价值，并以此指导自身的司法行为，公正地理解和适用法律，实现社会正义。

2. 公平正义

---

① 任燕：《道德是隐藏的法律》，载《河南司法警官职业学院学报》2015 年第 4 期。

② 张媛媛：《论法官职业伦理》，山东大学 2010 年硕士学位论文。

③ 常艳、温辉：《法律职业共同体伦理问题研究》，载《河南社会科学》2012 年第 2 期。

④ 陈祥军：《法官与正义》，载《特区法坛》2002 年第 70 期。

⑤［美］伯尔曼著：《法律与宗教》，梁治平译，中国政法大学出版社 2003 年版，第 3 页。

公平和正义是人类对法律应有伦理品质的最重要的界定，也是人类对法律应有功能的最基本的预期。① 维护公平正义是法律职业活动中必须遵守的基本原则，按照这条原则，以法官为代表的法律职业者在依法履行职责的过程中应当严格遵循法律，维护人民的合法权益，在法律实践过程中最大限度地体现正义、公平的精神。法官在司法活动中必须做到司法公正，应该摒弃各种个人或他人的主观价值取向，严格遵循法律审判案件，最终作出公正的裁决。

3. 清正廉洁

法官清正廉洁是法律权威性的重要保障，也是法律获得社会认同的重要途径。清正廉洁事关法官的职业伦理和法律信仰，是法官职业伦理道德议题中的重要内容。法官的清正廉洁，不仅依靠法官培养机制的完善、内外监督机制的完备，更依托于法官个人的思想道德水平和职业素养。洁身自好，谨慎地行使审判权，自觉抵制多方的诱惑，依托于个人良知和对法律的信仰保持廉洁，是一名法官需要终身奉为行动指南的底线。法官执掌国家审判执行权，是易滋生腐败的高危群体，司法不廉对司法公信具有毁灭性破坏。② 因此，作为一名法律人，要时刻反思自己的行为是否有损司法公正，必须自觉纠错、审慎决定。紧绷廉洁之弦，则公正可待，为民可期。③ 只有保证廉洁，才能让法官在审判过程中有底气、有正气，才能实现保障每一位公民切实利益的法律理想，才能实现法官内心对于公正的追求，才能让公众对法官这个职业、对法律心生敬意，心存信赖。

4. 保持中立

法官中立问题，主要涉及审判过程中法官对待双方当事人的态度、与双方当事人的关系等方面。法官中立要求法官应在双方当事人中间保持中立，不偏不倚。④ 具体来说，法官中立的内涵包括两个方面，即无个人利益、无偏见。

其一，无个人利益。法官中立要求法官所审判的案件，不能与法官个人有任何利害关系，包括法官与案件、法官与当事人、法官与代理人等无实质的关联。倘若存在个人利益的干扰，法官的中立性将有所贬损，进而直接影响司法公正的实现。

其二，无偏见。在法官审判案件的过程中，存在着三种可能出现的个人偏见，包括对法律或政策的事先倾向、对事实的事先倾向、对一方当事人或代理人的事先倾向。其中，后两种倾向更容易造成对一方当事人的不公正。基于种族歧视、信仰差异、性别歧视、价值偏向等因素作出判决，则会导致一方当事人受到不平等对待。

5. 保证独立

根据世界各国普遍承认的《世界司法独立宣言》和《国际律师协会关于司法独立最低限度标准的规则》所确立的“司法独立最低标准”，完整的“法官独立”概念应包含身

① 郑成良著：《法律之内的正义》，法律出版社 2002 年版，第 3~4 页。

② 钱锋：《司法廉洁制度的创新完善与路径选择》，载《法律适用》2012 年第 2 期。

③ 钱锋：《司法廉洁制度的创新完善与路径选择》，载《法律适用》2012 年第 2 期。

④ 常怡、肖瑶：《论法官中立——以民事诉讼为视角》，载《昆明理工大学学报（社会科学版）》2008 年第 5 期。

份独立、实质独立、外部独立、内部独立。①

其一，身份独立。“司法独立最低标准”第 22 条规定：“法官之任期原则为终身职，只能因法定事由或达到强制退休年龄才能免职。”这是法官独立的首要条件，是实现其对于法官职业的依附性，即实现法官职业化。这是防止法官对特定立场、特定利益进行特殊考量的重要先决条件。

其二，实质独立。“司法独立最低标准”第 44 条规定：“法官对于其执行法官职务之有关事务，应享有不受诉讼及不出庭作证之豁免权。”“司法豁免”特权旨在保障法官在审判时无后顾之忧，从而自主实行审判职能。

其三，外部独立。外部独立指法官行使审判权不受来自法院以外的组织和个人的干扰，包括党委、人大、政府、媒体、公众等的干扰。不正当的干扰、干涉将影响法官独立行使审判权，侵害司法公正。

其四，内部独立。内部独立指法官行使审判权不受来自法院内部其他组织和个人的干涉，包括上级法院、同级法院院长、庭长等。法官本人应根据自己的良知、经验以及对法律的理解与把握作出决断，而无须听命于法院内部的任何人。

司法的独立是法治国家所普遍承认和确认的一项原则，这不仅是因为司法独立建立了现代意义上的审判程序和制度，表现了司法程序应有的公正性，也是公正程序的集中表现。② 要想实现司法公正，法官的独立是重要的前提和基础。给予法官独立地位、保证法官的独立地位，是当事人和法治社会的强烈要求。

二、法官职业伦理的价值

（一）对法官的价值

法官职业伦理通过规范层次的外在约束，有效防止了自由裁量权的滥用，为实现司法公正提供了一种制度保障。③ 此外，法官职业伦理的真正施行最终需要依靠法官自身的良知与责任心。因此，当职业伦理被法官群体认同且遵循为内在需要时，能够激励法官更好地工作，提高司法审判质量。

1. 有效规范法官行为，防止自由裁量权的滥用

法官是运用法律进行裁判的职业群体，是司法权运作的主体，是社会公平正义的维护者。而依据法律和司法的特点，法律条文本身具有原则性和指引性，面对纷繁复杂、鲜活多变的社会生活，司法的过程并非机械地套用法律公式，而是通过法官理性地理解法律、正当地行使自由裁量权来实现。“任何一件由法官自由裁决的案件，实质上都是在该法官的道德标准影响下处理的。”④ 但是，法官是人，本身存在理性与感性的两面性，在复杂

---

① 王显荣：《法官独立——司法公正之根本前提和司法独立应有之义》，载《河北法学》2006 年第 3 期。

② 王利明著：《司法改革研究》（修订本），法律出版社 2002 年版，第 111 页。

③ 张继明：《论法官自由裁量权》，山东大学 2006 年硕士学位论文。

④ ［英］戴维·M. 沃克著：《牛津法律大辞典》，李双元等译，法律出版社 2003 年版，第 658 页。

的社会关系网络之中，可能面临各种诱惑，此时司法权很有可能被滥用。而司法权如果无法理性、公正地行使将会极大地破坏社会秩序。现实生活中，部分法官道德缺失，以权谋私，知法犯法，贪污受贿，滥用职权。在他们当中，不乏业务技能精通，受过良好法学教育的人。但由于缺乏职业素养，丧失了作为一名法官应有的良知，他们的行为不仅破坏了司法权威，也亵渎了法律的尊严。

法官职业伦理遵循着司法的基本价值观，包含着对法官的基本行为要求，支配着法官对法律和当事人的态度，从而有效地规范法官行为，对法官正确、理性地运用法律起着重要的作用。① 遵守法官职业伦理可以使法官严格约束自身行为，恪守职业操守，理性运用自由裁量权，使得裁判更加公正。

2. 激励法官更好地工作，提高司法质量

法官职业伦理具有比其他职业伦理更高的标准，它要求法官以维护法制体系和司法正义、保障当事人合法权益为目标，怀着对法律的信仰，公正、独立、廉明地行使权力。因此，法官职业伦理能够通过调节和激励法官行为的方式，使法官更加投入地工作，努力提高司法质量。

法官职业伦理通过社会舆论、风俗习惯、思想教育等手段，使法官形成了内心的善恶标准和法律信仰，提高了法官群体的思想道德水平，使其自觉地提升职业境界，树立发自内心的坚定信仰及对职业追求的自觉自愿，最终使职业伦理渗透为法官的内在精神，贯穿于司法的全过程，使公正审判获得有力的执行和遵守。② 此外，职业伦理也使得法官能够更加正确与深刻地认识到法官这份职业的社会责任感和社会价值，促使其热爱本职工作，忠于职守，更好地投入工作，以高度的荣誉感和责任感行使审判权力，自觉抵制社会不良诱惑，在工作中保持清正廉明，全面提高司法质量。

(二) 对当事人和公众的价值功能

1. 使当事人获得公正裁判，保障当事人合法权益

公正，是指对权利义务进行不偏不倚与合理地分配。公正是司法制度的灵魂与生命。③ 诉讼是法院以国家强制力为后盾，解决公民之间、公民与组织之间、公民与国家之间的冲突的纠纷解决方式，往往需要法官作出裁判。而裁判的作出是法官依据法定程序认定事实和适用法律的过程。在这个过程中，尽管法律设定了诸多程序机制以防止在裁判过程中出现某些错误，但是生效裁判发生错误的可能性依然无法完全避免，而错误的生效裁判，对当事人来说则是缺乏正义的。

法官职业伦理通过规范法官行为、增强法官社会责任感，使得法官能够恪守职业操守，抵制不良诱惑，在职业道德和职业理性的基础上适用法律。法官以独立的人格，排除外界的干扰，在职业伦理的引领下，遵从于宪法和法律，以对法律的真诚和对社会、对人民的责任，发挥主观能动进行审判，此时的裁判必定是公正的。④ 另外，法官

① 韩登池：《司法理性与理性司法——以法律推理为视角》，载《法学杂志》2011 年第 2 期。

② 白媛：《法官职业道德探析》，齐齐哈尔大学 2013 年硕士学位论文。

③ 习近平：《公正是司法的灵魂和生命》，载《河南商报》2015 年 3 月 26 日，第 A04 版。

④ 苏力：《中国法官的形象塑造》，载《清华法学》2010 年第 3 期。

职业伦理也促使法官不断提高自身业务能力。法官在履行职责的过程中需要不断汲取新知识、精研法理、探讨审判实践、参加业务培训，不断提高自身辨别是非、判断证据、驾驭庭审的能力。而法官业务能力的提高让法官能够更加准确地适用法律，将错误裁判的可能性降到最低，使当事人能够获得正当的、公正的裁判，有力保障了当事人的合法权益。

2. 社会公众对法院和法官更加信服和尊重权威

权威，是使人信服的力量和威望，能够使人发自内心地认同与信仰。权威来自人心，其核心要素是社会公信力，也就是在行使权力的过程中所表现出来的信誉，及其在社会公众中的信赖和认同程度。① 在法治国家，司法权威主要体现在两个方面：一方面，法院享有解决一切法律争议的终局权力，法院作出的裁决即是最后的处理结果；另一方面，司法应该受到绝对的尊重。国家不仅要受到法律与权力的约束，群众也应普遍遵从司法裁判的结果。但是，司法权威的合法性基础并非单纯建立在强力之上，而必须依赖于社会主体对它的普遍认同。② 法官权威就是指法官在实现其自身功能即审判过程中所产生的社会效应，以及社会主体对其怀有的畏惧崇尚和信赖。法官职业伦理规范着法官理性运用法律、正确行使审判权，激励着法官公正司法、努力提高司法质量，促使法官不断提高自身道德意识和业务能力，这都构成了法官权威的基础。法官凭借自身高尚的道德情操，本着司法为民的职业良知，以过硬的业务能力作出的裁判，必将获得当事人发自内心的信服，从而带动社会公众对法官的信任和尊重。因此，法官职业伦理有助于提高法官和法院的社会权威，使公众对法官的判决更加信服和遵从。

三、法官职业伦理的依据

加强法官职业道德建设，不仅需要思想上和制度上的建设，还需要有法律规范的支持。我国《宪法》《民事诉讼法》《刑事诉讼法》中均有关于法官职业道德的规定，其主要是从审判实践活动中的具体工作或工作原则进行规定。除此之外，中共中央、中央政法委、最高人民法院等亦出台了相关规范，主要如表 4-1 所示：

表 4-1

性质	名称	制定主体	制定时间	相关内容
法律	法官法	全国人大常委会	2019 年 4 月 23 日第十三届全国人大常委会第十次会议修订	关于法官职业道德的规范主要体现在法官的义务、任职回避、考核、惩戒几个章节，但是其中的规定较为分散以及原则简单化，不够详尽。

① 唐东楚：《论民事抗诉监督的信任保证》，载《河北法学》2009 年第 3 期。

② 张潇潇：《和谐社会视野下的司法权威问题研究——以司法公信力为研究视角》，载《大观周刊》2012 年第 30 期。

续表

性质	名称	制定主体	制定时间	相关内容
规范性文件	人民法院法官袍穿着规定	最高人民法院	2002年1月24日最高人民法院审判委员会第1208次会议通过	为增强法官的职业责任感，树立法官公正审判形象，明确法官在开庭审判案件、出席法官任命或授予法官等级仪式时应当穿着法官袍。
	人民法院工作人员处分条例		2009年12月31日	分则详细规定了违反政治纪律、办案纪律、廉洁纪律、组织人事纪律、财经纪律、管理秩序和社会道德的行为，以及失职行为的处分方式。
	法官职业道德基本准则		2010年12月6日修订后重新发布	要求法官忠诚司法事业、保证司法公正、确保司法廉洁、坚持司法为民、维护司法形象。
	法官行为规范		2010年12月6日修订后重新发布	从忠诚坚定、公正司法、高效办案、清正廉洁、一心为民、严守纪律、敬业奉献、加强修养以及诉讼程序等方面规范法官基本行为。
	关于审判人员在诉讼活动中执行回避制度若干问题的规定		2011年4月11日最高人民法院审判委员会第1517次会议通过	法官回避的情形及其规则
	关于对配偶子女从事律师职业的法院领导干部和审判执行岗位法官实行任职回避的规定（试行）		2011年2月10日	有关法院领导干部和审判、执行岗位法官任职回避的规定，以维护司法公正和司法廉洁，防止法院领导干部及法官私人利益与公共利益发生冲突。
	关于人民法院落实廉政准则防止利益冲突的若干规定		2012年2月27日	有关法院工作人员廉政建设方面的规定及其处理规定。
	全面推进人民法院廉政风险防控机制建设的指导意见		2012年5月3日	从指导思想、工作原则、总体目标，工作步骤，工作要求方面提出要求。
	关于规范法官和律师相互关系维护司法公正的若干规定	最高人民法院、司法部	2004年3月19日	主要从禁止法官和律师在诉讼活动中单方接触、法官回避和律师不得接受委托的有关情况、禁止法官和律师进行权钱交易三个方面对法官和律师在诉讼活动中的相互关系进行了规定。这一规范性文件有利于正确处理诉讼活动中法官和律师之间的关系，依法构筑法官和律师之间必要的“隔离带”，消除当事人和社会公众对诉讼过程、裁判结果的不信任感。

综上可以看出，我国现有关于法官职业道德的法律规范和司法解释数量充足，内容翔实，为规范法官行为、提高法官职业道德提供了充分的依据和制度保障。但不可否认，现有规定比较繁杂，体例上不具有完整的系统协调性，这些规定相互之间的关系含糊不清，其中包含很多的重复规定（有些重复是必要和不可避免的），因而使得法官难以掌握职业道德规范的整个体系及其内在关系和内在逻辑，在实践中难免造成规则不明、执行不力的局面。

第三节　司法公正伦理

公正是司法所追求的终极目标。人们也习惯于将法官看做正义的象征。亚里士多德在《伦理学》中就说过，理想的法官就是公正的化身。公正司法可谓是审判工作的生命和灵魂，是法官的神圣职责，也是法官职业伦理最为核心和主要的内容。因此，法官内心只有秉承对司法公正的不懈追求，才能在司法实践中公正执法、秉公办案，才能实现司法活动的目的。

一、司法公正的概念和类型

（一）司法公正的概念

什么是公正、如何寻求公正是一个极其复杂的问题，古往今来的法学家都曾试图回答这个问题。

1. 西方社会对司法公正的探索

西方的正义女神，也称为司法女神，是法律、法官的化身和象征，也是西方司法理念的符号与标志。① 正义女神的雕像，经常出现在西方国家法院、法学院的前面或建筑物上。它的形象常常是一位年轻的女子，面容庄严，神情肃穆，蒙着眼罩或闭着双目，一手持天平，一手握宝剑。在雕像的背后，刻着一句广为流传的古罗马法律格言："为实现正义，哪怕天崩地裂。"近 500 年来，她日日矗立于天地之间，默默无声，却令人肃然起敬，揭示并维护着西方世界一种悠久的法律观念——"法，就是公平正义。"作为法院的象征，正义女神"蒙眼闭目"的法律隐喻是什么呢？她是裁判之神，用天平衡量诉讼双方提出的证据，证据充足的一方即胜诉，证据不足的一方就败诉，用宝剑加以惩处。她的职责是"裁断"而不是发现，所以眼睛应该蒙上或闭起，这样有助于她排除干扰，用心思考；对抗权贵，实现正义。

对此德国著名法学家鲁道夫·冯·耶林曾有一段十分精辟的论述："正义女神一手提着天平，用它衡量法，另一手握着剑，用它维护法。剑如果不带着天平，就是赤裸裸的暴力；天平如果不带着剑，就意味着软弱无力。两者是相辅相成的，只有在正义女神持剑的力量和掌秤的技巧并驾齐驱的时候，一种完满的法治状态才能占统治地位。"②

---

① 廖奕：《西方正义形象的演变及法文化读解》，载《人民法院报》2014 年 1 月 10 日。

② 转引自王利明：《为什么正义女神要戴着眼罩》，载王利明著：《法治：良法与善治》，北京大学出版社 2018 年版。

2. 古代中国对司法公正的探寻

就早期中国的神判而言，獬豸神兽的传说诞生的时代，正是上古中国“第一法官”产生的时代，其巧合不是无因的。这种神兽后代虽然绝迹，但汉以来法官一直以獬豸为冠服。犹有其遗留，至少上古的人都相信此种传说。受“报应”观念、道教、佛教与民间信仰的影响，在中国古人的思想信仰中还出现了“冥判”或“地狱审判”的司法观念或司法信仰。① 其实，中国本土的“报应”观念源于儒家经典《尚书·汤告》“天道福善祸淫”和《周易·坤卦》“积善之家必有余庆，积不善之家必有余殃”的记载。② 汉代随着佛教传入中国，这种“报应”信仰更加流行。宋明之后，不但儒道佛三教合流，而且渗入民间社会，致使“善恶报应”和“因果报应”作为一种民间信仰，便产生了广泛而又深刻的社会影响。与此同时，宋明以来的善书、宝卷、笔记、小说、戏曲也起到了推波助澜的作用。在这一语境中，自从汉魏以后，出现了大量有关“冥判”或“地狱审判”的故事，从而成为了传统中国民众对于司法公正的另类表达和强烈诉求，对于他们的司法信仰也产生了非常深刻的影响。

对“冥判”来说，实际上是作为一种司法信仰而存在；不过，二者的共同基础，则是宗教信仰——司法审判的背后存在“明察秋毫”与“公正无私”的神灵，不但揭示案件真相，而且监视司法官员，以及人们对司法公正的诉求与祈盼。正是由于这种诉求与祈盼的强烈影响，明清衙门才会普遍悬挂“明镜高悬”的匾额。就镜的文化信仰而言，“明镜高悬”与“照妖镜”的民间信仰和宗教观念有关。③ 这面能够照鉴人的五脏六腑和邪恶心思的“照妖镜”，也被称为“秦镜”；所谓“秦镜高悬”云云，即“明镜高悬”者是也。据学者说，“照妖镜”之俗信，渊源于“影像即灵魂”的古老观念。④ 从《古镜记》所载的离奇故事来看，“照妖镜”的基本功能，乃是使被照之物、被照之人原形毕露。之所以“照妖镜”能使被照之物、被照之人原形毕露，显然是因为它拥有神性的威力。另外，根据万建中等人的研究，使用“照妖镜”的人，往往是“神化的人”；而被照之对象，则是“人化的妖”。值得注意的是，如果人是宇宙秩序和社会秩序的缔造者和维护者，那么妖的出现，则意味着对宇宙秩序和社会秩序的扰乱和破坏；所以，逼使“人化之妖”原形毕露，进而驱除之、消灭之，乃是对“和谐”的宇宙秩序和社会秩序的最终恢复。再者，从时间秩序的角度来讲，传统中国向有“日出而作，日落而息”的生活秩序，所以，对那些“夜聚晓散”或“昼伏夜出”的行为，国家不惜以法律来制裁。⑤ 这

---

① 刘辉萍、张淼：《道教思想及民间信仰对佛教疑伪经的影响》，载《宗教学研究》2008 年第 3 期。

② 参见［美］包筠雅著：《功过格——明清社会的道德秩序》，杜正贞、张林译，浙江人民出版社 1999 年版，第 28~29 页。

③ 参见万建中等著：《中国民间散文叙事文学的主题学研究》，北京大学出版社 2009 年版，第 183~218 页。

④ 参见万建中等著：《中国民间散文叙事文学的主题学研究》，北京大学出版社 2009 年版，第 185 页。

⑤ 葛兆光：《在法律史、社会史与思想史之间——以传统社会中白天与黑夜的时间分配为例》，载葛兆光著：《思想史研究讲堂录》，三联书店 2005 年版，第 243~265 页。

是农业经济支配下的时间秩序。与此类似，当黑夜来临之时，当妖魔鬼怪出没人间社会之时，也意味着人间社会受到妖魔鬼怪的扰害之时，这无疑会引起人们的极度恐慌。在这种情况下，利用“照妖镜”的神力，对于驱除妖魔鬼怪来说，有非常特殊的作用。① 就传统中国司法实践而言，帝国衙门悬挂“明镜高悬”的匾额，不但是要借助镜的神力，而且也要赋予司法官员明察秋毫的神力，从而使“覆盆沉冤”得以水落石出、真相大白。

因此“明镜高悬”象征的，乃是司法官员的明察秋毫与公正无私；前者能使案件真相大白，后者能使案件获得公正裁决。与此同时，“明镜高悬”还象征着司法官员必须接受来自神灵的约束，以及源于自己灵魂的约束；借助这种约束，以使他们能够公正裁决案件，最终落实“使民无冤”的司法理想。② 对待决案件的原被两造来说，当他们举目仰望司法官员与“明镜高悬”的匾额时，既会遇到外在力量——表达神性的匾额与具有神性的司法官员——的震慑和制约，也会产生反诸自己灵魂的思索，以及因这种思索而产生的制约。这种“约束”既有宗教性，也有道德性。

综上所述，司法领域的公正指的是法官通过审判活动，根据法律和法理的要求，保障每一个人在法律的范围内获得公正的裁判。

（二）司法公正的类型

习惯上，在司法活动中人们追求的是结果公正，只要结果公正就达到目的了。但是随着现代司法制度的发展，司法程序日益严密、科学和严谨，对程序公正的要求也越来越高。人们不仅要求结果公正，而且要求程序公正。司法公正应当是实体公正和程序公正的统一。

1. 实体公正

实体公正主要是指案件事实真相的发现和对实体法的正确适用。发现案件事实真相是正确适用实体法的前提，这就要求首先必须正确认定案件事实。因为如果事实发生偏差，必然会导致法律适用的错误。正确适用法律是实体公正的根本要求，因为只有适用法律正确，人们依赖法律而具有的权利和义务才能最终得到实现。

法官裁判案件达到实体公正，绝对不是一件容易的事。即使程序公正，也不必然能够保证结果公正。现实生活中案件是千差万别，没有两个完全相同的案件。社会生活纷繁复杂，法律也不可能覆盖所有的社会关系，因此不可能简单靠三段论推理出案件的结果。③ 那种把法官的判案看成“对号入座”式的工作实在是对裁判活动的极大误解。如果真的是这样的话，用计算机取代法官就会保证绝对公正。“在整个宇宙中，甚至没有两个原子的物质是属于同样形式的，这是物理学的伟大法则；法律向这个法则挑战，企图把由无数变化无常的因素构成的人类行动归纳为一个标准。就是因为考虑到有这种法律制度，才有人发明了这样一个奇怪的原理——严格公正的裁判往往证明是极端非正义的。想把人类的行动归纳为一定的类别，并不比我们刚刚提到的想强使人类的身材长短一致的企图具有更

① 参见万建中等著：《中国民间散文叙事文学的主题学研究》，北京大学出版社2009年版，第197~203页。

② 徐忠明：《凡俗与神圣：解读“明镜高悬”的司法意义》，载《中国法学》2010年第2期。

③ 韩登池：《司法理性与理性司法》，载《法学杂志》2011年第2期。

多的真正的正义。相反，如果裁判是对于每一个单独案件的一切情况都作了考虑后得出的，如果裁判的唯一标准是普遍利益；那么，必然的结果一定是，我们的公正裁判越多，我们也就会越接近真理、道德和幸福。"①正是因为案件的处理和裁断是一个非常复杂的过程，法官的职业道德在这一复杂的决策过程中就显得至为重要。

2. 程序公正

程序公正主要是指司法程序具有正当性和合理性，当事人在司法过程中受到公平的对待。法官中立、当事人平等参与和主体性地位、程序公开以及对法官裁判的尊重构成了英美法上程序公正的因素。②

程序公正观念发端于英国，并在美国获得了发展和完善。西方程序公正的观念经历了从自然公正到正当程序的演变。自然正义（natural justice）的概念起源于自然法。在18世纪以前，这个概念常常与自然法、衡平法等通用。近代以后，自然公正通常表示为处理纷争的一般原则和最低限度的公正标准。按照英国著名法学家韦德的观点，传统意义上的自然公正局限于两个规则：一是任何人不能审理自己的或与自己有利害关系的案件；二是任何一方的诉词都要被听取。这两个原则很久以来就一直被牢固地确立在英国的司法制度之中。③ 随着自然正义的逐步深入和发展，特别是通过美国的司法实践，自然公正发展为更为全面的正当程序或者程序公正。

在英美法系国家的司法活动中，奉行的是"程序优于实体""救济先于权利"等。在大陆法系国家则更多地强调实体的公正。当然，大陆法系国家对于程序公正也越来越重视，在很多国家的司法改革中都强调或加入更多的保障程序公正的内容。我国目前进行的司法改革，在很大程度上就是要改变过去的重实体、轻程序的做法。法哲学家戈尔丁在其《法律哲学》一书中提出了程序公正的九项规则，我们可以把它看做程序公正的一般规则：（1）与案件自身有关的人不应该是法官；（2）结果中不应含有纠纷解决者个人的利益；（3）纠纷解决者不应有支持或反对某一方的偏见；（4）对各方当事人的诉讼都应给予公平的注意；（5）纠纷解决者应听取双方的论据和证据；（6）纠纷解决者应是在另一方在场的情况下听取意见；（7）各方当事人都应得到公平机会对另一方提出的论据和证据作出反响；（8）解决的诸项条件应以理性推演为依据；（9）推理应论及所提出的论据和证据。④上述规则的内容已经为世界上大多数国家的法官职业规范所吸收。我国《法官职业道德基本准则》吸收了其中的绝大多数规则。

现代各国法律普遍确立的举证、回避、辩护、无罪推定、自由心证、公开审判等原则和制度就是程序公正的必然要求和主要体现。⑤

---

① ［英］威廉·葛德文著：《政治正义论》，何慕李译，商务印书馆1980年版，第576、577页。

② 高其才、肖建国、胡玉鸿：《司法公正观念源流略论》，载《清华大学学报（哲学社会科学版）》2003年第2期第18卷。

③ 袁曙宏、赵永伟：《西方国家依法行政比较研究——兼论对我国依法行政的启示》，载《中国法学》2000年第5期。

④ ［美］戈尔丁著：《法律哲学》，齐海滨译，三联书店1987年版，第240、241页。

⑤ 肖燕飞：《刑事证明模式研究——以无罪推定原则为视角》，云南大学2005年硕士学位论文。

【案例 4-2】

永州法官“夺妻占财”案

（一）基本案情

2008 年，湖南省永州市冷水滩区人民法院主审法官周某在审理一起离婚案件时，将包含一套房子和一块土地的全部共有财产判给女方冯某，而把全部家庭债权和女儿的抚养权判给男方成某某。该案判决离婚不久，法官周某又调至冷水滩区人民法院执行局，并于 2011 年 5 月与该案当事人冯某结婚。2011 年 7 月，成某某被采取强制执行措施并通过代理人向前妻支付了 20 万元。由于成某某对本案判决不服，这一案件先后由湖南省祁阳县法院、永州市中级人民法院重新审理。2014 年 8 月 22 日，永州市中级人民法院经过再审认为，原审判决认定事实清楚、审判程序合法、实体处理当事人合法权益适当，维持原判，判决书已上网公布。同时，针对网络曝光的该案法官周某“借断案夺妻占财”一事，永州市中级人民法院发布通报称，涉事法官周某，其行为已构成违纪，已被开除党籍并调离法院。①

冯某与成某某二人曾经提起 2 次离婚诉讼。第 1 次是 2006 年 8 月，冯某向永州市冷水滩区人民法院提起离婚诉讼。此次诉讼在 1 名女法官的调解下达成协议：冯某从成某某处获得 18 万元现金补偿；成某某获得土地、房产及其他财产，同时承担债权债务，女儿由成某某抚养。冯某随后撤诉，离婚诉讼不了了之。2 年后，冯某再次向冷水滩区人民法院提起离婚诉讼，一名周姓法官成为此案的主审法官。本次的判决结果显示冯某获得位于永州市区繁华路段的一套面积为 148 平方米的房子、一块面积为 460.6 平方米的土地，而成某某获得的均为债权。离婚判决后，成某某感觉非常不公平。据成某某称，离婚案终审后不久，主审的周姓法官便调至冷水滩区人民法院执行局，并于 2011 年 7 月对他采取强制执行措施，直到他向前妻支付了 20 万元。而后，成某某得知，其前妻冯某已与周姓法官已登记结婚了。此事经媒体报道后，引起社会广泛关注，冷水滩区周姓法官也被指“借断案夺妻占财”。②

（二）案例评析

1. 法官在法律职业者中的重要地位

公正的司法需要公正的法官群体。在法治社会，法官是一种特殊的法律职业群体，法官职业的特殊性决定了法官必须保持公正独立，以作出公平公正的判决，使全社会的公民都受到潜移默化的教育和影响。白居易曾说：“虽有贞观之法，苟无贞观之吏，欲其刑善，无乃难乎？”在西方，德沃金在《法律帝国》一书中曾说：“法院是法律帝国的首都，法官是帝国的王侯。”③ 汉密尔顿也说：“法律如果没有法院来

① 艾民：《永州被处分法官缘于违反回避规定》，载《人民法院报》2014 年 8 月 27 日，第 2 版。

② 张丽沙：《永州“夺妻占财”案涉事法官被停职调查》，载《北京青年报》2014 年 7 月 24 日，第 A24 版。

③ ［美］德沃金著：《法律帝国》，李常青译，中国大百科全书出版社 1996 年版，第 361 页。

阐说和界定其真正含义和实际操作，就是一纸文。”① 当今时代，社会公众对审判权的关注日益增多。法官是重要的法律人，是负责行使裁判职权的法律职业者。法官是国家法律的执行者，是国家法律的化身，是社会正义的守护神和社会良知的象征。法官所从事的审判活动常常被视为主持公道、伸张正义。当然，在我国当前，法官职业的重要性远未充分表现出来，现实中仍然存在以权代法或以权压法的现象，民众在矛盾调处中更多地相信和借助于权力和官员而不是法律和法官。提高我国法官地位应着眼于树立法官权威，而树立法官权威首推法官独立。要真正提高法官地位，必须从推进法院体制改革和保障法院独立、提高法官的选任标准和完善法官的选任程序、提高法官的自身素质和增强法官的职业荣誉感三方面进行改革，即推进法院体制改革，保障法院独立；提高法官的选任标准，完善法官的选任程序；提高法官的自身责任感，增强法官的职业荣誉感。

2. 如何理解司法公正是法官职业伦理的基本要求

司法公正可以从程序和实体两个层面进行理解。在实体意义上，司法公正意味着判决结果要满足客观性、法定性和适当性的要求。在程序意义上，司法公正可以被理解为司法中立、司法平等和司法公开。

在本案中，司法公正主要体现为程序公正。所谓司法中立，即法官在司法过程中应当满足两项基本的具体要求：一是法官同争议的事实和利益没有关联性。法官既不能裁判有关自己的争讼，也不得与案件结果或争议各方有任何利益上或其他方面的关系。二是法官应该居中裁决，公正地对待控辩双方的诉讼行为，不得对任何方当事人存有歧视或偏袒。司法平等，也就是公平地获得法庭审判的机会。按照诉讼利益相关原则，凡是诉讼利益可能受到司法裁判影响的利益相关方，都应该享有均等的机会平等地参与到诉讼程序中来，充分地表达各自的主张和观点。庭审对各方利益有如此重大的影响，因此，各方当事人都希望平等参与到诉讼中来。司法公开是指庭审的每一阶段和步骤都应当以当事人和社会公众看得见的方式进行。在不同国家，程序公开的程度会存在一定差异。在英美法系国家，比如瑞士，诉讼公开比较全面，甚至允许公开合议庭成员的不同意见，当事人和旁听者能够目睹法官们的争论及其结果；而在大陆法系国家，传统观念是把法院作为一个权威机构。面向外界，突出判决的一致性，法官的文官心理保证其不泄露合议庭的意见。在我国司法实践中，审判公开也是一项基本的诉讼原则，我国《宪法》第 130 条对此作了相应规定。除了法定的例外，人民法院审理案件一律公开进行。

程序公正和实体公正是仅仅从法律层面理解的结果。实际上司法公正还应包含法官的形象公正，即司法公正也包含了法官对自身职业伦理的要求以及社会公众对法官的评价，法官在职业伦理方面的形象对社会公众的法治认知具有非常重要的影响。

3. 回避制度对实现司法公正的作用

诉讼回避是一项重要的确保司法公正的司法制度，也是一项重要的法官职业行为

---

① ［美］汉密尔顿、杰伊、麦迪逊著：《联邦党人文集》，程逢如、在汉、舒逊译，商务印书馆1980 年版，第 111~112 页。

规范。根据现行《民事诉讼法》第44条的规定，审判人员有下列情形之一的，应当自行回避，当事人有权以口头或者书面方式申请他们回避：（1）是本案当事人或者当事人、诉讼代理人近亲属的；（2）与本案有利害关系的；（3）与本案当事人、诉讼代理人有其他关系，可能影响对案件公正审理的。根据现行《民事诉讼法》第45条第2款的规定，被申请回避的人员在人民法院作出是否回避的决定前，应当暂停参与本案的工作，但案件需要采取紧急措施的除外。根据现行《民事诉讼法》第47条的规定，人民法院对当事人提出的回避申请，应当在申请提出3日内，以口头或者书面形式作出决定。申请人对决定不服的，可以在接到决定时申请复议一次。复议期间，被申请回避的人员，不停止参与本案的工作。

对法官中立的要求不仅仅是观念上的或道德上的，要想使法官在事实上保持中立，更重要的是要有相应的制度、规则或程序的保障。其中，法官回避制度具有普遍的价值，现代法治国家的诉讼程序法或相关法律都规定了这一点，使当事人有权要求有可能持有偏见或因其他原因不能保持中立的审判者（包括审判法官或陪审员）回避。当然，仅有法官回避制度是不够的，还需要许多其他原则、规范和制度的保障。在本案中，完全可以根据现有信息认定周法官与本案存在一定的利害关系。一方面，周法官是本案的初审法官，后又担任本案的执行法官，其在执行程序中当然需要自行回避，以免引起当事人的合理怀疑；另一方面，从之后周法官迎娶女方当事人的表现来看，可以印证周法官与女方当事人存在情感上的利害关系，这也是他应当在执行程序中自行回避的一个重要因素。

周法官在本案中显然存在违背法律职业伦理的行为。其一，在与当事人冯某结婚之后，周法官即与其所审理的离婚案件形成实体上的利害关系，对离婚案件所涉财产的分割情况直接关系到本案当事人成某某的前妻冯某（周法官的现任妻子）所获财产的多寡。损害当事人合法权益的法官不应参与案件的执行，周法官的行为违背了程序公正。其二，周法官不宜与其审理的离婚案件的当事人冯某结婚。尽管其与案件当事人缔结婚姻关系并非发生在离婚案件的审理过程中，而且法律也不禁止其与案件的当事人结婚，但从职业伦理上来说仍然应当慎重。社会公众，尤其是对方当事人，极易对这种行为产生合理怀疑：法官和当事人冯某之间的好感是什么时候产生的？产生于庭审前、庭审中还是庭审后？这种好感是否会影响法官对案件的判决？

关于周法官违背职业伦理行为的主观状态，应当不是过失，而是故意的，对此不难作出判断。这是因为：（1）周法官明知冯某是其主审的离婚案件的当事人，与丈夫存在婚姻纠纷以及与之相关的财产分割纠纷。（2）作为法律人，周法官应该知晓《法官法》《民事诉讼法》《法官行为规范》《法官职业道德基本准则》对回避制度、法官职业行为以及司法公正这一价值目标的规定。自古以来，人们从静态和动态两个途径保证法官不偏离对司法公正的追求。就静态的途径而言，就是建立尽可能完善的法律制度，使法官不能或不敢枉法裁判。就动态的途径而言，就是更多地关注人，关注法官作为人的属性，即从法律职业伦理的角度进行考虑，使法官在内心不愿意枉法裁判。（3）作为法律人，周法官不可能不知道其违背法律职业伦理规范将会给对方当事人的合法权益以及社会公众的法治信仰带来何其严重的消极影响。虽然很难判断当事人成某某在本案中是否受到实际损害，但周法官违背职业伦理的行为对社会法治心理和公众法治信仰的破坏是显然的，也是必然的。之所以如此断言，是因为“法治在一定程度上是‘法律人之治’，而法治的实现需要仰赖法律职业者的推动和实施”①。也就是说，除了程序公正和实体公正，司法公正还应包含法官的形象公正，亦即司法公正也包含了社会公众对法官自身的评价。法官形象在很大程度上代表着社会公众对司法公正性的信任程度，代表着司法公正的形象，代表着法治的形象，法官的形象公正是实体公正和程序公正的前提和基础，是实现司法公正的必然要求。理想的法官是正义的化身，一个具备高水平法律职业伦理素养的法官是过硬的专业素质和高尚的人格修养的集中反映。如果只有公正的法律，没有公正的法官，司法公正就成了一句空话。因此，倘若法官这一最为重要的法律职业者不能自我约束，反而玩弄法律和违背职业伦理，则不仅不能履行自己的社会责任，反而还会破坏法律的实施和司法公正的实现。因此，对周法官的行为，完全有必要根据相关的法律职业伦理规范进行严厉处罚。

二、司法公正伦理规范

（一）回避规范

回避规范是保障法官在与案件本身没有利害关系的条件下审理案件。世界各国都将回避制度纳入到各自制定的诉讼法之中，作为具有法律效力的程序法规范。回避不仅是道德上的义务，也是法律上的义务。

《法官职业道德基本准则》在强调法官应当遵守法定回避制度的同时，规定了自行回避的规则。《法官职业道德基本准则》第 13 条规定：“自觉遵守司法回避制度，审理案件保持中立公正的立场。”

（二）审判公开规范

《法官职业道德基本准则》第 12 条规定：“认真贯彻司法公开原则，尊重人民群众的知情权，自觉接受法律监督和社会监督，同时避免司法审判受到外界的不当影响。”

近年来，我国的公开审判制度获得了比较好的贯彻，公民旁听案件、电视直播庭审、媒体跟踪报道等方式，在很大程度上实现了审判公开。当然，特殊的案件，比如涉及国家秘密的案件、个人隐私的案件，应当不公开审理 。

公开审判是我国诉讼制度中的一项基本原则，是保障司法公正的重要条件。需要注意的是，这里不仅规定了审判公开，而且对法官审判工作的“客观态度”也提出了要求。

（三）裁判中立规范

法官审理案件应当保持中立，法官中立地位的要求，主要是确保法官始终处在中立裁判的地位，不偏向任何一方当事人。

（1）法官审理案件应当保持中立，法官在法庭上不得有违反自己的中立身份的行为，

① 孙笑侠著：《法律人之治——法律职业的中国思考》，中国政法大学出版社 2005 年版，第 13~14 页。

也不得对诉讼当事人和其他诉讼参与人存在引起公众合理怀疑的偏见。

（2）法官在宣判前，不得通过语言、表情或者行为流露自己对裁判结果的观点或者态度。

（3）法官调解案件应当依法进行，并注意言行审慎，避免当事人和其他诉讼参与人对其公正性产生合理的怀疑。

（4）法官不得违背当事人的意愿，以不正当的手段迫使当事人撤诉或者接受调解。

（四）平等保障规范

审判活动中同样要贯彻法律面前人人平等的原则。审判平等就是要根据法律的规定平等地对待当事人，不搞亲疏远近。《法官职业道德基本准则》13 条明确规定，平等对待当事人和其他诉讼参与人，不偏袒或歧视任何一方当事人，不私自单独会见当事人及其代理人、辩护人。

1. 法官的自我约束

法官在履行职责时，应当平等地对待当事人和其他诉讼参与人，不得对其语言和行为表现出任何歧视，并有义务制止和纠正诉讼参与人和其他人员的任何歧视性言行。

2. 法官对诉讼各方权利的保障

法官应当充分注意到由于当事人和其他诉讼参与人的民族、种族、性别、职业、宗教信仰、教育程度、健康状况和居住地等因素而可能产生的差别，保障诉讼各方平等、充分地行使诉讼权利和实体权利。

（五）独立裁判规范

1. 司法独立的含义

司法独立作为现代司法的一项原则，是由资产阶级三权分立学说派生出来的。代表人物是孟德斯鸠。美国法学家德沃金在其所著的《法律帝国》一书中指出："法院是法律帝国的首都，法官是帝国的王侯。"①在追求程序公正的过程中，法官的独立性尤为重要。

（1）西方的司法独立观念

根据法律的规定和资产阶级学者的解释，司法独立的含义是：

第一，外部独立。审判权由法院依法独立行使，不受行政机关和立法机关的干涉，法院与行政机关、立法机关鼎足而立。

第二，内部独立。一个法院的审判活动不受另一个法院的干涉，上级法院只能依法定程序变更下级法院的判决。

第三，个人独立。法官依良心独立行使职权，不受各方面意见包括检察官控诉的影响。

德国学者将法官的独立不受干涉的情况分为 8 种：一是与国家和社会间各种势力的独立，二是与上级法官和法院之间的独立，三是与政府之间的独立，四是与议会之间的独立，五是与政党之间的独立，六是与新闻媒体之间的独立，七是与民众好恶之间的独立，八是与法官自己的自我偏见和激情的独立。② 在司法实践中，法官的独立无时不受到干

---

① ［美］德沃金著：《法律帝国》，李常青译，中国大百科全书出版社 1996 年版，第 361 页。

② 转引自史尚宽：《宪法论丛》，台湾荣泰印书馆 1973 年版，第 329 页。

扰。对法官独立产生影响的因素有很多，比如政治、人情、媒体、公意、宗教等，但是在所有的因素中政治权力对法官的独立性破坏力最强，冲击最大。为了保障法官的职业独立性，很多国家都给予法官特殊的待遇和保护，建立起严格的法官保障制度，如法官非因故意犯罪不受弹劾罢免等。① 但是，实践也证明，仅有良好的待遇还不够，更为重要的是法官具有为法律献身的职业道德。法官在强大的权势面前能够坚如磐石，坚持独立办理案件是非常不容易的，但这又是法官必须要做到的。因此，对法官来说，独立，并不是一件轻松的事。法官独立，说到底，是法官人格的独立，法官道德的独立。② 保障法官审判独立，除了职业道德的要求外，更为重要的是国家要建立保障法官独立的制度。纵观人类历史，越是具有深厚的法治传统和高度发达的民主制度的国家，法官独立程度就越高。在专制统治的国家，法官的独立是根本无法实现的。

（2）我国司法独立的含义

我国现行《宪法》第 131 条规定："人民法院依照法律规定独立行使审判权，不受行政机关、社会团体和个人的干涉。"我国的审判独立制度同西方的司法独立有着显著的区别。

我国的审判独立是指人民法院依法独立行使审判权，在行使审判权上，上级人民法院与下级人民法院之间是监督与被监督的关系。从法律上看，我国的审判独立是法院独立，法官的独立要受制于法院的独立。

2. 法官外部独立

《法官职业道德基本准则》第 8 条规定："坚持和维护人民法院依法独立行使审判权的原则，客观公正审理案件，在审判活动中独立思考、自主判断，敢于坚持原则，不受任何行政机关、社会团体和个人的干涉，不受权势、人情等因素的影响。"

这是因为中国传统上是人伦社会，对人情关系非常重视，人情关系是最容易影响司法公正的因素之一。有的地方法院规定，对于所有拉关系、讲人情的案件，都应当将有关情况制作笔录入卷，或者将书面材料入卷。这实际上也是为了防止人情对司法独立的干扰。

3. 法官内部独立

审判独立的规则还要求法官在履行审判职责时，应当保持相互独立。法官与法官之间，包括院长、庭长与普通法官之间，应当建立相互尊重、相互支持的正常关系。《法官职业道德基本准则》第 14 条规定："尊重其他法官对审判职权的依法行使，除履行工作职责或者通过正当程序外，不过问、不干预、不评论其他法官正在审理的案件。"

4. 法官内心独立

审判独立侧重于法官的个体独立。法官的个体在审判活动中要体现独立的意识、行为和要求。审判独立是严格执法、公正裁判的前提，是实现程序公正的保障，是维护司法的权威性和统一性的基础。《法官职业道德基本准则》第 8 条规定，法官在审判活动中，应当独立思考、自主判断，敢于坚持正确的意见。而独立思考、自主判断并不是一件容易的

---

① 宋建朝、刘晓勇：《职业化建设视野中的法官职业保障》，载《人民司法》2005 年第 9 期。

② 谭世贵、舒海：《试论法官的独立司法人格》，载《海南大学学报（人文社会科学版）》2003 年第 4 期。

事情，需要法官深入研究案件，正确地提出自己的法律意见，正确适用法律，而在人情、权力等复杂的关系中敢于坚持正确意见更是需要勇气和魄力。

第四节　司法效率伦理

司法效率是现代司法的特征之一，体现了国家、诉讼当事人和社会公众对诉讼过程的结束时间上的期望与要求，关系到司法的公信度。① 司法及时可分为法定及时和操作及时。(1) 法定及时是司法者遵守立法者为诉讼活动规定的时序和时限。时序是诉讼行为的先后顺序，它不仅体现了公平、合理，而且体现了诉讼行为的有条不紊，从而保证诉讼行为的快速和有效。时限是对诉讼活动时间的限制和规范，这种限制和规范不但及于诉讼当事人，而且及于所有诉讼参与人，包括审判人员。(2) 操作及时包括法院操作及时和法官操作及时。法院操作及时与整体管理水平有关，法官操作及时与个体素质有关。公正与效率是审判工作的主题。没有效率的公正不是真正意义上的公正。② 因此，《法官职业道德基本准则》将效率作为法官职业道德的一项重要的基本准则。

一、司法效率的概念和要素

(一) 司法效率的概念

司法效率是指司法资源的投入与办结案件及质量之间的比例关系。司法效率和司法产出是正比关系，单位成本产出的司法公正越多，司法效率就越高，反之，司法效率就越低。③ 司法效率追求的是以尽可能合理、节约的司法资源，谋取最大限度地对社会公平和正义的保障以及对社会成员合法权益的保护。提高司法效率，就要求人民法院和人民法官在履行职责时，在坚持司法公正的前提下认真、及时、有效地工作，尽可能地缩短诉讼周期，降低诉讼成本，力求在法定期限内尽早结案，取得最大的法律效果和社会效果。

司法效率所要描述的应当是司法活动的快慢程度，解决纠纷数量的多少，以及在司法过程中人们对各种资源的利用程度和节省程度。作为一个理论分析工具，其强调的是要尽可能地快速解决、多解决纠纷，尽可能地节省和充分利用各种司法资源。④ 与司法公正相比，司法效率更具有实在性和可见性。

(二) 司法效率的表现

根据司法的理论与实践，司法效率主要由以下要素构成：

1. 司法机构的精简性

司法机构的精简性是指，司法机构在职务设置和人员配置方面符合其日常所要解决的法律事务的客观要求。在一个组织机构中，只有因事设人，各部门之间分工合作、相互配合，才能保证其高效率地运转；而如果是因人设事，人浮于事，则会增加相互之间无谓的

---

① 张柏峰：《司法公正与效率价值的时代精神》，载《法律适用》2002 年第 1 期。

② 葛卫民：《论司法公正与司法效率》，载《政法学刊》2005 年第 2 期。

③ 林振通：《提高司法效率之我见》，载《人民法院报》2011 年 2 月 16 日，第 08 版。

④ 谭世贵、黄永锋：《诉讼效率研究》，载《新东方》2002 年第 1 期。

牵制，造成极大的内耗，导致整个机构低效率甚至无效率地运转。

2. 司法人员的专业性

司法人员在知识储备上必须具有专业性，即司法人员必须具备解决其日常所面对的各种法律事务的专门性法律知识。知识储备的专业性是与社会的分工和专业化联系在一起的，分工与专业化促进和提高了知识储备的专业性，知识储备的专业性反过来又强化了分工和专业化。① 经济学家的研究表明，分工和专业化具有很强的经济性，能带来高效率的生产。司法人员知识的专业性是其正确区分法律事实与非法律事实，快速、正确适用法律的一个前提性条件；而司法人员没有专业法律知识或者专业法律知识储备不够是很难做到这一点的。亚里士多德就曾把知识分为四类，即逻辑学、理论科学、实践科学和制作科学。法律“不仅仅是一种可以言说的知识，一套自恰、不矛盾的命题，一套可以演绎成篇的逻辑，而且是一种话语的实践，一种对参与者的训练”。② 因此，法律具有较强的技术性，这必然要求司法者经过特殊的专业训练。

3. 权责的科学性和明确性

在法律领域内，要实现司法制度的效率，对司法权的科学界定和分配是非常重要的。首先，对司法权的科学分配有助于保证司法人员权力的确定性，从而有利于其集中精力解决专业性的问题。从分工的角度来看，司法活动的专门化是提高司法效率的一个重要保证；③ 而司法活动的专门化又有赖于司法权力的确定性。其次，对司法权的科学分配有助于司法人员与诉讼当事人在诉讼分工上的合理化，并有利于司法效率的实现。

4. 程序的简明性和终结性

程序的简明性，是指司法人员在处理具体案件时所适用的程序，要在与案件的难易程度以及各方当事人对程序的期望程度相适应的基础上，尽可能地做到程序的简便和明了；程序的终结性，则是指法官审理案件时，诉讼在经严格的程序进行之后就不能再更改诉讼过程中每一个已被确认的结果，诉讼的程序也不能再逆转。程序的简明性要求诉讼活动减少一些不必要的繁文缛节，适当地采用简易程序审理相应的案件，从而使案件得到迅速的处理；而程序的终结性则要求司法机关保证诉讼的不反复，落实“一事不再理”，防止重复追究，制止不合理的重审和再审。这些都有助于各方诉讼成本的节省和司法效率的提高。

5. 期间的适度性和严格性

期间的适度性，是指法律对审级不同以及难易程度不同案件的诉讼期间应当有一个明确、合理的限定；期间的严格性则是指在诉讼过程中，各参与方（包括法院、检察院、各类诉讼中的原被告双方以及其他诉讼参加方）必须严格遵循法律有关期间的规定，否则就要负延误诉讼的相应责任。期间的适度性要求在时间分配上“量体裁衣”，区别对待，而不能简化程序少给时间或者增加程序多给时间；期间的严格性则要求明确诉讼行为超期的责任和后果，以此敦促各方积极行事，及时实施诉讼行为。毫无疑问，期间的非适

① 杜维霞：《专业化视域下的明清讼师研究》，华中师范大学 2014 年硕士学位论文。

② 苏力：《知识的分类》，载《读书》1998 年第 3 期。

③ 王海英：《司法效率理念的法经济学思考》，载《中共福建省委党校学报》2003 年第 8 期。

度性和非严格性都会使诉讼资源得不到合理的分配或者延误诉讼进程，从而降低司法效率。

6. 诉讼费用分担的合理性

诉讼费用分担的合理性，是指在诉讼过程中所消耗的费用要由司法机关与有关当事人进行合理的分担。因为通过对不同的案件采用不同的诉讼费用分担机制，能够影响各方的行为方式，实现诉讼费用的“配置效率”，从而在总体上节省司法成本。① 具体来说，在民事诉讼和行政诉讼中，应当实行“败诉方承担为主，受益方承担为辅”的收费原则，这既体现了诉讼费用在诉讼当事人之间的合理分配，同时也能够促使当事人更加慎重地考虑是否提起诉讼，从而防止一些不必要通过法院解决的纠纷任意进入法院而给其增加无谓的负担；在刑事诉讼中，则要改变一直以来由国家全部承担诉讼费用的做法，而考虑对一些特定的犯罪人征收诉讼费，以起到节省“正义成本”的作用。

二、司法效率伦理规范

（一）审限规范

超越审理期限，一方面是违反了诉讼法的规定，同时也违反了法官的职业道德义务。根据诉讼法的规定，法官应当遵守相应的案件审理期限。遇有特别情况不能在法定审限内结案的，应当按照法定程序办理延长审限的手续。不得未经批准超期审理，也不得无故超越审限。

实际上，对法官的职业道德上的要求比普通的遵守审限义务更加严格一些。这是因为，从职业道德角度要求，法官不仅应当在审理期限内完成职责，而且应当在审理期限内尽快地完成职责。具体说来，某些案件可能并不复杂，一般情况下不需要审限规定的 6 个月或 3 个月的时间。但是，有的法官只是机械地要求自己在该期限内完成职责，而实际上把一些本可以在较短的时间内审理完的案件，拖了较长时间。这种行为看似在审限内结案，但实际上仍然违反了职业道德上的要求。我国三大诉讼法以及最高人民法院的司法解释对于法官审理案件应当遵循的审限作了明显的规定。《法官职业道德基本准则》第 11 条规定，严格遵守法定办案时限，提高审判执行效率，及时化解纠纷，注重节约司法资源，杜绝玩忽职守、拖延办案等行为。

（二）诉讼时限督促规范

法官在审判活动中特别是在法庭上的一项重要职责就是监督当事人遵守诉讼程序和各种时限规定，有效控制各项诉讼活动的时间，掌握案件审理的合理进度，避免因当事人的原因或法官指挥不当而导致的延迟，确保审判活动的效率。实践中，有的当事人由于能力、经验、知识等方面的原因，拖延了审判活动的正常进行，从而无谓地增加了审理时间，影响了效率。在这种情况下，法官应当在不违反其中立地位的前提下，督促当事人或其代理人提高效率，减少拖延，遵守法律规定的时限或合理期限。

---

① 陈怀峰、邵泽毅：《司法资源配置的成本分析——从审判管理的径路切入》，载《山东审判》2008 年第 2 期。

（三）诉讼经济规范

法官除严格按照法定审限审理案件外，还应当在工作的每一个环节中注重效率，减少拖延，节约时间。

首先，法官应当树立有利于司法效率提高的工作作风，以高度的责任心和使命感履行司法职责，不得无故拖延，贻误工作，及时、有效、审慎、适当地完成本职工作。

其次，法官在审判活动中，有权依法采取或不采取各种程序性措施。例如延期开庭、休庭等。这些措施都可能影响案件审理的正常进行，影响效率。根据职业伦理要求，法官在采取这些措施时，必须充分考虑效率因素，合理安排各项工作。

最后，法官应当尊重其他法官和其他诉讼参与人的时间。例如，法官决定中止审理的，应当严格按照有关诉讼法的规定，并考虑因中止审理而在效率方面需要付出的代价。最后再作出合理的决定。

同时，法官在合议或讨论案件时，应当注意与其他法官有效地合作，以公允、正确的态度与其他法官共同完成审判任务，而不应无谓耽误时间。

（四）勤勉敬业规范

公正与效率是人民对司法工作的要求和期待。① 司法公正是审判工作的生命和灵魂，是每一个法官的神圣职责，也是法治国家的重要标志。司法效率是审判工作的重要目标和原则，它要求法官在履行司法审判职责时，应当具备强烈的司法高效意识和诉讼经济意识，充分利用合理的制度设计，通过其自身行为或与其他法官、诉讼参与人、法院乃至全社会的共同行为，实现诉讼成本的最小化。所谓“迟到的正义为非正义”，马拉松式审判和执行会减损司法公正的价值。② 一个缺乏公正的社会是黑暗的、没有信心的社会；一个没有效益的社会则是一个落后的、没有活力的社会。③ 提高司法效率，就是在可能的条件下快立、快审、快判、快执，最大限度地减少司法成本，最大限度地确认和实现当事人的合法权益。为此，法官只有做到勤勉敬业，才能让人民群众切身感受到司法效率提升，从而逐步建立健全保障司法公正的机制，不断提高司法公信力。

《法官职业道德基本准则》第 6 条规定：“热爱司法事业，珍惜法官荣誉，坚持职业操守，恪守法官良知，牢固树立司法核心价值观，以维护社会公平正义为己任，认真履行法官职责。”

作为一个法官，勤勉敬业是司法职责得以优质高效实现的基本条件，其主要内容包括：

（1）法官应当以高度的责任心从事审判工作。

（2）法官应当致力于履行各项司法职责，把主要精力投入司法职责之中。

（3）法官应当以克制态度对待手中的权力，不得滥用。

（4）法官应当勇于开拓创新，积极进取，不能因循守旧，抱残守缺，但同时应当遵

① 朱会良：《法官的四个基本素养》，载《人民法院报》2016 年 7 月 4 日，第 02 版。

② 陈海光：《法官应当勤勉敬业》，载《人民法院报》2016 年 5 月 7 日，第 02 版。

③ 陈向阳、祁岩：《论再审程序应体现司法效率原则》，载《黑龙江政法管理干部学院学报》2007 年第 3 期。

循客观规律。

（5）法官必须精研法理，专研业务，精益求精，掌握履行司法职责所必需的法律知识与法律技能。

第五节　审判清廉伦理

法官代表国家审理案件，树立法律的尊严和审判的权威，不仅是通过裁判活动体现出来，在法官的各方面言行上都有反映。① 诉讼活动是人类通过国家建立的并以国家强制力作为手段保证社会各种纠纷得到公正合理解决的过程。在和平时期，通过诉讼解决纠纷，以期获得公正的结果，这是最后手段。而法官是诉讼活动中的裁判官。裁判如果不公正，诉讼就走入了邪道，就偏离了正义之途，诉讼就成为制造邪恶的渊薮。面临错综复杂的各种社会矛盾，法官要能够通过审判，化解矛盾，解决纠纷，惩恶扬善，弘扬正义。在这一过程中，法官自身的道德涵养、道德品行至关重要。法官在裁判活动中要接触和面对形形色色的人，有的是令人憎恶的作恶多端的罪犯，有的是命运多舛、令人潸然泪下的穷困的被害人，有高举维护正义旗帜的检察官，有滔滔不绝施展辩才的律师等。此情此景，作为一个普通人，你尽可以舒展你的情怀，表现你的爱憎。爱憎分明是作为一个普通人的基本品质，是被作为优秀品质而受到褒扬的。作为个人，法官同样要爱憎分明，但是法官的爱憎分明的表现形式却和普通人有所区别。

特别是在庭审活动中，即使法官十分厌恶一个人，也只能隐藏在内心深处，而不能显露声色。有人把法官看做"理性之王"，确实有一定道理。但是完全排除法官的个人因素是不现实的，只有尽可能地排除法官个人的个性、情感等因素，才是可能的。一个高素质的法官，必然在判决中尽可能地减少个人性格和外在非法律因素的影响，以达到司法的公正。法官在审判案件的时候要做一个不偏不倚的中间人，是对法官的基本要求。程序公正的很多制度设计都是围绕这一点展开的。找法官也就是找中间人，人们的确有时把法官叫做中间人，因为找到了中间人也就找到了公正。所以公正也就是某种中间人，因为法官就是一个中间人。②

我国台湾地区法学家史尚宽先生指出："虽有完美的保障审判独立之制度，有彻底的法学之研究，然若受外界之引诱，物欲之蒙蔽，舞文弄墨，徇私枉法，则反以其法学知识为作奸犯科之工具，有如虎附翼。是以法学修养虽为切要，而品格修养尤为重要。"③ "法官应独立审判，不可为贫贱所移，为富贵所淫，为威武所屈，应时时以正义为念，须臾不离。法官应不畏艰难，任劳任怨，不为报章所惑，不为时好所摇，不为俗论所动，不为虚荣所牵，不为党派所胁，不为私利所诱，不为私情所移，不为升高自己名望地位或达成自己个人野心而利用其职权。总之，法官应养成高尚人格，聪明正直以达成其神圣任

---

① 丁晓虎：《理想的法官和法官的理想：透视司法改革的一个维度》，载《法律适用》2003 年第 8 期。

② ［古希腊］亚里士多德著：《尼各马可伦理学》，廖申白译，商务印书馆 2003 年版，第 138 页。

③ 史尚宽著：《宪法论丛》，台湾荣泰印书馆 1973 年版，第 336 页。

务。”① 可见，法官的道德修养必须达到相当高的境界，作为一个法官就不能按照普通人来要求自己，而必须志存高远。我国关于法官的涵养方面的规定，在《法官职业道德基本准则》中也有充分的体现。

一、执业禁止规范

保持清正廉洁，是法官应当具备的基本素质，也是法官的基本涵养。我国法官属于国家公职人员，手中掌握着决定当事人命运的“生杀予夺”的裁判权。保持清正廉洁是法官代表国家行使司法权的基本保障，如果法官接受当事人的钱物，案件就会得不到公正审理，可以说，法官腐败是司法中最大的腐败。

（一）不得接受诉讼当事人的钱财或其他利益

《法官职业道德基本准则》第 16 条规定：“严格遵守廉洁司法规定，不接受案件当事人及相关人员的请客送礼，不利用职务便利或者法官身份谋取不正当利益，不违反规定与当事人或者其他诉讼参与人进行不正当交往，不在执法办案中徇私舞弊。”这一要求主要是针对诉讼活动主体直接、间接地送给法官的礼品、礼金、财物和其他好处所作的约束。严格说来，法官对于诉讼当事人的任何利益都应当拒绝接受，不论这种利益是大、是小，是直接对法官的收买，还是以其他没有直接利害关系的方式出现。只有这样，法官才能保持清正廉洁。

（二）不得经商

法官介入经济关系就不可避免地会与其他工商业者发生经济往来，可能影响法官公正司法，影响法官的本职工作，同时有利用职务之便的嫌疑，从而导致公众对法官的廉洁形象产生合理怀疑。② 因此，《法官职业道德基本准则》第 17 条规定：“不从事或者参与营利性的经营活动，不在企业及其他营利性组织中兼任法律顾问等职务……”

（三）不得以其地位、身份、声誉谋取利益

法官的地位、身份本身可以对社会产生的一定影响，禁止法官以权谋私，同时也要严格约束其家庭成员，向其家庭成员告知法官行为守则和职业道德要求，并督促其家庭成员不得违反有关规定。《法官职业道德基本准则》第 18 条规定：“妥善处理个人和家庭事务，不利用法官身份寻求特殊利益。按规定如实报告个人有关事项，教育督促家庭成员不利用法官的职权、地位谋取不正当利益。”

（四）不得提供法律服务

法官是法律争议的裁判者，必须保持中立的地位。《法官职业道德基本准则》第 17 条规定：“不在企业及其他营利性组织中兼任法律顾问等职务，不就未决案件或者再审案件给当事人及其他诉讼参与人提供咨询意见。”如果法官兼任律师、企事业单位或者个人的法律顾问等职务，则可能丧失中立立场，影响司法公正。另外，法官不得就未决案件给当事人及其代理人、辩护人提供咨询意见和法律意见，不论这种咨询是有偿的还是无偿的。

---

① 史尚宽著：《宪法论丛》，台湾荣泰印书馆 1973 年版，第 338 页。

② 付建国：《浅谈司法核心价值观》，载《决策探索》2011 年第 4 期。

【案例 4-3】

上海法官集体嫖娼案①

（一）基本案情

2010 年 3 月，上海恒奔装饰公司起诉被告陈某，要求后者支付为其如家加盟酒店进行装修的工程款共计 7285468 元，以及由此产生的利息及违约金。原审法院经过审理，认为上海恒奔装饰公司没有资质，合同无效，扣除签约时支付的 100 多万元，陈某还被判一次性支付尾款 700 多万元。但陈某认为，涉及经济纠纷的如家加盟酒店共有 80 个房间，整个建筑面积为 2000 平方米，实际装修面积约 1600 平方米，所有装修标准都是严格按照如家总部要求的材料标准，总价不应该超过 500 万元。随后，陈某不服审判结果，上诉至上海市中院，结果维持原判，最后上诉至高院又被驳回。

由于上访无果，一时又没有发现其认为有效的申诉途径，陈某决定自己调查案子背后的秘密，最终陈某发现顾某和其代理律师赵某的家乡是上虞市红旗村，并最终证实顾某是案件主审法官赵某某的堂妹夫，赵某是其堂弟。陈某认为，从这个关系上来看，赵某某与顾某、代理律师赵某属于近亲属，赵某某在案件中利用职务之便干预案件审判的可能性很大。为取得赵某某违纪的相关证据，从 2012 年 7 月开始，陈某几乎天天跟踪赵某某，并用手机等器材取证，甚至在赵某某亲属出殡的时候，他都会赶过去，看看哪些人员参加。据陈某称，其一开始只是想拍摄赵某某会经常和哪些人在一起，没想到却意外发现他存在生活作风问题。2013 年初，陈某跟随赵某某到火车站，发现赵某某送行 1 名年轻女子，而那名女子并非赵某某的妻子。并且，根据陈某事后对《新商报》的讲述，其在跟踪过程中还发现赵某某至少拥有 4 处房产，其中 2 处算高档住宅。在陈某看来，2 处房产加起来得 500 多万元，他的妻子没有工作，以赵某某的工资，不可能买得起这些房产。

不过，陈某认为这些问题不足以让赵某某受到处理，因此没有向有关部门告发。据陈某讲，其一度计划在该女子的房间安装偷拍摄像头，安装细节都已想好。但他最终放弃了这一计划，因为这不过是生活作风问题，不足以对赵某某造成致命的影响。通过后续的跟踪观察，陈某发现赵某某和他的法官朋友们，频繁出入夜总会、歌舞厅以及各类男子会所，而请他们出入这些场所的，大部分是律师。每次，陈某就守在马路边等着赵某某等人“潇洒”结束。在赵某某等人结账离开后，陈某会混到前台，假装是和赵某某一起的，要求核对账单，“极度奢靡，你都想不到，有时一顿饭就花费数万元”。

2013 年 6 月 9 日晚，陈某跟踪赵某某来到上海衡山度假村，发现赵某某等一共 5 人从车上下来。这 5 人中除赵某某外，陈某还认出了上海市高院的领导、法官陈某某。赵某某和陈某某等 5 人下车后进入衡山度假村二楼的 1 个包间，时间是晚上 6 点

---

① 张宏伟：《上海法官集体招嫖　爆料者讲述跟踪举报始末》，载《华商报》2013 年 8 月 10 日，第 A13 版。

多。随后，又有3人进入这个包间，其中包括1名律师。这个包间是吃饭的雅间，而陈某某等8人的这场宴会持续了3个多小时。

该晚9点多，赵某某、陈某某和其他一共8人的饭局结束，进入衡山度假村的KTV包间。陈某了解到，这个KTV包间叫“钻石号”，价格应该是衡山度假村的KTV包间里最贵的。不久，陈某发现十几名年轻女子进入该包房。最终有5名女子留在包房内。在唱了2个多小时的歌后，陈某某、赵某某等5人离开KTV包房，分别进入衡山度假村的5个房间。没过多久，陈某某、赵某某等5人的房间各进入了1名年轻女子。陈某判断，衡山度假村是公共场所，监控系统一定十分健全，陈某某、赵某某等5人的一系列行为肯定会被监控录像记录下来。陈某认为赵某某并不认识自己，这也是在跟踪过程中他没有被赵某某发现的原因。整个过程，陈某都尾随其后，并用“眼镜”拍下画面。但因不敢离得太近，加上度假村走廊内灯光昏暗，他并没有获得清晰影像。

该晚之后，陈某返回衡山度假村，并向保安谎称他在消费时丢了东西，以此为由调取监控录像。保安让他报警，他故意面露尴尬，说：“我是找小姐，这不能报警的。”保安给他看监控录像时，他开始用眼镜和手机进行翻拍，“前后拍了几次，第一次拍拿回去看不清楚，就再回度假村换个设备拍，尝试了很多次，终于拍到清楚的”。拍摄的原始素材全长30余个小时。此后，陈某花几千元雇来电脑高手，将原始素材编辑成为8分钟的“精华版”，展示法官招嫖过程。

8月2日，陈某注册微博，发布视频，并让朋友帮忙转发。这段被公布到网络上8分34秒的视频，由翻拍的多个监控视频画面组成，记录了从6月9日17点52分起到次日9点30分止，5名男子“吃请”“挑选小姐”“小姐进入房间”“小姐离开房间”“官员下楼乘车离开”的关键过程，画面中用画圈的方式，标注了人物的姓名及身份。视频最后有2家夜总会地址等信息，称赵某某经常出入，并附有一段赵某某进入某夜总会的录像。字幕说明为：“今年3月19日21点30分，赵进入夜总会带走1名女子。”“法官招嫖”事件迅速走红网络。原始微博在转发数万次后被删除，但关于此事的舆论风暴已然成形。

事件一经媒体报道，立即受到上海市主要领导以及中共上海市委的高度重视。2013年8月2日当晚，市委召开专题会议，市委主要领导要求立即成立联合调查组，迅速查清事实，依纪依法严肃检查严惩不贷，坚决惩处干部队伍中的腐败分子，相关调查和处理结果要向社会公开。随后，中共上海市纪律检查委员会在其官方微博“@廉洁上海”发布消息称，上海市纪委已经注意到有关举报信息，并正在展开调查。①

调查由市纪委牵头并会同市高院党组等部门组成的联合调查组实施。经过缜密的

① 翟珺：《市纪委、市高院党组等部门对“高院法官夜总会招嫖”作出决定，赵华、陈雪明等被开除党籍》，载《上海法治报》2013年8月7日，第A4版。

调查取证工作，调查组查明：①

2013年6月9日，上海市高院民一庭副庭长赵某某接受上海建工四建集团有限公司综合管理部副总经理郭某某邀请，前往南汇地区的通济路某农家饭店吃晚餐，赵某某又邀市高院民一庭庭长陈某某，市高院纪检组副组长、监察室副主任倪某某，市高院民五庭副庭长王某某一同前往。晚餐后，以上五人又和三名社会人员一起，前往位于惠南镇的衡山度假村内的夜总会包房娱乐，接受异性陪侍服务。当晚，参与活动的某社会人员从附近某养身馆叫来色情服务人员，赵某某、陈某某、倪某某、郭某某参与嫖娼活动。

依照相关法纪规定，市纪委、市高院党组和有关部门决定：

给予赵某某、陈某某开除党籍处分，由市高院提请市人大常委会按法律规定撤销其审判职务，开除公职。

给予倪某某开除党籍处分，免去其市高院纪检组、监察室相关职务，由市高院提请市人大常委会按法律规定撤销其审判职务，开除公职。

给予王某某留党察看两年处分，由市高院提请市人大常委会按法律规定免去其审判职务，撤职处分。

给予郭某某开除党籍处分，相关企业给予其撤职处分并解除劳动合同。

2013年8月7日，最高人民法院发出《关于上海市高级人民法院赵某某、陈某某等法官违纪违法案件的情况通报》，要求各级人民法院整顿作风，严肃纪律，坚决清除队伍中的腐败分子和害群之马，坚决防止类似事件再次发生。②

通报指出，四名法官的违纪违法行为在社会上产生了恶劣的影响，抹黑了人民法院队伍的整体形象，对司法公信力造成了严重的损害。各高级人民法院要组织广大干警以本次事件为反面典型，从中吸取深刻教训，举一反三，引以为戒。同时，要深入剖析问题产生的根由，进一步增强法院工作人员的法纪观念，增强责任感和使命感，坚定理想信念，筑牢思想防线，自觉抵制各种诱惑，确保法官清正、法院清廉、司法清明。③

通报强调，各级人民法院要结合群众路线教育实践活动，认真查找“四风”方面存在的突出问题，切实转变司法作风，切实加强队伍管理，坚决清除队伍中的腐败分子和害群之马。要认真查找队伍管理和内部监督的薄弱环节，健全制度，强化监督。④

---

① 翟珺：《市纪委、市高院党组等部门对“高院法官夜总会招嫖”作出决定，赵华、陈雪明等被开除党籍》，载《上海法治报》2013年8月7日，第A4版。

② 《最高法通报上海四法官集体嫖娼案》，载《新京报》2013年8月，第A04版。

③ 杨云妃：《最高法通报上海法官违纪违法案件：坚决清除害群之马》，载法制网，http：//www.legaldaily. com. cn/locality/content/2013-08/08/content _ 4741185. htmnode = 31628，最后访问时间：2018年6月16日。

④ 杨云妃：《最高法通报上海法官违纪违法案件：坚决清除害群之马》，载法制网，http：//www.legaldaily. com. cn/locality/content/2013-08/08/content _ 4741185. htmnode = 31628，最后访问时间：2018年6月16日。

此外，据《上海法治报》2013年8月7日报道，继上海市纪委、上海市高院纪检组、监察室对上述法官作出处理之后，上海市公安局根据《中华人民共和国治安管理处罚法》对赵某某、陈某某、倪某某、郭某某作出行政拘留10天的行政处罚。

（二）案例评析

1. 公德与私德

法官的业外行为关乎法官的个人道德，法官的个人道德与职业伦理密不可分。一般来说，道德可以分为公德和私德。简单地说，公德就是公共领域中的道德，是与外界接触而表现于社会行为的道德，如随地吐痰、随地大小便、不给老幼病残让座属于公德差；私德就是在私人生活领域中的道德，不爱做家务、不孝敬老人属于私德差。较之公德，私德一般是不能昭示于人的，它永远没有一个客观的评价标准。早在100多年前，梁启超就在他的《论公德》一文中提出了公德与私德的分类和不同，私德主要靠自我修养，公德则需社会培育，并认为中国人特别关注个人私德而不注重公德，西方人注重社会公德，对个人私德则比较宽容。他的原话是这样的："言德育者，终不可不求泰西新道德以相补助，虽然，此必俟诸国民教育大兴之后，而断非一朝一夕所能获。"①

当然，关于公德与私德的关系，在西方也有一个例外，即对于社会公众人物和国家公职人员，人们可以对他们的私德提出要求并加以干预和责难。对普通老百姓来讲，私德本是私密的，未公布出来时不会给社会带来危害，一旦公布则反而会带来不应有的伤害。法官属于国家公职人员，因而其私德也应受到社会公众的监视。

2. 法官职业的特殊性

法官是最为重要的法律人，是负责行使裁判职权的法律职业者。根据现行《法官法》的规定，法官的职责包括两个方面：其一，依法参加合议庭审判或者独任审判案件；其二，法律规定的其他职责。具体而言，所谓审判案件，是指法官依照法律的规定，通过对案件的审理，以查明案件事实，并适用法律以作出判决的活动。除了依法参加合议庭审判案件或者独任审判案件以外，法官还要从事其他与审判职责相关的活动：依法审查起诉以决定是否立案；依法裁定予以减刑、假释；依法裁定采取诉前保全或者先予执行措施；依法裁定采取诉讼保全措施；依法对妨害诉讼者决定给予强制措施；依法解决下级法院之间的管辖权争议；依法指导下级法院工作；依法向有关单位提出司法建议，等等。从理论上讲，法官承担的司法权具有至高性和最终性，法官在庭审中作出的实体判决关乎公民财产、自由和生命的得失，正所谓"公堂一言断生死，朱笔一掷命攸关"。

法官的职业定位决定其理应遵从标准更高的职业伦理并适用更为严格的职业行为规范。也就是说，适用于法官的职业伦理规范或职业伦理标准不但要高于律师，而且要高于检察官。相对于律师而言，法官是依法行使国家审判权的法律职业者，其在庭审中的基本职责就是准确认定事实，正确适用法律，作出公正的裁判，这与律师维护

① 转引自邓正兵、张均：《梁启超、陈独秀社会发展观比较——从新民与新青年出发》，载《五邑大学学报（社会科学版）》2008年第4期，第33页。

当事人合法权益的职责不同。相对于检察官而言，法官是独立、中立而超然的裁判者，坚持不告不理、居中裁决和司法独立的理念，这与检察官代表国家对犯罪行为进行追诉的公诉职责显然不同。正因为如此，维护公正形象对法官而言至关重要。

3. 司法公正与形象公正的关系

从心理学的角度来看，形象不是事物本身，而是人们对事物的整体印象。① 法官的公正形象，不仅源于人们对法官在司法裁判过程中的言行举止的感知和评价，而且源于人们对法官在业外活动中的言行举止的感知和评价。“人们评判法官是否公正，往往要看其言行举止与法官角色的社会期许的契合性程度，契合性越高，主观判断上的公正评价也就越高。因此，所谓形象公正，就是法官的行为表现符合社会对法官角色的普遍期许，足以让人们产生信赖感从而赋予审判过程和裁判结果高度的公信力。”②

形象公正与司法公正密切关联。形象公正是司法公正的重要内容。对此，《法官行为规范》第2条规定，法官应当坚持以事实为根据、以法律为准绳，平等对待各方当事人，确保实体公正、程序公正和形象公正。形象公正是司法公正的一项重要评价标准。一般来说，外在的现象反映内在的本质，如果法官缺乏司法公正的理念，则往往难以作出公正的裁决。形象公正有助于当事人服判息诉。良好的法官形象不仅可以提高当事人的信赖感，而且可以形成积极的社会评价，对于提高司法公信力具有显著的效果。

本次事件之所以发生，其根本原因并非在于当事人的跟踪和报道，而在于四名法官没有在业外活动中做到严格自律。那么，法官在业外活动中应当如何才能做到严格自律呢？一般来说，法官在业外活动中的严格自律不但意味着要充分注意自身言论的适当性，而且意味着要充分注意自身行为的适当性，即所谓谨言慎行。在谨言方面，法官至少应当做到以下“三不”：不该说的话不说，不该表的态不表，不该吐的槽不吐。由于职业的特殊性，法官的业外言论必须受到更多的约束和限制，不得披露审判信息，不得泄露在审判过程中获得的国家秘密、商业秘密、个人隐私以及其他秘密信息。同时，法官的业外言论不能损害司法公正和法治信仰，不能破坏法官的公正形象和司法权威。例如，法官不能对当事人说“这案子你赢不了”“某某律师是这方面的专家”“你找某某律师咨询”，等等。法官更不能为律师介绍案源或暗示律师向自己行贿，不能对律师说：“我有这么一个案件看你想不想接”“这是个很有胜诉希望的案子”“想赢这个案子就看你怎么办了”，等等。在慎行方面，法官务必杜绝违背公共利益、公共秩序和社会公德的不良嗜好和行为。为此，法官也应做到“三不”，即不该做的事不做、不该交的友不交，不该去的场合不去。所谓“不该做的事不做”，是指法官不做与职业身份相悖的事情，如酗酒赌博、嫖娼、打架斗殴、参与封建迷信活动，等等。例如，现实中有的法官在饭店喝得酩酊大醉，有的法官在宾馆与狐朋狗友搓麻聚赌，有的法官甚至吸毒嫖娼，这些行为对法官的形象公正都具有毁灭性的影

① 惠从冰：《公平正义：从形象公正做起》，载《山东审判》2014年第5期。

② 惠从冰：《公平正义：从形象公正做起》，载《山东审判》2014年第5期。

响。所谓“不该交的友不交”，是指法官应当谨慎交友。一方面，法官不能结交社会上的不良之徒，特别是黑社会性质组织的人员；另一方面，法官应当慎重对待与当事人、律师以及可能影响法官形象的人员的接触和交往。例如，现实中有的法官私自会见当事人和律师，同律师私下商量案情，甚至接受当事人和律师的贿赂和吃请，这些都可能引起当事人和社会公众对司法公正的怀疑。所谓“不该去的场合不去”，是指法官应当谨慎出入社交场合。对于办案期间律师或当事人的宴请，法官应当自觉拒绝。对于可能存在色情服务的洗头店、按摩店、洗浴店和歌舞厅，法官非因司法目的一律不得进入。正因为如此，西方有法谚云：法官之所以穿法袍，就是不让他满街跑。① 具体到本次事件中，即使调查表明不存在嫖娼，但法官深夜出入豪华娱乐场所，公然与女子勾肩搭背、包房“选小姐”也是极不检点的、严重损害法官公正形象的行为。

需要指出的是，上述要求同样适用于退休法官，退休法官同样应当遵守法官业外规范，继续保持自身的良好形象。在我国，法官的职位不是终身的，但法官的形象、职责和使命则是终身相伴的。也就是说，法官退休或离职后，虽然其法官职务丧失，但法官的职责仍然存在。既然如此，退休法官不能以为自己不再具有法官的职位就开始放浪形骸，言行不检，甚至向公众披露以前从事审判工作时知悉的国家秘密、商业秘密、个人隐私以及不应披露的其他秘密信息，从而损害社会公众对司法公正的信仰和合理期待。

为了吸取本次事件的深刻教训，一些地方法院开始在现行《法官法》《法官行为规范》《法官职业道德基本准则》的基础上相继制定相关的法官业外行为指引。据悉，上海市高级人民法院已经出台《上海法院法官业外活动行为规范及监督管理规定（试行）》，以此规范法官业外活动的言行生活，并明确将法官业外活动的廉洁自律情况和监督管理工作，列入各级法院考核机制，考核结果将作为奖惩的重要依据。

二、司法礼仪规范

司法礼仪，是指法官、检察官、律师以及当事人等司法活动主体在司法活动中所应当遵守的礼节、仪式和其他交流与行为的态度和方式。②法官职业是最讲究礼仪的职业之一。审判活动中司法礼仪是维护法律尊严的要求，是司法神圣性和权威性的具体体现，是维护法庭上正常活动秩序和树立法官公正形象的基本要求。严格遵守司法礼仪，也有利于法官建立履行审判职责的责任感和荣誉感，有利于当事人对国家司法权产生敬畏感和信赖感。在我国，法官遵守职业礼仪主要包括两部分内容：

（一）尊重并礼貌对待当事人和其他诉讼参与人

《法官职业道德基本准则》第 22 条规定，法官应当尊重当事人和其他诉讼参与人的

---

① 肖菁：《业外活动指引：管好“法官的 8 小时外”》，载《钱江晚报》2014 年 9 月 24 日，第 A2 版。

② 蒋惠岭：《遵守司法礼仪的义务——司法职业道德基本准则之六》，载《法律适用》2001 年第 7 期。

人格尊严，避免盛气凌人、“冷硬横推”等不良作风。法官应做到：

（1）认真、耐心地听取当事人和其他诉讼参与人发表意见，除非因维护法庭秩序和庭审的需要，开庭时不得随意打断或者制止当事人和其他诉讼参与人的发言；

（2）使用规范、准确、文明的语言，不得对当事人或其他诉讼参与人有任何不公的训诫或不恰当的言辞。

（二）遵守法庭规则

法庭规则是进入法庭的所有人都应当遵守的纪律和规则，其许多内容都属于司法礼仪的范畴。法官开庭时应当遵守法庭规则，同时监督法庭内所有人员遵守法庭规则，保持法庭的庄严。法官应做到：

（1）按照有关规定穿着法官袍或者法官制服、佩戴徽章，并保持整洁；

（2）准时出庭，不缺席、迟到、早退，不随意进出；

（3）集中精力，专注庭审，不做与审判活动无关的事情。

三、执业修养规范

法官审理案件是个复杂的过程，需要具备较高的法律素质和职业技能。作为一名法官，必须加强自身修养，不断提高自己的政治、文化和道德方面的素养。我国法官加强自身修养的基本要求是：法官应当加强修养，具备良好的政治、业务素质和良好的品行，忠实地执行宪法和法律，全心全意为人民服务。我国的法官应当具备以下三个方面的修养。

（一）良好的政治素质

政治素质决定着法官行使审判权的立场、方针，体现着“为谁掌权、为谁服务”的政治倾向。因此在中国，不论对公务员还是法官，都要求具备良好的政治素质。法官还应当具有丰富的社会经验和对社会现实的深刻理解。

（二）良好的业务素质

业务素质的高低直接影响着法官工作的质量与水平，影响着国家审判权作用的正常发挥。《法官职业道德基本准则》第 23 条要求法官必须坚持学习，精研业务。一个法官应当具备的业务知识和职业能力十分广泛，一切可以帮助法官有效、正确地实现司法职责的知识和能力都是所必需的素质。这些素质主要包括：（1）扎实的法学理论基础；（2）浓厚的法律意识；（3）丰富的法律知识；（4）高超的知识技能；（5）对社会现实的充分认识。法官有权利并有义务接受教育培训，树立良好的学风，精研法理，汲取新知识，提高驾驭庭审、判断证据、制作裁判文书等各项司法技能，具备审判工作所必需的知识和专业能力。

（三）良好的道德素质

这里所说的道德素质不是特指法官的职业道德，而是法官作为一个普通人所应具有的个人品质和公德素质。法官除了遵守职业伦理道德的要求外，还要做一个具备优良道德的公民。《法官职业道德基本准则》第 25 条要求法官必须加强自身修养，培育高尚道德操守和健康生活情趣，杜绝与法官职业形象不相称、与法官职业道德相违背的不良嗜好和行为，遵守社会公德和家庭美德，维护良好的个人声誉。法官应当具备忠于职守、秉公办案、刚正不阿、不徇私情的理念，惩恶扬善、弘扬正义的良知，正直善良、谦虚谨慎的品格，享有良好的个人声誉。法官在日常生活中，应当严格自律，行为检点，培养高尚的道德操守，成为遵守社会公德和家庭美德的楷模。

四、业外活动戒规

（一）西方关注的问题

以美国为例。美国司法委员会最初于1973年4月5日制定了《美国法官行为准则》（以下简称为《准则》），当时称之为“美国法官的司法行为准则”。随后经历了1987年、1992年、1996年和1999年的四次修改。凡属联邦司法系统授权履行司法职责的官员，包括兼职法官、临时法官、退休法官都应遵守本《准则》。①

《准则》第4条规定：“法官可以参与司法以外的活动以改进法律、法律制度和司法行政。”法官在妥善履行法官职务之余，可以参加与法律有关的活动：一是法官可以演讲、写作、讲授、教学及参与其他与法律、法律制度、司法行政有关的活动。二是在某一司法领域有特别专长的法官，可以就法律、法律制度及司法行政相关的事情出席行政或立法单位的公开听证，或接受该单位的咨询。三是法官可以成为改进法律、法律制度及司法行政的团体或政府机关的会员、职员或理事。

第5条规定：“法官应该约束司法以外的活动，尽量减低与法官职务冲突的风险。”该条对法官从事司法以外的活动进行了规范：一是兴趣活动。法官可以就有关法律的主题进行写作、演讲、授课、教学或讨论，也可以参与艺术、体育及其他社交活动，只要该活动不影响法官职位的尊严，也不干扰法官履行司法职务即可。二是公民及慈善活动。法官可以参与公民及慈善活动，只要这些活动对法官公正性没有负面影响，不会对法官履行司法职务造成干扰。法官可以在一个教育、宗教、慈善或公民团体中担任职员、理事或信托人，只要该团体并不从其会员中谋取经济或政治利益。但该团体涉及的司法程序由该法官审理或该团体经常参与诉讼的除外；法官也不能为任何团体劝捐筹款；法官还不能给予这种团体有关投资的意见。三是金融活动。法官应该克制可能对法官的公正性有负面影响、干扰法官正当履行职务、利用法官职位的经济或商业交易的行为；法官可以拥有一个普通公民享有的权利，参与家族商业是被许可的，但如果占用法官过多的时间、涉及法官的声望或该商业可能在法官就任的法庭出现，就应该禁止参与。四是受托活动。法官不应该出任遗产的执行人、管理人、托管人、监护人或其他受托人，除非该遗产、信托或当事人属于法官本身的家族成员，并且这种服务不能干扰法官履行司法职务。五是仲裁。除非法律明文授权，否则法官不应该担任仲裁员、调解人或以私人身份履行其他司法职务。六是法律执业。法官不应该进行法律的执业，但可以个人身份无偿为其家庭成员提供法律意见、草拟或审阅文件。七是法官职务以外的任命。除非所涉及问题的事实或政策与改进法律、法律制度和司法行政有关，或者是国会的要求，法官不应该接受政府委员会成员、专员或其他职务的任命。如果被任命的政府职责会干扰法官履行法官职务，或者会减弱公众对法

① 《美国法官行为准则》，载苏泽林主编：《法官职业化建设与研究》（第2辑），人民法院出版社2003年版。

官正直性、公正性和独立性的信心，则法官不能接受任命。法官可以在庆典或与历史、教育及文化有关的活动中代表国家、州或地方政府。

第 6 条规定："法官应该定时申报他从与法律有关及司法以外活动所得的报酬。"法官可以收取与法律有关或本准则许可的司法以外活动的报酬及补偿，但有以下限制：一是酬劳不应超乎合理的数目，也不应超乎若此活动由非法官其他人担当所得的报酬数额。二是开支补偿应限于法官，以及在适当情况下包括其配偶、亲属的旅费和住宿合理实际开支。三是法官应该按照法律规定和司法会议的规则，申报公开其财务。

第 7 条规定："法官应该克制自己的政治活动。"该条对法官从事政治活动进行了约束：一是不应该担任一个政治团体的领导人或担任任何职务。二是不应该为政治团体、候选人发表演说，或公开支持、反对一位竞选公职的候选人。三是不应该为一个政治团体或候选人筹款、评估或捐款，参加政治聚会，或购买政党晚宴及其他活动的场券。四是当法官在初选或大选中成为一位竞选公职的候选人时，就应该辞去法官的职务。①

（二）我国的规定

法官的业外活动也是审判伦理规范的重要内容。由于业外活动与业内活动紧密相关，因此对法官这方面的要求特别高，这是审判伦理区别于其他法律职业的重要方面。

根据《法官职业道德基本准则》的要求，我国法官的业外活动应当遵循的准则包括：

（1）法官从事各种职务外活动，应当避免使公众对法官的公正司法和清正廉洁产生合理怀疑，避免影响法官职责的正常履行，避免对人民法院的公信力产生不良影响。

（2）法官必须杜绝与公共利益、公共秩序、社会公德和良好习惯相违背的，可能影响法官形象和公正履行职责的不良嗜好和行为。

（3）法官应当谨慎出入社交场合，谨慎交友，慎重对待与当事人、律师以及可能影响法官形象的人员的接触与交往，以免给公众造成不公正或不廉洁的印象，并避免在履行职责时可能产生的困扰和尴尬。

（4）法官不得参加带有邪教性质的组织。

（5）法官在职务外活动中，不得披露或者使用非公开的审判信息和在审判过程中获得的商业秘密、个人隐私以及其他非公开的信息。

（6）法官不得参加营利性社团组织或者可能借法官影响力营利的社团组织。

（7）可以参加有助于法制建设和司法改革的学术研究和其他社会活动。但是，这些活动应当以符合法律规定、不妨碍司法公正和维护司法权威、不影响审判工作为前提。

（8）法官发表文章或者接受媒体采访时，应当保持谨慎的态度，不得针对具体案件和当事人进行不适当的评论，避免因言语不当使公众对司法公正产生合理的怀疑。

（9）法官退休后应当继续保持自身的良好形象，避免因其不当言行而使公众对司法公正产生合理的怀疑。

---

① 郭念华、左石：《中美法官行为规范比较》，载《人民法院报》2011 年 4 月 29 日，第 5 版。

【案例 4-4】

最高人民法院原副院长奚某某案

（一）案情简介

2017 年 2 月 16 日，天津市第二中级人民法院公开宣判最高人民法院原副院长奚某某受贿案，对被告人奚某某以受贿罪判处无期徒刑，剥夺政治权利终身，并处没收个人全部财产；对奚某某受贿所得财物及其孳息予以追缴，上缴国库。奚某某当庭表示服判，不上诉。经审理查明：1996 年至 2015 年，被告人奚某某在先后担任最高人民法院经济审判庭副庭长、民事审判第二庭庭长、审判委员会委员、副院长期间，利用职务上的便利或者职务和工作中形成的便利条件，为相关单位和个人在案件处理、公司上市等事项上提供帮助，认可其亲属收受以及本人直接收受相关人员给予的财物共计折合人民币 1. 14596934 亿元。天津市第二中级人民法院认为，被告人奚某某的行为构成受贿罪。鉴于奚某某为他人谋利的行为绝大部分基于亲属接受行贿人请托，贿赂款项亦为亲属收受使用，其本人系事后知情；到案后能够如实供述自己的罪行，并主动交代办案机关尚未掌握的部分受贿犯罪事实；认罪悔罪，积极退赃，赃款赃物已全部追缴，具有法定、酌定从轻处罚情节，依法可以对其从轻处罚。法庭遂作出上述判决。①

（二）案例评析

1. 严重违反法律

“法官除了法律没有别的上司。法官的责任是当法律运用到个别场合时，根据他对法律的诚挚来解释法律。”被告人在处理案件时本应该严格遵循法律，以事实为依据，以法律为准绳，通过解读法律条文的真正内涵，运用法律的思维和逻辑作出案件裁判，不受任何外界因素的干扰，不依他人的意志进行裁判，但实际上，奚某某作为国家工作人员，非法收受他人财物，利用职务上的便利为他人谋取利益，构成了受贿罪。他的行为严重违反了法律，脱离了法律的指引，体现了被告人奚某某对法律的不忠诚，反映了其法律信仰的缺失，严重违反法官职业伦理规范。

法官作为行使国家公权力的法律职业工作者，代表国家承担着定分止争，实现社会公平正义，维护社会稳定，维护社会秩序的重要职责，如果法官不忠诚于宪法和法律，缺失法律信仰，将自己的意志凌驾于宪法和法律之上，随意裁判案件，一方面不利于树立司法权威，有碍司法公信力的增强；另一方面不利于实现每个案件的公平正义，不能满足社会公众对自身权利救济的需求，不利于保持稳定的社会秩序。

因此，强化法官对宪法和法律的信仰对于我国当代法院文化的建构以及法官职业品格的培养是十分重要的。对法官而言，忠诚于宪法和法律，信仰法律，要求法官在审判过程中应当严格遵循法律，排除其他不良主观因素的干扰，切实做到“有法可

---

① 参见《最高人民法院原副院长奚晓明受贿案一审宣判》，载中国共产党新闻网，http：//fanfu. people. com. cn/nl/2017/0216/c64371-29086535. html，最后访问时间：2018 年 10 月 3 日。

依、有法必依、执法必严、违法必纠”这一社会主义法治基本原则；应当时刻保持对宪法与法律的敬畏之心，以法律的高标准约束自己；还应当时刻把法律作为悬在头顶的“达摩克利斯之剑”来自勉，这有利于法官提高对自己职业的认同感，自觉规范自己的职业行为，努力扩展自己的专业知识，提高自己的专业水平。

2. 违反公平公正

公正是法律职业的根本价值取向，是法官职业伦理追求的价值目标。法官职业伦理的这一根本价值目标要求整个法律职业共同体都必须以追求和实现公正作为共同使命。司法是国家管理社会的一种基本形式，是社会公正的终极保护手段。司法公正是法官职业伦理的重要内容，是司法审判的核心要求，是法治社会的价值目标。公正，要求法官在司法活动的过程中应当坚持公平和正义的原则，以增强司法公信力，维护社会秩序，实现社会救济。

奚某某作为法官在审判案件时，并未依照法律裁判案件，反而接受他人的好处，为他人的利益作出对他人有利的判决，这对另一方当事人来说是不公平的，这是违反司法公正规范的表现。

3. 有违清正廉洁

法官清正廉洁是法律权威性的重要保障，也是法律获得社会认同的重要途径。清正廉洁事关法官的职业伦理和法律信仰，是法官职业伦理道德议题中的重要内容。廉洁问题与腐败问题密切相关，是以权谋私在司法领域内的主要体现。

奚某某及其亲属收受财物，违反了法官清正廉洁的职业要求，也构成了恶劣的社会影响。其收受贿赂金额之大、时间之久，既终结了其个人的法律职业生涯，也损害了法律在社会公众中的权威性和影响力。这不仅体现了我国司法领域存在着法官职业素养较低的问题，也体现了司法领域内纠察、监督不足的现状。

法官的清正廉洁，不仅依靠法官培养机制的完善、内外监督机制的完备，更依托于法官个人的思想道德水平和职业素养。洁身自好，谨慎地行使审判权，自觉抵制多方的诱惑，依托于个人良知和对法律的信仰保持廉洁，是一名法官需要终身奉为行动指南的底线。法官执掌国家审判执行权，是易滋生腐败的高危群体，司法不廉对司法公信具有毁灭性破坏。① 因此，作为一名法律人，要时刻反思自己的行为是否有损司法公正，必须自觉纠错、审慎决定。紧绷廉洁之弦，则公正可待，为民可期。② 只有保证廉洁，才能让法官在审判过程中有底气、有正气，才能实现保障每一位公民切实利益的法律理想，才能实现法官内心对于公正的追求，才能让公众对法官这个职业、对法律心生敬意，心存信赖。

4. 有违中立原则

法官中立问题，主要涉及审判过程中法官对待双方当事人的态度、与双方当事人

① 钱锋：《司法廉洁制度的创新完善与路径选择》，载《法律适用》2012年第2期。

② 钱锋：《论司法廉洁视野下的法官良知建设》，载《法律适用》2011年第4期。

的关系等方面。法官中立要求法官应在双方当事人中间保持中立，不偏不倚。① 奚某某因收受财物，在案件审判过程中，与一方当事人或代理人构成了实质的关联性，案件审理过程中掺杂着个人利益，在案件中不再中立，有所偏袒，严重违反了法官职业伦理规范。也可能对另一方当事人作出不公正的判决，进而危害司法公正的实现。作为一名职业法官，应回避个人利益相关的案件审判。这既是法官职业素养的体现，也是法官尊重法律、维护法律的体现。诚然，法官也有个人情感、倾向等个性化的想法，法官的成长、培养过程受到了社会环境、家庭环境、个人利益、心理因素等的影响。但法官作为一种特殊职业，经受了严格的训练和选拔，使该职业又极具专业化。法官行使的审判权，也并非法官个人权力，而是社会权力。法官只有严格依法办案，中立、公正地审理，才能保障当事人及每一位公民的切实利益。法官的职责，在于使一切社会成员都有权利得到与他人相同的法律对待，真正做到同事同处、同过同裁、同罪同罚。②

中立是法官公正审判权的前提和基础，也是司法公正的必然要求。法官中立的实现，需要制度保障，也需要法官时刻保持警惕，以专业素养和个人职业道德严格要求自己，在行使审判权时保持警醒，接受监督。只有依据特定的事实、证据及既定的法律规则，通过正当的程序作出正确的裁决，才是法官的职业要求所在。

5. 有违独立原则

司法的独立是法治国家所普遍承认和确认的一项原则，这不仅是因为司法独立建立了现代意义上的审判程序和制度，表现了司法程序应有的公正性，也是公正程序的集中表现。③ 要想实现司法公正，法官的独立是重要的前提和基础。给予法官独立地位、保证法官的独立地位，是当事人和法治社会的强烈要求。

奚某某因收受财物，受到了来自亲属、行贿人等多方的干扰，损害了作为法官理应维护和实现的外部独立，进而危害了司法公正。作为一名职业法官，确保个人独立、确保职业独立、确保审判独立、确保司法公正，是法官职业的基本要求，也是每一位法官应当维护的职业底线。奚某某作为从业多年的资深法官，对法官地位独立的要求视而不见，是对法律的不尊重，也是严重违反法官职业伦理规范的表现。

在法治社会，法官是行使国家审判权的主体，他不仅代表着个人，也代表着法律，代表着公正。审判权来源于公民的授权，这植根于社会契约的公共权力要求法官对公民负责，对法律负责。一旦法官受到了来自多方的干扰和影响，进而影响了法官的独立地位，这不仅会给当事人造成经济上、情感上、道德上的损害，更容易损害法律在社会公众中的信服力和影响力。不被政治关系左右，不被经济利益操纵，不受私人关系影响，克服个人对法官独立的影响，忠于良知、忠于理性、忠于法律，才是一

① 常怡、肖瑶：《论法官中立——以民事诉讼为视角》，载《昆明理工大学学报》2008 年第 5 期。

② 曾坚：《司法公正与法官中立——对我国法官职业道德要求的法理学思考》，载《当代法学》1999 年第 3 期。

③ 王利明：《司法改革研究》（修订本），法律出版社 2002 年版，第 111 页。

位职业法官应有的素质。

【案例 4-5】

湖南省高院院长吴某某案

（一）案情简介：①

1999 年 5 月至 2000 年 5 月，湖南省高院先后受案五起起诉深圳金北圣公司的案件，涉案金额接近 4 亿元。湖南省高院在立案后查封金北圣公司的资产深圳大世界商业城。在进行查封资产拍卖时，湖南省高院违规把业务外包给曾任湖南省高院刑一庭助理审判员的李某某。吴某某时任刑一庭庭长，与李某某是同乡，关系密切。该拍卖公司是李某某以其妻为法人代表成立的。为了寻求吴某某的支持，李某某夫妇让吴某某在中国银行湖南省分行上班的儿子吴某共同参与拍卖，佣金双方分成。2000 年初，李某某夫妇的拍卖公司收到湖南省高院拍卖深圳大世界商业城第三、五层的委托函。在该拍卖过程中，吴某某通过其子吴某收受了贿赂。

2002 年，吴某某在本市二环路浏阳河收费站旁的办公楼修建过程中担任一把手，插手建造、施工的全过程，通过实施一系列建筑业内的“潜规则”收受了贿赂。

1998 年至 2003 年，吴某某在其担任湖南省高级人民法院院长、党委书记过程中，利用职务上的便利，为他人提供升迁上的方便。

（二）焦点问题

1. 吴某某上述行为是否违背了法官职业伦理与职业责任？

2. 吴某某上述行为是否构成受贿罪？

（三）裁判要点和理由

北京市第二中级人民法院经公开开庭审理查明，1998 年至 2003 年间，吴某某直接或通过其子吴某、其妻李某处理接受他人请托，利用其担任湖南省高级人民法院院长的职务便利，为他人谋取利益，单独收受他人贿赂 57 万余元，对吴某、李某先后多次收受他人钱款 550 万元事后知晓并接受，共计折合人民币 607 万余元。法院认为，被告人吴某某身为国家工作人员，利用担任湖南省高级人民法院院长的职务上的便利，接受他人请托，为他人谋取利益，非法收受他人财物，其行为构成受贿罪，且数额特别巨大，情节特别严重。但鉴于吴某某被审查后，如实交代其所犯罪行，认罪悔罪，且受贿的赃款和赃物大部分已退缴，故对其判处死刑，可不立即执行。

（四）案例评析

从吴某某犯罪案件中可以看出，吴某某利用职权以权谋私的手段是干预案件审理，干预案件程序，干预案件执行。吴某某利用职权收受巨额贿赂，反映了他在改革开放和社会主义市场经济条件下面对妻儿的助攻，经受不住考验，最终走上了犯罪道路，不仅严重破坏了党纪党风，损害了人民法院及人民法官的良好形象，而且使人民

---

① 《“儒雅法官”落马　湖南高院原院长吴振汉被判死刑》，载新浪网，http：//news. sina. com. cn/c/2006-11-15/014410498677s. shtml，最后访问时间：2017 年 11 月 15 日。

群众的利益遭受了严重的损害。吴某某从最初人民心中的儒雅大法官最终走上巨额贿赂的贪官污吏，其违法堕落的经历使我们不得不沉思法官的职业伦理与职业责任。

1. 法官职业伦理的内容

法官职业伦理是指法官“在践行法律的过程中，形成的稳定的道德观念和坚定的法律信仰，形成慎独的行为规范，并转化为一种内心自律和行为的自觉，进而引导司法行为的理念”，它是一种特殊的职业伦理规范，在法律与道德的交叉点上形成和发展起来，具有混合性的特点。法官伦理与法官的司法行为密切相关，可以从以下几个方面理解法官职业伦理的范畴。

第一，忠于法律。在司法实践的各个环节中，法官的行为都要以法律为衡量的标准，法官作出的每一份判决、作出的每一个决定或者裁定都要有法律上的根据。可以说，法官工作的最大特性就是维护法律的权威。法官是法律的执行者，在其参与审理案件的每一步都体现着一国法律对于案件出现事实的利益衡量。吴某某在职期间，为了谋取私利，无视法律规定，藐视司法权威，对于法律的公信力造成了极大的不良影响。法律是人民权益的最后保障，法律本身所具有的指引作用会引导着人们规划自己的行为，法官只有严格按照法律审理案件，才能保证法律的权威。

第二，坚持司法独立。法官是一项特殊的社会职业，承担着与众不同的社会职能，被赋予能够实现公平正义的特殊使命。只有在司法权独立的情况下，才能实现司法的公正。司法独立要求法官在司法案件的审理过程中，应当以事实为依据，以法律为准绳，独立地对案件作出裁决，不受外界影响。吴某某利用职权以案谋私，在审理过程中为自己谋私利，完全背离了司法独立性的要求。

第三，维护司法形象。法官作为惩罚犯罪，维护正义的使者，不仅应当具备专业的法律知识，良好的法官形象也是不可缺少的。可以说，法官的公正在大多数人眼里就是法律的公正，良好的法官形象是提高司法公信力的重要一步。吴某某在日常生活中是大多数人们心中的“儒雅”大法官，工作上讲求公正和效率，耐心指导下级法官工作，还深入基层，生活中勤勉好学，对人尊敬有礼，不得不说，抛却其违法的恶行，吴某某在法官形象的外表塑造上来说是非常成功的。当然，对于与其有直接或间接贿赂关系的人来说，这位法官的形象则另当别论了。

2. 构建法官职业伦理的意义

在依法治国的大背景下，构建完备的法官职业伦理，对法官的职业行为进行约束和监督，具有理论和实践上的双重意义。首先，法官职业伦理有助于提升法官形象和社会地位。法官是司法机关的化身，处于司法活动的核心地位，仅拥有深厚的法律知识是不够的，还应当拥有良好的司法形象。吴某某受贿案发后，在社会上引起了极大的反响，大大破坏了司法制度，损害了法官职业群体的形象。其次，法官职业伦理是实现司法公正的前提和保障。加强职业伦理建设，有利于加强法官的归属感和自豪感，通过伦理教育形成彼此认同的人生观和价值观，在案件审理过程中能够做到公正审判，不偏不倚。此外，法官职业伦理是公正解决社会纠纷的必要前提。法官在审理案件过程中不可避免地运用价值判断，夹杂着自身对法律的理解和适用，而法官对法律的理解要以其深厚的伦理修养为基础。因此，只有通过职业伦理规范法官的行为，才能引导法官在纠纷面前作出公正的宣判，维护公平正义，捍卫法律权威。

3. 法官职业伦理建设中的问题及成因

当前正处于经济转型关键时期，随着法治社会的不断完善，法官作为平衡国家与公民，公民与公民权利利益的维护者，法官职业伦理建设逐渐被重视起来。其意在建立一支拥有较强稳定性，更加专业化的法官队伍。然而由于我国传统法律文化缺失，职业伦理研究起步较晚等原因，法官职业伦理建设一直处于不完善的状态，虽然我国为规范法官的职业伦理制定了一系列法律法规，但仍产生了部分法官道德素质低下、法官不独立、专业化水平欠缺等问题。法官作为法律的守护者，这些问题将直接影响法官的地位，阻碍法治社会的进程，也使职业伦理建设举步维艰。本案中吴某某的行为反映出来的法官职业伦理缺失体现在以下几个方面：

第一，违反法律对于法官应当遵守的义务的规定。《法官法》第 32 条规定，法官不得贪污受贿、不得利用职权为自己或者他人谋取私利，不得私自会见当事人及其代理人，接受当事人及其代理人的请客送礼。吴某某妻子接受所在地区的律师事务所合伙人红包，并答应“予以照顾”，事后，吴某某不予以退还，而且在其妻子和儿子的威逼利诱下越走越深，不仅违反了法律规定，也违反了法官的职业伦理规范。

第二，司法腐败。本案中，吴某某收受当事人请客送礼，利用职权以案谋私、纵容妻儿共同犯罪的腐败行为，是司法腐败中常见的行为。由于法官在案件审理的过程中处于核心地位，往往掌握着双方当事人诉讼的胜败，利益的驱使使得法官在此过程中受到的诱惑大大多于一般的行业。例如在本案中，吴某某将案件标的高达 4 亿元的执行案件外包给与自己有利益关系的李某某夫妇，进而在拍卖过程中吃回扣，属于典型的司法腐败行为，极大地影响了司法公正。

对于吴某某在职业道路上的失足，我们不应该仅停留于表面，分析其违反了哪些法律，违反了哪些职业伦理，更应该思考这个案件背后的原因。为什么一位本来公正廉洁、有着良好社会形象的“儒雅”大法官最终会在退休前的几年里动摇理想信念，沦为阶下囚？这个思想迅速蜕变的过程可以说快到人们都会怀疑吴某某在之前很多年塑造的良好形象都是其伪装出来的，但是事实上，吴某某在工作的初期，确实是一位不可多得的好法官。

究其原因，从报道上可以看出吴某某对妻子和儿子的威逼利诱描写占了很大篇幅，“成也妻子败也妻子”。回顾吴某某的一生：出生于一个贫苦家庭，通过自己的勤奋好学考进大学，还被推举为学生会干部，品学兼优，并获得了长沙市“千金小姐”李某的芳心。在李某的帮助与支持下，加上吴某某自身积极上进，勤奋好学，仕途平步青云。在 1998 年吴某某当选湖南省高级人民法院院长前，吴某某克己奉公，公正廉洁。但是从 1998 年开始，妻子李某便时常劝告吴某某不可“独善其身”，提醒吴某某趁在职期间应该为自己退休后的生活做好打算，软硬兼施。最后，吴某某妥协了。从最开始的接受妻子收红包开始，到后来自己操刀接受当事人贿赂，干预执行案件，吴某某已经完全沦落为国家的蛀虫。从吴某某接受采访的言语中，我们能看出他自 1998 年开始内心的煎熬，在利益与守法之间的矛盾。不可否认，在吴某某堕落的过程中，妻子和儿子的影响占了主导作用，但是，如果吴某某内心对于法律的信仰足够坚定，也不会走到这一步。

除了家人的影响和自身内心的不坚定外，司法腐败存在的社会环境也是推动吴某某走向腐败之路的一个因素。试想，如果身边的同僚都带着腐败的因子，或多或少，就会影响整个司法环境的廉洁，在物质利益至上的当代社会中，有多少人能够坚守住内心最后的防线。时常听到有人说，国人缺乏信仰，所以当面对人性的拷问时，信仰的缺乏很可能会让人堕入深渊。吴某某应该是有信仰的，从他最开始斥责妻子不应该接受别人的贿赂可以看出，他其实是排斥的。但是信仰于他而言，只是在外界对其没有足够影响的情况下才对其发挥作用。一旦外界的利益开始对其驱使并达到一定的程度，信仰就会动摇直至最后崩塌。

另外，法官的职业待遇也是本案吴某某走向犯罪应当考虑的因素之一。由于法官职业的特殊性要求法官应当拥有超然的行为与良好素质。而有效保障职业收入高薪制才能保证法官这一素质的实现。相比发达国家法官的收入普遍较高，在我国由于受经济发展的影响，我国法官薪资往往与公务员同一级别，实行“阳光工资”之后挂靠公务员工资制度，工资待遇由《公务员法》调整。法官收入并不是很高，虽然有工作津贴，但津贴数额不大。在外人眼里，法官拥有较高的权威和优厚的待遇，而事实并非如此，许多地区法官办公场所简陋，但法官常常有许多案件需要审理，案卷较多，狭小的办公场所都不够摆放这些案卷。在西部偏远地区，法官的工资不能按时发放，法官津贴也无法保障，许多法律精英被迫辞职寻求其他工作，这样一来就使经济欠发达地区的法官人数更加匮乏，法官的工作量逐渐增大，法官在“案多人少”的矛盾下，工作效率低下，法官是司法官员，但法官也是一名“社会人”，在经济快速发展的当代，法官办公条件简陋，薪资待遇如此低下的情况下，面对社会的各种利益引诱，素质较低、意志力较差的法官，往往会利用手中的职权为他人谋取不正当的利益作交换来满足自身的利益，可以说，绝大多数法官违法违纪都是由经济问题引起的。

同时，在我国法院案件繁多，法官工作压力较大，法官的收入往往和工作的时间不成比例，面对超负荷的司法案件与有限的结案时间，两者常常相互矛盾，法官面对如此矛盾只能加大工作时间，长期处于一种紧张的工作状态，“过劳死”的现象在法官这一群体中已不是个案，而法官加班与否都与薪资没关系，这就导致法官产生消极的心理态度，降低办案质量或拖延办案，法官职业伦理必然受到影响。

4. 我国法官职业伦理的完善

司法腐败已经成为影响司法公正的毒瘤。一系列高级法官受贿徇私的案件接连发生：最高人民法院原副院长奚某某案，最高人民法院原副院长黄某某案，辽宁省高级人民法院原院长田某某案，上海市第一中级人民法院原党组书记、院长潘某某案……这些人曾都是法官领域的翘楚，也曾被报道其公正廉洁，但是最后却身陷囹圄，令人深思。如何完善我国的法官职业伦理，使其能够不仅停留于制度条文表面，而且能够植根于法官心中，成为其从事各项活动的行为标准，已然成为一个迫切的现实问题。结合本案，笔者提出以下几点建议：

第一，保障法官收入高薪制，可以避免法官在经济利益面前抵住诱惑，保证其职务廉洁性，防止腐败现象产生。法官待遇优厚，会使法官对其职位有荣誉感和归属感，避免因追求蝇头小利而玷污法官这一神圣的职位，虽然在我国法律中有详细地规定法官的各种津贴福利，但在实际中法官的福利待遇仍然没有得到很好的实现，特别是在我国的基层法院，许多法官工作压力大，责任重，有的法官审理案件甚至自掏腰包，这样极大地打击了法官的积极性。另外，我国法院没有独立的财政收入作为经费来源，这样不利于司法的独立和法官的独立。因此应当将法官的福利待遇归入司法系统中，并扩大法官津贴的落实范围，逐步提高法官津贴的标准，将法官的津贴标准与法官的等级挂钩，可以相应提高优秀精英法官的津贴。加强法官工作的积极性，同时保证法官清廉度，将《法官法》更好地落到实处。

第二，健全法官监督制度和法官责任制。因为法官作出的裁决具有终局性和权威性，实行法官责任制，有利于法官规范其职业行为，更好地督促法官公正司法，因此应健全区别于公务员的司法责任制，对法官实行违法办案终身负责制，约束法官的自由裁量权。另外，建立法官审判档案，提高法官的案件审判效率，同时注重案件审判的质量。通过完善司法责任制度，要求法官对自身审理的案件终身负责，牢牢规范法官的“权力”，避免冤假错案的产生，以提升司法的权威性。建立独立的法官监督惩戒机构。由于法官的职业是裁决纠纷，且法官职业伦理要求法官自觉、严谨地约束自私自利的行为。司法权的性质决定法官必须独立思考，因此应当在制度上保障法官职业自治和法官独立。在美国就设有法官惩戒委员会，其职责是调查法官失职的行为和违反职业伦理的不当行为，并对失职法官进行惩戒，惩戒的对象包括前任和现职的全职法官、非全职法官。我国现行对法官的惩戒规定内容比较笼统，法官的惩戒主体多样，没有专门的惩戒机构，且没有明确的程序和标准，惩戒过程中存在着过多的行政干预，这样的做法不利于对法官的监督。因此，应当建立专门的法官惩戒机构，其不隶属于任何部门，其组成人员应当是资深优秀的法官，同时也可以聘请品行优良和精通法律的社会人员，对于法官的违法违纪行为，由法官道德纪律委员会审核后交由其进行处理，这样对法官的监督更加专业，及时有效，使法官的惩戒制度逐步走向司法化。

第三，严格执行法官准入制度。法官是确保司法公正的关键角色，是一份崇高的职业，而这份崇高的职业是需要具有独特的思维方式、能够精通法律知识与技能的人来担任，而严格的法官准入制度能保障这些人担负起司法审判的大任。在英美法国家中，法官是由法律职业界中具有丰富经验的且名望较高的律师担任，选任的法官必须具有专业的法律知识，同时也需要一定的民众基础，这样保证了法官整体素质的高水平性。在我国随着国家的司法改革和法官遴选工作的完善，法官的素质有大幅度提高，法官的职业准入制度取得了很大的进步，产生了许多精英法官。然而法官职业准入制度仍然不够完善，因此可以借鉴国外的成功经验，完善法官的准入制度，保证法官队伍质量，才能为本国提供一批优秀的法律人才。

首先，在学历要求上，一是提高初任法官的任职条件。初任法官应当具有正规大学的法学本科以上的学历，并通过国家统一的法律职业资格考试，并取消非法学本科毕业生应聘法官这一任职条件。从目前来看，这一改革已经具有可行性，因为近些年随着民众对法律重视的程度不断提高，我国的法学教育已经得到了长远的发展，法学专业培养的本科以上的硕士、博士毕业生人数大大增多，法学人才的数量足以保证了法官队伍的需要。在这里，我们并不是说高学历的法官就一定具有法官的职业道德，但法官的法律知识和逻辑思维并不是一蹴而成的；如果没有系统的法律专业知识灌输，就无法深入领悟法律的本质和拥有娴熟的审判技能。只有经过正统的法律知识培养，才能更好地胜任法官这一职业。

其次，加强法官的专业化程度。随着社会复杂关系的不断发展，法律逐渐变成以大量复杂的技术规则来彰显自身的有效性和公正性，面对如此情况，没有经过专业的法律训练，是不可能胜任法官这一特殊职业的。法官的职责主要是为了解决实际纠纷，纠纷的公正解决依靠的是法官娴熟的法律审判技能，因此任何人成为法官都必须经过严格的法律教育，如美、英、德、日法官的任职资格条件都非常严格。只有加强法官专业化训练，使法官经过一定时期的专业训练，掌握娴熟的法律实务能力，才能在面对复杂的法律案件时，巧妙地运用法律思维审理案件，保障审判工作的顺利进行。

第五章　检察官职业伦理

检察伦理是检察官在履行职责过程中应遵循的行为规范，也称检察官职业伦理或检察官职业道德。检察官职业伦理是世界各国检察界共同关注的问题。中外检察官制度名称虽同，但在我国性质却有别，检察官是从事检察事务即法律监督事务的国家官员。检察官职业的这一特殊性决定了检察官职业伦理的内容有别于其他法职业伦理。

第一节　检　察　官

一、检察官的起源和发展

列宁曾言："为了解决社会科学问题，为了真正获得正确处理这个问题的本领而不被一大堆细节或各种争执意见所迷惑，为了用科学眼光观察这个问题，最可靠、最必需、最重要的就是不要忘记基本的历史联系，考察每个问题都要看某种现象在历史上怎样产生，在发展中经过了哪些主要阶段，并根据它的这种发展去考察这一事物现在是怎样的。"① 基于此，认识检察官必须从检察制度的产生入手。

（一）域外检察官制度的缘起与发展

1. 大陆法系检察官的发源地——法国

检察官起源于12世纪初期的法国，当时检察官被称为"国王代表人"，其主要任务是接受国王指派处理国王的私人事务。后来，这种"国王代表人"的身份逐渐演变为监督法官，以确保审判公正，并且这种监督范围由原来的民事诉讼扩大到后来的刑事诉讼。"国王代表人"也逐渐演变为国家法律的守护者进而在法治国家中成为人民法律的代言。而法国的"国王代表人"制度成为检察官制度乃至检察制度的雏形。② 当然，由于当时实行的是"纠问式"诉讼模式，"国王代表人"以代表国王利益而非公众利益为追求，追诉权与审判权也未严格区分，因而当时的"国王代表人"制度不是现代意义上检察制度或检察官制度。现代意义上的检察官制度以"公诉权"为核心，是按照1808年制定的《拿破仑治罪法典》确立的。根据这一法典，审前程序由公诉官和预审法官主持，两者分别负责追诉犯罪和审问，且规定不经公诉官请求或被害人告诉，预审程序不得发动，这就使该制度具有了以"公诉权"为核心的现代检察官制度的基本特征而被大陆法系国家所

① 《列宁选集》第4卷，人民出版社1972年版，第43页。

② 王琪：《法国检察制度的特点介绍》，载《陕西检察》2004年第1期。

广泛借鉴和采用。①

2. 英美法系检察官制度发源地——英国

13 世纪 40 年代至 80 年代，英国出现了国王律师和国王法律顾问，他们代表国王利益对有关财产案件和行政案件提起诉讼。1461 年，“国王律师”改名为“总检察长”，“国王法律顾问”改名为“国王辩护人”。1515 年，“国王辩护人”又改名为“副总检察长”。他们负责对杀人案件、破坏皇室利益的案件以及开除皇家官员、偿还土地等案件进行调查、起诉和听审。1827 年，英国增设追究破坏皇室利益以外案件的检察官。1879 年，英国国会颁布《犯罪追诉法》，规定设置公诉处为国家检察机关，② 其主要职责就是对重大刑事案件提起公诉。至此，英国检察官制度正式建立，并影响了美国、澳大利亚、加拿大等国家，从而形成了以英国为代表的英美法系检察制度。③

大陆法系和英美法系国家的检察官制度伴随着封建制度的消亡和资本主义的诞生而各自发展，检察官职业伦理也相伴而生，并受到资产阶级初期的政治、经济、法律思想以及人文环境等的影响，不可避免地被打上了时代烙印。19 世纪以来的资本主义国家，对法律的崇尚空前高涨，英国掘地派领袖杰拉德·温斯坦莱提出“严格执行法律是政府的生命”，并强调在执法过程中要严格按照平等原则，不论是公职人员还是平民百姓都应该平等、严格地执行和遵守各项法定：尤其是执法者无权超越法律，而应该无私地把国家的法律当作自己的意志去执行。法国启蒙思想家卢梭则提出，一切统治者都应是“法律的臣仆……由于他享受法律的一切好处，他若强制他人遵守法律，他自己就得更加严格地遵守法律”。摩莱里则认为：“如果执法者不洁身自好，敢于以身试法玩忽职守，法律本身将剥夺他们的一切权限。”④ 这些论述中无不闪烁着法律至上、平等执法的思想火花，而受此影响，检察官职业伦理也天然地具备了对法律的崇尚、法律面前人人平等等资本主义基本法律思想和伦理道德的内容。之后，随着资本主义社会的发展，检察官职业伦理也发展出许多新的内容，至 20 世纪前后，有关检察官职业伦理的规定纷纷出炉，其中 1990 年 9 月 7 日，第八届联合国预防犯罪和罪犯待遇大会审议通过了《关于检察官作用的准则》，经联合国大会决议批准已经成为世界各国检察官行为准则的范本。

（二）中国检察官制度的缘起与发展

我国古代，从奴隶社会至封建社会均无检察官制度可言，只有御史监察制度与检察制度具有某些方面的相似性。御史监察制度一直持续到清朝末年。1906 年，清王朝仿照西方资本主义国家“三权分立”原则，建立了“行政、司法、立法三权分立”体制，由此发端建立了具有现代意义的检察官制度。当时清政府规定检察官的职责主要有四项：一是实行搜查处分；二是提起公诉；三是监督审判的执行；四是作为诉讼当事人或公益代表人实行特定事宜。清王朝灭亡后中华民国政府借鉴了这些规定，继续确立检察官制度。

至抗日战争及解放战争时期，检察官制度在革命根据地和解放区都得到了较好的发

---

① 黄河：《公诉制度起源：从国王代理人到国家公诉人》，载《方圆法治》2011 年第 12 期。

② 龙宗智著：《检察制度教程》，法律出版社 2002 年版，第 23~29 页。

③ 邓思清著：《检察权研究》，北京大学出版社 2007 年版，第 35~36 页。

④ 参见沈忠俊等编著：《司法道德新论》，法律出版社 1999 年版，第 40~43 页。

展，这一时期，检察官同其他法律职业人员一样，共同遵守着一些基本的战时规则，主要包括：一是平等，即法律面前人人平等原则；二是人道，即对罪犯实行革命的人道主义，尊重罪犯人格，不打骂、不体罚、不虐待，并保护其合法权益；三是便民，即相信群众，依靠群众，并便利民众解决冲突和纠纷。

中华人民共和国成立后，我国的检察官制度经历了几起几落。1951 年年底，全国编制会议召开，决定精简国家机关，提出让检察机关“名存实亡”，只保留名义，不设机构，不配备干部，工作由公安机关兼办。当时，高检院党组向毛泽东报告，中央政法党组书记、政务院副总理董必武也不同意撤销检察机关，并当面向毛泽东作了汇报。毛泽东决定保留检察机关，这才刹住了“取消风”，接下来几年，检察工作迎来了一段“黄金时期”，即从 1954 年《宪法》和《人民检察院组织法》颁布至 1957 年“反右派”斗争前的这一段时间。党中央先后三次在批准高检院党组的报告中发出加强检察工作的指示。在业务方面，全面开展了批捕、起诉、控诉、劳改检察工作，开展了对贪污、渎职案件的侦查，并有重点地开展了一般监督工作，发挥了法律监督的作用，显示了检察工作的重要性。从 1957 年开始，经过“反右派”“大跃进”“反右倾”运动之后，检察工作又受到很大的冲击和削弱。1960 年冬，取消检察机关的声音再次响起，要求公、检法合署办公，高检院归公安部领导。自 1960 年至 1966 年，取消检察制度的声音曾经被刹住。至 1966 年，中国进入“文化大革命”时期。1968 年年底最高人民检察院、军事检察院和地方各级人民检察院先后被撤销，人民检察制度中断。直至 1978 年 12 月，党的十一届三中全会拨乱反正，人民检察制度重新走上了全面发展之路。① 1995 年 2 月 28 日第八届全国人民代表大会常务委员会第十二次会议通过了《中华人民共和国检察官法》，标志着新中国检察官制度的正式确立；随之，检察官职业伦理问题作为检察官素质问题的一部分逐渐被重视起来，并发展成为新时期检察队伍建设的战略重点之一。2001 年 6 月 30 日第九届全国人大常委会第二十二次会议对《中华人民共和国检察官法》进行修订，2017 年 9 月 1 日第十二届全国人大常委会第二十九会议再次修订，2019 年 4 月 23 日第十三届全国人民代表大会常务委员会第十次会议又再次修订。

从我国检察官制度的起源与发展历程来看，当代中国检察官制度与西方国家检察官制度既有相同之处，又各有不同特点。相同之处在于，两种检察官制度均具有丰富的内涵，不仅有指控犯罪的职权，还有监督司法、维护民权的功能。不同点在于欧洲大陆各国基本上实行三权分立的政治体制，检察权既不属于司法权，也不属于行政权，更不属于立法权，因而检察官的法律属性难以界定。而我国在人民代表大会之下的“一府两院”，分别行使行政权、司法权、法律监督权。《宪法》明确将检察机关定位为行使法律监督权的法律监督机关。由此，我国检察制度突破了大陆法系国家主流的“双重属性说”这一模糊不清的界定。② 从现行法律规定来看，我国检察机关的法律监督主要有国家工作人员职务犯罪监督、刑事司法监督和民事行政司法监督，具体权能包括侦查权、批准逮捕权、侦查监督权、公诉权、审判监督权、对刑事案件判决裁定的执行监督权等，这些权能共同构成

① 王彦钊：《新中国检察制度：起起落落教训深》，载《检察日报》2011 年 12 月 30 日。

② 桂万先：《当代中国检察官的角色》，载《国家检察官学院学报》2007 年第 5 期。

了检察机关法律监督的完整体系。

由此可见，我国检察官绝不是单纯的指控官。虽然检察官的基本权力最初是从刑事公诉中发展而来，维护安定有序的社会环境也有赖于检察官指控犯罪职能的积极履行，但这只是检察官发动刑事诉讼的基本职能。在法治社会中，检察官在刑事诉讼中的根本任务是控制警察侦查、监督法官裁判，确保侦查和审判活动的合法性，而这一切，归根到底都是为了保障公民合法权利这一根本目的。更何况检察机关还担负着代表国家提起公益民事诉讼，或者以监督者身份对生效民事、行政裁判向法院提出抗诉的职责。就其相互之间的辩证关系而言，指控犯罪既是保障民权的手段，也是进行法律监督的载体；法律监督活动贯穿于由指控犯罪启动的整个刑事诉讼程序之中，其本质是护法；而检察官在全部司法过程中进行法律监督，守护法律的宗旨在于维护公益、保障民权。检察官承担着双重职能，法律监督职能要求检察官对诉讼进行全面审视，检察官需要站在更为客观公正的立场，法律监督对检察官履行公诉职能也起到了促进作用。① 可以说，我国检察官是集指控官、护法官与保民官三种角色于一体的法律监督官。

二、检察官的执业条件

检察官是依法行使国家检察监督职能的检察人员，包括最高人民检察院、地方各级人民检察院和军事检察院等专门人民检察院的检察长、副检察长、检察委员会委员、检察员和助理检察员。② 检察官的根本职责在于依法进行法律监督，代表国家出庭支持公诉和对法律规定由人民检察院直接受理的犯罪案件的侦查。我国于 1995 年颁布、2019 年修正的《中华人民共和国检察官法》（以下简称《检察官法》）对检察官的执业条件作出了明确规定。

（一）积极条件

担任检察官与担任法官一样，需通过法律职业资格考试，获得法律职业资格证书。检察官执业的积极条件与法官执业的积极条件大致相同，此处仅作简要论述。根据《检察官法》第 12 条的规定，担任检察官须具备下列条件：（1）具有中华人民共和国国籍；（2）拥护中华人民共和国宪法，拥护中国共产党领导和社会主义制度；（3）具有良好的政治、业务素质和道德品行；（4）具有正常履行职责的身体条件；（5）具备普通高等学校法学类本科学历并获得学士及以上学位；或者普通高等学校非法学类本科及以上学历并获得法律硕士、法学硕士及以上学位；或者普通高等学校非法学类本科及以上学历，获得其他相应学位，并具有法律专业知识；（6）从事法律工作满五年。其中获得法律硕士、法学硕士学位，或者获得法学博士学位的，从事法律工作的年限可以分别放宽至四年、三年；（7）初任检察官应当通过国家统一法律职业资格考试取得法律职业资格。适用前款第五项规定的学历条件确有困难的地方，经最高人民检察院审核确定，在一定期限内，可以将担任检察官的学历条件放宽为高等学校本科毕业。

应当注意，上述规定只是普通检察官执业的积极条件，对于我国的高级检察官尤其是

① 徐益初：《司法公正与检察官》，载《法学研究》2000 年第 6 期。

② 谭世贵主编：《中国司法制度》，法律出版社 2013 年版，第 92 页。

检察长的执业条件，我国立法没有特殊和明确的规定。①

（二）消极条件

与法官执业的消极条件类似，《检察官法》第13条也规定了不得担任检察官的情形：因犯罪受过刑事处罚的；曾被开除公职的人；被吊销律师、公证员执业证书或者被仲裁委员会除名的；有法律规定的其他情形的。《检察官法》第23条规定："检察官不得兼任人民代表大会常务委员会的组成人员，不得兼任行政机关、监察机关、审判机关的职务，不得兼任企业或者其他营利性组织、事业单位的职务，不得兼任律师、仲裁员和公证员。"如果某人已在上述单位任职或者已成为律师、仲裁员和公证员，则不能兼任检察官。

三、检察官的任免

（一）检察官的任免程序

1. 最高人民检察院

最高人民检察院检察长由全国人民代表大会选举和罢免，副检察长、检察委员会委员由最高人民检察院检察长提请全国人民代表大会常务委员会任免。

2. 地方各级人民检察院

地方各级人民检察院分为：省、自治区、直辖市人民检察院；省、自治区、直辖市人民检察院分院，自治州和省辖市人民检察院；县、市、自治县和市辖区人民检察院。

地方各级人民检察院检察长由地方各级人民代表大会选举和罢免，副检察长、检察委员会委员和检察员由本院检察长提请本级人民代表大会常务委员会任免。地方各级人民检察院检察长的任免，须报上一级人民检察院检察长提请该级人民代表大会常务委员会批准。

省、自治区、直辖市人民检察院分院检察长、副检察长、检察委员会委员和检察员，由省、自治区、直辖市人民检察院检察长提请本级人民代表大会常务委员会任免。

省级人民检察院和设区的市级人民检察院依法设立作为派出机构的人民检察院的检察长、副检察长、检察委员会委员和检察员，由派出的人民检察院检察长提请本级人民代表大会常务委员会任免。

新疆生产建设兵团各级人民检察院、专门人民检察院的检察长、副检察长、检察委员会委员和检察员，依照全国人民代表大会常务委员会的有关规定任免。

3. 专门人民检察院

专门人民检察院是指在某些专业系统或特定部门设置的国家检察机关，与专门人民检察院同级建立，相互协调配合，行使对其专门管辖的案件的检察权。专门人民检察院的设立目的、工作原则、管辖范围、组织及职权等，均与专门人民检察院相一致和协调。军事检察院等专门人民检察院检察长、副检察长、检察委员会委员和检察员的任免办法，由全国人民代表大会常务委员会另行规定。

（二）检察官的免职情形

《中共中央关于全面推进依法治国若干重大问题的决定》中规定，建立健全司法人员

① 谭世贵主编：《中国司法制度》，法律出版社2013年版，第114页。

履行法定职责保护机制，非因法定事由，非经法定程序，不得将检察官调离、辞退或者作出免职、降级等处分。我国《检察官法》第 20 条规定了应当依法提请免除检察官职务的八种情形。具体情形如下：

1. 丧失中华人民共和国国籍

根据我国《国籍法》的规定，这里所说的“丧失中华人民共和国国籍”，既包括定居外国的中国公民，自愿加入或者取得外国国籍的人，也包括中国公民是外国人的近亲属或者定居外国或者有其他正当理由，向我国有关部门申请退出中国国籍并获得批准的情况。

前一种情况是自动丧失中国国籍；后一种情况是退出中国国籍，这两种情况都可丧失中国国籍。

2. 调出所任职人民检察院

我国宪法和有关法律对最高人民检察院和地方各级人民检察院检察官职务的任免，规定了不同的任免权限和程序。对调出本检察院，即使是工作调动，继续在其他检察院工作，也必须先依法免除其检察官的职务，对于其是否在其他检察院继续担任检察官，则应根据宪法和有关法律的规定，由相应的人民代表大会和常务委员会依法决定。

3. 职务变动不需要保留原职务，或者本人申请免除检察官职务经批准的

检察官是依法行使国家检察权的工作人员。只要是不再承担检察职责的人，无论其是调动到非检察院系统，还是在检察院系统内承担其他行政职能，都应当依法免除其检察官职务。

4. 经考核不能胜任检察官职务的

我国检察官既是行使国家审判权的专门人员，也是国家工作人员。按照《中华人民共和国公务员法》的规定，担任检察官职务的人每年都要进行考核，并对考核规定了相应的程序和条件。

年度考核的结果分为四个等级：优秀、称职、基本称职、不称职。考核结果作为调整检察官等级、工资以及检察官奖惩、免职、降职、辞退的依据。因此，这里规定的考核，是严格意义上的考核，是指国家依据相关的法律、法规和政策，按照严格的条件和程序，对国家工作人员的行为进行评定，而不是就某一事件作出的处理。

5. 因健康原因长期不能履行职务

健康的身体是任何工作得以有序开展的基本保证。实践中，检察官因健康原因，无法正常履行工作职责一年以上的，应当对其工作岗位进行调整。恢复健康后，可以按具体情况进行安排。如果因健康原因，长期不能正常履行工作职责，则属于可以免职的法定事由。

6. 退休

《检察官法》第 63 条规定，检察官的退休制度，根据检察工作的特点，由国家另行规定。由于目前我国检察官的退休制度还没有明确规定，因此是参照《中华人民共和国公务员法》实施的。退休包括应当退休和申请退休两种情况。应当退休是指依据《中华人民共和国公务员法》第 92 条的规定，公务员达到国家规定的退休年龄或者完全丧失工作能力的，应当退休。这里的退休年龄一般为男年满 60 周岁，女年满 55 周岁；申请退休是指依据《中华人民共和国公务员法》第 93 条的规定，当工作年限满 30 年的、距国家规定的退休年龄不足 5 年，且工作年限满 20 年的或者符合国家规定的可以提前退休的其

他情形的，本人自愿提出申请，经任免机关批准后，可以提前退休。

7. 辞职或者被辞退

《检察官法》第35条对检察官辞职问题进行了规定："检察官申请辞职的，应当由本人提出书面申请，依照法律规定的程序免除其职务。"

一般来说，辞职包括两种情况，一种是指辞去在本单位担任的领导职务。比如各级人民检察院院长、副检察长、检察委员会委员等；第二种是指辞去公职，不再担任人民检察院的检察官。这里应当指的是第二种情况。

目前，检察官辞职的程序是参照《中华人民共和国公务员法》第85条的规定处理的。该条明确规定，公务员辞去公职，应当向任免机关提出书面申请。任免机关应当自接到申请之日起30日内予以审批，其中对领导成员辞去公职的申请，应当自接到申请之日起90日内予以审批。

同时，《中华人民共和国公务员法》第86条还规定了公务员有下列情形之一的，不得辞去公职：

第一，未满国家规定的最低服务年限的；

第二，在涉及国家秘密等特殊职位任职或者离开上述职位不满国家规定的脱密期限的；

第三，重要公务尚未处理完毕，且须由本人继续处理的；

第四，正在接受审计、纪律审查、监察调查，或者涉嫌犯罪，司法程序尚未终结的；

第五，法律、行政法规规定的其他不得辞去公职的情形。

8. 因违纪、违法犯罪不宜继续任职的

这里所说的违纪、违法犯罪是广义的，既包括违反党纪、政纪及违反法律的行为，也包括违反《检察官法》所规定的对检察官的禁止性行为。

四、对检察官的监督

检察官通过行使国家检察权，维护司法公正，对腐败等不法行为进行惩处。然而由于司法职业的特点，检察官自身也容易滋生腐败。在检察官处理案件的过程中，可能存在明显的程序违法或实体违法行为，这时就需要有关部门对其进行有效的监督，对检察官的监督主要包括检察院系统的内部监督及检察院系统的外部监督。

（一）对检察官的内部监督

第一，上级检察机关对下级检察机关的监督。

在刑事诉讼中，上级人民检察院对下级人民检察院作出的决定，有权予以撤销或者变更；发现下级人民检察院办理的案件有错误的，有权指令下级人民检察院予以纠正。下级人民检察院对上级人民检察院的决定应当执行，如果认为有错误的，应当在执行的同时向上级人民检察院报告。①

第二，检察长对案件具体问题的决定权，如犯罪嫌疑人、被害人或及亲属申请补充鉴定或者重新鉴定的，必须经过检察长批准；人民检察院侦查部门在侦查终结后，若认为应当撤销案件的，不能自行决定时，必须报请检察长或者检委会决定。

---

① 《人民检察院刑事诉讼规则》第9条规定：最高人民检察院领导地方各级人民检察院和专门人民检察院的工作，上级人民检察院领导下级人民检察院的工作。检察长统一领导检察院的工作。

第三，检察委员会对检察长、检察官的监督和制约，如在办案过程中，检察长需要回避的，由同级人民检察院的检委会决定；对检察委员会作出的决定，承办部门应当及时将办结事项向检委会反馈，并提交相关材料。

第四，部门之间的相互制约。各业务部门依据自有监督制约制度在本条业务线上运行，依靠诉讼流转关系相互制约，部门之间彼此独立、关系平等，采用柔性的手段“相互制约”。①

（二）对检察官的外部监督

对检察官的外部监督和制约，主要来自党组织、人大、政协、司法机关、人民群众、社会舆论等多个外部主体。为了满足外部主体监督的需求、回应外界的质疑，检察官建立了人民监督员制度、检务公开等制度，与此相关的法律制度和理论应运而生、日趋成熟，这些制度及理论共同组成了目前检察官的外部监督制约机制。其中具有一定代表性的制度包括：

1. 人民代表大会及常务委员会对检察官的监督制约

人民代表大会及常务委员会对检察机关实施监督，主要法律依据包括《宪法》《各级人民代表大会常务委员会监督法》《全国人民代表大会和地方各级人民代表大会代表法》《人民检察院刑事诉讼规则》以及最高人民检察院制定的《关于检察机关接受人民代表大会及其常务委员会监督若干问题的规定》。人民代表大会作为国家权力机关对检察官的监督，主要监督检察官是否独立行使职权，依法办案，以利于宪法和法律的遵守和执行。同时依据以上法律规定，对检察官针对县级以上各级人民代表大会的代表采取拘留强制措施、行使逮捕权进行审查报告许可。人大及其常委会主要通过听取专项工作报告和组织执法检查评议、对检察官提出质询、交办具体事项等形式，实现对检察官办案的监督。如对人民代表大会及其常务委员会交办的案件及其他工作，检察官应依法积极办理，办理情况和结果应及时反馈。办结后，人大常委会有不同意见的，检察官应予复查、复议。人大常委会要求调卷审查或听取案件汇报时，检察官应积极配合，提供必要的案件材料或进行汇报。人民代表大会及其常委会对检察权的监督重点，是要解决检察工作中人民群众反映强烈、带有共性的问题，如刑讯逼供、超期羁押、错案不纠、司法不公等类案件，促进公正司法。

2. 人民法院对检察官的监督制约

人民法院对检察官的监督制约的法律依据，主要包括《宪法》关于人民法院和人民检察院在办理刑事案件责任分工的规定，以及《刑事诉讼法》《人民检察院刑事诉讼规则》和最高人民法院《关于执行〈中华人民共和国刑事诉讼法〉若干问题的解释》中的部分条款。其对检察官的监督制约主要有两种形式：一是对检察官起诉案件是否受理的决定权。受理检察官起诉案件时，人民法院指定审判人员对起诉书、案卷和证据进行审查，在 7 日内决定是否受理。这种审查总体说来是对案件是否符合起诉条件形式上、程序上的审查。对被告人是否构成犯罪、是否承担刑事责任需要经过开庭审理予以裁决。二是对检察机关撤回起诉的决定权。在判决宣告以前，人民检察院要求撤回起诉的案件，必须经人

① 参见杨国章：《完善检察院内部监督制约机制的思考》，“法治思维与检察——第九届国家高级检察官论坛”会议论文，2013 年 8 月 21 日，第 177 页。

民法院的审查作出准许裁定，这体现了法院审判权对检察机关公诉变更权的监督和制约。①

3. 人民监督员制度

人民监督员制度的设立目的，主要是为了让检察机关自侦案件更好地接受外部监督和制约，目前，其主要制度基础是2015年最高人民检察院《关于人民监督员监督工作的规定》和2016年司法部会同最高人民检察院联合印发的《人民监督员选任管理办法》。《关于人民监督员监督工作的规定》扩大了人民监督员监督案件的范围，将原有人民监督员对职务犯罪案件“五种情形”的监督，扩展到“八种情形”，形成了人民监督员对职务犯罪案件中“三类案件”“八种情形”② 进行监督的格局。同时增设了人民监督员监督工作的启动、告知犯罪嫌疑人有关人民监督员监督事项、人民监督员复议等程序性规定，进一步满足了监督主体更加深层次的需求。

4. 检务公开制度

检务公开制度是促进司法公正、提高检察机关司法公信力的一项重要举措。其主要制度基础是最高人民检察院《关于全面推进检务公开工作的意见》《人民检察院案件信息公开工作规定（试行）》以及与其相关的内部工作规定。该制度作为检察权监督制约机制的组成部分，主要特色在于：第一，发布信息范围广，从检察工作所涉及的法律规定及规范，到检察机关开展的重要工作、案件办理程序、重要信息、法律文书等内容均可以公开接受监督。第二，公开覆盖面广，各地区、各级检察机关均要在检察工作中贯彻执行。第三，监督制约手段灵活。检察机关“体外”主体，可以通过网络信息、新闻发布、“检察开放日”等多样活动，参与到监督当中。特别在“互联网+”时代下，微信、微博、手机客户端等新媒体平台为检务公开制度的深化落实提供了更加有力的技术支撑。在实践当中，检察机关逐渐将检务公开工作开展情况纳入对下级检察机关的重要考核范畴，如对案件程序性信息的公开几乎成为案件办理的必经程序，检务公开工作对检察权的规范、透明运行起到了保驾护航的作用。

五、检察官的违纪责任

德国哲学家康德说：“世界上唯有两样东西能让我们的内心受到深深的震撼，一是我们头顶上灿烂的星空，一是我们内心崇高的道德法则。”③ 近年来，我国出台和修改了诸多法律和规范性文件，主要包括《监察法》《公务员法》《检察官法》《检察人员纪律处分条例》以及最高人民检察院九条“卡死”等纪律规定。这些规定在规范检察官执业纪

① 参见刘洪林：《我国检察制度改革研究》，武汉大学2013年博士学位论文，第134页。

② 2015年《关于人民监督员监督工作的规定》中的“三类案件”指对检察机关拟作撤案、不起诉处理和犯罪嫌疑人不服逮捕决定的职务犯罪案件；“八种情形”指检察机关或检察人员在办理职务犯罪案件中应当立案而不立案或者不应当立案而立案；超期羁押或者延长羁押期限决定违法的；采取指定居所监视居住强制措施违法的；违法搜查、查封、扣押、冻结或者违法处理查封、扣押、冻结财物的；阻碍当事人及其辩护人、诉讼代理人依法行使诉讼权利的；应当退还取保候审保证金而不退还的；应当给予刑事赔偿而不依法予以赔偿的；检察人员在办案中有徇私舞弊、贪赃枉法、刑讯逼供、暴力取证等违法违纪情况的。

③ ［德］康德著：《实践理性批判》（注释本），中国人民大学出版社2011年版，第42页。

律和职业伦理的同时，进一步通过硬性规定明确了检察官的违纪责任。

检察官的违纪责任，是指检察官违反职业道德准则、职业纪律和相关法律所应当承担的责任。一般而言，检察官的违纪责任包括行政处分和刑事责任。

（一）行政处分

行政处分是行政机关为规范其单位内公务员的行为，保证行政机关和公务员依法履行职责而实施的规范措施。

1. 行政处分的种类

一般而言，行政处分包括：警告、记过、记大过、降级、撤职、开除。其中，警告一般为 6 个月；记过一般为 12 个月；记大过一般为 18 个月；降级和撤职一般为 24 个月。

受行政处分者，在处分期内不得晋升职务、级别。受记过、记大过、降级、撤职处分的，在处分期内不得晋升工资档次。受降级处分的，自处分的下个月起降低一个级别；级别为对应的国家公务员最低级别的，给予记大过处分。受撤职处分的，在处分期内不得担任领导职务，自处分的下个月起按降低两个以上的职务等级重新确定职务、级别和工资。受到开除处分的，自处分之日起解除其与检察机关的人事关系，其行政职务、级别自然撤销，其法律职务依法罢免或者免除，不得再被录用为检察机关工作人员。

2. 检察官承担行政责任的情形

根据相关法律的规定，检察官有下列情形之一的，应当承担相应的行政责任：（1）违反政治纪律的行为；（2）违反组织、人事纪律；（3）违反办案纪律；（4）贪污贿赂行为；（5）违反廉洁从检规定的行为；（6）违反财经纪律的行为；（7）失职、渎职行为；（8）违反警械警具和车辆管理规定的行为；（9）严重违反社会主义道德的行为；（10）妨碍社会管理秩序的行为。

3. 行政处分的程序

《人民检察院监察工作条例》第 2 条规定：“人民检察院的监察部门，是检察机关负责监察工作的专门机构，依照本条例和有关法律、法规、规定，对检察机关及所属内设机构、直属事业单位和检察人员实施监察。”人民检察院监察部门在本院检察长和上级检察院监察部门的领导下行使职权。最高人民检察院设监察局，省、自治区、直辖市人民检察院设监察处（室），省、自治区、直辖市人民检察院分院，自治州和地级市人民检察院设监察处（室），县、市、自治县和市辖区人民检察院设专职或兼职监察员。行政处分的程序主要规定在《人民检察院监察工作条例》第六章至第九章中，主要程序包括：

（1）受理举报。对属于本部门管辖的，应当报送本部门负责人或本院领导阅批，需要进行初步审查的，应当经监察部门负责人同意或者经本院主管副检察长或者检察长同意。上级监察部门转交下级监察部门处理的举报，经部门负责人或院领导批准，可以要求下级监察部门报告处理结果。

（2）案件调查。监察部门对有违反纪律、法律具体内容的线索，应当进行初步审查。监察部门经过初步审查，认为举报失实或虽有违纪行为但情节轻微不需要进行处分的，应当经本部门负责人或本院主管副检察长或检察长批准作出不立案的决定，制作初步审查报告，并酌情回复举报人。调查人员应当依照本条例和有关规定全面、客观地收集证据。

（3）案件审理和处理。审理应当围绕以下内容进行：案件事实是否清楚；证据是否确凿；定性是否准确；处理意见是否恰当；调查及其程序是否符合条例规定。调查、审理结束后，应当分不同情况，作出不同处理。确有违纪事实，需要给予纪律处分的，作出纪律处分决定；确有违纪事实，但情节轻微的或具有减轻情节的，经批评教育后可以从轻或免予纪律处分。

（4）申诉、复查、复核。在监察程序中，也赋予了检察工作人员救济的权利，检察人员对纪律处分不服的，可以自收到处分决定书之日起 30 日内向作出处分决定机关的监察部门提出申诉，监察部门应当自收到申诉之日起 30 内复查完毕，并作出复查决定。对复查决定仍不服的，可以自收到复查决定之日起 30 日内向上一级监察部门申请复核，上一级监察部门应当自收到复核申请之日起 60 日内作出复核决定。

复查、复核，应当查清以下内容：事实是否清楚，证据是否确实充分；应当追究检察纪律责任的人员是否遗漏；定性是否准确；处分决定是否恰当；是否符合规定的处理程序；其他需要查清的问题。

（二）刑事责任

《刑法》作为维护社会公平正义的最后一道防线，其面向的都是严重的违法违纪行为。在《监察法》《检察官法》《检察人员纪律处分条例》等法律规范中都规定了检察人员的行为严重触犯刑法的，要依法追究刑事责任。其适用情形主要包括以下几个方面：

1. 刑讯逼供

《刑法》第 247 条规定："司法工作人员对犯罪嫌疑人、被告人实行刑讯逼供或者使用暴力逼取证人证言的，处三年以下有期徒刑或者拘役。致人伤残、死亡的，依照本法第二百三十四条、第二百三十二条的规定定罪从重处罚。"

2. 徇私枉法

《刑法》第 399 条规定："司法工作人员徇私枉法、徇情枉法，对明知是无罪的人而使他受追诉、对明知是有罪的人而故意包庇不使他受追诉，或者在刑事审判活动中故意违背事实和法律作枉法裁判的，处五年以下有期徒刑或者拘役；情节严重的，处五年以上十年以下有期徒刑；情节特别严重的，处十年以上有期徒刑。"

3. 收受贿赂

检察人员收受贿赂，有《刑法》第 399 条第 1 款行为的，同时又构成《刑法》第 385 条所规定的受贿罪的，依照处罚较重的规定定罪处罚。

4. 私放在押人员

《刑法》第 400 条规定："司法工作人员私放在押的犯罪嫌疑人、被告人或者罪犯的，处五年以下有期徒刑或者拘役；情节严重的，处五年以上十年以下有期徒刑；情节特别严重的，处十年以上有期徒刑。司法工作人员由于严重不负责任，致使在押的犯罪嫌疑人、被告人或者罪犯脱逃，造成严重后果的，处三年以下有期徒刑或者拘役；造成特别严重后果的，处三年以上十年以下有期徒刑。"

5. 徇私舞弊

《刑法》第 401 条规定："司法工作人员徇私舞弊，对不符合减刑、假释、暂予监外执行条件的罪犯，予以减刑、假释或者暂予监外执行的，处三年以下有期徒刑或者拘役；情节严重的，处三年以上七年以下有期徒刑。"《刑法》第 414 条规定："对生产、销售伪劣商品犯罪行为负有追究责任的国家机关工作人员，徇私舞弊，不履行法律规定的追究职责，情节严重的，处五年以下有期徒刑或者拘役。"

6. 向犯罪分子通风报信、提供便利，帮助犯罪分子逃避处罚

《刑法》第417条规定："有查禁犯罪活动职责的国家机关工作人员，向犯罪分子通风报信、提供便利，帮助犯罪分子逃避处罚的，处三年以下有期徒刑或者拘役；情节严重的，处三年以上十年以下有期徒刑。"

除了以上这一类专门针对司法工作人员的罪名，还有一些是针对包含检察官在内的国家机关工作人员的罪名。如擅离岗位，叛逃境外；泄露国家机密；滥用职权、假公济私，对控告人、申诉人、批评人、举报人实行报复陷害；包庇黑社会性质的组织；贪污；挪用公款；受贿；行贿；巨额财产来源不明；滥用职权或者玩忽职守。

我国《刑法》不论是独立的条文还是某具体条款，都有很多涉及司法关工作人员的罪名和加重条款。《刑法》作为违法犯罪的最后防线，一方面对谋取私利的司法工作者给予严厉的处罚；另一方面更重要的是《刑法》通过这些条款，使司法工作者时刻注意自己的言行举止，以更高的道德水准来要求自己。知法犯法只能是自食恶果，司法工作者更要敬畏法律，以身作则。

第二节　检察官职业伦理

一、检察官职业伦理的概念和特征

检察官职业伦理属于法律伦理学的范畴，以检察官职业道德为研究对象，是有关检察官职业共同体从业的法律活动准则、职业道德规范和检察官职业信仰的科学。① 检察官职业伦理，是指对检察官具有普遍约束、引导、教育和奖惩功能的系列行为规则的总和。它是相关法定主体（主要包括立法机关、检察机关及其内部各职能部门等）按照一定的目的和程序，有意识创建的一系列规则。其具有以下几个方面的特征：

（一）检察官职业伦理的规范对象具有特定性

检察官职业伦理是世界各国检察界共同关注的问题，若想探求检察官职业伦理的概念，还应当明确其规范对象——检察官的范围。中外检察官制度名称虽同，但性质有别。从一般意义上说，检察官是指从事检察事务的国家官员。② 在我国，由于长期以来对检察权缺少明确具体的界定，检察官的范围存在泛化的问题，尤其是在2001年《检察官法》修改以前，检察院没有对检察官进行明确的名额编制，出任检察官也不需要通过统一的司法考试或检察官考试，准入门槛很低，所以检察机关的工作人员一般都可以成为检察官。因此很多时候检察官已不是严格意义上行使国家检察权的人员，而成为检察机关工作人员身份的标志和普遍性称谓。

2001年《检察官法》的修正已经使这一情况有所改善，其第2条明确规定："检察官是依法行使国家检察权的检察人员，包括最高人民检察院、地方各级人检察院和军事检察院等专门人民检察院的检察长、副检察长、检察委员会委员和检察员。"这个规定对检察

① 余其营：《法律职业伦理塑造的体系构建》，载《山东社会科学》2009年第1期。

② 叶青、刘素芳：《中外检察制度的考察与比较》，载《上海市政法管理干部学院学报》2001年第3期。

官的界定是比较清楚的。因此，我们所指的检察官，即严格遵循《检察官法》的范围界定的人员。对于检察院中的司法警察、书记员和其他辅助办案人员等，他们的职业伦理与普通检察官职业伦理有共性的部分，自然应当遵照或参照执行，但是这些人员不是法律规定的检察官的组成部分，对于司法警察等一般有专门的规定，如《人民检察院司法警察执行职务规则（试行）》《检察机关司法警察工作规范化建设标准》等，理论上这些人员不在我们探讨的范围之内。

（二）检察官职业伦理是一系列行为规则的总和

检察官职业伦理是一系列对检察官具有普遍约束、引导、教育和奖惩功能的行为规则的总和。具体来讲，它包括《宪法》《检察官法》《检察院组织法》等立法机关制定的法律，也包括《检察官纪律处分条例》《国家公务员奖励暂行规定》《检察官职业道德规范》《检察官职业道德基本准则》《检察官任职回避和公务回避的暂行办法》《关于实行党风廉政建设责任制的规定》《人民检察院检察委员会组织条例》《检务监督工作暂行规定》等检察机关及其内部职能部门制定的规范性文件，其范围既具体又开放，它们共同构成了对检察官职业行为进行激励或约束的规范依据。

当然，检察官职业伦理并不是将有关检察道德伦理以法律或规范性文件的形式进行的简单包装或公示，也不是文本规范与道德伦理的简单加合，而是结合两者的外在关联和内在契合所进行的有机综合。检察官职业伦理规范是基于职业自身和社会各界对检察官在司法制度中应扮演角色之共识，它既体现为对内心修养及道德情操的参考和期许，也体现为对检察官职业行为及司法角色的行为规范。因此，这种文本规范与道德伦理的有机结合，使检察官职业伦理既弥补了单纯道德伦理比较宽泛、刚性不足、发挥作用较慢等局限性，也克服了单纯的法律规范只着眼于法律行为、作用方式机械等不足。因此，检察官职业伦理是从制度伦理过渡到主体内部伦理的阶梯，是制度规范与伦理道德协调配合与优势互补的重要载体。①

（三）检察官职业伦理是检察人员必须遵循的道德规范和行为准则

从全世界范围来看，各国的检察官制度虽各有差异，但其职业目标即追求公平正义及具有强烈的公共服务品质的职业性质是大体一致的。② 在我国，检察机关更是由《宪法》定位为国家法律监督机关，以“立检为公、执法为民”为任。但是正如孟德斯鸠所言，一切不受约束的权力必将导致腐败，检察权也概莫能外。因此，有必要对检察权进行约束和监督，这种约束和监督既应该有外在的他律，也应该有检察机关内部和检察官个人的自律，无论是自律还是他律都需要一定的规范性文本作为参照和依据，而检察官职业伦理正当此列。可以说检察官职业伦理的存在非常必要、不可或缺。

同时，与普通的道德伦理不同，检察官职业伦理普遍融合了国家、社会公众对检察官从业的道德期许，③ 其在内容和范围上既具有开放性也具有相对的稳定性，从效力上来讲，更具有强制性，它是检察官完成检察工作必须遵循的规范，它要求检察人员必须遵

① 王永：《我国检察官职业伦理规范研究》，山东大学 2012 年博士论文，第 40 页。

② 孙谦：《维护司法的公平和正义是检察官的基本追求——〈检察官论〉评介（一）》，载《人民检察》2004 年第 4 期。

③ 李本森主编：《法律职业伦理》，北京大学出版社 2005 年版，第 129 页。

守。对于其中的若干内容，除激励性、鼓励性的内容规定之外，违反检察职业伦理也会受到纪律处分或行政处分，严重者要承受刑事法律的制裁。

二、检察官职业伦理的规范依据

加强检察官职业道德建设，不仅需要思想上和制度上的建设，还需要有法律规范的支持。我国《检察院组织法》《检察官法》中均有关于检察官职业道德的规定。然而，法律中有关检察官职业伦理的规定原则性、政治性较强，缺乏系统性和明确性，为了进一步规范检察官职业伦理和职业行为，最高人民检察院根据以上几部法律，参照联合国《关于检察官作用的准则》等国际法则，借鉴国外一些现代法治国家关于检察官职业伦理的法律规定，陆续颁发《检察官职业道德规范》《检察官职业道德基本准则》《检察官职业行为基本规范（试行）》等规范性文件，细化检察官职业伦理规范，甚至延展至检察官生活作风和社会活动伦理层面，如遵守社会公德，不能寻衅滋事、打架斗殴，谨慎地进行社会交往等。其主要是从法律监督角度进行的一种较为原则性的规定。具体而言，主要归纳如表 5-1 所示：

表 5-1

性质	名称	制定主体	出台时间	相关内容
法律	检察院组织法	全国人大及其常委会	1979 年 7 月 1 日第五届全国人大第二次会议通过，1983 年 9 月 2 日第六届全国人大常委会第二次会议第一次修正，1986 年 12 月 2 日第六届全国人大常委会第十八次会议第二次修正，2018 年 10 月 26 日，第十三届全国人民代表大会常务委员会第六次会议对《中华人民共和国人民检察院组织法》进行了修订，生效日期为 2019 年 1 月 1 日。	第 6 条　人民检察院坚持司法公正，以事实为根据，以法律为准绳，遵守法定程序，尊重和保障人权。 第 7 条　人民检察院实行司法公开，法律另有规定的除外。 第 8 条　人民检察院实行司法责任制，建立健全权责统一的司法权力运行机制。
	检察官法		1995 年 2 月 28 日第八届全国人大常委会第十二次会议通过，根据 2001 年 6 月 30 日第九届全国人大常委会第二十二次会议第一次修正，根据 2017 年 9 月 1 日第十二届全国人民代表大会常委会第二十九次会议第二次修正，根据 2019 年 4 月 23 日第十三届全国人大常委会第十次会议修订	第 3 条、第 4 条、第 5 条、第 23 条、第 24 条及第 25 条等，对检察官职业伦理进行了原则性规定，主要包括履行职责必须以事实为根据，以法律为准绳，秉公执法，不得徇私枉法；清正廉明，忠于职守，遵守纪律，恪守职业道德；保密；接受监督，不得在行政、审判、人大等国家机关兼职；本人及亲属的任职回避等。

续表

性质	名称	制定主体	出台时间	相关内容
规范性文件	检察人员纪律(试行)	最高人民检察院	1989 年 11 月 25 日	“八要八不准”：一要热爱人民，不准骄横霸道；二要服从指挥，不准各行其是；三要忠于职守，不准滥用职权；四要秉公执法，不准徇私舞弊；五要调查取证，不准刑讯逼供；六要廉洁奉公，不准贪赃枉法；七是要提高警惕，不准泄露机密；八要接受监督，不准文过饰非。
	关于检察机关和检察干警不准经商办企业等若干问题的通知		1992 年 9 月 14 日	各级检察院不准利用检察权搞任何形式的“创收”活动；检察人员不准搞停薪留职和搞“第二职业”，不准在各种企业和经济实体中兼职、入股，等等。
	关于重申严禁检察机关越权办案、违法办案的通知		1993 年 2 月 16 日	严令禁止检察机关越权办案、违法办案、插手经济纠纷，滥用强制措施，扣押人质，参与追款讨债；禁止检察干警借办案之机索贿受贿、徇私舞弊、刑讯逼供等违法乱纪行为。
	对违法办案、渎职失职若干行为的纪律处分办法		1998 年 6 月 8 日	明确了对检察人员违法办案、失职渎职的纪律处分事项
	九条“卡死”的硬性规定		1998 年 5 月	1. 严禁超越管辖范围办案；2. 严禁对证人采取任何强制措施；3. 立案前不得对犯罪嫌疑人采取强制措施；4. 严禁超期羁押；5. 不得把检察院的讯问室当成羁押室，讯问一般应在看守所进行，必须在检察院讯问室进行的，要严格执行还押制度；6. 不得违反规定使用技术侦查手段；7. 凡在办案中搞刑讯逼供的，先停职，再处理；8. 因玩忽职守、非法拘禁、违法办案等致人死亡的，除依法依纪追究直接责任人员外；对于领导失职渎职的一律给予撤职处分；9. 严禁截留、挪用、私分扣押款物。
	廉洁从检十项纪律		2000 年 2 月 22 日	1. 不准泄露案情或为当事人打探案情。2. 不准私自办理或干预案件。3. 不准私自会见案件当事人及其委托人或者接受上述人员的宴请、礼物和提供的娱乐活动。4. 不准利用工作之便占用外单位及其人员的交通、通信工具。5. 不准参加用公款支付或可能影响公务的营业性歌厅、舞厅、夜总会等高消费场所的娱乐健身活动。6. 不准接受下级人民检察院来京人员的宴请或提供的娱乐活动以及收受礼品。7. 不准在工作日饮酒或者着检察制服（警服）在公共场所饮酒。8. 不准对告诉求助群众采取冷漠、生硬、蛮横、推诿等官老爷态度。9. 不准经商办企业或利用职务之便为亲属经商办企业谋取利益。10. 不准擅自开设银行账户，私设“小金库”。

续表

性质	名称	制定主体	出台时间	相关内容
规范性文件	检察机关办理案件必须严格执行的六条规定	最高人民检察院	2001年4月9日	1. 举报线索必须统一管理，个人不得私自处理，更不得瞒案不报、压案不查。2. 立案必须严格执行法定的案件管辖、立案条件和程序；撤销案件，必须严格审批手续，不得违反规定立案、撤案。3. 审查逮捕必须严格依法进行，对于有证据证明有犯罪事实，符合逮捕条件的，应当依法批准或者决定逮捕，坚决防止该捕不捕、打击不力；公安机关认为不批准逮捕的决定有错误要求复议的，必须更换承办人予以复议。4. 变更、撤销逮捕措施，必须严格按照法律规定的条件和程序进行，不得随意、私自变更、撤销逮捕措施。5. 审查起诉必须严格依法进行，不得对符合起诉条件的案件作出不起诉决定；公安机关认为不起诉的决定有错误要求复议的，必须更换承办人予以复议。6. 办理申诉案件必须由两名以上办案人员依法进行，不得私自接待申诉人，不得私自处理申诉案件。
	检察人员任职回避和公务回避暂行办法		2000年7月4日	为保证检察人员依法履行公务，促进检察机关的廉政建设，维护司法公正，规定了检察人员的任职回避和公务回避。
	检察人员纪律处分条例		2016年10月20日	为严肃检察纪律，规范检察人员行为，保证检察人员依法履行职责，确保公正廉洁司法，规定了检察人员纪律处分的类型和适用情形。
	检察人员执法过错责任追究条例		2007年7月5日	为保证检察人员严格执法、依法办案，维护司法公正，对具有执法过错的检察人员，应当依法和依照纪律追究执法过错责任。
	检察官职业道德基本准则		2016年12月5日	检察官职业道德的基本要求是忠诚、公正、清廉、文明。
	检察官职业行为基本规范（试行）		2010年9月3日	明确了检察人员的职业信仰、履职行为、职业纪律、职业作风、职业礼仪以及职务外行为。

三、加强检察官职业伦理建设的意义

检察官职业伦理作为法律职业的黏合剂，对内可将检察官职业黏合成一个整体，对外可满足社会期待并获得公信力。① 加强检察官职业伦理建设，对于进一步促进检察机关的思想道德建设，提高检察官的职业道德素养，造就一支“政治坚定、业务精通、作风优

① 宋远升：《论检察官职业伦理的构成和建构》，载《法学评论》2014年第3期。

良、执法公正”的高素质、专业化的检察官队伍，具有重大而深远的意义。

1. 加强检察官职业伦理建设是促进社会主义精神文明建设的需要

社会主义精神文明是社会主义的重要特征。检察官职业道德作为社会主义精神文明的重要组成部分，是促进社会风气根本好转的重要因素。检察职业活动是代表国家进行的，涉及社会生活的各个领域，具有权威性和广泛性。检察工作的特殊性，要求检察官自觉成为社会主义精神文明的倡导者、维护者，努力为群众树立道德榜样。加强检察官职业道德修养，使检察官自觉地将高尚的道德品质和道德标准延伸到社会公共生活和业余生活中去，用检察官的职业行为和道德情操教育群众、影响群众，可以不断增强广大群众的道德意识，并促进整个社会的道德水平和社会风尚的提高。

2. 加强检察官职业伦理建设是维护社会政治稳定的需要

检察官职业道德属于国家政权机关职业道德的重要组成部分，具有鲜明的政治性。作为国家法律监督机关的人民检察院应当是最公正、最廉洁、最讲理的地方，是人民群众寻求法律保护和帮助的场所，是主持公道、惩恶扬善的神圣殿堂。如果检察官没有良好的、高尚的职业道德，不能秉公执法，甚至执法犯法，就会直接损害法律的尊严，影响党和国家在群众心目中的形象和声誉，甚至会影响到社会的和谐稳定。加强检察官职业伦理建设，有利于维护社会的和谐稳定。

3. 加强检察官职业伦理建设是保障法律正确统一实施的需要

以党的十六大的胜利召开为标志，我国进入了全面建设小康社会的新的历史时期。在坚持依法治国的同时，强调以德治国，促进全社会整体道德水平提高，是指导我们实现中华民族伟大复兴的科学治国方略。检察机关作为依法治国方略的践行者和捍卫者，强化自身职业道德建设，树立高尚的检察官职业道德十分重要，唯有这样，才能促使检察官牢固树立忠于宪法和法律的信念，在检察职业活动中切实做到有法必依，执法必严，违法必究，正确履行法律监督职责，保障法律的正确统一实施，促进社会公平正义。

4. 加强检察官职业伦理建设是保证检察官健康成长、促进检察事业发展的需要

随着我国依法治国进程的不断推进，检察机关的法律监督任务更加艰巨繁重，是否有一支高素质、专业化的检察官队伍，关系到新时期检察事业能否持续健康发展的重要问题。检察官处在查办职务犯罪和诉讼监督的第一线，接触犯罪等社会阴暗面多，受影响和腐蚀的危险性大，一些犯罪分子为了逃避法律制裁，对检察官不惜以重金、美色腐蚀利诱。加强检察官职业道德修养，规范检察官的执法行为，可以引导检察官在工作岗位上确立崇高的价值追求和生活目标，养成正确的职业道德行为规范，培养良好的职业道德情操，增强拒腐防变的能力，正确履行法律监督职责。

第三节 忠诚规范

检察官职业伦理具有激励性、引导性，也具有规范性和制约性，它既关注检察官的职业行为，也关注检察官的内心道德和检察职责之外的非职务行为，因此，可以说检察官职业道德既是一种道德要求也是一种行为规范。一个合格的检察官应该从内心认知和外在行为两方面共同恪守和认可检察官职业伦理。反言之，没有检察官职业伦理的支撑，则无法

塑造健全的检察官职业。探讨检察官职业伦理定位，审视和完善其职业伦理，是检察机关宪政地位回归和法治发展的共同需要，它既关系检察官主体能动作用的发挥和检察职能的实现，也关系我国法律监督的质量、社会公平正义的维护以及法治国家建设的进程。

检察官职业道德基本准则，是指在检察实践活动中规范和调整检察官同国家及其制定的法律、检察官同案件当事人、检察官同金钱财物和人情亲情，以及检察官同检察官相互之间关系的行为准则的总和。它是评判检察官在这几个重大道德关系中行为善恶的标准，是检察官从业行为中应当遵守的行为规范。"忠诚、公正、清廉、文明"的八字要求，构成当代检察官职业伦理的基本内涵，也是"忠诚、为民、公正、廉洁"的政法干警核心价值体系在检察职业层面的核心价值体现。① 它们之间的关系既有各自的独立性，又从四个不同的侧面反映了检察职业活动的本质要求，形成一个相辅相成、缺一不可的有机整体，全面构筑起检察官进行职业活动时应遵守的职业道德的基本要求和行为准则。

"忠诚"在中华民族传统文化中有着悠久的历史，古人把忠诚当做做人的底线。检察官职业道德基本准则把"忠诚"列在八字之首，它是检察官必须具备的政治品格，也是检察官职业伦理的基石。"忠诚"，要求每一个检察官在职业活动中必须忠诚于党、忠诚于国家、忠诚于人民；忠诚于宪法和法律；忠诚于客观事实；忠诚于人民检察事业。要牢固树立"依法治国、执法为民、公平正义、服务大局、党的领导"的社会主义法治理念，自觉做中国特色社会主义事业的建设者、捍卫者和社会公平正义的守护者。只有秉持忠诚，才能做到不辱使命，取信于民。

一、忠诚于党、忠诚于国家、忠诚于人民

我国《宪法》规定了中国共产党作为社会主义事业的领导核心，其主要通过对检察机关在理论、路线、方针和政策等方面的领导，为检察机关依法独立行使检察权，充分发挥法律监督作用提供重要保障。检察机关则在实施法律监督活动中保证国家法律的统一正确实施，维护党的领导。忠诚于党，就是要自觉坚持党的领导，坚决贯彻执行党的理论、路线、方针和政策，坚持用马克思列宁主义、毛泽东思想、邓小平理论、"三个代表"重要思想和习近平新时代中国特色社会主义思想武装头脑，坚持用科学发展观指导检察工作，这是对每一个检察官政治立场和政治素质的基本要求。

国家是法律的制定者、认可者，法律是国家意志的体现和国家权力的象征。检察机关是国家政权机关的重要组成部分，检察官是国家意志和权力的代表和具体执行者。检察官只有忠诚于国家，才能代表国家行使好检察权。我国是人民民主专政的社会主义国家，检察职业之所以是崇高而神圣的职业，就在于它是人民民主专政的国家的权力、意志和利益的体现者。因此，检察官必须无条件地忠诚于国家。忠诚于国家，就是要求每一个检察官具有强烈的爱国主义精神，严格履行法律监督职责，自觉维护国家利益和尊严，为国家的繁荣和稳定，为社会主义现代化建设和社会主义民主法制建设努力奋斗。

人民是历史的创造者，是国家的主人，国家的一切权力属于人民。全心全意为人民服务是无产阶级世界观、人生观的核心，是我们党的根本宗旨，是共产主义道德的最高境

① 赵玮：《检察官职业伦理的内涵和时代特色》，载《人民检察》2013 年第 19 期。

界，也是检察职业道德的根本出发点。忠诚于人民，就是要求每个检察官牢固树立“立检为公、执法为民”的思想，坚持一切从人民的利益出发，坚持人民的利益高于一切，把执法为民作为自己的道德理想和奋斗目标。① 在具体的执法过程中，要把为人民服务的思想贯穿始终，甘当人民的公仆，保持同人民群众的密切联系，倾听人民群众的呼声，接受人民群众的监督，维护人民群众的合法权益，切实做到法为民所执，权为民所用，保障宪法和法律赋予人民的权利得到充分实现。

二、忠诚于宪法和法律

社会主义国家的宪法和法律是工人阶级领导下的广大人民意志和利益的体现，是为维护国家和人民的利益，维护社会生产和生活的正常秩序，巩固人民民主专政服务的。人民检察院是国家的法律监督机关，忠诚于宪法和法律，是检察职业特点和职业道德本质的集中概括，是检察道德行为选择、检察道德评价以及检察道德修养和检察道德教育的标准和依据。② 检察机关和检察官的一切活动都是围绕着宪法和法律来进行的。离开了宪法和法律，检察官就没有了行为准则，检察职业活动就寸步难行。

忠诚于宪法和法律，要求每一个检察官在职业活动中无论何时都不能离开法律，不能违背法律，其核心内容就是要严格做到“有法必依、执法必严、违法必究”。“有法必依”就是要求检察官在职业活动中，必须严格遵守和执行法律。凡是法律有明文规定的，都必须坚决执行，切实按照法律的规定办事，立案、侦查、审查逮捕、公诉、诉讼监督等各项工作都必须依照法律规定的程序进行，不允许有任何的违反。“执法必严”就是要求检察官在任何时候和任何情况下，对犯罪行为都要严格按照法律的规定进行追究，既不能使犯罪的人逃避法律的制裁，又不能让无罪的人逃脱法律的制裁，也不能让无罪的人受到错误的追究。“违法必究”就是要求检察官对于触犯法律的人，必须一律追究其法律责任，不允许任何人有超越法律的特权。

三、忠诚于客观事实

事实既是检察官代表国家运用和实施法律的对象，又是执行和实施法律的根据。对于检察工作来说，事实主要是罪与非罪的事实，是此罪与彼罪的事实，忠诚于事实，就是要求每一个检察官在执法活动中、必须遵循实事求是的思想路线，切实做到以事实为根据，尊重客观事实，切忌主观性、片面性和表面性，牢固树立证据意识，重调查研究，不轻信口供，揭示案件的本质和真相，正确适用法律。坚持有错必纠，对执法中的错误，对发生的冤假、错案要勇于纠正，维护当事人的合法权益，维护法律的尊严，切实做到事实清楚，证据确实、充分。

忠诚于客观事实是检察官基本的道德要求。脱离了事实真相去进行活动，无异于恣意妄为，使法律成为“玩偶”，这是法律工作的大忌，同时也是检察官法律监督工作的大

① 赵华、鲍勇、孙军：《“立检为公、执法为民”应确立四种执法思维》，载《天府新论》2006年第2期。

② 刘广林：《论提升检察职业道德修养的路径》，载《法制与社会》2010年第25期。

忌。因为离开事实真相去适用法律是对法治的最大嘲弄和破坏。

四、忠诚于人民检察事业

1. 检察官应有责任心

“责任心”是履行好检察职责的基础。一个不负责任、以漫不经心态度对待检察工作的人是不会履行好检察职责的；同时，责任心也是工作效率提高的重要因素。因此，考察检察官是否“敬业”时首先应考察其有无“责任心”。“责任心”并非可望而不可及的事物。根据学者们的研究成果，“责任心”的判定有以下标准：一是对每一项职责，事无巨细，不论其重要程度如何，不论性质如何，是否给予同样的关注；二是是否利用一切合法手段，防止事务拖延处理；三是从维护法律秩序的角度出发、从保护国家公共利益和当事人合法权益出发，并在适当处理两者之间关系的前提下安排实施一切活动。

2. 检察官应致力于履行检察职责

这就是说检察官应当把检察事务置于一切事务的首位，把主要精力投入履行法律监督职责之中。对于一个检察官来说，履行检察职责是所有事务中的头等大事。当其他任何事务或个人爱好与检察职责发生矛盾或冲突时，都应将其置于检察职责之后。

此外，检察官致力于履行检察职责还应处理好以下几个方面的关系：一是妥善处理本职工作与其他公共职责的关系。检察官的本职工作是检察事务，除此之外，还有一些与检察工作没有直接关系的诸多公共事务，可能会占用检察官的时间、精力，从而影响本职工作，这其中，有些是纯粹无偿地去尽义务工作，有些则是有偿的劳动。无论有偿与无偿，过多过滥的公共职责活动将影响检察官职务的履行，必须引起检察官的注意。二是适当调整本职工作与业余活动的关系。本职工作和职务活动在很多时候或很多情况下是与业余活动矛盾和冲突的。人的精力又是有限的，一个检察官，如果将精力和时间投入本职工作，必然减少在业余活动上倾注的精力和时间。

3. 检察官应增强工作绩效

司法绩效是司法工作的成绩和效果。检察官是否敬业不是体现在说辞上，也不在于是否夸夸其谈或做做样子，而是有一个实质性的标准，即检察工作绩效如何。不以绩效作判断标准，就失去了敬业与否的判断意义。所以，检察工作绩效高低将是检察官敬业与否的标志。而要做到敬业，必然想方设法倾尽一切力量促使工作绩效提高。

要提高检察工作绩效，从爱检敬业角度考虑应当使检察官具有非凡的工作能力。只有工作能力提高，工作绩效才能提高。因此检察官必须勤奋地钻研业务知识，虚心向书本学习，向同行学习，精益求精，掌握履行检察职务必需的法律知识和技能。从理性分析，任何人都要终身学习方能跟上时代步伐，而不被淘汰。尤其是由于制度和历史的原因，我国检察官队伍的文化素质、知识技能并不令人乐观。在这种情况下，要想完成检察工作职责，只有学习、学习、再学习，才是唯一出路。

4. 检察官应有职业良知和荣誉感

职业良知或良心是指具体领会和感觉社会对其的要求并有着为社会尽具体义务的明确意识。职业良知或良心是在个人一般良心基础上形成的，在检察官职业伦理中占有重要地位。可以说，没有职业良心，就没有职业道德。它是开展检察工作时达到敬业道德水平必须具备的情感和动力，既可以使检察官更好地履行自己的义务，又可以更好地规范检察官的职业行为，比如职业良心可以促使检察官有责任感、是非感。

荣誉感，则是个人履行义务之后受到社会赞扬、肯定，从内心获得的一种价值认同和情感上的满足。一般的规律是如果一个人没有荣誉感和羞耻心，就不会产生进取、努力向上或不甘落后的心理意识和行为，也就不会对自己的职业产生神圣感和责任感等。

忠诚于党，忠诚于国家，忠诚于人民；忠诚于宪法和法律；忠诚于客观事实；忠诚于人民检察事业，这四者之间是互相联系、不可分割的统一整体，是每一个检察官必须始终遵循的检察职业道德的基本原则。作为检察官，要牢记党赋予的使命，牢记为人民服务的宗旨，牢记维护宪法、法律尊严和权威的义务，坚持党的事业至上、人民利益至上、宪法和法律至上，切实履行好法律监督职能，坚定不移地做中国特色社会主义事业的建设者、捍卫者和社会公平正义的守护者。

第四节　公正规范

公正作为立法的目的，执法的目标，历来是法律追求的最高价值取向。① 早在我国秦汉时期人们就对其作出“正义、正当、公道”的解释。同时代的西方国家也有公正就是“公平、正义和正确”之说。作为新时期的人民检察院更把统一执法思想，追求执法公正作为自己孜孜以求的目标，把它作为检察工作“公正执法，加强监督，依法办案，从严治检，服务大局”方针的核心内容。公正是践行检察官职业道德的价值追求。“检察官作为国家与公共利益代表的角色和准司法官的身份决定了其负有客观公正的义务。”② 它要求每一个检察官树立忠于职守、秉公办案的观念，坚守惩恶扬善、伸张正义的良知，保持客观公正、维护人权的立场，养成正直善良、谦抑平和的品格，培育刚正不阿、严谨细致的作风。

一、崇尚法治

“法治”与“人治”是两种不同的治国理念和模式。“它既是一种理想目标，也是一种现实化的客观运动”，“在法治中，权力虽然作为一种支配力量而存在，但它必须受到法律的控制。法治把权力与法律的关系置于一种新的格局，法律不但得到权力的有效支持，而且它作为一种非人格化的力量对权力发挥着制约作用。在此基础上，法律（宪法）具有最高效力，具有普遍权威……”③ 因此，崇尚法治就意味着宪法、法律至上，而不是权力至上、个人至上。

崇尚法治在检察官的工作中应有如下要求：（1）所有检察事务的处理都以法律作为尺度和标准。不能在法律的范围之外，另立标准。（2）不偏不倚。法律本身是公正的，执行法律的过程中同样也应该按照法律的这种公正性进行。（3）不枉不纵。检察事务中

① 张长忠、朱苏明：《加强检察官职业道德建设研究》，载《检察实践》2003 年第 6 期。

② 朱孝清：《检察官客观公正义务及其在中国的发展完善》，载《中国法学》2009 年第 2 期。

③ 王人博、程燎原著：《法治论》，山东人民出版社 1998 年版，第 101~103 页。

占相当比重的工作为刑事诉讼工作。在刑事诉讼中，应切实按照法律规定去进行活动，不构成犯罪的不能追究刑事责任。反之，已构成犯罪并需要追究刑事责任的，必须追究。不放过任何一个坏人，也不冤枉一个好人。

二、立检为公，执法为民

古人说："宁公而贫，不私而富"，在社会主义中国，法律代表了人民的根本利益，是人民意志的集中体现，检察机关的一切执法活动都应以维护人民利益为根本目的。立检为公，执法为民是法律监督者的必备素质，是维护法律正义和尊严的客观要求。① 因此，检察官在执法活动中，要牢固树立全心全意为人民服务的公仆意识和无私无畏的职业精神，始终坚持人民利益高于一切，充分运用手中的法律武器，依法严惩犯罪分子，维护人民的利益，不辜负党和人民的重托。要正确处理好遇到的各种阻力和干扰，顶得住权势的压力，经得起金钱、美色的诱惑，体现出"富贵不能淫，贫贱不能移，威武不能屈"的浩然正气和硬骨头精神。

三、依法办案，不枉不纵

执法公正是程序公正与实体公正的统一，没有实体公正，程序公正就形同虚设；没有程序公正，实体公正将无法保障。② 因此，检察官一定要严格依照实体法规定办理案件，力争办理的每一起案件都达到认定事实清楚，证据确实充分，是非责任明晰，适用法律准确的要求。要重视程序公正的独立价值，严格依照程序法规定组织诉讼活动和采取司法措施，确保当事人依法行使诉讼权利，承担诉讼义务，依靠严格、规范和公正的程序，保障案件实体公正。维护程序公正和实体公正的要求包括以下几方面内容：（1）具有法定事由应当回避。检察官与案件有利害关系等情形出现，按照法律规定，应当回避。有利害关系存在，案件就有不公正处理的可能。因此，检察官应当自觉回避，否则，有违职业道德。（2）平等对待诉讼各方。检察官在处理案件过程中，对于诉讼各方应一视同仁，不能有任何歧视。（3）严格遵守诉讼期间之规定。不人为地拖延诉讼，在诉讼期间内尽快完成诉讼行为。（4）禁止检察官接受当事人请吃和送礼。从实际生活来看，一般的请吃、送礼，尚未达到违法犯罪的程度，但这些行为足以影响到检察官的立场。

四、不畏权势，公正执法

依法独立行使检察权是我国宪法确立的基本原则。"检察权"是检察机关职权的总称。依法独立行使检察权是指检察官应在法律规定的范围内，独立自主地行使各项检察职权，不受其他国家机关、社会团体和个人的非法干涉。这一规范是各项检察工作有效进行的基础和保障。在我国，检察官依法独立行使检察权是有限度的。首先，检察官独立行使检察权不能排斥国家权力机关的监督。依照宪法和法律规定，国家权力机关有权对检察机

① 陈超：《立检为公执法为民》，载《法律与监督》2014 年第 9 期。

② 杨思斌、张钧：《司法公正是程序公正与实体公正的辩证统一》，载《法学杂志》2004 年第 5 期。

关和检察官的活动进行监督。因此检察官独立是在人民代表大会监督范围之内的独立。其次，检察官独立行使检察权不排斥检察机关的内部领导。检察机关内部上下级之间是一种领导与被领导关系，检察官不能脱离上级的领导而独立。

公正执法，是检察机关的永恒主题，是法律赋予的“尚方宝剑”与自身素质锤炼的融合。① 这就要求每个检察官具有独立的品格，敢于监督、善于监督，能够正确处理内、外部关系，规范业内、业外活动，不畏权势逼迫，不为关系左右，一身正气，维护公正。同时，要求每一个检察官牢固树立大局意识和服务意识，从维护国家、社会公共利益和公民合法权益出发，不为人情等外来因素干扰，依法行使检察权。在有法可依的当今社会，人民群众最关注的是执法的公正性。公正，是法律权威得以树立的基础，是执法的灵魂所在，也是人民群众对检察机关的必然要求。胡锦涛总书记曾经指出，维护和实现社会公平和正义，是中国社会主义制度的本质要求，必须把维护社会公平正义作为政法工作的生命线。② “公生明，廉生威。”做一名公正的检察官，就要把维护社会公平正义作为崇高的职业使命和毕生的价值追求，不为利益所惑，不被压力屈服，秉公办案，公正司法，使检察机关的每一项执法活动、每一个执法环节都成为维护社会公平正义的具体实践，让违法者依法受到惩处，让守法者依法得到保护。

第五节 清廉规范

《汉书》有语：“吏不廉平，则治道衰。”最高人民检察院前检察长曹建明曾经语重心长地说，一旦我们选择了检察官这个职业，实际上我们已经作出了选择，我们选择了正义，我们选择了清贫，我们选择了奉献。“清廉”是践行检察官职业道德的人格力量和纪律要求。它要求每一个检察官以社会主义核心价值观为根本的职业价值取向，遵纪守法，严格自律，并教育近亲属或者其他关系密切的人员模范执行有关廉政规定，秉持清正廉洁的情操。“正如韦伯所言的‘身份荣誉意识’即是一种职业伦理，在他看来，职业伦理若虚无化，腐败将侵蚀官吏团体。”③

一、法律至上，正确处理好法律与人情、权力之间的关系

一是处理好法律与人情的关系。对于生活在社会之中并面对诸多社会关系的检察官来说，怎样处理好人情与法律的关系是一个棘手问题。检察官也是普通的人，同样有人际交往链条。但是，在人情与法律之间，检察官应当时刻将法律放在首位，一切以不违法作为处事原则。检察官的情应表现为对国家、对人民的热爱和对法律的敬畏。将情置于法之上，徇情枉法，则是对职业的亵渎。

二是处理好法律与权力的关系。法律赋予了检察官权力，检察官履行职务的过程就是运用权力的过程。权力运用的正确与否，判断标准就是法律。也就是说权力的运用要依法

① 胡波：《公正执法是检察人的永恒追求》，载《检察日报》2013年4月24日，第12版。

② 《实现社会公平正义是中国共产党人的一贯主张》，载《人民日报》2007年11月17日。

③ 刘清生：《传统廉政文化与当代检察官廉政建设的关联》，载《河南社会科学》2014年第5期。

进行，并时刻限定在法律规定的权限范围内，做到不专权、不越权、不弃权；在其位，谋其政，守其位，尽其责。要注意防止两种倾向出现：一是滥用权力，要特权；二是放弃权力使用，行使权力失职。

二、不贪图或获取私利

这是清廉的重要内容之一。无论人情影响也好，权力是否正当使用也罢，最主要的表现方式还是履行检察职责中检察官是否贪图或获取私利问题。对检察官来说，在主观上不能存在贪利的意识，在客观上不能存在贪利的行为。

在社会主义市场经济体制的建立过程中，整个社会充满了物质诱惑，“富裕”和“小康”已成为整个时代的标志。如何在物欲横流的社会中，“君子爱财，取之有道”，确实是对每个从事检察官职业的人的最大考验。

三、不得有“不当收入”

所谓“不当收入”，一般指法律禁止或职业禁止所得之收入。检察官作为国家公职人员，有其合法收入和正当收入。前者如国家向其支付的劳动报酬；后者指以法律允许的手段获得的收入，如合法投资，从事脑力劳动创作所得稿酬以及民事活动中的继承和亲属间的馈赠等。除此之外，检察官不得获取“不当收入”。不当收入的一种表现形式为法律禁止，这意味着，判断收入正当与否的标准是法律。如果法律允许，则为正当收入；如果法律禁止，则为不当收入。至于哪些是法律禁止的，哪些是法律允许的，则依法律规定而定。不当收入的第二种表现形式为“职业禁止所得”，这属于广义的法律禁止所得，但又有独立的意义，即前者是法律对一般公职人员所作的设定，而后者则是法律对检察官这一特定职业所作的禁止性规定。

【案例 5-1】

天津市人民检察院原检察长李某某违纪案

（一）案情简介

李某某案件涉及的案件事实较多，故以下按照时间顺序简要概括案情。①

1995 年，李某某利用公安机关审批特种行业的特权，支持王某某成立了浩天典当行和浩天拍卖行。同时，在其运作下，浩天拍卖行被天津市政府指定为公物拍卖机构，经常承办天津市大宗拍卖业务。

1996 年 4 月，天津渤海化工集团董事长戴某某找到李某某请求帮助追款，李某某要求公安机关以福田支行涉嫌资金诈骗帮助追款 1200 万元业务款，钱款追回后，李某某便向戴某某提出按实际追回款项总额的 15%作为市公安局和王某某的物业公司的提成。

① 参见中华人民共和国工业和信息化部：《津门高官李某某的灰色人生》，http：//www.miit.gov.cn/n1146285/n1146352/n3054355/n3058923/n3058933/c3629996/content.html，2008 年 12 月。

1998年夏，李某某给通达苑小区开发商的上级主管单位——天津市某建筑设计院党委书记徐某打电话，以解决市公安局退休老干部住房为名，要求徐某以30万元左右的价格解决住房一套，该套房屋实际给了其朋友刘某。

2002年11月，天津一房地产公司在和木材四公司土地流转过程中，因房地产公司拖欠木材四公司土地转让费4800余万元，被起诉至法院。法院依申请冻结了房地产公司的账户，对相关财产进行了查封。房地产公司负责人王某请求李某某帮忙协调，李某某将此事批给市检察院有关部门，指令该部门负责人直接和木材四公司联系解决。最终，木材公司被迫接受房地产公司1935.55万元和总价值150万元的商品住房5套而撤诉。两年后，李某某谎称自己老家修桥，向王某寻求100万元的资金资助。

2003年年初，天津某钢铁有限公司在进行东移项目建设中，从国外订购了一批设备。这批设备不符合免关税条件，被天津海关卡住，不予通关。该公司董事长韩某找到李某某求助，李某某利用自己的权力优势使得天津海关总负责人违法免税放行，免税总金额达4100余万元。最后，李某某谎称自己老家修桥，向韩某寻求资金资助。

2004年4月，天津市某联合钢铁集团有限公司为了使得违反环保的二期工程能够动工，求助李某某，李某某利用职权使得环保局领导暂缓该项目的环保审查，事成之后，李某某又以老家修路的名义索要回报100万元。

2005年，王某的足球俱乐部准备举行女足联赛，由于经费不足，请求李某某帮忙拉点赞助。李某某向许多关系户发出摊派赞助指令。赞助事成后，李某某谎称为解决检察院个别干警的困难，让王某给他办理每张面值为5万元的银行卡4张。

2005年3月，刘某想和天津某国际贸易公司做铁精粉生意。李某某便写批条要安某给予帮助。安某为了保全自己公司的发展，违心同意和刘某做一笔铁精粉生意。

以上是李某某案件中一些案件事实的简要介绍。

（二）焦点问题

事实问题只能散见于新闻报道中，而新闻报道带有渲染性质地描述了受贿情况，事实如何并不明确，事实问题存在的争议也无法明晰，故文章不进行讨论。

其中可能涉及的法律问题和理论问题是李某某的行为涉及什么罪名。逐个罪名进行分析：受贿罪是国家机关工作人员利用职务上的便利，索取他人财物或者非法收受他人财物，为他人谋利益的行为。李某某多次利用其检察官的职权为他们谋取不正当利益，在事成之后索要钱款，构成了受贿罪。其次，挪用公款罪，是指国家工作人员，利用职务上的便利，挪用公款归个人使用，进行非法活动的，或者挪用公款数额较大、进行营利活动的，或者挪用公款数额较大、超过3个月未还的行为。该罪适用的前提是其有利用职务上的便利，首先需要界定的是李某某挪用资金时有没有利用自己职务上的便利，显然李某某并不是检察机关管理财务的工作人员，但是其是检察长，其利用在检察院较高的职位可以对财产进行移用。而其挪用国家的财物用于情妇公司的建立，数额较大，明显是为了个人利益挪用资金，故其构成挪用资金罪。

（三）裁判要点

本案由于年代较久或者涉及商业秘密等原因，在官方的网站上找不到具体的裁判文书。但是通过新闻我们可以得知裁判要旨和结论。

违法层面上：以李某某犯受贿罪，判处死刑，缓期两年执行，剥夺政治权利终身，没收个人全部财产；犯挪用公款罪，判处有期徒刑14年。数罪并罚，决定执行死刑，缓期两年执行，剥夺政治权利终身。

违纪层面上：2006年6月12日，天津市政法委副书记、天津市人民检察院检察长李某某，因涉嫌经济问题被中纪委宣布“双规”。2006年8月27日下午十届全国人大常委会第二十三次会议经表决，批准免去李某某的天津市人民检察院检察长职务。2006年11月29日中共中央纪委严肃查处了天津市人民检察院原检察长李某某严重违纪违法案件，李某某受到开除党籍处分。对其涉嫌犯罪问题，移送司法机关依法处理，由最高人民检察院根据有关规定，给予李某某开除处分。①

（四）案例评析

剖析本案，李某某走上堕落之路主要原因有三：一是官商勾结、贪欲旺盛。李某某身为检察机关的领导干部，不是把主要心思放在如何公正执法、执政为民上，而是运用公权为商人协调关系、谋取利益，执法权成了他权钱交易、索取贿赂的砝码。严重的个人利益和私欲无度将他由公仆变成了贪官。二是目无党纪，作风霸道。李某某作为党内的重要领导，其毫无党纪观念，大权独揽，为所欲为，党内民主集中制原则在他的脑海中荡然无存，他以公权而自恃，置党和人民的利益于不顾，为所欲为，最终使自己身败名裂。三是乱交朋友，所谓近朱者赤近墨者黑。李某某的朋友大多是津门的商贾巨亨，在这些朋友圈里，他利用党和人民赋予的执法权力，翻手为云、覆手为雨，肆意玩弄公权，践踏出卖国家利益，为了所谓的朋友利益和自己的个人私利，严重危害国家和其他公民的合法权利。

下面将从职业伦理道德的角度分析本案，阐明检察官的职业伦理道德具体表现是什么以及李某某是如何一步一步地违反检察官职业道德，进而违反法律法规的。

自20世纪80年代我国检察官制度恢复重建以来，已有诸多规范性文件或多或少地涉及检察官职业伦理的内容：

名称	相关条款	主要内容
《检察机关工作人员奖惩暂行办法》（1984）（已失效）	第2、4、16条	忠诚、公正、效率、廉洁、敬业、保密
《检察人员纪律（试行）》（1989）	第1条	“八要八不准”
《关于检察机关和检察干警不准经商办企业等若干问题的通知》（1992）	第4、5项	禁止以不当方式参与商业活动
《关于重申严禁检察机关越权办案、违法办案的通知》（1993）	第1、2项	维护社会主义法制；依法办案、文明办案

① 参见《天津市人民检察院原检察长李某某一审被判死缓》，载人民网，http://politics.people.com.cn/GB/1026/6677254.html，2007年12月。

续表

名称	相关条款	主要内容
《检察官法》（2019 年修订）	第 3、4、23、24、46、47 条	忠实法律、秉公执法、清正廉明、保密、接受监督、禁止从事非本职事务、任职回避、效率
《检察官纪律处分暂行规定》（已失效）	第 4~35 条	言论谨慎、禁止参加非法组织、廉洁奉公、禁止以不当方式参与商业活动、避免涉及不适当的金钱往来、禁止徇私枉法、保密、遵纪守法
《人民检察院错案责任追究条例（试行）》（1998）（已失效）	第 6、7、8 条	禁止徇私枉法、徇情枉法、玩忽职守；遵守法定诉讼程序
《对违法办案、渎职失职若干行为的纪律处分办法》（1998）（已失效）	第 1~9 条	遵纪守法
《检察人员任职回避和公务回避暂行办法》（2000）	第 2、3、4、9 条	利益回避
《检察机关奖励暂行规定》（2001）	第 4 条	忠于职守、秉公执法、努力工作、坚持原则、办事公道、发明创造、维护国家利益、保密
《检察官职业道德规范》（2002）	全文	忠诚、恪尽职守、乐于奉献、公正、客观求实、独立、清廉、严明
《检察人员执法过错责任追究条例》（2007）	第 7、8 条	遵守办案纪律、恪尽职守
《检察官职业道德基本准则》（2016）	第 1~5 条	忠诚、公正、清廉、文明
《检察官职业行为基本规范（试行）》（2010）	一、二、三、四、六部分	坚定职业信仰、依法履职、遵守职业纪律、发扬职业作风、慎重职务外行为

从上面的表格①可以看出我国对于检察官职业伦理的规定，大多数是：忠诚、恪尽职守、客观公正、遵纪守法、注重职外行为等。

从上述可以归纳为两点：一方面要求维护职业的尊严，追求公平正义和保障人权，以及行使自己的职能时，严格受到法律的约束，不接受当事人的请客招待，私人生活不得影响到检察机关的公信力，这些都是对检察官自己本职工作范围内的价值要求。另一方面，检察官的职能范围受到限制，法律没有规定的事项不能做，不能超越职权，不能利用自己的影响力影响其他机构或者组织正常的运行，这是就检察官特殊

① 通过张志铭、徐媛媛：《对我国检察官职业伦理的初步认识》（《检察专论》2013 年第 23 卷第 5 期）一文中的表格改编而成。

的社会影响力而言的。从总体上来看，我们国家对检察官的职业伦理道德并没有直接体现其职业属性，因为我们更多的是在外部上对检察官职业伦理进行构建，即社会需要什么样的检察官，国家要求检察官应当做什么、不得做什么等，从政治、道德、行政命令和行政管理的角度去填充职业伦理的内容。准确地说是立足于角色的内在视角，规定检察官的职业伦理道德。

在本案中，李某某的职务是天津市人民检察院检察长，仅一个市级的检察院的检察长，为何其能够贪污受贿数额如此之大，权力涉及范围如此之大至地产环保局等各个部门？可能存在以下两方面原因，一方面检察院工作本身的权力范围就较其他部门大，检察院有审判监督权，可以监督法院；有立案监督权，可以要求公安机关对某个案件立案；还有司法执行监督权。也就是说，检察院的权力涵盖了公、检、法各个领域。另一方面，李某某本人的政治职位是在不断提高的，在被抓捕之前，其不仅仅是天津市人民检察院检察长还是天津市政法委干部，在天津市党委中的职务也是较高的，在政府和党委的双重权力诱导下，又缺乏有效的监督，权力滥用的可能性极大，而李某某最终经受不住高利诱惑走向了不归路。以下从李某某的案件中具体分析其如何违反了检察官的职业道德。

首先，李某某违反了检察官职业伦理道德的第一要义，即维护自己的职业尊严，追求公平和正义。而李某某作为一个检察官没有做好自己的本职工作，而是利用自己手中的权力去追求自己和朋友的非法利益。例如，在戴某某请托的事项中，福田支行没有资金诈骗行为，但是李某某为了追求利益，利用自己检察官的职权，指示公安机关对此立案侦查，追逃资金，并在事成之后对戴某某索要钱财作为自己办事的报酬；在天津房地产公司和木材四公司的土地流转费给付纠纷一案中，李某某利用自己检察官的职权，命令自己的下属某助理检察官，积极通过不法手段协调两个公司纠纷，最终木材四公司仅仅拿到了流转款的一半，受到巨大损失等。从上述的事件中，我们可以看出，李某某不是一个合格的检察官，其没有真正公正公平地处理各个案件，在遇到与自己或者朋友利益有关的案件的时候，便开始利用自己的职务便利，侵害当事人的合法权利，枉法裁判案件，从而追求自己的利益，违反了检察官职业要求，违反了检察官办理公平公正的第一要义的职业要求。

其次，李某某也违反了对检察官更高层次的特殊职业伦理要求。作为检察官，其职业范围和权力范围是有所限制的，只能在法律范围内行使法律赋予的提起公诉、侦查、逮捕以及法律监督等职能，不能做法律没有规定的行为，也不能利用自己检察官的影响力，以权力压迫其他国家机关工作人员帮助自己谋利。在李某某的案件中，李某某多次利用自己的影响力干涉检察机关之外的机关或者企业作出违法的行为。例如在海关免税一案中，海关和检察院本是两个独立的机构，没有上下级的领导或者利益关系，海关机关工作人员依据法律赋予的税收权力可以自己决定扣押违法进口的货物并要求其缴纳税款，但是海关总负责人一方面受到了李某某的宴请，另一方面也迫于李某某给予的压力，最终按照李某某的要求给本不应该免税的货物进行了免税处理，使得国家利益受到了较大的损失。李某某非法干涉企业乃至国家机关的决定权，违反了检察官的职业伦理道德。

最后，检察官职业伦理道德的基础是不得违反法律的规定，法律规定是最低限度的道德要求。我国法律为了使国家机关工作人员保持工作的廉洁性，规定了许多罪名，例如受贿罪、贪污罪、挪用公款罪等，李某某作为国家机关工作人员，利用作为检察官的职务上的便利，索取他人财物或者通过收取他人财物而为他人谋利益，数额较大，该行为已经严重违反了我国刑法关于受贿罪的规定，故其应当受到刑事处罚。李某某的上述行为严重违反了检察官的职业伦理道德，应该受到道德和法律的双重谴责。

检察官的职能是代表国家追究犯罪人的刑事责任，且其追诉行为一般会剥夺犯罪人的生命、自由等人身财产权，故检察官应该谨慎行使自己的权利，国家对检察官的职业伦理道德的要求也较高。一般的国家机关工作人员的职业要求是忠于职业，保守秘密等，这些对检察官也是同等适用的。同时，作为检察官，对其还有更高层次的职业道德要求：其一，检察官职业伦理需要一些基本的信念伦理，包括维护职业尊严和荣誉、追求公平正义、尊重和保障人权等；其二，在责任伦理方面，要求检察官依法履行职责且仅受法律约束，以及独立、客观、公正、保守秘密、排除非法证据、不谋私利、不接受任何馈赠或招待、私人生活不得影响检察公信力等。李某某利用检察官职务的便利和权威，积极地为自己和他们谋取不正当利益，严重违反了法律和法规，也严重违反了检察官职业道德。

【案例 5-2】

山东省青岛市检察院公诉一处原干部王某某贩毒案

（一）案情简介

王某某是山东省青岛市检察院公诉处副处长，在办理一起毒品案件的过程中，了解到贩卖毒品的巨大利润，以及青岛市的贩毒渠道。之后，他利用自己的身份和职务，根据吸毒者的要求，从毒贩手中收购毒品并卖出。王某某总共贩卖毒品 4 次，既遂 2.6 克，未遂 1 克，并在第四次交易时，被青岛市公安局青岛经济技术开发区分局侦查人员抓获。最终，因贩卖毒品罪，王某某被判处有期徒刑三年。

（二）焦点问题

王某某按吸毒者要求，从毒贩手中购买冰毒并转交给吸毒者，是否构成贩卖毒品罪，也即代购毒品是否构成贩卖毒品罪。

（三）裁判要点与理由

《全国法院毒品犯罪审判工作座谈会纪要》（2015 年 5 月 18 日印发）规定："行为人为他人代购仅用于吸食的毒品，在交通、食宿等必要开销之外收取'介绍费''劳务费'，或者以贩卖为目的收取部分毒品作为酬劳的，应视为从中牟利，属于变相加价贩卖毒品，以贩卖毒品罪定罪处罚。"根据该规定，对于应吸毒人员要求为其代购仅用于吸食的毒品的情形，收取部分毒品作为酬劳的，行为人只有具有将收取的部分毒品进行进一步贩卖的目的，才能认定为从中牟利。即如果行为人不具有将收取的毒品进行贩卖的目的，而是用于吸食等目的的，不应认定为从中牟利变相加价贩卖毒品，不能认定为贩卖毒品罪。而在本案中，被告人王某某在代为购买毒品时，变相收取劳务费，应当认定为贩卖毒品罪。

（四）案例评析

检察机关作为国家的法律监督机关，在维护公平正义和社会稳定方面发挥着至关重要的作用。作为检察机关的工作人员，检察官也是公平和正义的维护者。这就要求检察官在日常生活中和履行职责时，必须要遵从一定的伦理标准。

在该案例中，身为检察官的王某某，知法犯法，利用职权的便利，贩卖毒品，严重违反了《检察官职业道德基本准则》中规定的“忠诚”和“清廉”的两点要求。具体来说，可以做如下分析：

1. 忠诚规则

“忠诚”这一概念作为道德价值与伦理理念，自古即有。“忠诚”可以拆解为“忠”与“诚”两个字。“忠”，表示“忠诚，尽心竭力”；“诚”，表示“心意真诚，不诡诈”。① 从古至今，忠诚经历了从身份从属性质的忠诚要求到契约自觉的忠诚要求、从盲目忠诚到理性忠诚的深刻变化。任何一个时代、任何一个国家和民族对忠诚都有明确要求；在当今中国，忠诚是我国检察制度排在第一位的价值。忠诚是检察官职业伦理的基石。

忠于什么决定了“忠诚”的性质，在我国，检察官的忠诚包括对国家忠诚、对人民忠诚、对宪法和法律忠诚。为了实现检察官实现公平正义、尊重和保障人权、维护国家法制统一的法律监督职责，对忠诚进行这样的界定是非常重要的。

如果不坚持忠诚的伦理理念，检察官在履行职责时就容易失去信仰而陷入虚无，进而可能会从事破坏国家法律，损害人民利益的行为。本案例中的王某某，没有做到忠于人民，没有从内心去信仰自己的职业，不仅没有维护公平和正义，还破坏了它们。

承担公诉职责的检察官，在处理案件的过程中，必然会了解到许多犯罪的渠道，如何看待这些能给自己带来利益的渠道，正是衡量一个检察官忠诚与否的试金石。王某某在了解到贩毒的渠道后，没有对这种破坏社会秩序、危害人民身体健康的犯罪感到深恶痛绝，而是想利用职务之便，从中谋取利益。这正体现了他不忠于法律，不忠于人民，没有正确理解自己检察官身份所代表的意义。他所贩卖的每一克毒品，都是对国家法律和人民利益的践踏。

2. 清廉规则

清廉作为《检察官职业道德基本准则》的重要内容，是检察官从业的特殊的人格要求，是不可或缺的伦理和操守。清廉是检察官职业道德的底线，是对检察官作为司法人员的最低要求，同时也是保证其忠诚、公正、文明的基础。检察官作为法律监督者，需要加强对自身职业活动的制约，以自身的清正廉洁来赢得社会信任。检察官自身是否清正廉洁，关乎检察机关的整体形象，影响案件公平公正，影响社会公平正

① 侯玉：《论检察官职业伦理的忠诚义务》，载《云南大学学报（法学版）》2014 年 11 月。

义。①

清廉的内涵比较广阔，主要包括不以权谋利、不徇情枉法、不权色交易、不因权废法这四项。其中比较重要的是“不以权谋利”，其要求检察官不能将权力用于非“公”的地方，不能凭借权力以及权力所形成的影响为自己谋取物质性利益，也不能为他人谋取不正当利益。众所周知，检察官手握法律监督大权，很容易成为各种利益“腐蚀”的对象，面对各方面利益的诱惑，检察官必须做到清廉自持，不以权谋利。

案例中的检察官王某某，在办理案件中，受到了毒品贩卖所带来利润的诱惑，没有把持住自己，进而选择去谋取这种不正当的利益。这一方面说明王某某不具有符合检察官要求的理想信念，另一方面更说明王某某不具备正确的义利观、金钱观，孔子曰：“君子喻于义，小人喻于利。”孟子也曾说过：“见利要思义，不义则不为。”不具备正确的义利观的王某某，在面对巨大的诱惑时，作出了令人嗤之以鼻的选择，在利益的漩涡中迷失。其心中只剩下一个利字，为了谋取私利，不顾道德公义，甚至击穿底线。这种行为，不仅不符合检察官职业伦理的要求，也不符合一个合格的公民的要求。

从王某某的案例中我们可以看出，检察官的职业伦理在其履职中的重要性。如果不能达到《检察官职业道德基本准则》的要求，检察官就难以称为一个合格的检察官，如同王某某一样，不仅会破坏国家法律的实施，也会损害人民群众的利益。在未来，在成为一个合格的法律人的路途中，我们也要时刻以此为鉴，使自己成为一个合格的“法律守护者”。

四、不能兼职从事律师工作

为确保检察官职务的正当履行，保证检察官的清廉，法律明文规定检察官不得兼做律师。这有充分的法理依据，因为检察官兼做律师，势必与其公诉人的身份和职责发生冲突，而且，检察官从兼职从事律师活动中获利将影响检察官自身职务的纯洁性。

五、不能与腐朽现象同流合污

检察官保持清廉形象之要求，除了不能有非分物质贪欲外，精神生活上也应洁身自好。精神生活方面的诱惑同样影响检察官的职业清廉问题。现实生活中，许多人可能在物质方面尚能守得住自己的防线，但在精神方面由于缺乏警惕而被打开了缺口，坠入物欲的泥淖之地。因此，精神方面的清廉特别重要。

精神方面的诱惑最重要的是腐朽的社会现象问题。例如，高消费的生活质量、奢华的生活作风、各种不健康的娱乐方式等都属腐朽现象之列。检察官过多出入这些场所，显然与其身份和地位不相符，并有可能发生权钱、权色、权权等不正当交易，从而给公众留下不廉洁的印象。

① 参见宋远升：《论检察官职业伦理的构成及建构》，载《法学评论》2014 年第 3 期。

【案例 5-3】

辽宁省沈阳市检察院检察长张某某涉嫌严重违纪案①

（一）基本案情

2011 年，沈阳市和平区满融经济开发区使用国家开发银行贷款实施了沈阳经济区新城建设项目——浑河新城，项目总金额 219 亿元。当年 3 月，和平区政府下发通知，禁止任何单位及个人新建、扩建房屋。满融经济开发区管委会也按照拆迁计划陆续发布了通告。

当时，沈阳商人史某某在开发区内经营着机械加工厂、物流公司和酒店。这些产业共占地 158 亩，且都在动迁范围内。史某某“想多得补偿款”，于是找到他的表哥、时任沈阳市辽中县委书记的张某某“帮忙”。

张某某生于 1964 年 8 月，辽宁沈阳人，1983 年从沈阳市警察学校刑侦专业毕业后，即开始了其长达 18 年的警界生涯。2001 年，张某某离开警界，擢升为中共沈阳市纪委常委、监察局副局长。2004 年，调任沈阳市辽中县，任县委副书记、纪委书记，同年升任辽中县委书记，直至 2013 年。在任职辽中县委书记期间，张某某还兼任沈阳保税物流园区管委会主任、党组书记等职。2013 年，在沈阳市第十五届人民代表大会第一次会议上，张某某当选为沈阳市人民检察院检察长。在其担任沈阳市公安局刑警支队副支队长期间，张某某曾“从不露声色到突然间变得十分严肃”地参与抓捕了名噪一时的“刘涌黑帮”成员及部分涉黑警员，被称为“打黑英雄”。

虽然是亲戚关系，但史某某在请求张某某“帮忙”时反复暗示，事成之后定有回报。于是，张某某找到了曾经在辽中县与其搭班子、时任和平区区长的林某，把史某某的产业要动迁的事交代给林某，让其在“不出大格的情况下，需要照顾时就给考虑考虑”。

林某又把此事交代给时任满融经济开发区副主任、拆迁领导小组负责人马某某。林某向马某某说了史某某与张某某的关系，并交待“在国家政策范围内，能照顾就给照顾”。林某还向马某某强调：在张某某亲属的动迁问题上，“别人问起就说我跟你打过招呼：在国家政策范围内，能照顾就给照顾”。

随后，史某某拜访了马某某，称机械加工厂动迁的事“跟大领导打过招呼了”，言语间还承诺事后回报。马某某心领神会，便安排征收办的高某某等人具体负责此事。“辽天运会鉴〔2014〕001 号”等鉴定意见证明，史某某的机械加工厂、酒店等被鉴定补偿总额近 1.2 亿元。马某某在接受调查时坦承，史某某的企业存在抢建、违建问题，“但我们还是给他补偿了”，原因就是“区长林某给我打过招呼，让我关照关照，这事必须办”。

---

① 相关报道参见《沈阳市检察院原检察长张某某被判无期》，载《北京日报》2015 年 1 月 20 日，第 2 版；王晨：《从“打黑英雄”到阶下囚》，载《中国青年报》2015 年 1 月 27 日，第 4 版；李志勇：《打黑英雄缘何堕落——辽宁省沈阳市检察院原检察长张某某受贿案剖析》，载《中国纪检监察报》2015 年 3 月 5 日，第 3 版。

在此过程中，马某某先后收受了史某某“130 多万元人民币和 4 万美金”，张某某则接受了史某某更大的利益输送。2012 年 4 月以后，1 亿多元人民币的补偿款汇入了史某某在招商银行的账户。是时，张某某正在竞争沈阳市人民检察院检察长一职，史某某恭维张某某称：“大哥你应该研究了，你是咱们亲戚的‘大树’，你越高，我们借的光不就越大嘛。”张某某则称：“我也正在研究争取，但是需要花不少钱。”2012 年 5 月，史某某准备了 200 万元人民币现金，“用 4 个装水果的纸箱装好，给张某某送过去”。1 个多月后，两人再次碰面，史某某又给张某某送了 200 万元人民币。2013 年 1 月，张某某升任沈阳市人民检察院检察长。史某某又陆续送给张某某 70 万元人民币和 5 万美元。

张某某的妻子刘某某“一直看不上史某某打着张某某的旗号”。为了讨好刘某某，2012 年秋，史某某带着 100 万元人民币现金到了刘某某的单位，说“给她拿点钱换辆车”，把装有 100 万元现金的纸箱放到刘某某的现代吉普车里。

史某某称：“在动迁过程中，张某某帮过我的忙，事后我也得了不少动迁补偿款，为此我挺感激张某某的，送给刘某某的 100 万元就是冲着张某某对我的帮助才送的，送给刘某某就等于是送给张某某。”

被拆迁人抢建、违建，然后通过利益输送发动一些手握权力的人为之争取更大的利益。这一看似实现利益均沾的链条，因补偿款明显过高而引起了审计部门的关注。

在签署酒店的拆迁协议书后，史某某迟迟未收到划拨的补偿款。2012 年年底，史某某“怕出问题”，又采取了边送钱边吹风的方式，让张某某动用关系催促补偿款尽快落实。

国家开发银行辽宁省分行风险管理处处长周某某称，2013 年 1 月，张某某曾给其打电话，询问为何没有支付酒店的补偿款。据蓝海经济区（2012 年末，沈阳市编制委员会正式批准将沈阳长白岛管委会、满融经济区管委会合并为沈阳蓝海经济区管委会）常务副主任杨某等人证言，2013 年 4 月其刚到任，史某某就找到他要补偿款，并打着“张某某亲属”的旗号。杨某以“刚来，对情况不熟悉”为由，让史某某去找原来的负责人。

史某某前脚刚走，张某某的电话后脚就到。电话中，张某某直言不讳地称史某某是其“舅舅家的表弟”，让杨某“帮助研究尽快解决”。杨某称：“国家现在正在审计，所有动迁项目一律不研究不上报，等审计之后再上报。”

据多位相关人士证言，因酒店补偿额度太大，国家审计署介入了审查，补偿材料也被退回到满融经济开发区。形势很快发生了变化。2013 年 10 月，满融经济开发区多位干部，包括具体操作酒店拆迁补偿的马某某等人先后被查，并有传言称史某某也在被调查，张某某隐约感觉到了正慢慢向他收拢的法网。

2013 年 11 月，张某某决定前往澳大利亚。由于担心电话被监听，临行前他与妻子刘某某约定，如果史某某被查，刘某某就在电话中用“大姐生病了”的暗号告诉他。

在一次通话中，刘某某称“大姐生病了”。张某某称：“当时我就知道史某某被抓了。”但张某某还是回国了。刘某某到北京首都机场迎接时，张某某“特别高兴”，他对妻子说："特别害怕是纪委的人在机场等他。"但该来的还是来了。

2013 年，辽宁省纪委领导将反映"沈阳市满融经济区管委会有关人员涉嫌渎职，造成拆迁补偿款流失"的信访案件列入包案范畴督办。张某某利用职务影响力帮助亲属违建房屋获得补偿款，分 2 次收受好处费 500 万元人民币的违纪违法事实及其他违规违纪行为最终被查实。①

2014 年 2 月 25 日，中央纪委监察部网站发布消息，辽宁省沈阳市检察院检察长张某某涉嫌严重违纪，被辽宁省纪委立案调查。

辽宁省丹东市中级人民法院 2015 年 1 月 19 日对沈阳市原检察长张某某职务犯罪案件一审宣判：张某某在担任辽中县委书记和沈阳市检察院检察长期间，为他人谋取利益，收受款物合计人民币 986.96 万元、美元 6 万元，构成受贿罪，判处无期徒刑，剥夺政治权利终身，并处没收个人全部财产。②

（二）案情分析

张某某利用自己的身份地位与他人进行钱权交易，或影响有某种职位的他人为亲戚谋取私人利益，不仅使他自己被双开并入狱，还影响了整个检察官职业群体的权威和信誉，打击了该法律职业秩序。现笔者从两方面来分析本案背后的法律职业伦理规范问题：一是分析检察官这一法律职业内涵中职业伦理的重要性和意义；二是分析职业伦理规范的秩序性。

1. 职业伦理的重要性

法律伦理是法律职业的必要内涵。现代检察官经过专业技术的训练和政治教育的熏陶后足以成为"专业"。但以"职业（profession）"而言，还需要该群体"以公众服务为宗旨，活动区别于追逐私利的商业或营业"及"形成某种具有资格认定、纪律惩戒和身份保障等规章制度以区别于一般行业"③ 如果检察官群体甘于腐败，抛弃廉洁的意识，他们接受的法律技术的训练就难以在实务中体现，进而威胁到整个法律职业群体的生存与发展。

检察官的职业不像律师，它有公共性和权威性。民众相信法治的基础也在于他们对检察官这一社会正义载体的信任。法律职业伦理的实践，使得群众通过内心信服而产生尊重法律，遵守秩序的内心规范。而检察官与检察官之间，也因为共同的伦理道德更加紧密。由此，检察官群体因职业伦理存在而寄托着民众的法治信念，又因为有共同的发达的职业伦理，令组织更为稳定和平衡。

依赖于遵守职业伦理规范，在内心建立起公平正义的精神保障，检察官才得以扛住来自上下级别或者外界关系的压力，"可以说，如果检察官从事该职业本身是有谋生或者生计考虑的话，其职业伦理则真正将这种谋生职位变成职业"。④

综上，张某某作为市检察长，他的腐败不仅是个人意志的堕落，还侵蚀着群众对

① 王晨：《从"打黑英雄"到阶下囚》，载《中国青年报》2015 年 1 月 27 日，第 4 版。

② 参见《沈阳市检察院原检察长张某某被判无期》，载《北京日报》2015 年 1 月 20 日，第 2 版。

③ 参见李学尧：《法律职业主义》，中国政法大学出版社 2007 年版，第 6 页。

④ 引自宋远升：《论检察官职业伦理的构成及建构》，载《法学评论》2014 年第 3 期。

法治及检察官权威的信任，也从内部对检察官组织的紧密性造成伤害。检察官的职责并非将被告人认定有罪，而是实现正义。张某某的腐败彻底动摇了这一职业根基，为他的落网埋下伏笔。

2. 检察官廉洁自律的重要意义

廉洁，最早出现在屈原的《楚辞·招魂》中："朕幼清以廉洁兮，身服义尔未沫。"① 东汉著名学者王逸在《楚辞·章句》中注释说："不受曰廉，不污曰洁。"也就是说，不接受他人馈赠的钱财礼物，不让自己清白的人品受到玷污，就是廉洁。② 在现代法治语境下，廉洁就是清白、干净，不贪污腐败，不贪取不应得的钱财的意思。

清正廉洁是检察官必须坚持的职业伦理底线。众所周知，检察官在现代国家的司法体系中扮演着极为重要的角色。在英美法系国家，检察官代表国家和人民追诉犯罪，保护个人的权利并保证刑事司法系统发挥正常的作用。在大陆法系国家，检察官被称为"站着的法官"，其在职权和地位上较之英美法系国家更大、更高，不但承担公诉职权，而且承担侦查指挥职权和法律监督职权。在中国《宪法》赋予检察官的职权与大陆法系国家类似，对于确保国家机关及其工作人员正确行使职权、维护国家法制统一和防止公共权力滥用具有不可替代的作用，可谓使命神圣，责任重大。正因为如此，检察官在廉洁自律方面不但应当满足更高的标准，而且应当经得起社会公众更挑剔的检视。

法律是最低限度的道德。身为检察官，张某某理应成为贪污腐败的"防火墙"或"守门员"，然而，他却以权谋私，利用职务便利或者检察官的身份、声誉及影响，为亲属谋取不正当利益，直至把自己送进监狱，这不能不令人感到唏嘘。

从更深层次来看，张某某也丧失了最低限度的法律职业伦理底线。如前所述，检察官是国家的法律监督者，其自身是否廉洁自律，不仅直接影响社会的公平正义，而且关乎检察机关的整体形象和国家司法体系的健康运转。《检察官法》第 4 条规定，检察官最起码的义务就是清正廉明，恪守职业道德。不仅如此，检察官还应以社会主义核心价值观为根本的职业价值取向，教育近亲属或者其他关系密切的人员遵纪守法，严格自律，并模范执行有关廉政规定，秉持清正廉洁的情操。试想，如果检察官亲属目无法纪，自我放纵，怎能要求普通的社会公众遵纪守法呢?

3. 检察官职业伦理规范

"检察官职业伦理规范又可以被称为检察官职业伦理制度。对于检察官职业伦理制度而言，其被理解为一种公开的规范体系，这一体系确定职务和地位及它们的权利、义务、权力、豁免等。这些规范指定某些行为类型为能允许的，另一些则为被禁止的，并在违反出现时，给出某些惩罚和保障措施。"③ 现代职业伦理并非大而化之

① 董楚平著:《楚辞译注》，上海古籍出版社 2006 年版，第 18 页。

② 王逸撰:《楚辞章句》，大方出版社 1973 年版，第 197 页。

③ 引自［美］约翰·罗尔斯著:《正义论》，何怀宏等译，中国社会科学出版社 1988 年版，第 54 页。

地追求内心高尚的道德，而是外化成义务与禁止事项并存的责任。规范意味着存在规则与秩序。“职业伦理规范确立了检察官在职业实践中的行动准则和方向约束。它提供明确的指向和标准，使检察官不至于迷失自己或过分焦虑。诚然，检察官自身可以追求更高层次的自觉，但这不是社会生活所必需的。理性社会该做的是将最基础的责任和规范固定下来。我国已有一套较为完整的法规法纪去约束法律职业群体的行为，使他们能在必要的责任范围内实现伦理和正义的平衡。

同时也应当注意到我国检察官的职业伦理偏向政治性，欠缺具体的规范内容。在具体案件中，检察官更是明显偏向追诉而非保护人权，因此在职业训练中培养检察官对职业伦理规范的秩序遵守是必不可少的。在张某某违纪案中，他忘却自己检察长的身份，公然违反职业伦理规范，只记得自己作为检察官的权力，而忽视自己作为检察官的义务，值得我们警惕。

第六节 文明规范

“文明”是检察官职业道德的思想根基，是检察官的执法必需。① 它要求每个检察官必须注重学习，精研法律，精通检察业务，具备良好的政治素质、业务素质和文化素养，以及法律监督能力和做群众工作的本领。文明主要是职业道德的外在表现形式，是对职务行为的外在要求。文明执法关系到公众对法律、法治的敬仰和对公平正义的信心，关系到人民群众对检察工作和检察队伍的整体印象。文明执法要求检察官以社会主义法治理念为指导，提高政治文化素质，提高执法的文明程度，改进办案方式方法，用群众易于接受、信服的方式执法办案，使人民群众不仅感受到法律的尊严和权威，也能感受到法律是对合法权益的平等保护，感受到检察官可敬可亲可信的职业素质，增加执法的权威性、亲和力和公信力，体现法治进步和社会文明。因此，恪守文明的检察官职业道德，要求每一个检察官在执法活动中弘扬人文精神，体现人文关怀，做到执法理念文明，执法行为文明，执法作风文明，执法语言文明。

一、执法理念文明

检察官要做到行为、语言文明，前提是必须具有一定的文化素养，但是更取决于政治素质，取决于人民群众在心中的位置，取决于对人民群众的感情，取决于亲民、爱民、为民、利民的情结。文明执法是社会主义政治文明进步的表现，是执法为民的本质要求、外在体现和具体内容。② 文明执法的前提是必须具有文明的执法观念，因此，每一个检察官必须牢固树立执法为民的法治理念，严格执行法律面前人人平等、以事实为根据、以法律为准绳、罪刑法定、罪刑相适应、疑罪从无等文明的司法观念，坚持打击犯罪与保障人权并重、惩罚与教育并重的原则，把保障人权、维护人民根本利益作为执法活动的出发点、

---

① 王艳敏：《检察官职业道德建设的内涵和途径》，载《人民日报》2010 年 10 月 21 日。

② 段志超：《社会主义政治文明：内涵、特点和结构》，载《甘肃行政学院学报》2009 年第 1 期。

落脚点和根本目的，注重个人修养，提高道德水准，为文明执法打下良好的思想基础。

二、执法行为文明

要破除等级观念、特权思想和霸道作风，平等对待诉讼当事人，尊重所有诉讼当事人的人格尊严，保障法定诉讼权利，耐心听取陈述、申辩和申诉，举止文明，规范执法，使群众感到检察官的温暖、亲近和可信赖。要按照《检察官职业道德基本准则》的规定，不要特权、逞威风、蛮横无理，要尊重当事人及其他诉讼参与人的人格尊严；不在公共场合及新闻媒体上发表有损法律严肃性、权威性和有损检察机关和其他检察官形象的言论；要增强公仆意识，在执法过程中热情服务群众，对告诉、求助的群众要热情接待，提供便利，不能冷漠、生硬、蛮横、推诿。在工作之外的场合，不得有任何有损检察官形象的不文明言行。

三、执法语言文明

语言是执法活动的重要表现方式。语言是一门学问、一种艺术和一种修养，是一个人的文化素养、道德修养和成熟程度的具体体现。① 检察官的语言水平高文明程度高，有助于提高办案水平和案件的公正解决，达到群众满意的社会效果。执法语言文明的起码要求是真诚、平和、和蔼、耐心、严谨、朴实，既要体现法律的威严，又要使人听后可信、可亲、可敬，防止粗陋鄙俗，或激化矛盾。恪守检察官礼仪规范，坚持理性、平和、文明、规范，执法语言应适当、可亲，具有人情味。要提高群众工作能力，执法想着稳定、办案考虑和谐，特别是接处访时，更要注意语言文明问题，耐心细致化解矛盾、平息事态，防止因语言不当致使矛盾激化影响稳定。

四、执法作风文明

执法作风是检察官职业道德的直接展示，包括执法思想作风和执法工作作风两个方面。② 如果没有良好的执法作风作保障，检察官的言行举止、工作态度就会出问题，群众对检察机关的印象就会大打折扣，司法权威也会遭受破坏。每一个检察官应该做到：实事求是、客观真实、真抓实干、严谨细致；密切联系群众、紧紧依靠群众，体察民情、体现民意；深入实际，不搞形式主义；艰苦奋斗，提高办案效率，节约办案资源、降低办案成本。

五、职业形象文明

检察官职业形象分为两个方面：一是指检察官通过仪表、礼仪、举止等所展示给公众的外表印象；二是检察官的职业信念、职业道德、职业作风、职业能力等内在的要素，在工作和各种场合中表现出来的外在形态，以及履行职业责任、执行职业纪律等行为的外在

---

① 马志龙：《强化执法为民理念 恪守文明执法准则》，载《检察日报》2010 年 3 月 5 日，第 3 版。
② 马志龙：《强化执法为民理念 恪守文明执法准则》，载《检察日报》2010 年 3 月 5 日，第 3 版。

方式和形式。① 检察官职业形象是这两个方面给人的总体印象和公众作出的客观评价。执法形象文明指的是在执法活动中通过形体、行为表现出来的，社会公众能够直接看得到的外在表现。做到职业形象文明，遵守各项检察礼仪规范，注重职业礼仪约束，仪表庄重、举止大方，保持良好的职业操守和风范，维护检察官的良好形象；执行公务、参加政务活动时严格执行着装规定，严格守时，遵守活动纪律。

六、业外活动文明

检察官作为国家司法工作人员，职务行为代表国家形象。同时，业外行为对国家形象、法律尊严和职业形象也有一定影响。② 检察官要在社会交往和在与群众接触时尊重、理解、关心他人，讲诚实、守信用、践承诺，树立良好社会形象；要牢固树立社会主义荣辱观，加强个人道德修养，弘扬中华传统美德，恪守社会公德，慎独慎微，行为检点，培养高尚的道德操守；要约束言行，避免公众对检察官公正、廉洁执法产生怀疑，避免对履行职责产生负面作用，避免对检察机关的公信力产生不良影响。

检察官职业道德作为一种社会价值评判体系，同样具有“稳定性”和“特殊性”，③ 在建设和完善社会主义民主法制进程中，丰富和发展文明执法的内涵，应该成为检察官职业道德的永恒主题。孔子曰，君子“博学于文，约之以礼”。检察官作为社会公平正义的守护者更应当恪守职业道德，提高内在素质，注重个人修养，约束自我言行，让群众听到的语言是“良言一句三冬暖”，看到的行为体现着检察官特有的人文体贴和细致。

【案例 5-4】

内蒙古兴安盟检察院原检察长王某某违纪违法案

（一）案件简述

2013 年 5 月，根据群众举报，内蒙古自治区纪委成立专案组，对王某某涉嫌严重违纪违法问题进行立案调查。经查，王某某在担任兴安盟检察院检察长期间，接受他人请托，为他人谋取利益，收受他人贿赂共计 133.9 万元；利用职务之便，侵吞公款 17 万元；王某某退休后，利用其曾担任检察长的职位及职权便利条件，接受请托，为他人谋取不正当利益，收受贿赂 2 万元；身为国家司法工作人员，徇私枉法，对明知是有罪的人而故意不追诉；滥用职权，对不符合逮捕条件的人而指令下级检察院予以批准逮捕，情节特别严重。

2014 年 4 月，经自治区纪委研究，并报自治区党委常委会批准，决定给予王某某开除党籍、取消退休待遇处分，其涉嫌犯罪问题及有关案件线索移送司法机关依法处理。2015 年 4 月，内蒙古自治区巴彦淖尔市中级人民法院以受贿、贪污、利用影响力受贿、徇私枉法、滥用职权罪一审判处王某某有期徒刑 18 年，没收其违法所得。

① 马志龙：《强化执法为民理念 恪守文明执法准则》，载《检察日报》2010 年 3 月 5 日，第 3 版。
② 马志龙：《强化执法为民理念 恪守文明执法准则》，载《检察日报》2010 年 3 月 5 日，第 3 版。
③ 单民、上官春先：《我国检察官职业伦理的构建》，载《人民检察》2009 年第 2 期。

（二）案情回顾

王某某案件，是一起司法机关领导干部知法犯法、违法乱纪的典型案件，也是内蒙古自治区查办的第一起地市级检察院检察长贪腐案件，其性质恶劣、情节严重、影响重大、触目惊心。

内蒙古兴安盟检察院原检察长王某某违纪违法案无疑是一起令人深思、值得司法从业人员反省的案件。王某某办了一辈子职务犯罪案件，却同样在"贪"字的作用下变得利欲熏心，将宪法和法律赋予的权力变成个人敛财的工具，滥用职权，贪赃枉法。他在忏悔书中写道：当一个人眼睛是黑的时候，心是红的；当一个人眼睛是红的时候，心往往是黑的。当一个人被贪欲所淹没的时候，肯定会丧失理智。在中央媒体披露的事实报道中，我最为震惊的是王某某屡次对于行贿人来者不拒的态度，按照王某某的意思，兴安盟检察院以案件事实不清、证据不足为由，多次给公安部门退侦，故意拖延办案进程。2013 年 5 月，兴安盟检察院新一届领导班子上任后，以骗取贷款罪、挪用公款罪对曹某某提起公诉。在此案件中，由于王某某百般阻挠，查处不及时，致使 2100 万元贷款无法收回。2010 年初，兴安盟检察院根据群众举报，对时任兴安盟科右前旗副旗长巴某某涉嫌职务犯罪问题进行侦查。得知消息后，巴某某两次到王某某家请求手下留情，并先后送上 5 万元和 10 万元。王某某随即命令兴安盟检察院反贪局停止了对该案的侦查。2011 年，自治区纪委在查办兴安盟原副盟长赵某某案件时，查明了巴某某的违纪违法事实，其被司法机关依法判处有期徒刑 5 年。2005 年至 2012 年，王某某大肆办金钱案、人情案，先后收受 10 多人贿赂 60 余万元，利用职权直接指示下属违规办案，包庇违法犯罪分子，使一些违法犯罪行为逃脱了法律的制裁。权力的疯狂，首先是掌权者自己的迷失。干部和群众最不能容忍的就是执法者犯法，反腐败的人搞腐败。王某某对党纪国法没有敬畏，自以为精通法律就能绕过法律，了解法律就能钻法律的空子，利令智昏，心存侥幸，将执纪执法权视为谋取私利的工具，结果在执纪违纪、执法犯法的道路上越走越远，覆水难收。

（三）良知与底限

"良知"之说，始自孟子，光大于王阳明。孟子说："人之所不学而能者，其良能也；所不虑而知者，其良知也。"王阳明认为，心者，身之主也，而心之虚灵明觉，即所谓本然之良知也。在现代社会，良知通常指一个人在社会实践中形成的具有善恶、是非、美丑等价值判断内容的道德伦理意识。随着社会分工的精细化，不同社会阶层和职业群体渐渐形成了自身特有的道德规范体系。检察职业良知的概念，亦是由此而产生的。① "忠诚、公正、清廉、文明"是检察官正确履行职责的八字箴言。检察官是公平正义的守护者，检察官的职业素质和道德素养高低直接决定了公平正义这一司法目标能否实现。制定《检察官职业道德基本准则》，规范检察官职业行为，提升检察官职业道德水平，是检察机关严格执法、公正司法的必然要求。《检察官职业道德规范》为检察官们树立了良好的职业纪律，检察官群体作为独立行使检察权

① 滕艳军：《重视检察职业良知的培育和维系》，载《民主与法制时报》2017 年 10 月 22 日，第 11 版。

的政法干部队伍，必须恪守严明的职业纪律。尤其是检察官处于监督者的地位，要求其应当模范地遵守各项纪律规定，并从内心自觉地规范司法行为，避免检察权滥用及徇私舞弊等情形发生。①

精神上没有了追求，思想上就会杂草丛生。社会上一些不良风气以及金钱至上的腐朽观念冲击着王某某脆弱的心理防线。对一些商人、老板的奢华生活，他羡慕有加；对社会上的不正之风，他失去了辨别是非的能力，主动迎合。特别是看到一些商人、老板因自己的一句话就轻而易举地大把挣钱，心理更加不平衡，对金钱的贪婪越发疯狂无度，执迷不悟。

古人说，与朋友交往要有道，以势相交者，势倾则绝；以利相交者，利尽则散。王某某在家排行老二，社会上三教九流的朋友们也都尊称其为“二哥”。有事找“二哥”，成为王某某朋友圈里的流行语。正因此，在王某某身边聚拢了一大帮所谓的“铁杆”朋友。殊不知，这些“朋友”们所看中的不是王某某的讲义气，而是他手中“闪闪发光”的权力，他们投其所好，不断对王某某进行拉拢、利诱，你办事、我给钱，勾肩搭背，互利互惠。久而久之，在这些所谓“朋友”的吹捧、诱惑之下，王某某在违法乱纪的道路上越走越远。马克思说过，良心是由人的全部知识和全部社会生活方式来决定的。王某某在这样的“朋友”和社会生活方式的引导下，难免迷失自己的初心。

（四）强化检察官职业伦理道德

检察职业良知是一种职业伦理，与检察职业化须臾不可分，具有很强的实践性。检察官彼此之间相同的知识背景、职业实践和思维方式也造就了检察官共同维护社会公平正义的历史使命感和社会责任感，并成为检察职业伦理的精神内核。而检察官职业化的形成与发展无疑又会进一步强化检察职业伦理意识，使之成为培育和维系检察职业良知的精神支柱。② 随着王某某违纪违法案的暴露，我们要更加意识到在司法体制改革的大背景之下，强化检察官职业化的重要性。检察官职业精神关系到检察干部队伍素质的高低和纯洁性的锻造，决定着检察权能否独立、公正行使。因此，我们应当结合现实需要把握检察官职业精神内涵，弥补现实中的缺憾。检察官职业精神是检察官这一法律职业群体所具备的坚定政治信仰、崇高法治追求和专业化职业技能等要素的综合体。作为检察文化的核心和精髓，检察官职业精神系检察官干部队伍崇高理想信念的集中表达，能够起到凝聚检察官群体、指导检察权运行和推动检察事业发展的重要作用。③ 具体包括：坚定的政治信仰、崇高的法治追求、端正的职业态度、专业的职业技能、自觉的职业良知、严明的职业纪律、神圣的职业声誉、坚毅的职业作

① 刘蓓：《检察官职业精神内涵及培育方略——以司法责任制改革为背景》，载《辽宁公安司法管理干部学院学报》2017 年第 6 期。

② 滕艳军：《重视检察职业良知的培育和维系》，载《民主与法制时报》2017 年 10 月 22 日，第 11 版。

③ 刘亚昌：《论当代检察职业精神及其建设》，载《沧州师范学院学报》2015 年第 2 期。

风。毋庸置疑，当前，包括检察官在内的政法干部队伍的主流是好的。① 广大检察官恪守检察职业精神，在各自的工作岗位上，通过执法办案，为辖区社会经济发展及和谐稳定，作出了自己应有的努力。但是，仍然存在一些钳制检察官职业精神培育与发展的问题，败坏了检察官队伍声誉，对检察事业发展造成了负面影响。② 例如以上阐述的内蒙古兴安盟检察院原检察长王某某违纪违法案。

法律是一门古老而又威严的艺术，检察官则是从事这门神圣艺术的工匠。当今时代，人民群众对检察工作的最大需求莫过于最大化地实现社会公平正义。然而毋庸讳言，转型发展期的中国，检察官办案压力不断增加，工作强度也不断增大，特别是近年来，随着司法改革逐渐步入"深水区"，整个检察职业群体呈现出一种彷徨、迷茫和浮躁的情绪。在转型时代，检察职业群体更应牢牢抓住检察职业精神的根基：崇尚忠诚职业信仰、保持清廉职业本色、秉承公正职业操守。

检察官担负着法律监督职责，是否公正执法，直接关系到宪法和法律能否得以正确实施，关系到能否让办理的每一起案件都经得起历史和人民的检验。公正是检察官职业道德的"一把尺子"。一次不公正的办案不仅会给一个无辜人带来致命的伤痛，而且也会给执法者及至整个队伍的职业形象造成损害。因王某某的违纪违法行为，导致了许多错案的发生，遗漏了许多不法犯罪分子。这无疑是对我们每个执法者职业信念、职业道德、职业作风、职业操守的考量。

检察职业伦理的建立和实行，离不开每一个检察官的恪守。司法实践中，能否办好案件，办理的每一起案件能否经得住实践、历史和法律的检验，是检察人员职业伦理修养、品质、操守好坏的分水岭和试金石。这要求检察人员在执法办案实践中坚持用法学理论武装头脑，以过硬的业务素质和法律监督能力促进高尚道德品质的培养。特别是要不断改进办案方式方法，重点在解决群众反映的实际问题上下工夫，把法、理、情统一于执法办案中，防止和克服机械执法，努力实现案结事了。与此同时，必须以良好的文化素养优化道德修养，掌握履行检察职责所需的各方面知识，不断精研法理，广泛汲取检察工作所涉及的各类学科领域知识，提高运用所学知识解决新问题的能力，力求达到法律追求的最高境界。

① 王金利、张立纳：《关于新形势下政法队伍建设的思考》，载《边缘法学论坛》2012年第1期。

② 刘蓓：《检察官职业精神内涵及培育方略——以司法责任制改革为背景》，载《辽宁公安司法管理干部学院学报》2017年第6期。

第六章　律师职业伦理

随着法治的加强，法律职业的专业化越来越突出，法律职业伦理就成了法律职业的伴生物，具有重要价值。“从法律职业的整体来说，没有法律职业伦理的支撑，就不会有现代法律职业，法律职业伦理是法律职业的基本构成要素。”律师在职业范围内形成了许多比较稳定的价值观念和行为规范，以此调节律师群体内部的相互关系和与其他社会主体的外部关系。这种职业伦理，使律师在行业内行为获得了一种可依据的规范和标准，其主要作用在于规范行业行为。规则性是现代职业伦理的一般性特征，因为现代职业伦理就是规则伦理，是以规则为中心的。相比较而言，法律职业伦理比其他职业伦理具有更显著的规范性特征：一是法律职业相关的知识、技术都与规则有关，二是法律职业伦理具有更强的实践性和可操作性，从而才可能有效规范、引导法律职业行为，使法律职业活动取得实效。

第一节　律师与律师职业伦理概述

一、律师的概念和特征

我国《律师法》第 2 条第 1 款规定，“本法所称律师，是指依法取得律师执业证书，接受委托或者指定，为当事人提供法律服务的执业人员。”据此而言，律师应是精通法律、熟悉业务，并由国家授予律师资格准予开业，为诉讼或非诉讼当事人提供法律服务，维护其合法权益的执业人员。其具有以下五个方面的特征：

1. 专业性

专业是律师的立身之本，也是最重要的核心竞争力。律师的专业性特征主要体现在以下三方面：第一，律师必须属于专业人员，具备律师资格，这是首要形式条件；第二，律师必须熟练运用专业知识，不仅要掌握各自专业领域的法律知识，还应将知识成功运用于实践；第三，律师必须解决专业问题，这是律师价值的集中体现，也是获得当事人和客户信赖的关键因素。一个律师的可持续发展，其专业性是基础，只有打稳根基，才能迈入更高的发展阶段。

在任何一个国家，取得律师职业都必须具备一定的条件，一般的要求是受过法律专业训练，具有法律专业知识。

在我国，则必须“依法取得律师执业证书”，而要取得律师执业证书，最主要的是必须具有高等院校法律专业本科以上学历或者高等院校其他专业本科以上学历具有法律专业知识，经国家统一法律职业资格考试合格。

2. 服务性

律师的天职是为当事人提供法律服务，而且这种服务一般来说是有偿的。①

律师职业产生的根源在于社会组织与公民个人对法律帮助的需求。② 律师业务的开展就是为了向社会提供法律服务。律师与其委托人之间是契约关系，双方法律地位平等。这一契约的一项重要内容是律师为委托人提供需要的法律服务，而另一项重要内容则是委托人向律师支付报酬，也即律师提供法律服务的活动是有偿的。而法官、检察官的职务活动基于法定职责及特定法律事实的发生而展开，并非基于当事人的委托，他们的活动是行使权力，同时也是履行职责，他们和当事人并不平等，他们的活动不具有服务性，也不具有有偿性。

3. 受托性

律师的执业活动具有业务性，律师的业务来自于当事人的委托，而不是基于权力。③ 当事人与律师之间是委托与被委托的关系，而且律师执行业务的种类和范围也由当事人根据需要确定，如果没有当事人的委托，则律师的法律服务就无从谈起，进而法律规定的律师执业权利也就无法行使。而法官行使国家审判权与检察官行使检察权是行使国家权力的活动，是职务活动。律师的执业活动不具有行使权力的性质，这是律师职业与法官、检察官等官方法律职业的根本区别。④

4. 公正性

首先，各国律师法和职业伦理规范之中一般都规定律师在执行过程中负有维护社会公正的义务和责任。

其次，在西方国家中，当律师作为司法人员出现时，在某些特定场合，律师可以担任法官或检察官。

从而律师职业和法官、检察官一样要承担法律共同体的信念和价值追求，即追求宪法和法律在社会中的实现。

5. 强烈的政治性

在国外，律师职业是服务政治、进入政界的重要途径。西方国家的律师并不把自己的活动仅仅限定于从事法律事务的范围。⑤ 一个想要跨入政界施展抱负的人，做律师常常是他优先选择的捷径。

这种情况的出现：首先在于法治社会的需要和律师职业对实现法治所具有的意义。其次，在于西方国家民众受到法治主义传统的影响，把是否精通法律以及明确法律所维护的价值作为选举的一个重要标准。

---

① 刘夕海：《试论新中国建立初期的律师制度》，载《北方工业大学学报》2005 年第 4 期。

② 高其才：《中国律师执业中的法律与关系因素》，载《法学家》2008 年第 6 期。

③ 周佳怡：《中国律师职业的历史变迁及现状问题评述》，华东政法大学 2010 年硕士学位论文。

④ 赵朝琴：《中国律师制度历史变迁和未来发展的宏观考察与理性思考》，郑州大学 2004 年硕士学位论文。

⑤ 宋远升：《国家、社会、职业三维视角下律师的“政治人”角色及其形塑》，载《山东大学学报（哲学社会科学版）》2014 年第 4 期。

二、律师的种类

从律师服务的对象而言，一般可以将律师分为社会律师、公职律师、公司律师、军队律师四类。

（一）社会律师

社会律师是指“依法取得律师执业证书，接受委托或者指定，为当事人提供法律服务的执业人员”。① 律师事务所是社会律师的执业机构。根据2017年《律师法》第28条的规定，社会律师可以从事下列业务：（1）接受自然人、法人或者其他组织的委托，担任法律顾问；（2）接受民事案件、行政案件当事人的委托，担任代理人，参加诉讼；（3）接受刑事案件犯罪嫌疑人、被告人的委托或者依法接受法律援助机构的指派，担任辩护人，接受自诉案件自诉人、公诉案件被害人或者其近亲属的委托，担任代理人，参加诉讼；（4）接受委托，代理各类诉讼案件的申诉；（5）接受委托，参加调解、仲裁活动；（6）接受委托，提供非诉讼法律服务；（7）解答有关法律的询问、代写诉讼文书和有关法律事务的其他文书。

就社会律师而言，我国实行的是一般执业许可和特别执业许可相结合的执业许可制度。律师申请一般执业，应当具备下列条件：（1）拥护中华人民共和国宪法；（2）通过国家统一司法考试；（3）在律师事务所实习满1年；（4）品行良好。② 根据2017年《律师法》第6条的规定，申请一般执业，应当向设区的市级或者直辖市的区人民政府司法行政部门提出申请，并提交下列材料：（1）国家统一法律职业资格证书；（2）律师协会出具的申请人实习考核合格的材料；（3）申请人的身份证明；（4）律师事务所出具的同意接收申请人的证明。申请兼职律师执业的，还应当提交所在单位同意申请人兼职从事律师职业的证明。受理申请的部门应当自受理之日起20日内予以审查，并将审查意见和全部申请材料报送省、自治区、直辖市人民政府司法行政部门。省、自治区、直辖市人民政府司法行政部门应当自收到报送材料之日起10日内予以审核，作出是否准予执业的决定。准予执业的，向申请人颁发律师执业证书；不准予执业的，向申请人书面说明理由。

特别执业许可制度是指在律师的一般执业许可程序之外，由主管机关根据一定的条件和程序授予一些人以律师执业证书的制度。通过特别许可执业制度取得执业证书的律师与一般律师最大的区别在于，他们无须经过律师的一般执业许可程序（包括通过国家统一司法考试、进行一定时间的实习等）的严格考核，而只需要通过主管机关按照一定的条件进行的审核即可获得律师执业证书。2017年《律师法》第8条规定：“具有高等院校本科以上学历，在法律服务人员紧缺领域从事专业工作满十五年，具有高级职称或者同等专业水平并具有相应的专业法律知识的人员，申请专职律师执业的，经国务院司法行政部门考核合格，准予执业。具体办法由国务院规定。”特别执业许可制度是考虑到我国法律服

① 参见2017年《律师法》第2条规定。

② 根据司法部2002年《关于公安机关辞退人员能否申请律师执业问题的批复》，对于因违法违纪被公安机关辞退的人员，应认定其丧失了“良好的品行”的条件，因此，对于因违法违纪被公安机关辞退后申请律师执业的人员，应认定其不符合“品行良好”的条件，不能申请领取律师执业证书。

务人员的现状与法律服务需求之间的矛盾而设立的特别制度。截至目前，国务院尚未出台关于特别许可律师执业的规定。

（二）公职律师

公职律师是指依法取得律师执业证书，供职于政府职能部门或行使政府职能的部门，或经招聘到上述部门专职从事法律事务的执业人员。建立公职律师制度，是我国加入世界贸易组织后社会、经济生活发展的客观需要，也是推进依法治国，实施依法行政，进一步完善我国律师结构的需要。2002 年司法部制定了《关于开展公职律师试点工作的意见》，为进一步推动开展并规范公职律师试点工作作了明确规定。根据该意见，公职律师任职需具备以下条件：（1）具有中华人民共和国律师资格或司法部颁发的法律职业资格；（2）供职于政府职能部门或行使政府职能的部门，或经招聘到上述部门专职从事法律事务的人员。

公职律师的职责范围是：（1）为本级政府或部门行政决策提供法律咨询意见和法律建议；（2）按照政府的要求，参与本级政府或部门规范性文件的起草、审议和修改工作；（3）受本级政府或部门委托调查和处理具体的法律事务；（4）代理本级政府或部门参加诉讼、仲裁活动；（5）为受援人提供法律援助；（6）本级政府或部门的其他应由公职律师承担的工作。

公职律师由所在单位管理，司法行政机关负责其资质管理和业务指导。公职律师执业应取得公职律师执业证。试点期间，公职律师执业证（试行）由司法部统一印制，由省、自治区、直辖市司法厅（局）颁发。申请公职律师执业证，由符合上述任职条件的人员提出申请，经工作单位批准后，报经所在地司法行政机关审核，再由审核同意的司法行政机关报省、自治区、直辖市司法厅（局）审批，司法厅（局）应在 15 日内作出批准或不批准的决定。公职律师应参加律师年检注册，办理年检注册时，应提交年度工作总结、所在单位出具的证明其专职从事法律工作的材料，并详细写明办理公职律师事务的情况等。公职律师应加入所在地律师协会，参加律师协会组织的培训和执业纪律教育活动。①

（三）公司律师

公司律师是指依法取得律师执业证书，在企业内部专职从事法律事务工作的执业人员。建立公司律师制度，是为了应对加入世界贸易组织后我国企业界和律师业面临的严峻挑战，提高企业和律师的国际竞争力，完善我国企业法律制度和律师制度。2002 年司法部制定了《关于开展公司律师试点工作的意见》。

根据该意见，公司律师任职需要具备以下条件：（1）具有中华人民共和国律师资格或司法部颁发的法律职业资格；（2）在企业内部专职从事法律事务工作；（3）所在企业同意其担任公司律师。

公司律师的主要职责是：（1）对企业的生产经营决策提出法律意见；（2）参与本企业法律文书的起草和修改工作，审核企业规章制度；（3）审查和管理企业合同；（4）对企业违反法律、法规的行为提出纠正的建议，并在企业内部开展法制宣传教育工作；（5）参与企业的谈判，代理本企业的诉讼、仲裁活动；（6）其他应由公司律师承办的法律事务。

---

① 参见司法部 2002 年《关于开展公职律师试点工作的意见》。

公司律师属于企业内部人员，在企业的领导下开展业务活动，人事关系、工资待遇等由所在企业管理，司法行政机关负责公司律师的资质管理和业务指导。试点期间公司律师执业证由司法部统一制作，由各省、自治区、直辖市司法厅（局）颁发。申请公司律师执业证书，由符合任职条件的人员提出申请，经所在企业批准后报经所在地司法行政机关审核，再由审核同意的司法行政机关报省、自治区、直辖市司法厅（局）审批，司法厅（局）应在15日内作出批准或不批准的决定。公司律师应参加律师年检注册。办理年检注册时，公司律师应提交年度工作总结、所在单位出具的证明其专职从事法律事务工作的材料等。公司律师应加入所在地律师协会，参加律师协会组织的培训和执业纪律教育活动。①

（四）军队律师

军队律师是指依法取得军队律师工作证，为军队提供法律服务的现役军人。② 军队律师在军队法律顾问处执业。军队律师执业应取得军队律师工作证。

我国军队律师制度建立较晚。1985年2月，我军在海军司令机关试点设立了第一个法律顾问处，随后几年内各军区、各军兵种、各总部等军队大单位也纷纷设立，这一时期是我国创建军队律师制度的探索阶段。1992年9月中央军委批准设立总政治部司法局，领导全军司法行政工作，从而使军队律师、法律顾问、法律咨询等工作归口政治机关统一领导和管理。1993年3月总政治部与司法部联合发布了《关于军队法律服务工作有关问题的通知》，标志着国家认可在军队建立律师序列，并把军队律师初步纳入国家律师体制。1996年5月通过的《律师法》第50条明确规定："为军队提供法律服务的军队律师，其律师资格的取得和权利、义务及行为准则，适用本法规定。"这标志着国家军队律师制度在立法中正式得以确立。根据现有规定，军队律师的职责范围严格限定在军队内部以及军队与地方互涉的法律服务中。1993年3月17日，司法部和总政治部在联合颁布的《关于军队法律服务工作有关问题的通知》中明确规定，军队律师是国家律师队伍的组成部分，在执行职务时，依法享有国家法律规定的律师权利，承担相应的义务，并受国家法律保护。中央军委批准总政治部设立的司法局是总政治部管理全军司法行政工作的职能部门，在司法部的指导下负责全军法律服务工作的业务指导；部队军以上单位的法律顾问处是军队律师执行职务的工作机构，其主要任务是：领导律师开展业务工作，依法为首长、机关决策和管理提供法律咨询；接受军队单位和军办企业的委托处理军队内部或者军、地互涉的法律事务；为军内单位和人员提供法律服务；协助有关部门对部队进行经常性的法制教育。

三、律师的起源与发展

（一）西方律师制度的起源与发展

1. 西方律师制度的起源

据史料记载，早在公元前5世纪，古希腊雅典已出现"雄辩家"。当时古希腊雅典的

---

① 参见司法部2002年《关于开展公司律师试点工作的意见》。

② 参见2017年《律师法》第57条。

诉讼为侦查和庭审两个阶段。庭审时允许双方当事人发言并进行辩论，也允许当事人委托他人撰写发言稿，并由被委托人在法庭上宣读法官听取了双方的辩论并检验了双方提交的证据后，作出裁决。这种受委托为当事人撰写发言稿，并在法庭上为其辩论的人被称为“雄辩家”，有点类似于现代的诉讼代理人。但由于这些“雄辩家”的活动没有形成一种职业，“雄辩家”也没有形成一个阶层，国家也没有相应的法律制度对其进行调整，所以古希腊的“雄辩家”只能看做是律师的萌芽。

律师制度起源于古罗马。大约在奴隶制的罗马共和国时期，就有了律师制度的雏形。古罗马的“保护人”制度被认为是世界各国律师制度的起源。① 所谓“保护人”制度，是指保护人代表被保护人进行诉讼行为，即由作为保护人的亲属、朋友陪同被保护人出席法庭，在法庭审理时提供意见和帮助。当然，能够作为保护人的只是少数地位显赫的公民，而且诉讼代理人的选任必须在法庭上为之。起初当事人进行诉讼时必须亲自到庭，后来发展到当事人确有正当理由不能出庭时可委托他人到庭诉讼，代理人出庭应诉都以自己的名义。

公元前3世纪，僧侣贵族对法律事项的垄断被取消。此后，凡权利能力不受限制的罗马公民均享有出席法庭为当事人利益进行辩护的资格，诉讼代理行为扩大了适用范围。一些善于辞令的人就经常代人出庭辩护和代人办案，被称为“辩护士”（Adocatus）。著名的古罗马法律文献《十二铜表法》中有多处关于辩护人出庭进行辩护活动的记载。罗马共和国后半期，罗马经济生活迅速发展，各种社会矛盾异常尖锐，原有的法律规范已不能适应新的形势。为了缓和社会矛盾，维护其统治秩序，罗马制定和颁布了大量法律、法令和规定。这一时期，法学家的活动十分活跃，不仅从事法学研究、著书立说，而且解答法律上的疑难问题，为诉讼当事人提供咨询意见等。法学家的一系列活动，迎合了统治阶级的需要，法律顾问、律师和法学研究人员三位一体的崇高地位得以确立。后来，罗马皇帝又以诏令的形式承认了诉讼代理制度，律师可以为平民咨询法律事项，法律也允许他人委托和聘请律师从事诉讼代理活动，而且国家还通过考试来遴选具有完全行为能力、丰富法律知识的善辩之人担任诉讼代理人，规定他们代理诉讼可以获得报酬，人类历史上第一批职业律师正式诞生，标志着律师制度得以确立。

中世纪欧洲封建社会时期，律师制度的发展曾一度受到了很大的限制。由于纠问式诉讼实行以刑讯逼供为主要手段，使得律师失去了应有的作用。有的国家，如中古世纪的法国，虽然保留了律师制度，却规定只有僧侣才能执行律师职务，且主要是在宗教法院执行律师职务。12—13世纪，随着国王实力的上升和教会势力的下降，僧侣参与世俗法院诉讼活动被禁止，律师制度才得以恢复和发展，各国相继成立了自己的律师组织。

到了17、18世纪，资产阶级启蒙学者在资产阶级革命中批判了封建专横的纠问式诉讼制度。随着资产阶级辩论式诉讼的确立，资本主义律师制度亦渐渐浮出水面。

2. 西方现代律师制度的确立和发展

---

① 肖晖：《中外律师制度比较及反思》，载《曲靖师专学报》2000年第1期。

英国是现代律师制度的起源地最直接的原因是英国实行的陪审制和当事人对抗制。①诺曼征服给英国带来了陪审制度，英国国王将之在全国推行。英国早期的陪审团由12名了解案件情况的当地居民组成，了解案情是陪审员的先决条件。如果对案件的有些情况还存在疑虑，陪审员可以对案件进行调查。如果发现某人比陪审团还了解案情，那么这个人可能取代某个不太了解案情的陪审员进入陪审团。可是，涌入大城市的人口越来越多，城市生活越来越复杂，这种早期的知情陪审团越来越难以发挥作用，14世纪中期，英国陪审制度向"不知情陪审团"转变，为防止先入为主，陪审员的先决条件变成了不了解案情，一切案情都要到法庭上水落石出，证据成为审判的中心。②

同时，英国的诉讼制度强调当事人和律师在诉讼过程中的作用，在法庭上双方律师要扮演重要角色，而法官和陪审团则是消极中立。假如把审判比喻为体育比赛，那么竞赛的双方正是代表当事人的律师，而法官和陪审团则置身事外充当裁判。这与当时欧洲实行的纠问式诉讼中律师毫无用武之地完全不同，英格兰和欧洲大陆的司法制度会分道扬镳，英格兰这个小小岛国不经意成了律师"梦开始的地方"。

17世纪英国资产阶级革命以后，沿用了历史上形成的所谓二元主义律师制度。③ 一种律师叫巴律师（巴瑞斯特），又称辩护律师、法庭律师或大律师。其业务是出庭辩护，在高等法院诉讼中，必须有这种资格的律师才能出庭。另一种律师叫沙律师（沙利西特），即事务律师、庭外律师或小律师。其业务是撰写诉状、拟制合同，对当事人进行法律指导，在下级法院进行辩护等。美国1791年宪法修正案第6条规定：被告人在一切刑事诉讼中"享有法庭律师为其辩护的协助"。各州的立法也对律师的资格、职责、组织机构作出相应的规定。与此同时，法国宪法也确立了自己的律师制度。1808年的法国刑事诉讼法典将律师制度更加系统化、法律化。其后，德国、奥地利、日本等国相继仿效法国建立了自己的律师制度。随着资本主义的发展，资产阶级国家律师的业务范围也日臻广泛，分工越来越细，律师间的联合、合作也越来越普遍。律师除了参与民事诉讼、刑事诉讼外，更多的是直接为企业家办理经济法律事务。而且，律师业务日益渗透到国家的政治、经济管理之中，许多律师成为政治、经济方面颇具影响力的人物，律师的队伍也有了突飞猛进的发展。在日本，每1万人中就有1名律师。美国前总统卡特在1978年曾说："世界上，我们的律师高度密集，每500人中就有1名律师，比英国多3倍，比西德多4倍，比日本多21倍。美国就是诉讼多，但我们没有把握说我们的正义就多。"④

西方现代律师制度是资产阶级革命的产物，是诉讼程序之中当事人主体地位确立和诉讼权利获得承认的一种必然结果。⑤

---

① 苑宁宁：《民族性视野下英国对抗制成因之考究——以刑事诉讼为进路》，载《研究生法学》2010年第3期。

② 丁英、张福坤：《英国陪审制度的兴盛及其功能》，载《人民法院报》2014年8月1日，第8版。

③ 司法部司法研究所课题组：《律师职业水平评价体系研究》，载《中国司法》2015年第9期。

④ 张林等主编：《律师学》，安徽人民出版社1990年版，第88页。

⑤ 汪海燕：《侦查阶段律师辩护问题研究》，载《中国法学》2010年第1期。

（二）中国律师制度的起源与发展

1. 中国古代律师的萌芽

我国古代律师的萌芽，最早见于公元前7世纪的春秋时期。公元前632年（鲁僖公二十八年）冬，卫侯与卫国大夫发生诉讼，卫侯因不便与其臣下同堂辩论，委派大士（即司法官）士荣代理出庭，而自己不出庭。① 在法庭上，经过一场唇枪舌剑的激烈辩论，士荣败诉，被杀。② 当然，这种辩护体现的是奴隶主贵族在诉讼过程中所享有的特权。而到了公元前6世纪郑国大夫邓析，不仅广招弟子，聚众讲学，传授法律知识和诉讼方法，还在法庭内外帮助新兴地主和平民进行诉讼。邓析是中国古代历史上第一个为私人代理诉讼的法律家。元、明、清时期的法律，也曾出现过诉讼代理制度的某些规定。此外，在中国的封建社会中，还有一些私下帮人写诉状，打官司的人，即民间的“讼师”，又称“刀笔先生”，其活动形式类似于现代律师的代书，但他们的法律地位一直未得到封建政府的承认。而古老的中华法系缘何始终未能孕育出律师和律师制度，其中无疑有其深刻的政治、经济原因。③ 对此，可在与古罗马法的比较中初见端倪。

第一，中国古代长久以来处于农业社会，商品经济不发达，没有律师制度产生的经济基础，这是其根本原因。在自给自足的小农经济条件下，社会结构简单，资源流动性小，而农村又多由封闭的家族组织所统治，许多纠纷依家规或者地方惯例均可解决，相比之下国家法遥不可及，故无须专职司法人员进行贯彻、执行。而古代罗马商品经济发达，经济交往频繁，且连年的征战又失去了稳定的社区统治，故国家为了维持经济秩序、巩固其统治，则设立了一系列解决纠纷的程序和制度，这些程序和制度的建立为辩护律师提供了广泛的用武之地。

第二，高度中央集权的专治统治和民主传统的缺乏，是古代中国没有产生律师制度的另一个重要原因。律师制度的出现，要以民主的“辩论式”诉讼为前提。中国古代历史文献中尽管也有一些家臣、家奴代理诉讼的记载，但这通常只反映了贵族在诉讼中的特权，而不具有普遍意义。民主的不发达以及诉讼制度的专横是中国古代未能产生律师和律师制度的政治原因。而在古罗马，情形则大不相同。④ 古罗马有共和制的传统，人数众多的自由民在政治上不断抗争导致其权利逐步扩大，市民法和万民法调整主体日益广泛，这些都使平等、民主的诉讼在古罗马逐渐得以普遍化和制度化。这是古罗马律师制度产生的基础。

第三，封建社会的中国一向“重刑轻民，重实体轻程序”，这也是律师制度未能产生的又一个原因。在这种制度的指引下，司法权和行政权合二为一，行政长官同时兼为各级法官，法官与当事人之间形成了直接的管制与被管制关系，这样一来，即使有“讼师”帮助诉讼，其作用也必然是有限的。而在古罗马，商品经济的发展导致纠纷增多，国家设立了一系列复杂的诉讼程序制度，这使得辩护人的服务成了一种普遍的社会需要，从而导

① 司法部法规司编：《外国律师法规汇编》，法律出版社1992年版，第88页。

② 茅彭年、李必达主编：《中国律师研究资料汇编》，法律出版社1992年版，第98页。

③ 赵晓耕、陆侃怡：《清末诉讼法改革对于律师制度的借鉴》，载《北方法学》2011年第5期。

④ 李俊：《国家与律师：从零和博弈到协同发展》，载《政治与法律》2008年第6期。

致了职业辩护阶层——律师出现了。

第四，中国古代法律知识不受重视，从而没有形成学科意义上的“法学”和作为一个阶层的“法律家”群体。自汉朝以后的几千年中，儒术在知识界占统治地位，法律方面的知识为文人所不屑，即使是在统治阶级内部，法律知识也从未受到过应有的重视。出于制定和解释律例的需要，中国古代士大夫中也曾出现过一些精通法律的人，他们的目的仅在于强化封建统治，却没能形成“法学”。这样，律师制度成了无源之水，百呼而无一应。古罗马私法程序的发达掀起了学习、研究法律知识的热潮，这在古代中国是从未出现过的。

2. 近现代中国律师职业的形成

中国古代是一个农业社会，手工业、商业不发达，政治的封闭性和独裁性，与律师职业天生的社会性、民主性、商业性等特征格格不入，水火难容。① 因此，在这种类型的社会中，缺少律师职业生存的气候。现代意义上的律师职业的产生，并非中国社会进程的自然结果，而是缘起于清末西方殖民主义者掠夺领事裁判权及在租界内设立审判机关的活动。② 在国外法律文化的强大冲击以及国内朝野日益的变法图强思想压力之下，腐朽、闭关的清政府为求自保，开始变法修律，拉开了近代中国大规模法律变革的序幕，引进了包括律师制度在内的资产阶级司法制度。在清朝末年的变法浪潮中，清政府于 1906 年制定了《大清刑事、民事诉讼法》，在该法中，规定了律师制度；1910 年，清政府再度拟定《刑事诉讼律草案》和《民事诉讼律草案》，其中作出了有关律师参与刑事、民事诉讼的规定，但由于辛亥革命的爆发，这些法律未及颁布执行，清王朝即告覆灭了。

中华民国时期，北洋政府于 1912 年制定、公布了《律师章程》和《律师登录暂行章程》等，我国从此才有了正式的律师制度。辛亥革命后，孙中山领导的南京临时政府效仿德国、日本，起草了我国第一部有关律师制度的成文法草案——《律师法草案》。但因袁世凯窃国和临时政府解散，这个律师法草案也未能公布实行。1912 年，北洋政府公布《律师暂行章程》，中国方才有了第一部关于律师制度方面的成文立法。同时，该章程的公布实施也标志着中国律师制度的产生和起步。

国民党南京政府建立后，于 1927 年公布了新的《律师法实施细则》《律师登录规则》《律师惩罚规则》等，使律师制度进一步规范化。

3. 新中国律师职业的确立和发展

中华人民共和国成立后，人民政权在废除了国民党《六法全书》，确定了解放区司法原则的基础上，取消了国民党的律师制度，解散了旧律师组织，取缔了黑律师活动，建立了新中国的人民律师制度。1950 年 7 月，中央人民政府政务院公布的《人民法庭组织通则》规定，人民法庭“应保障被告有辩护及请人辩护的权利”。从 1949 年 12 月开始，在最高人民法院和上海市等地方法院陆续建立“公设律师室”。1954 年 7 月，司法部在北京、天津、上海等大城市开始试办律师工作机构。同年 9 月，我国第一部宪法将“被告人有权获得辩护”作为宪法原则加以规定。1956 年 1 月，国务院批准了司法部《关于建

① 李俊：《国家与律师：从零和博弈到协同发展》，载《政治与法律》2008 年第 6 期。

② 尚志颖：《当代中国法治进程中的律师职业伦理建设》，黑龙江大学 2009 年硕士学位论文。

立律师工作的请示报告》，全国律师组织纷纷建立，律师队伍迅速扩大。到 1957 年 6 月，全国已有 19 个律师协会筹备会，800 多个法律顾问处，兼职律师 300 多人，刚刚建立的社会主义律师制度显示了重要作用，受到了广泛欢迎。

1957 年，“反右斗争”的扩大化使律师制度受到了极大破坏，十年动乱期间，律师制度更是荡然无存，我国历史上出现了长达 20 余年没有律师的空白时期。

党的十一届三中全会以后，随着社会主义民主建设的法制加强，律师制度得到了恢复和重建。1980 年 8 月，第五届全国人大常委会第十五次会议讨论通过了《中华人民共和国律师暂行条例》，新中国第一个律师立法的颁布实施，使我国社会主义的律师制度跨出了崭新而富有建设性意义的一步。《中华人民共和国律师暂行条例》明确规定了我国律师的性质、任务、职责、权利、义务、资格条件、工作机构，并明确规定了国家司法行政机关是律师管理机关。条例的颁布为律师制度的迅速发展提供了法律保障。

1986 年 7 月，成立了“中华全国律师协会”，随后，全国各省、市、自治区都成立了律师协会。

党的十四大提出建立社会主义市场经济体制的目标后，进一步加强我国社会主义民主与法制建设，对发展律师事业提出了更多的要求。1992 年 8 月，司法部颁布了《关于律师工作进一步改革的意见》；1993 年 12 月 26 日，国务院批准了《司法部关于深化律师工作改革的方案》；同年 12 月 27 日，司法部又发布了《律师职业道德和执业纪律规范》。1996 年 6 月 25 日第八届全国人大常委会第十五次会议通过的《中华人民共和国律师法》（该法根据 2001 年 12 月 29 日第九届全国人民代表大会常务委员会第二十五次会议《关于修改〈中华人民共和国律师法〉的决定》第一次修正，2007 年 10 月 28 日第十届全国人民代表大会常务委员会第三十次会议修订，根据 2012 年 10 月 26 日第十一届全国人民代表大会常务委员会第二十九次会议《关于修改〈中华人民共和国律师法〉的决定》第二次修正，根据 2017 年 9 月 1 日第十二届全国人民代表大会常务委员会第二十九次会议《关于修改〈中华人民共和国法官法〉等八部法律的决定》第三次修正）更被称为我国律师制度发展史上的里程碑。

随着律师制度的不断健全，我国律师和律师事务所的数量也迅速增长起来：1980 年，全国只有律师工作人员 5500 人，法律顾问处 1465 个；而到了 1989 年，律师工作人员已达 3.1 万人，律师事务所发展到 3500 个；2000 年年底，我国律师人数已近 11 万人，律师事务所已达 9000 多家。2004 年，全国有专职执业律师 106491 人，律师事务所 11823 个，其中国资所 1653 个，合作所 1805 个，合伙所 8161 个。2013 年，全国有专职执业律师 225267 人，律师事务所 20609 个，其中国资所 1469 个，合作所 11 个，合伙所 14318 个，个人所 4635 个。截至 2018 年，全国律师总人数已经超过 42.3 万名，律师事务所达到 3 万多家。根据司法部《全面深化司法行政改革纲要（2018—2022）》的目标，2022 年全国律师总数预计达到 62 万人，每万人拥有律师数达 4.2 名。最近 10 年，我国律师人数保持年均 9.5%的增速，以每年 2 万名左右的速度增长；律师事务所数量也是年均 7.5%的增速。

四、律师的意义和作用

在现代社会中，随着法治的发展和完善，律师在保障人民合法权益、维护社会公正、促进司法文明以及实现社会和谐等方面具有显著意义。

（一）维护当事人的合法利益

律师是受当事人委托或法院指定，依法协助当事人进行诉讼或为当事人处理有关法律事务提供服务的专业人员，这点与检察人员、审判人员及其他国家法律工作者有显著的区别。由于是提供法律帮助，所以律师开展业务活动必须建立在律师和当事人平等自愿的基础之上，双方建立具有一定权利义务的委托合同关系。也就是说，律师在提供法律帮助时，必须以当事人自愿为前提，不能强求，不能做当事人未委托或超出委托范围内的事情。当事人要求律师维护他的合法权益是当事人的权利，依法维护当事人的合法权益则是律师的义务和应尽职责。这种由法律规定而产生的律师与当事人之间的、以维护当事人合法权益为主要内容的委托合同关系，正是律师工作的特点。它是律师进行业务活动、维护法律正确实施的依据和前提，是律师业务活动的主要内容，也是当事人维护自己合法权益的重要方式。法律（或国家）将维护当事人的合法权益的权利和义务赋予律师，律师在业务活动中以维护当事人合法权益为职责，这是由我国律师工作的性质和特点所决定的。

（二）保障司法公正

1. 律师保证司法实体正义的实现

从程序公正来看，裁判的正确只有通过公正的程序才能得以保障。现代程序法所贯彻的诉讼地位平等、对诉讼权利的尊重、诉讼权利的充分救济、诉讼中人权的保护和诉讼参与等，都要通过律师的中介活动传递到当事人，或需要律师的参与。① 中国几千年来一直没有律师制度，因此程序制度极不发达且不合理。尤其是在刑事案审判中，因历代封建统治者提倡和容忍使用酷刑来获取口供，以至经常发生屈打成招、含冤致死、乱攀乱供现象。诉讼完全采用纠问式方式，这也极易导致裁判官的恣意妄为。尽管历代统治者希望通过制定完备的成文法，或者以例补法及通过建立惩治贪官等措施来实现裁判公正，但因为没有公正的诉讼程序制度，因此许多学者认为此种裁判结果很难保证公正性。而造成这一现象很大程度上是因为缺乏律师制度。

根据我国《刑事诉讼法》第 35 条的规定，辩护人的责任是根据事实和法律提出证明犯罪嫌疑人、被告人无罪、罪轻、或者减轻、免除其刑事责任的材料和意见，维护犯罪嫌疑人、被告人的合法权益。辩护律师是为了保护犯罪嫌疑人、被告人的合法权益而参加诉讼的，他在诉讼中的一切行为都是针对控诉而提出的有利于犯罪嫌疑人、被告人的材料和意见。这样，辩护律师站在被控方的立场上，必须通过协助被控人充分行使诉讼权利，实施有效的防御来维护法律的尊严，追求使被告人在程序上受到公正对待的目标。控辩作为一对相互矛盾和冲突的诉讼职能，从整个刑事诉讼过程来看，检察官在参与诉讼的能力方

---

① 傅冰、王东：《刑事诉讼构造中的控辩关系与律师权利保护》，载《人民司法：案例》2007 年第 4 期。

面要比被控人强得多。① 因为检察官作为国家利益的代表，可利用国家提供的诉讼资源，以国家名义行使刑事追诉权，而被控人一般不精通法律，又往往被限制了人身自由。刑事诉讼充其量不过是国家和个人的较量，被告人与控诉方相比是一个弱者，律师作为辩护人的介入者使这场较量更具平衡性。这本身就体现了正义的要求。

2. 律师保证司法程序正义的实现

从实体的公正来看，要确保实体公正，必须要做到以事实为根据，以法律为准绳。以事实为根据，就是说要通过审判发现事实。② 然而如何才能发现事实呢？长期以来，我们强调通过法官在诉讼中的作用，认为发现事实只是法官的任务。无论是在刑事案件或民事案件的审理中，我们都注重法官职权的作用，要求法官亲自调查、取证，确保事实的真实性，而对当事人的主张及提供的证据并不十分信任。但实践证明这一方式并不是发现法律事实的恰当的方法。这种方法的缺点在于：第一，法官不能保持中立的角色且容易先入为主。第二，法官亲自调查收集的证据，如果与当事人双方提供的证据及意见不合，法官如何认定证据，并在证据的认定方面与双方当事人保持某种平衡是十分困难的。如果难以保持平衡，则法官的中立性必然受到怀疑。第三，法官的调查因资源和精力所限，其收集的证据必然是零碎的、不连贯的，难以形成某种具有内在联系的证据体系。法官也不可能像当事人那样为自己的利益而收集、提供证据，也不会像当事人那样充分理解其提供的证据的内涵及价值。所以过分强调法官的职权作用，并不一定能发现事实真相。

而将举证责任分配给当事人，由当事人负责举证，他们会通过其律师最大限度地收集、提供有利于自己的有关案件事实的证据。可以最充分地揭示、发现证据的潜在证明力和价值。当然律师也可能会收集一些与案件的真实性不符的证据，这是一种不可避免的现象。我们要看到，由律师收集的证据，必然增加了证据的数量，这是法官所做不到的。

以法律为准绳，就是要严格依据现行法。成文法的价值在于它通过确定明确、统一的规范而使法官的裁量有所依据，同时也为这种裁量活动作出了规范，法官的全部裁判行为都要依据法律，这就是司法的本来含义。③ 然而，成文法固有的缺陷在于其以条文方式表现出来的含义因难以预料社会经济变化而难免出现立法漏洞，或者条文本身因设计和思考的不周密而导致含义不明等，在这些情况下都会出现一个法官如何适用法律的问题。在正确适用法律方面，律师能够发挥重要作用，可以为法官正确理解或适用法律提供参考意见。

（三）律师在司法过程中具有特殊的批评和监督作用

律师的监督集中表现在律师依法担任辩护人、诉讼代理人参与诉讼，维护当事人的合法权益。④ 这本身也是对法官自由裁量权的一种制约。

---

① 高一飞：《刑事简易程序的正当性研究》，载《刑事法评论》2001 年第 1 期。

② 朱力宇、林鸿姣：《在理性与现实之间寻求司法的正义——兼论“以事实为根据，以法律为准绳”原则的发展和变化》，载《求是学刊》2012 年第 2 期。

③ 田浩为：《〈关于在民商事审判中实行判例指导的若干意见〉的理解》，载《中国法学文档》2005 年第 1 期。

④ 乔金茹：《论律师在构建社会矛盾调节机制中的角色定位》，载《河南司法警官职业学院学报》2010 年第 3 期。

早在20世纪初，中国开始酝酿产生律师制度时，许多有识之士便看到中国几千年没有律师制度，致使官吏享有莫大的自由裁量权，导致奸吏任意取舍、出入人罪、刑讯逼供、搬权弄法，弊端丛生。一般老百姓因不懂法律而只能任由其宰割。因此律师制度设立的重要目的之一便是防止法官擅专，监督裁判公正。实践证明，律师参与诉讼可以对法官的裁量形成一种有效的制约。① 以刑事辩护为例，检、辩、审构成相互制衡和互动的结构，检察官提起公诉，要努力收集并提出对被告不利的证据，而律师作为辩护人，要尽量提出对被告有利的情节和证据，而法官居中听取双方的不同意见，达到兼听则明、辨明真相、不枉不纵。

同时，律师参与诉讼，也可以有效防止法官违反法定的程序办案损害当事人的合法权益。正是因为律师具有上述作用，因而许多国家法律规定，诉讼必须由律师代理或辩护，以保证裁判公正。如德国法规定地方法院以上的民事诉讼，必须由律师代理，至于刑事案件，联邦法院、高等法院的第一审案件，或陪审法院所受理的案件，也必须选辩护人。《日本刑事诉讼法》也规定，死刑、无期徒刑或最高法定刑为3年以上之有期徒刑的刑事案件，非经律师到庭，不得开庭。这种规定是不无道理的。

（四）减少社会冲突

律师制度是社会与国家矛盾的产物，是近现代法治文明的产物。在社会冲突与利益平衡中，律师不仅仅是法律的实施者，更是解决社会冲突与利益平衡的践行者。② 随着政治体制改革和经济体制改革的不断深化，社会冲突也随之不断涌现。现代市场经济，各市场主体追求利益最大化，利益平衡也不断调整。律师积极参与各项政治法律和社会改革实践活动，积极参与立法、司法、执法和法制宣传的覆盖面和渗透力，通过诉讼和非诉讼活动中遇到的新情况和新问题，为国家司法制度的完善和立法部门建章立制建言献策，推动立法进程和法律制度的完善。

律师的职能活动是和谐社会建设的重要组成部分，解决和消除社会矛盾与冲突是实现社会和谐的基础，律师为保障人权，维护民生，维护社会公平和正义发挥“平衡木”和“杠杆”的作用。③ 一方面，律师代理当事人参与诉讼、仲裁、调解等活动，是在解决社会矛盾与冲突，律师通过帮助法院或仲裁机构依法查明事实，正确适用法律，理性、恰当地解决社会冲突，保障人权，维护民生，维护社会公平和正义；另一方面，律师接受当事人委托参与各种民事及行政活动，是在平衡利益、防范和避免社会冲突的发生，律师通过对当事人的引导和建议、对当事人决策与判断的影响，劝导当事人正确理解法律，正确选择自己的利益诉求，正确对待他人的利益诉求。

---

①　屈明珍、曹刚:《律师制度及律师在政治文明建构中的作用》，载《中南大学学报（社会科学版）》2003年第5期。

②　唐福辉:《律师在社会冲突与利益平衡中的作用》，载《第三届西部律师发展论坛论文集》2010年。

③　唐福辉:《律师在社会冲突与利益平衡中的作用》，载《第三届西部律师发展论坛论文集》2010年。

五、律师职业伦理的概念和特征

律师职业伦理，指的是律师在执行职务、履行职责过程中应遵守的职业行为规范。① 律师职业伦理是律师政治素质、理想信念、思想品质等的综合反映，也是规范律师队伍、维护律师声誉、推动律师为社会提供优质法律服务的重要保证。律师职业伦理是社会伦理的重要组成部分，是律师伦理在律师职业中的特殊体现，律师职业伦理与一般的社会伦理相比，有其明显的特征：②

1. 适用对象的广泛性③

律师职业伦理的适用对象不仅包括取得执业证书的律师，还包括在律师职业行为中发挥着重要辅助作用的其他人员。《律师执业行为规范》第 4 条规定："本规范适用于作为中华全国律师协会会员的律师和律师事务所，律师事务所其他从业人员参照本规范执行。"因此，律师职业伦理的适用对象包括律师、律师事务所以及在律师事务所中辅助律师开展业务活动的实习律师和律师助理。

2. 高度成文性④

从理论上说，所有的职业都是有职业道德的，但并不是所有的职业道德都清清楚楚有成文的，许多职业道德是不成文的，仅仅存在于日常社会的一般道德或人们的潜意识中，因此出现了以一般道德代表职业道德，从事该职业的人对自己的职业道德内容是模糊的现状。即使有些职业道德成文了，但也仅仅是几条笼统的一般概括，其在该职业人心中的重视度也不高。但是律师职业道德却大大不同，不仅是成文的，而且条文的数量和清晰度是其他职业道德难以比拟的。律师职业伦理通过法律、法规、律师协会的规范性文件等形式，对律师的职业行为作出明确调整。这种调整并不是一种纯粹的劝诫式的教化，而是包含各种形式的强制性。违反这些规定，会受到各种形式的处罚。

3. 多层次性

在我国，律师职业道德不仅高度成文，内容详细而且规范的制定具有多层次性。不仅在法律上有明确规定，而且还有一系列的行政法规、部门规章和行业规范。首先，法律层面上不仅有专门的《律师法》对律师的权利义务作出规定，还散见于《宪法》《刑法》《刑事诉讼法》《民事诉讼法》等法律。其次，相关的行政规章有《外国律师事务所驻华代表机构管理条例》等。再次，相关的部门规章主要有司法部颁布的《律师十要十不准》（1990 年）、《律师职业道德和执业纪律规范》（1993 年，2001 年由中华全国律师协会进行了修订）等。最后，直到 2004 年 3 月 20 日第五届中华全国律师协会第九次常务理事会制定完成了《律师执业行为规范（试行）》，2009 年 12 月 27 日第七届中华全国律师协会第二次理事会对它进行了修订。可见对律师职业道德规范制定具有多层次性。

---

① 李本森主编：《法律职业道德概论》，高等教育出版社 2003 年版，第 196 页。

② 张森年主编：《司法职业道德概论》，广西师范大学出版社 2009 年版，第 191 页。

③ 李本森主编：《法律职业伦理》，北京大学出版社 2005 年版，第 161 页。

④ 张森年主编：《司法职业道德概论》，广西师范大学出版社 2009 年版，第 193 页。

4. 自律性①

律师的职业活动具有高度独立性，律师需保持高尚品格，维护律师的整体声誉和形象。因此，大多数国家结合律师的业务制定了律师职业道德规范，并对违反规范的律师予以惩戒。律师职业道德是律师们在长期的执业实践中形成的，并以全体律师的自觉遵守作为其主要实施方式。律师在进行执业宣誓时的誓词就表明了这一点："我是中华人民共和国律师，忠于宪法，忠于祖国，忠于人民，维护当事人合法权益，维护法律正确实施，维护社会公平正义，恪尽职责，勤勉敬业，为建设社会主义法治国家努力奋斗！"律师职业道德的自律性是由律师执业活动空间的特殊性所决定的。律师在执业过程中会接触到社会的方方面面，不仅游走于公、检、法等机关之中，还要和社会各种群体接触，而律师想要保证自身的独立性，维护法律权威，则法律职业伦理必须具有自律性。

5. 政治性

律师追求公平正义，律师行业是事关国家的民主与法治建设，与社会利益、国家稳定发展密切相关的行业。律师职业伦理具有阶级性和政治性，根本原因在于律师职业所提供的是法律服务产品。② 其他职业道德，例如在经济生活领域的工业道德、商业道德以及非经济领域中诸如教师道德等，受统治阶级意志力的约束要小得多。律师制度是国家司法制度的重要组成部分，属于国家上层建筑的范畴，所以，律师道德当然也始终是"阶级的道德"。

第二节　律师执业伦理规范渊源

律师执业行为规范对律师的执业行为具有指引、教育、预测等功能，不仅包括法律、法规和相关的司法解释，还体现在行业规范等自律性规范中。我国有关律师职业行为的法律和司法解释就是立法机关和司法机关对律师的职业行为所作的相关规定，主要为了保障法律的公平正义和公民的权利。

一、法律

1979 年，中央决定恢复和健全律师制度，全国各地陆续开始重建律师队伍，同年 7 月国家颁布的《刑事诉讼法》重新规定了律师辩护制度。1980 年第五届全国人民代表大会常务委员会第十五次会议正式通过了《律师暂行条例》，这是最早针对律师职业行为的系统立法。由于市场经济的发展，《律师暂行条例》无法适应现实需求而失效。1996 年 5 月，第八届全国人大常委会第十九次会议审议通过了《律师法》，这是我国颁布的第一部律师法，其中包括对律师、律师事务所及律师协会的权利义务的相关规定。根据 2001 年 12 月 29 日第九届全国人民代表大会常务委员会第二十五次会议《关于修改〈中华人民共和国律师法〉的决定》对《律师法》进行了第一次修正，2007 年 10 月 28 日第十届全国

① 李红丽：《论律师职业道德的特点》，载《法制与社会》2008 年第 21 期。

② 廖志雄：《律师职业伦理：冲突与选择、道德权利及其法律化》，载《西部法学评论》2013 年第 2 期。

人民代表大会常务委员会第三十次会议对《律师法》再次作出比较全面的修订。这次修订新修改条文40多条条款，从律师执业许可、执业律师的权利和义务、律师业务和律师执业监督、法律责任等诸多方面进行了修改，从而使我国的律师制度更加健全和完善。2012年3月4日第十一届全国人民代表大会第五次会议通过修改《刑事诉讼法》的决定，对我国刑事诉讼制度与程序进行重大修改，其中涉及律师制度的内容包括：允许犯罪嫌疑人在侦查阶段聘请律师担任辩护人，并规定了辩护律师在侦查阶段的权利；将提供法律援助的时间由审判阶段扩大到侦查、审查起诉阶段；完善了律师的会见权、阅卷权和调查取证权，赋予律师保密权、申诉权或者控告权、申请变更强制措施权，以及包括辩护律师在内的辩护人涉嫌犯罪的侦查管辖及侦查机关的通知义务。2012年10月26日第十一届全国人民代表大会常务委员会第二十九次会议作出《关于修改〈中华人民共和国律师法〉的决定》，对《律师法》的许多条文再次进行了修改，内容涉及律师业务范围，辩护律师责任，辩护律师会见权、阅卷权和保密权，以及辩护律师涉嫌犯罪侦查机关的通知义务等，以便与修改后的《刑事诉讼法》相衔接。本次修正后，目前我国现行的《律师法》具体包括律师、律师事务所以及律师协会的权利和义务的相关规定。① 2017年9月1日第十二届全国人民代表大会常务委员会第二十九次会议《关于修改〈中华人民共和国法官法〉等八部法律的决定》对《律师法》进行了第三次修正。

二、行政法规及部门规章

在《律师法》颁布之前，我国律师业的管理以行政管理为主，相应地，这个时期的律师职业行为规范也主要由国务院司法行政部门制定并监督实施。1988年6月，司法部发布《合作律师事务所试点方案》，开始探索建立合作制律师事务所。这是我国对律师执业机构的第一次探索性改革。1990年11月，“为切实搞好律师队伍的整顿工作，促进律师从业清廉，树立良好的律师形象”，司法部根据《律师暂行条例》，印发了《律师十要十不准》，对律师执业行为规范作了原则性的规定，这是我国律师制度恢复后最早的律师执业行为规范。为了保障律师事业的健康发展，1992年10月22日司法部颁布了《律师惩戒规则》，并于1993年3月1日起实施。该法规对律师和律师事务所违反职业规范的各种情形及应受的惩戒作了初步规定。1993年11月26日国务院在1992年中共中央《关于建立社会主义市场经济体制若干问题的决定》将律师事务所的性质界定为中介组织基础上，批准了司法部《关于深化律师工作方案》，使我国律师事务所走上多元化的发展道路。1993年12月，司法部又正式颁布实施我国第一部较完整的《律师职业道德和执业纪律规范》，分为总则、律师职业道德、律师执业纪律和附则四章，共计21条，主要对律师职业道德和在受理案件、业务收费、代理参与诉讼和仲裁活动、处理与委托人和对方当事人的关系方面以及在处理与其他律师之间的关系方面应遵守的执业纪律作出了规定。为适应国际化发展趋势，2001年12月22日国务院发布《外国律师事务所驻华代表机构管理条例》。2008年7月18日发布《律师事务所管理办法》和《律师执业管理办法》。此外司法部发布的有关律师执业行为的规范还有《关于反对律师行业不正当竞争行为的若

① 参见谭世贵主编：《中国司法制度》，法律出版社2013年版，第275~276页。

干规定》、《律师和律师事务所违法行为处罚办法》、"六禁止"以及《关于规范法官和律师相互关系维护司法公正的若干规定》等。为了规范律师事务所分所的设立，加强对律师事务所分所的监督和管理，2012 年 11 月 30 日司法部令第 125 号公布了司法部关于修改《律师事务所管理办法》的决定。①

三、司法解释

中华人民共和国成立以来，在司法实践中遇到的关于律师执业道德的复杂案件层出不穷，最高人民法院对律师职业道德规范的司法解释数量巨大。但是有很多已经无法适应现今的司法审判，自 21 世纪以来我国进行了多次法规的清理工作。目前还在实施的司法解释主要有：2011 年 2 月 10 日最高人民法院印发的《关于对配偶子女从事律师职业的法院领导干部和审判执行岗位法官实行任职回避的规定（试行）》，2008 年 5 月 21 日最高人民法院、司法部印发的《关于充分保障律师依法履行辩护职责确保死刑案件办理质量的若干规定》，2006 年 3 月 13 日《最高人民法院关于认真贯彻律师法依法保障律师在诉讼中执业权利的通知》等。

四、行业规范

1986 年 7 月，在北京召开的全国律师代表大会决定成立中华全国律师协会，并通过了协会章程。该协会于 1987 年 1 月加入亚太地区律师协会，同年 5 月加入国际律师协会。1993 年，司法部颁布了《律师职业道德和执业纪律规范》。该规范标志着我国律师行业组织职能的加强，预示着我国律师执业规范走向正规化、系统化。此外，1999 年 12 月 18 日中华全国律师协会还制定了《律师协会会员处分规则》等，2004 年 3 月 20 日中华全国律师协会第五届常务理事会第九次会议通过并施行了《律师执业行为规范（试行）》，这是自《律师职业道德和执业纪律规范》《律师办理刑事案件规范（修改）》颁布之后，首次就律师执业行为规范进行系统、全面、科学的规定。《律师执业行为规范（试行）》分总则、律师的职业道德、执业前提、执业组织、委托代理、律师收费规范、委托代理关系的终止、执业推广、律师与同行关系中的行为规范、律师在诉讼与仲裁中的行为规范、律师与律师行业管理或行政管理关系中的行为规范。2004 年 3 月 20 日中华全国律师协会同时修改并颁布了新的《律师协会会员违规行为处分规则（试行）》。为了贯彻落实《律师法》对律师执业行为的要求，2009 年 12 月 27 日第七届中华全国律师协会第二次理事会修订并颁布了《律师执业行为规范》。

五、其他规范性文件

各地也制定了一些有关律师执业行为规范方面的地方立法和规范性文件，如《山西省律师执业条例》（2000 年）、《深圳经济特区律师条例》（2004 年修订）、《湖北省律师执业规范》（2003 年）、《四川省律师职业道德和执业纪律规范》（2010 年修订）；其他如北京、上海两地的高级人民法院和司法局都联合发布了《关于加强法院廉政建设和律师

① 时显群等主编：《律师与公证学》，重庆大学出版社 2011 年版，第 75~78 页。

廉洁从业若干问题的规定》；四川省高级人民法院、四川省人民检察院、四川省司法厅联合发布了《关于法官、检察官与律师在诉讼活动中廉洁自律的规定》（1998 年），云南省高级人民法院、云南省司法厅则联合发布了《关于人民法院审判人员和律师在诉讼活动中廉洁自律的规定（试行）》。

第三节　委托代理关系伦理

认清、处理好与委托人的关系，是律师工作中的重要环节，能够正确处理与委托人的关系是律师职业赖以生存的基础。根据《律师法》和相关法律规定以及大量的司法实践，律师与委托人的关系包括：建立委托代理关系、律师的独立性、律师的义务、禁止性规定、委托事项的转委托、律师收费规则以及委托关系的终止。

一、委托代理关系

（一）委托代理关系的建立

1. 当事人的委托

律师—委托人关系从本质上讲，是一种合同关系。因此，律师—委托人关系的建立，首先来自于当事人的委托，律师—委托人关系的建立过程实际上是二者的洽商过程。二者是平等的民事主体。除了来自于当事人的委托以外，律师—委托人关系建立的另一种方式是有关机构的指定。《律师法》第 42 条规定，律师、律师事务所应当按照国家规定承担法律援助义务，为受援人提供符合标准的法律服务。2003 年国务院颁布的《法律援助条例》对于律师的法律援助的义务、程序和职责作出了十分具体和细致的规定。在法律规定的范围内，律师应当承办所指定的法律援助案件。这种情况下律师—委托人关系的建立不是一个平等洽商的过程，而是一种行政性的管理方式，体现了法律援助的国家管理属性。

《律师法》第 25 条规定："律师承办业务，由律师事务所统一接受委托，与委托人签订书面委托合同，按照国家规定统一收取费用并如实入账。"因此，律师和委托人之间委托关系的成立，必须采用书面形式。委托关系的双方主体分别是律师事务所和委托人。根据《律师办理刑事案件规范》《律师办理民事诉讼案件规范》等文件的规定，律师受理案件须办理以下手续：（1）律师事务所与委托人签署"委托协议"一式两份，一份交委托人，一份交律师事务所存档；（2）委托人签署"授权委托书"一式三份，一份呈交办案机关，一份由承办律师存档，一份交委托人保存；（3）开具律师事务所介绍信，由律师呈交办案机关。律师受理刑事案件，应当在侦查、审查起诉、一审、二审、申诉各阶段分别办理委托手续；也可以一次性地签订委托协议，但应分阶段签署授权委托书。对于需要提供法律援助的当事人，律师事务所可以指派律师承办，但须按规定办理委托手续。

2. 法律援助

法律援助制度在西方国家已有上百年的历史，法律援助的概念在不同的国家有不同的定义。但从大的发展趋势看，法律援助逐渐由传统的社会慈善道义行为演变为国家对公民的一项司法救济和保障措施，成为现代意义的法律援助制度。① 现代各国法律援助的概念可以定义为：法律援助是国家对因经济困难无力支付或不能完全支付代理费用的公民给予免收费或者由当事人分担部分费用的法律帮助，以维护法律赋予公民的权益得以平等实现的一项司法保障制度。借鉴各国现代法律援助定义中具有一般性、共性的内容，我国的法律援助制度从一开始建立就呈现一些与本国的法律服务体制相适应的特点。我国的法律援助，是指由政府设立的法律援助机构组织法律援助人员和社会志愿人员，为某些经济困难的公民或特殊案件的当事人提供免费的法律帮助，以保障其合法权益得以实现的一项法律保障制度。

（二）委托代理的范围和权限

1. 委托代理的范围

委托范围就是律师接受委托提供服务的范围。一方面，在法律规定的范围内，委托人对于通过委托律师所要达到的目标有最终的决定权；另一方面，律师对委托有一定的限定权。《律师法》第 32 条第 2 款规定："律师接受委托后，无正当理由的，不得拒绝辩护或者代理。但是，委托事项违法、委托人利用律师提供的服务从事违法活动或者委托人故意隐瞒与案件有关的重要事实的，律师有权拒绝辩护或者代理。" 由是推之，对于违法的委托事项，律师不得接受委托。

因此，委托范围的确立是律师和委托人的协商过程。在该协商过程中，律师应当坦诚说明有关事项，不得作虚假承诺。司法部 2008 年《律师执业管理办法》第 33 条第 1 款规定："律师承办业务，应当告知委托人该委托事项办理可能出现的法律风险，不得用明示或者暗示方式对办理结果向委托人作出不当承诺。" 中华全国律师协会 2011 年《律师执业行为规范》第 78 条第 6 项规定，"明示或者暗示可以帮助委托人达到不正当目的，或者以不正当的方式、手段达到委托人的目的"，是律师执业不正当竞争行为。在实现手段问题上也是如此。中华全国律师协会 2011 年《律师执业行为规范》第 36 条规定："律师与所任职律师事务所有权根据法律规定、公平正义及律师执业道德标准，选择实现委托人或者当事人目的的方案。" 委托人同样有权就实现代理目标所要使用的手段同律师进行协商。

2. 委托代理的权限

委托权限的确定，主要存在于律师的代理活动中。2017 年《律师法》第 30 条规定："律师担任诉讼法律事务代理人或者非诉讼法律事务代理人的，应当在受委托的权限内，维护委托人的合法权益。" 中华全国律师协会 2011 年《律师执业行为规范》第 40 条规定："律师接受委托后，应当在委托人委托的权限内开展执业活动，不得超越委托权限。" 2017 年《民事诉讼法》第 59 条第 1、2 款规定："委托他人代为诉讼，必须向人民法院提交由委托人签名或者盖章的授权委托书。" "授权委托书必须记明委托事项和权限。诉讼代理人代为承认、放弃、变更诉讼请求，进行和解，提起反诉或者上诉，必须有委托人的特别授权。" 第 60 条规定："诉讼代理人的权限如果变更或者解除，当事人应当书面告知人民法院，并由人民法院通知对方当事人。" 中华全国律师协会 2000 年《律师办理民事诉讼案件规范》第 10 条规定，"律师事务所与委托人签订委托代理合同及委托人签署授权委托书时，应当记明具体的委托事项和权限，委托权限应注明是一般授权还是特别授

---

① 彭锡华：《法律援助的国家责任——从国际人权法的视角考察》，载《法学评论》2006 年第 3 期。

权。变更、放弃、承认诉讼请求和进行和解，提起反诉和上诉，转委托，签收法律文书，应当有委托人的特别授权”。因此，律师在进行代理活动时，应当通过委托合同和授权委托书，对自身的权限进行明确的界定。

（三）委托代理关系的内容

在我国，律师的服务范围严格控制在法律规定的范围内。由于服务对象和内容的不同，解决问题的方式也多种多样，因此律师在为委托人提供法律服务的过程中，需要对委托人面临的法律问题进行综合分析，从而作出有利于其的判断和对策。总体上，律师提供法律服务的主要内容包括以下方面：

（1）法律咨询服务

咨询服务贯穿律师法律服务活动的始终，是律师的主要工作方式。咨询有口头咨询和书面咨询。书面咨询表现为正式的法律意见咨询服务、案件调查、出庭代理、参与谈判、草拟文书、协调关系、保管财物书。律师应当对自己的咨询意见承担法律责任。

（2）案件调研调查

律师法律服务质量的高低很大程度上体现在案件调查水平方面的调查，包括法律政策调查和事实证据调查。法律政策调查针对代理案件的情况进行相关的法律政策的调查分析和研究，全面把握案件的法律性质和法律导向。事实证据调查主要针对案件事实进行调查，取得相关证据，支持当事人的法律主张。

（3）出庭代理诉讼

法庭活动是大多数律师法律服务活动的重要内容。律师接受诉讼、仲裁案件大多需要出庭。律师在庭审中的表现对于当事人权益的维护至关重要。

（4）参与谈判

参与谈判在诉讼和非诉讼活动中都可能存在。在实践中，律师参与谈判更多地发生在非诉讼活动中，如作为代理人的律师参与商事谈判。

（5）草拟法律文书

律师法律服务中大量的工作与草拟法律文书有关，所涉及文书包括辩护词、代理词、各种诉状、法律意见书、律师函等。起草法律文书是律师职业技能的重要方面。

（6）代为保管财物

律师可以接受当事人的委托代为保管财物。在实践中，有的当事人委托律师事务所进行财产执行，必要时需事务所按照约定进行财物保管。

（四）委托代理关系的终止

1. 委托代理关系终止的法定情形

律师—委托人关系的终止也是律师在处理该关系时应当特别注意的问题。从我国的实际情况来看，律师—委托人关系的终止主要有两种情况，一种是自然终止，即委托事项办理完毕，律师—委托人关系终止；另一种是法定终止，即在法律规定的情况下，律师—委托人关系可以或者应当终止。法定终止的情况主要包括以下几种：

（1）委托人拒绝辩护或代理

《律师法》第 32 条第 1 款规定：“委托人可以拒绝已委托的律师为其继续辩护或者代理，同时可以另行委托律师担任辩护人或者代理人。”在委托人拒绝律师辩护或者代理的情况下，律师应当退出对该委托人的代理。委托人对律师的解雇使得律师的退出代理成为强制性的，从而为替代的律师留下了空间。如果不这样规定，那么委托人任意解雇律师的权利就是无意义的。

（2）律师拒绝辩护和代理

《律师法》第 32 条第 2 款规定："律师接受委托后，无正当理由的，不得拒绝辩护或者代理。但是，委托事项违法、委托人利用律师提供的服务从事违法活动或者委托人故意隐瞒与案件有关的重要事实的，律师有权拒绝辩护或者代理。"《律师执业行为规范》对该规定进行了进一步的解释，将委托关系的终止分为强制性终止和任选性终止两种情况。律师在办理委托事项过程中出现下列情况，律师事务所应终止其代理工作：①委托人提出终止委托协议的；②律师受到吊销执业证书或者停止执业处罚的，经过协商，委托人不同意更换律师的；③当发现有本规范第 50 条规定的利益冲突情形的；④受委托律师因健康状况不适合继续履行委托协议的，经过协商，委托人不同意更换律师的；⑤继续履行委托协议违反法律、法规、规章或者本规范的。

有下列情形之一，经提示委托人不纠正的，律师事务所可以解除委托协议：①委托人利用律师提供的法律服务从事违法犯罪活动的；②委托人要求律师完成无法实现或者不合理的目标的；③委托人没有履行委托合同义务的；④在事先无法预见的前提下，律师向委托人提供法律服务将会给律师带来不合理的费用负担，或给律师造成难以承受的、不合理的困难的；⑤其他合法的理由的。

2. 委托代理关系终止的程序

委托人—律师关系的终止涉及律师和委托人之间的权利、义务关系，涉及法院等有关机构的效率。因此，这种关系的终止同样应当遵循一定的程序要求。从我国现有规定来看，主要有以下两个方面：

（1）查证和通知。中华全国律师协会 2000 年《律师办理民事案件规范》第 18 条规定："委托人利用律师提供的服务从事违法活动或者隐瞒事实的，律师可以拒绝代理，经律师事务所收集证据，查明事实后，告知委托人，解除委托关系，记录在卷，并整理案卷归档。"律师事务所在查证后，应当尽可能提前向委托人发出通知，以便为委托人委托其他律师留下尽可能多的时间，同时也有利于避免法院等有关机构因律师的退出而影响工作效率。

（2）批准。当律师被法律援助机构指定担任辩护人或者代理人时，退出辩护或者代理通常需要得到指定机构的批准。根据国务院 2003 年《法律援助条例》第 23 条的规定，办理法律援案件的人员遇有应当终止法律援助情形的，应当向法律援助机构报告，法律援助机构经审查核实的，应当终止该项法律援助。司法部 2004 年《律师和基层法律服务工作者开展法律援助工作暂行管理办法》第 12 条规定："律师和基层法律服务工作者在承办法律援助案件过程中，发现受援人有《法律援助条例》第 23 条规定列举的情形时，应当及时向法律援助机构报告，由法律援助机构负责审查核实，决定是否终止该项法律援助。"司法部 2012 年《办理法律援助案件程序规定》第 33 条也规定，在需终止法律援助的情况下，法律援助人员应当向法律援助机构报告。法律援助机构经审查核实，决定终止法律援助的，应当制作终止法律援助决定书，并发送受援人，同时函告法律援助人员所属单位和有关机关、单位。法律援助人员所属单位应当与受援人解除委托代理协议。因此，如果律师是被法律援助机构指定担任委托人的诉讼代理人或辩护人的，律师解除委托代理协议在退出代理或辩护时，应当得到有关机构的批准。

二、忠诚服务规则

中华全国律师协会发布的《律师执业行为规范》第 6 条明确规定，律师必须诚实守信，勤勉尽责，依照法律和事实，维护委托人的合法权益，维护法律的尊严，维护社会公平与正义。这一条款实际上就要求律师应当忠诚服务，这不仅是为了当事人的利益也是为了律师自身利益。律师的忠诚与否直接反映了律师的服务质量和律师的声望。

（一）禁止虚假承诺

律师应当遵循诚实守信原则，根据委托人提供的事实和证据，客观地告知委托人所委托事项可能出现的法律风险，依据法律规定进行分析，向委托人提出分析性意见，不得故意对可能出现的风险做不恰当的表述或做虚假承诺。律师的辩护、代理意见未被采纳，不属于虚假承诺。

（二）禁止非法牟取委托人的利益

律师接受当事人的委托，为当事人提供法律帮助是律师的职责，律师不得利用提供法律服务的便利，谋取当事人争议的权益。为了防止律师权利的滥用，《律师执业行为规范》作出了明确规定：（1）律师和律师事务所不得利用提供法律服务的便利，谋取当事人争议的权益；（2）律师和律师事务所不得违法与委托人就争议的权益产生经济上的联系，不得与委托人约定将争议标的物出售给自己；不得委托他人为自己或为自己的近亲属收购、租赁委托人与他人发生争议的标的物；（3）律师事务所可以依法与当事人或委托人签订以回收款项或标的物为前提按照一定比例收取货币或实物作为律师费用的协议。

（三）禁止无故拒绝辩护或者代理

律师接受委托后，无正当理由不得拒绝辩护或者代理、或以其他方式终止委托。委托事项违法、委托人利用律师提供的服务从事违法活动或者委托人故意隐瞒与案件有关的重要事实的，律师有权告知委托人要求其整改，有权拒绝辩护或者代理，或以其他方式终止委托，并有权就已经履行的事务取得律师费。

（四）保管好委托人的财务

1. 妥善保管义务

律师应当妥善保管与委托事项有关的财物，不得挪用或者侵占。

2. 严格分离义务

律师事务所受委托保管委托人财物时，应将委托人财产与律师事务所的财产严格分离。委托人的资金应保存在律师事务所所在地信用良好的金融机构的独立账号内，或保存在委托人指定的独立开设的银行账号内。委托人其他财物的保管方法应当经其书面认可。

3. 交还委托人财务的手续

委托人要求交还律师事务所受委托保管的委托人财物，律师事务所应向委托人索取书面的接收财物的证明，并将委托保管协议及委托人提交的接收财物证明一同存档。

4. 及时告知义务

律师事务所受委托保管委托人或第三人不断交付的资金或者其他财物时，律师应当及时书面告知委托人，即使委托人出具书面声明免除律师的及时告知义务，律师仍然应当定期向委托人发出保管财物清单。

【案例 6-1】

念　斌　案

一、基本案情

2006 年 7 月 26 日晚，福建省福州市平潭县澳前镇澳前村一居民家发生中毒事件。陈氏母女与租住陈家房屋经营食杂店的丁某虾及其 3 个孩子，在共进晚餐后有 4 人出现明显中毒症状。次日凌晨，丁某虾的长子、女儿经抢救无效死亡。公安机关经过侦查认为，租赁陈家房屋、与丁某虾相邻亦经营食杂店的念斌有重大作案嫌疑。2006 年 8 月 7 日，警方对念斌测谎，念斌没有通过，当天被留置盘问。2006 年 8 月 8 日，念斌作出有罪供述：因对丁某虾抢走其顾客不满，将鼠药投入丁家厨房烧水铝壶中，致丁、陈两家人食用壶中水所煮饭菜后中毒。2007 年 2 月，福州检察院以念斌犯投放危险物质罪向福州中院提起公诉。同年 3 月福州中院首次开庭审理此案，念斌当庭翻供，称遭办案人员刑讯逼供。2008 年 2 月 1 日，福州中院以投放危险物质罪，判处念斌死刑，剥夺政治权利终身。念斌提出上诉。2008 年 12 月，福建高院裁定：事实不清，证据不足，撤销原判，发回重审。2009 年 6 月 8 日，福州中院再次判决念斌死刑立即执行，念斌上诉。2010 年 4 月，福建高院维持一审判决，案件送至最高法进入死刑复核程序。2010 年 10 月，最高法以“事实不清、证据不足”为由，不核准念斌死刑，发回福建高院重审。2011 年 5 月 5 日，福建高院裁定：事实不清，证据不足，撤销原判，发回福州中院重审。2011 年 9 月 7 日，念斌案再次由福州中院进行一审开庭。2011 年 11 月 24 日，被告人念斌第三次被福州中院判处了死刑立即执行。随后，念斌第三次因为该案提起上诉。2014 年 8 月 22 日，福建高院作出终审判：一、撤销福州市中级人民法院〔2011〕榕刑初字第 104 号刑事附带民事判决。二、上诉人念斌无罪。三、上诉人念斌不承担民事赔偿责任。

二、案件评析

（一）控方行为点评

本案中检察院自始至终都坚持指控念斌涉嫌投放危险物质罪，但是在本案证据、证人证言都存在重大瑕疵的情况下，依旧坚持如此追诉，这种做法的合理性值得深思。并且在念斌当庭翻供，指称受到警方刑讯逼供时，本案检察院并没有认真履行其法律监督职责，追查警方的刑讯逼供行为，反而置之不理。如果本案中检察院能够及时追查警方是否有刑讯逼供行为，并且认真地对本案证据进行审查及时发现当中漏洞，那么念斌就不会白白受八年的牢狱之灾。检察官的职业伦理要求检察官应当忠于法律、公正独立，但是我们遗憾地发现本案当中的检察官并没有充分有效履行法律赋予其的职责，没有做到维护法律的正确实施，反而我们从各种资料中可以看出，本案检察院始终顾及着负责侦查本案的警方的利益，没有坚守法律职业伦理要求检察官应当做到的独立性义务。

（二）法院行为点评

本案中涉及三级法院，分别是负责一审的当地中级人民法院、负责二审的福建省高级人民法院以及负责死刑复核的最高人民法院。本案当中，最高人民法院、福建省高级人民法院基本上都正确地适用了法律，都曾以“事实不清、证据不足”为由，不支持原审法院的判决，这也为本案最终的无罪判决奠定了基础。如果不是上级人民法院对法律的正确实施，那么念斌很可能就在数次死刑判决中被执行死刑，而迟来的无罪判决也就没有任何意义了。而反观本案当中的原审法院，在控方证据存在如此重大疏漏、经辩方多次指证并且经上级人民法院多次发回重审的情况下，仍然先后三次作出了“死刑立即执行”的判决，我们有理由相信本案原审法院没有正确地行使宪法、法律赋予其的审判权，原审法官也没有做到法官职业伦理要求的独立公正义务，没有做到真正独立于检察院、公安系统行使审判权。

（三）辩方行为点评

《律师执业行为规范》第6条规定：“律师应当诚实守信、勤勉尽责，依据事实和法律，维护当事人合法权益，维护法律正确实施，维护社会公平和正义。”可以说本案辩护律师尽到了该规范所要求的勤勉尽责义务。同时本案当中辩护律师的行为也是“以委托人为中心”理论的生动体现。律师作为委托人法律上的代理人，维护委托人的权益是其最基本的职责。委托人—律师关系是律师职业道德中所要调整的最重要关系之一。为了体现这种关系的服务于委托人的性质，美国律师协会库塔克委员会在制定《职业行为示范规则》时，将通常所说的“律师—委托人”关系重新订正为“委托人—律师”关系，以凸显委托人的中心地位。① 在过去的一个世纪中，法律职业已经有所演化，律师—委托人关系亦是如此。而委托人也必然随着法律服务的变化而变化。

以委托人为中心的代理其理论基础源于对律师属性的定位，换言之，自由职业者的社会角色定位是以委托人为中心的代理理论的基础。自由职业者要依赖与委托人形成信赖关系的气氛下为委托人提供服务。在这种社会角色定位中，律师将自己的身份定位成独立于国家权力的为公民提供法律服务的自由职业者。他们认为，法律的基础是尊重个人的尊严以及个人通过理性指导而获得的自治能力。律师的职责就是通过自己的职业行为保护这种个人尊严及理性自治的状态，防止任何人包括国家任意地侵犯公民个人神圣的权利。对于代理当事人的律师来讲，被代理人的利益是律师职业的最高价值诉求，胜诉是达至这种诉求的唯一途径。关于这种只忠诚于当事人的社会角色定位，早在1820年伯罗汉为英女皇卡罗琳辩护时就有精彩的论述。他在上议院为卡罗琳辩护时曾提醒议员们：“辩护人在实施其义务时，心中唯有一人，即他的当事

① 王进喜著：《美国律师职业行为规则理论与实践》，中国人民公安大学出版社2005年版，第25、26页。

人。千方百计地解救当事人，甚至不惜牺牲其他人的利益，是辩护律师的首要和唯一的义务，在实现这一义务时，不必考虑他可能会给他人造成的惊恐、折磨和毁灭。律师必须把爱国者与辩护人的义务区分开来，他必须不顾一切后果地工作，即使命中不幸注定要将他的祖国卷入混乱之中。”这种角色定位依据的主要是个人主义的价值观念，他们认为人的价值是所有价值中最高的价值，任何其他价值，甚或国家和社会的共同价值的达至也不能以牺牲个人的利益为代价。在具体的诉讼中，国家的利益自有强大的国家机器来维护，而当事人自我价值的保护却只能由律师个人依靠其对当事人的忠诚来维护。因此这种忠诚必须是“最高的忠诚……受信托所处的位置要求他放弃自我……忠诚不二是不懈的最高原则”。他们认为，国家机关和律师双方或者双方当事人的律师各方各自为自己所代表的利益进行的斗争越激烈，他们所代表的利益才能获得最大程度的彰显。因此，任何方无须顾及对方的利益，对方的不利益是对方的社会职责不完全履行，本方无须介入也无须考虑。因此，这种社会角色定位用一句话来概括就是追求当事人利益最大化的个人主义价值要求。①

本案当中两位辩护律师对于正确适用法律的坚守，对于事实证据的不懈探究，都值得肯定。可以说他们的代理行为是符合“以委托人为中心”的代理原则的，并且他们与被告人及其家属之间的交流也是有效的，他们为念斌的家属在法律允许的范围内制定了可行的申冤策略，较为有效地避免了念斌家属可能因不断上访遭受的巨大风险。其中非常重要的一点便是当时劳动教养制度在我国尚未被正式废除，一旦念斌家属选择不断上访作为申冤方式那么很可能被以扰乱社会秩序为由进行劳动教养。本案当中辩护律师在与被告人家属充分交流之后说服其放弃上访、寻求正规司法途径解决的行为帮助委托人有效规避了这一风险。

同时，本案当中两位律师免费为家境困难的念斌代理所体现出的律师公益精神也值得肯定。特别是自始至终代理本案的张某律师，为本案前后努力六年，并且将律师费一减再减，最终免费代理本案，孜孜不懈最终换得念斌的无罪判决。

三、保守秘密规则

保守秘密是律师执业的一个基本道德准则。律师与委托人之间的委托代理关系，不仅意味着委托人应当毫无保留地告知律师有关法律服务事项的信息，以便律师能够积极、有效、有序地开展法律服务工作，同时意味着律师应当严格保守委托人所告知的信息，尤其是事关委托人人身权利和个人隐私的信息。② 否则律师与委托人之间就无法建立基本的信任，委托代理关系自然就没有存续的土壤。

（一）律师的保密义务

1. 法律上的义务

① 王彧：《律师社会角色定位与我国律师职业道德体系的建构》，载陈卫东主编：《“3R”视角下的律师法制建设》，中国检察出版社 2004 年版，第 204、205 页。

② 吴丹红：《刑事诉讼中的律师保密义务》，载《刑事法评论》2006 年第 1 期。

律师由于其职业的特殊性，在办案过程中会或多或少地知晓当事人的秘密。对于该如何使用这些秘密的问题，许多法治完备的国家都规定了律师在办案过程中知晓的当事人的秘密，有为当事人保密的义务，如日本，法律必须严守就案件所了解的委托人的秘密；又如在英国，律师与当事人之间关系的各个方面都受到证据法原则的保护，即律师向当事人提供咨询意见，以及当事人告诉律师有关情况不被作为证据使用；意大利刑法典规定，没有正当理由泄露职业秘密属于违法行为，如果因此造成损害必须承担刑事责任。联合国大会 1990 年批准的《关于律师作用的基本原则》第 22 条也规定了“各国政府应确认和尊重律师及其委托人之间在其专业关系内的所有联络和磋商均属保密。”除此之外，在我国《律师法》第 38 条也规定了律师应当保守在执业活动中知悉的国家秘密、商业秘密，不得泄露当事人的隐私。律师保密义务已经成为世界各国执业律师的一项重要义务，律师违反保密义务将会受到法律上的制裁。

2. 道德上的义务

除了法律的直接规定外，律师个人的职业道德也要求律师必须履行保密义务。① 律师的保密义务可以通过职业伦理规范使其具体化。例如，美国《律师职业道德标准》第 4 条规定：“律师应当保守当事人的秘密和隐私。”日本《律师道德规范》要求：“律师必须保守就案件所了解的委托人的秘密。”德国《律师职业行为规则》规定，保守职业行为规则规定保守职业秘密的义务不限于法律的规定，它适用于律师在从业过程中他人告知或通过其他途径了解到的一切事项。在西方国家，律师作为一种职业在社会上享有崇高的声誉。人们对于他们的声誉产生了信赖，相信他们不会泄露自己的信息。而律师出于对自身荣誉的维护，也会在办案的过程中，尽可能地利用当事人所提供的信息维护当事人的利益，并且不会无故泄露给第三人。如果律师放弃了保密义务，泄露了当事人的信息，这就会导致律师的个人名誉受损，也会使律师遭到同行的讥笑，承受着良心的谴责和舆论的压力。

（二）我国律师保密的范围

1. 国家秘密

《中华人民共和国保守国家秘密法》第 2 条规定：“国家秘密是关系国家安全和利益，依照法定程序确定，在一定时间内只限一定范围的人员知悉的事项。”第 3 条规定：“一切国家机关、武装力量、政党、社会团体、企业事业单位和公民都有保守国家秘密的义务。”根据《中华人民共和国保守国家秘密法》第 9 条的规定，国家秘密事项包括：（1）国家事务在重大决策中的秘密事项；（2）国防建设和武装力量活动中的秘密事项；（3）外交和外事活动中的秘密事项以及对外承担保密义务的事项；（4）国民经济和社会发展中的秘密事项；（5）科学技术中的秘密事项；（6）维护国家安全活动和追查刑事犯罪的秘密事项；（7）其他经家保密工作部门确定应当保守的国家秘密事项。

律师在执业中涉及国家秘密时应注意：第一，律师执业要有坚定的政治立场和高度的政治敏锐性。律师在执业活中应当注意在维护当事人合法利益的同时也要维护国家的利益

---

① 杨棣华：《律师职业道德与一般社会道德的冲突与平衡——以美国的律师保密义务为例》，复旦大学 2007 年硕士学位论文。

以及在执业活动中涉及的国家的各种秘密事项，要有职业的敏感性，避免泄露国家的秘密。对于某些信息是否属于秘密事项无法作出判断的时候要秉持审慎的态度来对待这些信息。第二，律师在刑事辩护和代理活动中，对于涉及的国家秘密信息需要格外谨慎。第三，律师在涉外案件中，对于需要向国外当事人提供的信息资料应当加细甄别，防止泄密。

2. 商业秘密

《中华人民共和国反不正当竞争法》第9条和《刑法》第219条规定，商业秘密“是指不为公众所知悉、能为权利人带来经济利益、并经权利人采取保密措施的技术信息和经营信息”。所谓技术信息和经营信息，包括设计、程序、产品配方、制作工艺、制作方法、管理诀窍、客户名单、货源情报、产销策略、招投标中的标底及标书内容等信息。

律师在执业中涉及商业秘密应注意：对于委托人案件中涉及商业秘密的，律师应当采取措施严格保守涉密事项。在诉讼案件中，对于涉及当事人商业秘密的案件的审理，代理律师应当主动代理当事人向法院提出申请，要求法院不公开审理，保护当事人的商业秘密。对于仲裁案件，律师在保守仲裁案件中的商业秘密方面具有更大的责任。律师不能不经过当事人的同意对外公开案件情况，包括委托人的基本情况等。律师不能利用委托人未公开的信息为自己或律师事务所谋取利益。由于商业秘密具有一定的经济性，律师的执业活动以提供法律服务为基本限度，律师在接触商业秘密过程中不得超出自己法律服务的范围而利用这些信息为自己牟取私利。律师不得泄露所任职的律师事务所的商业信息。

3. 个人隐私

个人隐私是指自然人的私人事务、私人信息，对于这些信息，自然人有自我支配的权利，而不受他人的干预。从法律的角度看，个人隐私体现为隐私权。《北京市律师保守执业秘密规则》规定，当事人隐私的范围包括当事人的住宅、通信、情感、健康、个人癖好、家庭成员、个人财产和家庭财产等相关信息。这个范围是非常宽泛的。我国对个人隐私的保护主要是在民事法律范围内。依照最高人民法院的司法解释，侵害隐私权造成名誉权损害的，依照《民法总则》关于保护名誉权的规定处理。《最高人民法院关于贯彻执行〈中华人民共和国民法通则〉若干问题的意见（试行）》① 第140条规定：“以书面、口头形式宣扬他人的隐私，或者捏造事实公然丑化他人人格，以及用侮辱、诽谤等形式损害他人名誉，造成一定影响的，应当认定为侵害公民的名誉权的行为。”《关于审理名誉权案件若干问题的解答》第7条第3款规定：“对未经他人同意，擅自公布他人的隐私材料或者以书面、口头形式宣扬他人隐私，致他人名誉受到损害的，按照侵害他人名誉权处理。”从法律的角度看，侵犯隐私权是指行为人获取、公开和使用他人隐私，给权利主体造成侵害的行为。侵犯隐私权的构成适用民法上的因果关系理论，即行为的违法性、行为人主观上有过错、有侵害事实，侵害事实与侵权行为之间有因果关系。

---

① 《最高人民法院关于贯彻执行〈中华人民共和国民法通则〉若干问题的意见（试行）》（2008年12月24日修正版），2008年12月18日根据《最高人民法院关于废止2007年底以前发布的有关司法解释（第七批）的决定》修正。

律师在执业中涉及个人隐私应注意：未经允许不得泄露委托人的个人信息；对对方当事人和第三人的秘密事项负有保密义务；律师保密的义务不能因为没有收取费用或没有正式建立委托代理合同关系或委托代理关系结束而豁免；自和当事人接触并知悉有关个人隐私事项起，律师就承担保密义务；律师代理案件结束后仍然有保密的义务；律师对于处理过的案件应当及时将案卷归档，由律师事务所统一保管。

（三）律师保密义务的例外

律师保密义务的主要目的之一，是促进律师与委托人之间的交流，这种交流被认为是发挥律师作用的前提之一。在这种情况下，保证委托人与律师坦率交流的利益超过了获取委托人信息以追溯犯罪的利益。但是，如果准备或者正在实施的严重违法犯罪行为有可能危害国家安全、公共安全或者严重危害他人人身、财产安全，则可能会打破这一平衡。在这种情况下，律师保守执业活动中的秘密信息将会带来社会负价值。因此，2017 年《律师法》第 38 条第 2 款规定："律师对在执业活动中知悉的委托人和其他人不愿泄露的有关情况和信息，应当予以保密。但是，委托人或者其他人准备或者正在实施危害国家安全、公共安全以及严重危害他人人身安全的犯罪事实和信息除外。"我们可以将这一例外称为"防止未来严重犯罪"的例外。该例外有两个特点：

1. 危害的未来性

这一例外的适用条件是未来的严重危害。因此，对于已经实施完成的犯罪，律师存在披露有关秘密信息的问题。在诉讼职能中，律师不承担侦查职能和审查起诉职能，律师对于有关已经实施完毕的违法、犯罪行为的信息的披露行为无助于防止未来违法、犯罪活动，因此，不需要律师承担对此进行披露的义务。

2. 危害的严重性

这一规定注意到了犯罪活动的严重性与保密规则的社会价值之间的平衡问题。律师披露关于严重罪行的事实和信息，即委托人或者其他人准备或者正在实施危害国家安全、公共安全以及严重危害他人人身安全的犯罪事实和信息。对此需要注意，危害国家安全、公共安全的犯罪，无论情节严重，都属该例外的范围，但人身犯罪，以情节"严重"为例外。对于危害他人财产安全的犯罪情形，上述立法没有进行规定。

中华全国律师协会 2004 年《律师执业行为规范（试行）》还曾规定了"委托人同意"的例外和"律师自我保护"的例外，但是这些规定在中华全国律师协会 2011 年《律师执业行为规范》中已经被删除。

四、利益冲突规则

（一）利益冲突概述

1. 利益冲突的概念

利益冲突是指律师在代理委托人的过程中，律师对委托人的代理将对律师自身的利益、律师现委托人的利益、律师前委托人的利益或者第三人的利益可能产生重大不利影响的重大风险状态。

根据利益冲突风险的来源不同，可以分为委托人和律师的利益冲突与委托人之间的利益冲突。前者是指律师因为其自身的经济利益或者立场利益而可能其对委托人的辩护或者代理的情形。委托人之间的利益冲突，是指现行委托人之间以及现行委托人与前委托人之间的利益冲突。现行委托人之间的利益冲突主要源于律师忠诚的分割，现行委托人与前委托人之间的利益冲突主要源于律师对前委托人秘密信息的保密义务。

根据影响委托人利益的风险，可以把利益冲突分为同时性利益冲突和连续性利益冲突。虽然每种冲突都会对忠诚和保密问题造成影响，但是禁止同时性利益冲突规则的侧重点是保证忠诚原则不受影响，而禁止连续性利益冲突规则的侧重点是保密。在存在同时性利益冲突的情形中，律师的忠诚可能要分割给不同的委托人。例如民事案件中担任共同被告的代理人或者在刑事案件中担任共同被告人的辩护人时可能会发现他们彼此在推卸责任，这是委托人之间的同时性利益冲突。同时性利益冲突并不限于委托人之间的同时性冲突，律师也可能发现自己的利益同委托人的利益存在不一致。这些情形对律师的忠诚问题和保密问题产生了影响。在连续性利益冲突中，问题的侧重点是律师的保密职责。

2. 利益冲突的理论基础

(1) 为了保护委托人的秘密

保密规则是律师执业活动中的重要规则，为了保证该规则能够得以贯彻实施，利益冲突规则规定了相应的原则，减少了律师向他人披露委托人秘密的机会，有利于减少律师为了自己或者他人的利益滥用该信息的行为。律师保守职业秘密的职责是律师职业活动中最为重要的职责，体现在众多的方面。2017 年《律师法》第 38 条规定："律师应当保守在执业活动中知悉的国家秘密、商业秘密，不得泄露当事人的隐私。""律师对在执业活动中知悉的委托人和其他人不愿泄露的有关情况和信息，应当予以保密。但是，委托人或者其他人准备或者正在实施危害国家安全、公共安全以及严重危害他人人身安全的犯罪事实和信息除外。"律师的保密义务具有延续性，即一般情况下不因委托事项的终结而消灭。在利益冲突规则中，该保守职业秘密的职责有许多具体的运用。

例如：如果律师同时代理委托人 A 和 B，或者现在所代理的是委托人 B，以前代理的是委托人 A，则律师可能知道有关委托人 A 的秘密信息，且该信息对委托人 B 来讲具有一定的利益。如果律师在明知有关 A 的秘密信息的情况下不向 B 披露这些信息，则律师违反了真诚代理委托人 B 的职责；如果律师向委托人 B 透露了这些信息，则律师就会违反对 A 所承担的保守职业秘密的职责。

设定利益冲突规则，就是为了促进律师对委托人秘密的保守，减少律师向他人披露委托人秘密的机会和动机，减少律师利用该信息为自己的利益或者为他人的利益服务而滥用该信息的行为，从而促进委托人同律师开诚布公地进行交流，保证律师的辩护与代理服务建立在充分的信息基础上。

(2) 为了保证律师对委托人的忠诚

为了在委托人与律师关系中维护委托人对律师的信任，需要通过利益冲突规则来保证律师对委托人持有不可分割的忠诚。2017 年《律师法》第 2 条第 2 款规定："律师应当维护当事人合法权益，维护法律正确实施，维护社会公平和正义。"中华全国律师协会 2011 年《律师执业行为规范》第 6 条规定："律师应当诚实守信、勤勉尽责，依据事实和法律，维护当事人合法权益，维护法律正确实施，维护社会公平和正义。"根据这些规定，可以推论出律师负有忠诚于委托人的职责。律师忠诚于委托人的职责是一种不可分割的职责，是利益冲突产生的重要基础之一。前述例子中既涉及律师保守职业秘密的职责，也涉及律师忠诚于委托人的职责。但是，即使在不存在律师违反有关职业秘密的职责的情况下，律师也可能因违反忠诚于委托人的职责而导致利益冲突问题。例如在离婚案件中，律师代理妻子反对丈夫，同时律师又在另一案件中代理丈夫索取工伤赔偿。虽然这两个案件本身是不相关的，并不会产生在一个案件中使用在另一个案件中了解的秘密信息的问题，但是这种情况下存在律师对于忠诚于委托人职责的违反。在这种情况下，存在损害某个委托人利益的可能性。如果丈夫是律师长期的、稳定的委托人，律师就有可能做不到像单独代理妻子那样热忱地维护她的利益。

再如，如果律师在刑事诉讼中为共同被告人进行辩护，律师可能会发现若要为其中一个进行减轻罪责的辩护，则其为另一个委托人所进行的辩护就可能会受到影响。

律师没有履行其持有不可分割的忠诚的职责，不仅会损害委托人的利益，还会损害律师职业，贬低律师职业在公众中的形象，进而会损害对与司法活动有关的行为的公共信任。

(3) 为了保证司法制度的有效运作

利益冲突规则的目的之一是促进司法制度的有效运作。信息的充分披露和有力的诉辩，是保障司法制度有效运作的前提。在存在利益冲突的情况下，律师承担的保密职责和忠诚职责会削弱律师提出的信息的充分性和诉辩的力度，因而影响裁决的质量。例如，律师不能在诉讼中同时代理双方当事人，将有利于保证双方能够充分提出自己的意见，避免同一律师因同时代理双方当事人而削弱辩论的力度，从而有利于保证司法裁决活动的质量。"如果律师试图代理争端的双方，则就可能不能提供明智裁决所必需的有力诉辩。无论是事实还是看得见的正义都会遭受风险，公布的判例也是这么认识的。"① 事实上，随着现代诉讼程序的不断发展，对利益冲突的规制也成为法院维护程序正当性的一个方面。在实践中，法院对利益冲突的调整应当是一种预先工作而不是事后工作。在诉讼事务中，法院对利益冲突的规制，既可以依照当事方的申请来进行，也可以依照职权采取行动。

(4) 为了防止律师侵犯委托人的利益

律师在代理委托人的过程中因为地位而具有诸多优势，如果不设定特定的利益冲突规则，律师则有可能利用这种优势地位来侵犯委托人的利益。

(二) 律师—委托人之间的利益冲突

律师和委托人之间的冲突是律师执业活动中最常见的类型。每个人在现实生活中都要扮演多种角色。律师也一样，有着自身的利益。从这个角度讲，律师并不是委托人的十全十美的利益维护者。他们自己的利益有时会使得他们在代理委托人的利益时处于非常困难的境地。

1. 基本规则

(1) 律师和律师事务所不得利用提供法律服务的便利，非法牟取委托人的利益。

(2) 除依照相关规定收取法律服务费用之外，律师不得与委托人争议的权益产生经

---

① Deborah L Rhode and Geoffrey C. Hazard, Jr, Professional Responsibility and Regulation, 127 (second edition, 2007).

济上的联系，不得与委托人约定胜诉后将争议标的物出售给自己，不得委托他人为自己或为自己的亲属收购、租赁委托人与他人发生争议的诉讼标的物。

（3）律师不得向委托人索取财物，不得获取其他不利于委托人的经济利益。

（4）非经委托人同意，律师不得运用向委托人提供法律服务时所得的信息谋取对委托人有损害的利益。

（5）律师和律师事务所不得免除或者限制违法执业或者因过错给当事人造成损失所应承担的民事责任。

（6）不得接受对方当事人的财物或者其他利益，与对方当事人或者第三人恶意串通，侵害委托人的权益。

2. 律师和委托人之间的商业交易

美国律师协会《职业行为示范规则》中规定了律师的全面公开义务。

律师不得同委托人进行商业交易或者在明知的情况下取得不利于委托人的所有权、占有权、担保利益或者其他财产利益，除非

（1）上述交易和律师获得上述利益的条件，对于委托人而言是公平的、合理的，并且是以委托人能够合理理解的书面形式向其全面公开和传达的；

（2）在该交易中，要以书面形式告知委托人最好是就该交易寻求独立法律顾问的建议，并且委托人就交易有寻求该建议的合理机会；

（3）委托人就该交易的重大条款和律师在该交易中的作用，包括律师是否正在该交易中代理该委托人的行为，以其签字的书面形式作出了明确同意。

这一程序是非常严格的，在违反该要求的情况下，委托人并不需要证明律师从事了欺诈或不当影响行为。即使律师不存在这样的不当行为，如果律师似乎从交易中获得了更多的好处，则这种协议可能是无效的，除非律师能够证明委托人对其后果有全面的认识，并且律师没有利用委托人对律师的信任。

这一规定对于委托人以非货币的形式支付律师费的场合同样适用。

（三）委托人之间的利益冲突

1. 同时性利益冲突

同时性利益冲突所关注的是律师的忠诚问题，主要表现为律师或律师事务所与多个委托人同时具有委托关系或利益上的关系的冲突。

关于律师的同时性利益冲突的规范主要有：

（1）律师不得在同一案件中，为双方当事人担任代理人，不得代理与本人或者其近亲属有利益冲突的法律事务。①

（2）律师不得在同一案件中，同时为委托人及与委托人有利益冲突的第三人进行代

① 参见 2017 年《律师法》第 39 条的规定。中华全国律师协会 2011 年《律师执业行为规范》第 12 条也规定：律师不得在同一案件中为双方当事人担任代理人，不得代理与本人或者其近亲属有利益冲突的法律事务。该规范第 50 条第 1 款第 1 项还规定，“律师在同一案件中为双方当事人担任代理人，或代理与本人或者其近亲属有利益冲突的法律事务的”，律师及律师事务所不得与当事人建立或维持委托关系。

理、辩护。

（3）律师不得在两个或两个以上有利害关系的案件中，分别为有利益冲突的当事人代理、辩护。

（4）律师担任法律顾问期间，不得为法律顾问单位的对方当事人或者有其他利益冲突的当事人代理、辩护。

（5）在同一案件中，律师事务所不得委派本所律师为双方当事人或者有利益冲突的当事人代理、辩护，但本县（市）内只有一家律师事务所，并经双方当事人同意的除外。律师在接受委托后知道诉讼相对方或利益冲突方已委聘同一律师事务所其他律师的，应由双方律师协商解除一方的委托关系，协商不成的，应与后签订委托合同的一方或尚没有支付律师费的一方解除委托关系。

（6）在未征得委托人同意的情况下，律师不得同时接受有利益冲突的他方当事人的委托，为其办理法律事务。

（7）拟接受委托人委托的律师已经明知诉讼相对方或利益冲突方已委聘的律师是自己的近亲属或其他利害关系人的，应当予以回避，但双方委托人签发豁免函的除外。律师在接受委托后知道诉讼相对方或利益冲突方委聘的律师是自己的近亲属或其他利害关系人，应及时将这种关系明确告诉委托人。委托人提出异议的，律师应当予以回避。

2. 连续利益冲突①

律师的连续利益冲突所关注的主要是委托人的秘密信息问题，是指律师对委托人的代理可能受到其对前委托人的职责或者前任职务职责的影响的利益冲突。

（1）曾经在前一法律事务中代理一方的律师，即使在解除或中止代理关系后，也不能再接受与前任委托人具有利益冲突的相对方的委托，办理相同的法律事务，除非前任委托人作出书面同意。

（2）曾经在前一法律事务中代理一方的律师，不得在以后相同或者相似法律事务中运用来自该前一法律事务中不利于前委托人的相关信息，除非经该前任委托人许可，或有

① 可参考2008年“杨佳案”，该案中，就存在连续利益冲突问题。“2008年7月1日，北京居民杨佳持作案工具，袭击了上海闸北区公安分局办公大楼内多名警员和保安，造成6人死亡、2人轻伤、2人轻微伤的严重结果。此后，闸北袭警案被告人杨佳聘请了上海名江律师事务所谢有明、谢晋两位律师担任法院审判阶段的辩护人。但自谢有明律师是上海闸北区政府法律顾问的身份被曝光后，谢律师在审判阶段担任杨佳的辩护人的行为就受到广泛质疑。”这个案例反映出律师担任政府法律顾问的利益冲突问题。谢律师作为闸北区政府的法律顾问，而袭警案中的闸北公安分局是区政府的职能部门，民众担心由谢律师担任杨佳的辩护人，存在损害委托人利益的可能性。有评论认为，谢律师此举已经违反了利益冲突的规定，应当受到处罚。笔者认为，谢有明律师担任的是闸北区政府的法律顾问，其与闸北公安分局并无委托关系，并不是闸北公安分局的法律顾问，从目前的法律规定和行业规范来看，无法直接认定为违反了利益冲突规则。但是民众的担心不无道理，且更为不妥的是，谢律师见了杨佳后，对媒体发表了不少明显不利于杨佳的信息。从情理的层面上，谢有明律师担任杨佳的辩护人确实欠妥。上述案例可以用委托人中心原则和合理怀疑原则来分析：即使谢有明律师不是闸北公安分局的法律顾问，但此种代理下，谢律师发表不利于杨佳言论的事实表明，谢律师自身已经违反了以委托人为中心的原则，杨佳的合法权益有受到不利影响的重大可能。谢律师不能避免一般公众对其代理行为的怀疑，不能避免对律师形象的负面影响，那么这一代理行为就涉及了利益冲突，不应当得到允许。

足够证据证明这些信息已为人共知。

(3) 委托人拟聘请律师处理的法律事务，是该律师从事律师职业之前曾以政府官员或司法人员、仲裁人员身份经办过的事务，律师及其律师事务所应当回避。

(四) 利益冲突的豁免

冲突豁免是委托人行使监督权利的一种特殊方式。利益冲突豁免是指律师和委托人之间发生冲突时，受冲突影响的委托人以书面豁免的方式，允许律师继续代理的行为。豁免本身并没有消除利益冲突，但却因免除了律师应承担的法律责任而被视为不存在冲突。委托人豁免可以在利益冲突发生之前作出，也可以在冲突事实发生之后作出。律师与委托人在商讨缔约事宜时，有时会把潜在的利益冲突风险披露给委托人，比如共同原告之间的利益有可能会在某个诉讼阶段发生对抗，当事人之外的第三方可能会参与诉讼，而第三方目前恰巧也是律师的委托人等。如果律师对此尽到了告知义务，并要求委托人放弃冲突事实发生时撤销律师代理资格的权利时，委托人仍同意律师代理的，将构成事先豁免。① 事后豁免是律师在冲突事实发生之后才向委托人披露，并征得委托人同意，继续代理的情形。

利益冲突豁免的正当性来自于委托人的意思自治。然而这种意思自治并不是绝对自由的。② 原因在于法律服务交易并不是普通的商品交换。法律服务除了满足委托人独自的利益需求之外，还攸关能否公正合理地解决社会矛盾冲突，尤其在当今各国法律体系日趋复杂的情况下，专业的法律知识对于实现公正具有举足轻重的作用。因此，当律师的执业行为有违职业道德规范，委托人的豁免涉及社会公共利益，影响到司法制度的公正和有效运作时，国家就有干预的必要。

一般而言，下列两种情形是豁免的例外：

其一，必然会损害委托人利益的严重利益冲突。例如，律师在同一案件中不得同时代理双方当事人。在此类冲突中，律师无论尽多大的努力都无法避免独立的职业判断受到破坏。尽管有委托人的豁免，但在这样的代理中，律师与其在抗辩式诉讼中应当扮演的角色严重不一致，公众也会认为让律师在法庭中扮演这样一个角色简直是不可思议。法庭上，

---

① 事先豁免存在不同的称谓，有事先同意（advance consents），事先或预先弃权（advance or prospective waivers）。一般而言，事先豁免并不反对律师代理与委托人利益不一致的其他委托人，但其界限必须是不相关的法律事务，并不得涉及委托人与律师所分享的秘密信息。事先豁免在我国司法实践中很少见。美国一些大型的律师事务所会采用事先豁免作为一种策略以减少因利益冲突而引起的业务损失，更有律师事务所正尝试在委托合同中写进事先豁免的标准条款。Shaoiro，Susan P.，Bushwhacking the Ethical High Road：Conflict of Interest in the Practice of Law and Real Life，Law and Social Inquiry，2003，Vol. 28，pp. 88-263. 然而，在美国本土实践中，事先豁免的做法也颇受争议。如有法庭就认为对未来不利代理的豁免不足以警示委托人将来可能的不利处境。也有学者主张对冲突的事先豁免需要接受特殊的详细审查，特别是不针对特定问题的整体豁免。委托人对所有可能冲突的无限制豁免通常是无效的，除非委托人对可能的问题拥有一定的知识并且有机会对此得到一个独立的法律建议。Gillers，Stephen，Regulation of Lawyers：Problems of Law and Ethics，Beijing：Citic Publishing House，2003，p. 321.

② 事实上，任何领域中的意思自治均不得超出法律规定的范围，法律主体的意思自由实质上是法律限制之内的自由。因此，在最终的意义上，依当事人的意思其实是依立法者的意志。这正体现了法律对行为进而对社会生活的调整。李琦：《论法律效力——关于法律上的力的一般原理》，载《中外法学》1998 年第 4 期。

律师保护一方当事人的利益是不应当损害另一方当事人的利益。①

其二，涉嫌妨碍司法公正和司法制度有效运作的利益冲突。例如，委托人不得与律师约定胜诉后将争议标的物出售给律师。这样的禁止不仅仅是为了防止委托人利益受损，部分原因还在于担心律师过于关注诉讼标的物利益而滥用诉讼程序。律师过分拖延或滥用诉讼程序会影响到法庭审判其他案件的机会，从而影响到司法制度公正对待每一诉讼当事人。尤其在当代，司法理念已发生实质变化，已由实质正义转为分配正义，它要求法院不仅要对个案公正裁判负责之外，还应当对作为整体的司法资源及其公平分配承担责任。②

对于有的利益冲突案件，律师主动通知当事人并和当事人进行协商，在征得有关当事人的同意和豁免的条件下，律师仍然可以继续代理。豁免函一般要求为书面形式，豁免函应当由当事人签字，并有明确同意该事务所律师代理的声明。

1. 单一豁免

只要委托人豁免就可继续代理利益冲突案件。单一豁免主要适用于律师和委托人之间的单一利益冲突类型。

2. 双方豁免和多方豁免

这是指在有利益冲突的案件中，需要有利益冲突双方当事人或多方当事人同意才可以继续代理的豁免。

双方豁免或多方豁免在大多数情况下是双方委托人或多方委托人委托同一律师事务所的律师或关联律师事务所的律师从事法律服务而产生的利益冲突。

五、业务推广规则

（一）业务推广概述

律师和律师事务所推广律师业务，应当遵守平等、诚信原则，遵守律师职业伦理和执业纪律，遵守法律服务市场及律师行业公认的行业准则，公平竞争，禁止行业不正当竞争行为。律师和律师事务所应当通过努力提高自身综合素质、提高法律服务质量、加强自身业务竞争能力的途径，推广、开展律师业务。律师和律师事务所不能以向中介人或者推荐人许诺兑现任何物质利益或者非物质利益的方式，获得有偿提供法律服务的机会。

1. 业务推广方法

（1）律师可以通过简介等方式介绍自己的业务领域和专业特长。（2）律师可以发表学术论文、案例分析、专题解答、授课等，以普及法律并宣传自己的专业领域。（3）律师可以举办或者参加各种形式的专题、专业研讨会，以推荐自己的专业特长。（4）律师可以自己或者律师事务所的名义参加各种社会公益活动，参加各类依法成立的社团组织。

2. 业务推广原则

律师在执业推广中，不得提供虚假信息或者夸大自己的专业能力，不得明示或者暗示与司法、行政等关联机关的特殊关系，不得贬低同行的专业能力和水平，不得以提供或者

---

① Crystal, Nathan M., An Introduction to Professional Responsibility, Beijing: Citic Publishing House, 2003, p. 88.

② 齐树洁主编：《民事司法改革研究》，厦门大学出版社 2006 年版，第 49 页。

承诺提供回扣等方式承揽业务，不得以明显低于同行业的收费水平竞争某项法律业务。

（二）律师广告规范

1. 律师广告的主体

律师广告是指律师和律师事务所为推广业务与获得委托，让公众知悉、了解律师个人和律师事务所法律服务业务而发布的信息及其行为过程。律师广告可以律师个人名义发布，也可以律师事务所名义发布。以律师个人名义发布的律师广告应当注明律师个人所任职的执业机构名称，应当载明律师执业证号。律师个人广告的内容应当限于律师的姓名、肖像、年龄、性别、出生地、学历、学位、律师执业登记日期、所属律师事务所名称、在所属律师事务所的工作时间、收费标准、联系方法，以及依法能够向社会提供的法律服务业务范围。律师事务所广告的内容应当限于律师事务所名称、办公地址、电话号码、传真号码、邮政编码、电子信箱、网址、所属律师协会、所辖执业律师及依法能够向社会提供的法律服务业务范围简介。

下列情况下，律师和律师事务所不得发布律师广告：（1）没有通过年度考核的；（2）处于停止执业或停业整顿处罚期间的；（3）受到通报批评、公开谴责未满一年的。

2. 律师广告原则

发布律师广告，应当遵守以下原则：（1）律师广告应当遵守国家法律法规和《律师执业行为规范》，坚持真实、严谨、适度原则。（2）律师广告应当具有可识别性，应当能够使社会公众辨明是非。（3）不得利用广告对律师个人、律师事务所作出容易引人误解或者虚假的宣传。（4）律师和律师事务所发布的律师广告不得贬低其他律师或律师事务所及其服务。（5）律师和律师事务所不能以有悖于律师使命、有失律师形象的方式制作广告，不能采用一般商业广告的艺术夸张手段制作广告。（6）律师在执业广告中不得出现违反所属律师协会有关律师执业广告管理规定的行为。

3. 律师广告的内容

中华全国律师协会 2011 年《律师执业行为规范》第 27 条规定："律师个人广告的内容，应当限于律师的姓名、肖像、年龄、性别，学历、学位、专业、律师执业许可日期、所任职律师事务所名称、在所任职律师事务所的执业期限；收费标准、联系方法；依法能够向社会提供的法律服务业务范围；执业业绩。"第 28 条规定："律师事务所广告的内容应当限于律师事务所名称、住所、电话号码、传真号码、邮政编码、电子信箱、网址；所属律师协会；所内执业律师及依法能够向社会提供的法律服务业务范围简介；执业业绩。"

（三）律师宣传

律师宣传是指通过公众传媒以消息、特写、专访等形式对律师和律师事务所进行报道、介绍的信息发布行为。律师的宣传规范包括：

（1）律师和律师事务所不得进行歪曲事实和法律，或者可能使公众对律师产生不合理期望的宣传。

（2）律师和律师事务所可以宣传所从事的某一专业法律服务领域，但不得自我声明或者暗示其被公认或者证明为某一专业领域的权威或专家。

（3）律师和律师事务所不得进行律师之间或者律师事务所之间的比较宣传。

第四节　律师诉讼活动伦理

我国《律师法》《刑事诉讼法》等相关法律，以及《律师执业行为规范》《中华全国律师协会章程》等行业规范对律师的诉讼行为进行了较为详细的规定。具体而言，主要包括回避制度、调查取证、庭审仪表与举止、庭外言论四个方面。

一、回避制度

一般而言，律师和法官的关系应为相互独立、彼此尊重、互相合作和互相监督关系，其目的都在于保障裁判公正和司法正义。① 然而，在合法代理和辩护的名义下，法官与律师之间的“司法勾兑”愈加猖獗。为有效防治司法腐败，最高人民法院在总结审判经验的基础上，于2000年1月31日出台了《关于审判人员严格执行回避制度的若干规定》(以下简称《规定》)，其第5条指出，“审判人员及法院其他工作人员的配偶、子女或者父母，担任其所在的法院审理案件的诉讼代理人或者辩护人的，人民法院不予准许”，首次提出了律师回避问题。《规定》施行后，引起了社会各界的强烈反响。然而，通过最高人民法院发布的司法文件来规定律师回避制度，这一做法到底是解释了法律条文，弥补了法律空白，还是超越权限，非法限制律师的合法权利，本身就受到质疑。②

基于此，为了更好地规范律师回避制度，2017年新修订的《律师法》《法官法》《检察官法》等都明确将律师规避写入立法。例如，《律师法》第41条规定，曾经担任法官、检察官的律师，从人民法院、人民检察院离任后2年内，不得担任诉讼代理人或者辩护人。《法官法》第36条规定，法官从人民法院离任后2年内，不得以律师身份担任诉讼代理人或者辩护人。法官从人民法院离任后，不得担任原任职法院办理案件的诉讼代理人或者辩护人。法官的配偶、子女不得担任该法官所任职法院办理案件的诉讼代理人或者辩护人。《检察官法》第37条规定，检察官从人民检院离任后2年内，不得以律师身份担任诉讼代理人或者辩护人。检察官从人民检察院离任后，不得担任原任职检察院办理案件的诉讼代理人或者辩护人。检察官的配偶、子女不得担任该检察官所任察院办理案件的诉讼代理人或者辩护人。

二、调查取证

在诉讼中，律师为维护其委托人的合法权益，为其提供有效的代理和辩护，经常要进行调查核实证据。这种调查取证的活动大体分为两大类：一是搜集、调取与案件事实有关的证据，如向有关单位或个人调取物证、书证、视听资料、电子数据等实物证据，或向有关侦查机关、公诉机关调取各类笔录证据，包括勘验笔录、检查笔录、扣押清单等；二是

① 胡亚球：《从情缘到法缘：对律师实行回避的几点思考》，载《厦门大学法律评论》2001年第2期。

② 洪艳蓉：《司法改革中的律师回避问题》，载《法学》2001年第7期。

向有关单位和个人了解案件事实情况，或者是传唤证人、鉴定人等出庭作证。① 通过调查取证，使得与案件事实有关的证据能够呈现在法庭上，接受法庭的审查与认证，进而最大限度地还原案件事实。可以说，调查取证属于律师诉讼防御活动的重要组成部分，也是律师享有的主要诉讼权利。然而，任何权利或权力都具有其边界和行使的规则，调查取证权亦不例外。正因为调查取证权对律师和法庭审判至关重要，所以律师在行使这项权利时，应当有所为有所不为。我国《律师执业行为规范》第 62~69 条对此进行了较为详细的规定。

（1）律师在收集证据过程中，应当以客观求实的态度对待证据材料，不得以自己对案件相关人员的好恶选择证据，不得以自己的主观想象去改变证据原有的形态及内容，不得伪造证据，不能为了诉讼意图或目的，非法改变证据的内容、形式或属性。

（2）律师不得利用他人的隐私及违法行为，胁迫他人提供与实际情况不符的证据材料；律师不得向司法机关或者仲裁机构提交明知是虚假的证据，不能利用物质或各种非物质利益引诱他人提供虚假证据，更不能妨碍对方当事人及其代理人、辩护人合法取证，或者阻止他人向案件承办机关或者对方当事人提供证据。

（3）律师不得向司法机关和仲裁机构提交已明知是由他人提供的虚假证据：在已了解事实真相的情况下，不得为获得支持委托人诉讼主张或否定对方诉讼主张的司法裁判和仲裁而暗示委托人或有关人员出具无事实依据的证据。律师不得与犯罪嫌疑人、被告人的亲属或者其他人会见在押犯罪嫌疑人、被告人，或者借职务之便违反规定为被告人传递信件、钱物或与案情有关的信息。律师应依法取证，不得伪造证据，不得指示或者帮助委托人或者他人伪造、隐匿、毁灭证据，指使或者帮助犯罪嫌疑人、被告人串供，威胁、利诱证人不作证或者作伪证的。

（4）律师作为必要证人出庭作证的，不得再接受委托担任该案的辩护人或代理人出庭。

【案例 6-2】

李 庄 案

一、案情简介

（一）案件过程

2009 年 11 月 22 日、25 日，北京市康达律师事务所接受龚某模亲属的委托，指派李庄与马某军担任重庆涉黑案件被告人龚某模的一审辩护人。

2009 年 12 月 10，重庆市公安机关对李庄进行立案。

2009 年 12 月 13 日，重庆市的检察院对李庄进行批准逮捕。

2009 年 12 月 19 日，重庆市江北区人民检察院向江北区人民法院对李庄提起公诉。

2009 年 12 月 30 日，江北区人民法院一审开庭审理李庄案。

① 陈瑞华：《辩护律师调查取证的三种模式》，载《法商研究》2014 年第 1 期。

2010年1月8日，江北区人民法院一审宣判，李庄被判有期徒刑两年六个月。

2010年1月18日，李庄的辩护律师高某程提出上诉，请求改判李庄无罪。

2010年2月2日，李庄案件二审开庭，李庄当庭认罪。

2010年2月9日，二审宣判，李庄案终审判决被改判为有期徒刑一年六个月。

（二）争议焦点

1. 在程序上，李庄提出江北区人民法院集体回避的理由能否成立，合议庭当庭驳回是否符合法律规定?

2. 公诉机关在证人人身自由受限的情况下取证且证人皆未出庭作证的证人证言是否有证明力?

3. 在实体法方面，辩护人伪造证据、妨害作证罪是否以实际发生后果为构成要件的结果犯?

4. 律师职业法律责任追究的阶梯性问题以及《刑法》第306条的存在是否具有充分的法理正当性?

（三）控、辩、审各方的争议过程

李庄案中作为公诉机关的重庆市江北区人民检察院指控如下:① “2009年11月20日，龚某模等34人组织、领导、参加黑社会性质组织案被提起公诉。同月22日、25日，龚某模的妻于程某、堂弟秦某某先后与北京市康达律师事务所签订了刑事案件代理委托协议，北家市康达律师事务所指派被告人李庄及律师马某军担任龚某模的一审辩护人。龚某模的亲属为此支付了律师代理费150万元。

2009年11月24日、11月26日、12月4日，李庄在重庆市江北区看守所会见龚某模时，为帮助龚某模开脱罪责，诱导、唆使龚某模编造公安机关对其刑讯逼供，并向龚某模宣读同案人樊某某等人的供述，指使龚某模推脱罪责。

为使龚某模编造被公安机关刑讯逼供的供述得到法院采信。李庄还引诱证人作伪证。2009年11月底至12月初，李庄编造龚某模被樊某某等人敲诈的事实，并要求程某为此出庭作证。2009年11月24日，在重庆市高新区南方花园一茶楼内，李庄指使龚某华安排重庆保利天源乐有限公司（以下简称保利公司）员工作伪证，否认龚某模系保利公司的实际出资人和控制者，龚某华即安排保利公司员工王某某、陈某某、李某某等人作虚假证明。2009年12月3日，在重庆市渝北区的五洲大酒店内，李庄指使龚某模的另一辩护人重庆克雷特律师事务所律师吴某某贿买警察，为龚某模被公安机关刑讯逼供作伪证。

2009年12月1日，李庄向人民法院申请程某、龚某某等人出庭作证。

2009年12月10日，龚某模向公安机关揭发了李庄的行为。同月12日，李庄被公安机关逮捕。

公诉机关当庭举示了相应证据证明其指控，并据此认为被告人李庄的行为干扰了龚某模等34人组织、领导、参加黑社会性质组织案审理的正常进行，其行为触犯了《刑法》，构成辩护人伪造证据、妨害作证罪，提请对被告人李庄依法判刑。

① 参见重庆市江北区人民法院〔2009〕江法刑初字第711刑事判决书。

被告人李庄本人在提出回避申请均被驳回的情况下，对指控的事实都给予了否定：

(1) 不仅刑讯逼供是龚某模本人所说，非自己引诱唆使，也不存在编造敲诈事实和指使贿买警察的事实。

(2) 辩护人伪造证据、妨害作证罪应以实际发生后果为构成要件，是结果犯，其在被捕前已声明退出龚某模案的诉讼，没有造成后果，不构成犯罪。

(3) 从程序上看，公诉机关宣读的证人证言是在证人人身自由受限的情况下取得，没有证明力。

李庄的辩护人在重述李庄对事实否定以及该罪为结果犯的性质之外，还提出龚某模是在公安机关对其讯问的过程中揭发了李庄，但此时龚某模案已进入审判阶段，公安机关无权再对龚某模进行讯问，公安机关的行为不具有合法性。同时，证人人身自由受限，且均未出庭质证，无法判断其证言的真伪。

经过一审质证，法院作出如下认定：

其一，部分证人证言虽是在被限制人身自由的情形下取得，但其证言是公安机关依照法定程序收集，与本案具有关联性，且证人证言之间相互印证，具备证据效力。

其二，公安民警、医生的证言及在押人员身体检查情况与重庆法医验伤所出具的司法鉴定检验报告的内容并不矛盾。龚某模供述未被刑讯逼供，司法鉴定检验报告也不能说明“龚某模左腕部色素沉着、减退区系钝性物体所致擦伤后遗留”是被刑讯逼供所致，且公安民警、医生的证言及在押人员身体检查情况与龚某模的供述相互吻合。

其三，李庄案的办案民警是公安机关从多个单位抽调的人员组成。龚某模专案组民警参与李庄案的侦办，不违反《刑事诉讼法》第28条、第29条关于回避的规定。

一审法院随后作出如下判决：“被告人李庄犯辩护人伪造证据、妨害作证判处有期徒刑两年六个月。”李庄对一审判决不服提起上诉。

二审中，李庄及其辩护人除了重申一审中对事实的否认以及对证人证言审判程序的异议之外，还提出了以下两份证据：(1) 李庄、马某军三次会见龚某模的笔录，欲证实是龚某模首先向李庄陈述被刑讯逼供；(2) 龚某模案件中部分证人的询问笔录、犯罪嫌疑人的讯问笔录十三份，欲证实公安机关经常夜间询问证人、讯问犯罪嫌疑人，有刑讯逼供的嫌疑，张某等关于一般在白天讯问嫌疑人的证言虚假。

对于二审被告提出的辩解控方指出：会见龚某模的笔录虽由马某军制作，但没有龚某模签字，其内容的真实性无法查明；法律并未禁止夜间讯问，且该十三份笔录与本案不具有关联性，建议法庭不予采信。本院认为，会见笔录未经龚某模签字确认，不能证实李庄会见龚某模时的真实情况，其记载的内容又与马某军的证言相矛盾；十三份笔录虽证明有夜间讯问的情况存在，但只能证明张某等证言中“一般在白天对嫌疑人进行讯问”的内容不准确，并不能证实龚某模被刑讯逼供。同时，夜间讯问并不为法律所禁止，也不等同于刑讯逼供且龚某模的同案人是否在夜间接受讯问，与本案不具有关联性。

二审法院重庆市第一中级人民法院对于被告人李庄提出的所有上诉意见均不予采

纳，但是，在二审庭审过程中，李庄当庭认罪。随后二审法院作出了上诉人李庄犯辩护人伪造证据、妨害作证罪，判处有期徒刑一年六个月的判决。

二、案例评析

李庄案件引发了人们对律师职业伦理的深思。这一案件将某些律师的失范行为进行了放大，以一种严厉而残酷的方式警示着律师慎重对待自己的代理事务，同时也提醒着法律工作者，尤其是刑事辩护律师的风险所在。它直观地向人们展示了违反法律职业伦理道德的行为可能承担的各种法律责任，其中就包括情节严重之下的刑事责任。

有的专家则进一步从职业伦理责任追究的角度进行阐述并提出，所有涉嫌违反《刑法》第 306 条的律师，可能多少都有违背律师职业道德的行为，完全无辜的是少数，但是由于目前尚缺乏完善的职业道德规范机制和惩戒程序，使得违背职业道德的律师，一步就跨到了追究刑事责任的情况，这样两极分化，事实上也为公检机关的"职业报复"带来了空间。① 与之相对应的，某些专家建议，在律师有不当行为需要追究法律责任的时候，是不是应当先由司法行政部门等进行处理，在司法行政部门作出行政处罚决定的审查中发现，确实情节严重构成犯罪的，才移送公安机关进行立案侦查。当然，也有折中的观点认为，《刑法》第 306 条应当"存而慎用"②

除此之外，在李庄案件中，被告人李庄申请集体回避以及辩护人申请异地审判的问题也是公众和法律界关注的一个热点问题。虽然，我国现行法律体系中并没有"集体回避"这一概念，而且李庄的申请也被法庭以于法无据为由驳回了。但是韩旭博士指出，一方面我国现实中存在大量的集体回避的实践运作，只不过这些回避是基于国家公权力意识，而非当事人申请；另一方面他也详尽地论述了李庄案异地审判的正当性与可行性。③

三、庭审仪表和举止

人们在公共场合的仪表体态、言谈举止，常常反映出一个人的内在素质和修养。特别是当作为当事人的代理人进行庭审活动时，这方面给当事人和法官的印象，往往成为相互间取得信赖和认可，以及进一步了解和交往的重要依据。作为个人，可以有各自的风格，但在一个严肃和公共的场合中，就应当讲究必要的礼仪，以规范自己的言行举止。《律师执业行为规范》第 70 条和第 71 条对此有专门规定。

（1）律师担任辩护人、代理人参加法庭、仲裁庭审理，应当按照规定穿着律师出庭服装，佩戴律师出庭徽章，注重律师职业形象。律师出庭服装应当保持洁净、平整、不破

---

① 《李庄案触发刑法"第 306 条"存废争议》，载《华商报》2009 年 12 月 19 日。

② 李兰英、孙杰、何霓：《刑法第 306 条存与废：倾听法律职业人的声音》，载《河北法学》2011 年第 10 期。

③ 韩旭：《李庄案异地审判的法理分析：兼论管辖权意义和整体回避问题》，载《中国检察官》2010 年第 3 期。

损。在出庭时，男律师不留披肩长发，女律师不施浓妆，面容清洁，头发齐整，不佩戴过分醒目的饰物。

（2）律师在法庭或仲裁庭发言时应当举止庄重、大方，用词文明、得体，不得使用侮辱、谩骂或诽谤性语言，可以辅以必要的手势，但应避免过于强烈的形体动作。

四、庭外言论

当前，传播媒介因时代发展、科技进步而出现了许多新兴方式，律师表达观点和使用、传播案件信息的渠道更加多样化，也更加容易引起社会关注。律师的庭外言论虽是宪法保障的自由，但同时也需要受到司法伦理规则和道德准则的制约，受到律师执业规则的制约。① 在一个法治成熟的国家，当一个案件进入诉讼程序，不仅不允许媒体大肆渲染报道，更不允许律师随意发表评论，以便给司法提供一个理性处理案件和民众尊重、信任司法的社会氛围。

（1）律师不得在公共场合或向传媒散布、提供与司法人员及仲裁人员的任职资格和品行有关的轻率言论。

（2）在诉讼或仲裁案件终结前，承办律师不得通过传媒或在公开场合发布任何可能被合理地认为损害司法公正的言论。

【案例 6-3】

河南轨道律师事务所律师任某某造谣案

一、案件基本事实与争议焦点

2016 年 7 月 15 日，河南轨道律师事务所的律师任某某一纸道歉信，让扑朔迷离的“人权律师”助理赵某（网名“考拉”）在看守所遭遇性侵的谣言得以真相大白。赵某，曾是北京高文律师事务所李某某律师的助理，因涉北京锋锐律所案被公安机关依法采取刑事强制措施。随后，河南轨道律师事务所律师任某某受到赵某丈夫游某某委托，代理天津市公安局侦办的赵某涉嫌寻衅滋事一案。2016 年 5 月 27 日，任某某在微博上发布了“求是·惊闻有消息说，‘709 大抓捕律师事件’中最年轻的政治犯赵某在天津市看守所遭到人身侮辱的消息”，立刻受到境内外媒体的强烈关注。在 5 月 29 日的香港自由亚洲电台记者对任某某进行的电话专访中，其明知信息虚假不实，仍然坚称赵某被侵犯。随后，河南省郑州市公安局官方微博“平安郑州”于 7 月 8 日、9 日发表通报，根据当事人赵某的举报和公安机关初步调查掌握的情况，河南轨道律师事务所律师任某某在互联网上编造、发布“赵某在天津看守所遭遇人身侮辱”的虚假信息，并在网上广泛传播，造成了极其恶劣的社会影响，涉嫌犯罪，于 7 月 8 日被郑州市公安机关依法刑事拘留。经依法审查，任某某对上述犯罪事实供认不讳。随后赵某的代理律师董某某的助理律师于 7 月 13 日下午在其微博中透露，其受赵某的委托，代理律师团队已于当日奔赴河南省郑州市中原区人民法院，对任某

① 王红艳：《网络新媒体时代律师庭外言论的法律规制》，载《法制与社会》2015 年第 4 期。

某提起民事诉讼，要求任某某停止侵害行为，消除影响，恢复名誉，并对因此给赵某带来的精神损害赔偿10万元人民币。而后，在当年的12月份，赵某不知因何撤诉，只检索到法院准予撤诉的裁定书，本案到此终结。

本案的争议焦点是任某某的行为是否属于在公共场所散布虚假信息，扰乱社会秩序，并损害赵某的名誉。纵观全案件，任某某在明知赵某在看守所遭遇人身侮辱的信息是虚假不实的情况下，仍然在社会媒体进行公开发布，经境外媒体报道扩散后造成了极其恶劣的社会影响。根据《中华人民共和国刑法》第293条规定,① 任某某的行为属于在公共场所无事生非，情节较为严重，构成寻衅滋事罪。任某某在明知道其所说不是事实真相的情况下，仍针对在中国传统文化中女性最为看重的一方面捏造事实，并在公开场合大肆宣传，造成大部分人对此信以为真。根据《中华人民共和国刑法》第246条第2款规定,② 任某某的行为亦符合故意捏造并散布虚构的事实，足以贬损他人人格，破坏他人名誉，情节严重，构成诽谤罪。根据现有证据，如若最后赵某坚持起诉任某某，任某某应当进行赔礼道歉，并赔偿赵某的精神损失。

二、死磕派律师与当前律师职业道德存在的问题

任某某属于典型的“死磕派”律师，其借助西方“普世价值”“颜色革命”的歪门邪说，通过炒作热点敏感问题的方式实现西方国家式的民主和平等，简单说来就是此类律师利用社会热点、敏感的问题制造舆论影响，在网络科技飞速发展、社交平台信息传播方便快捷的当下，对此类热点问题进行大肆炒作，以期扩大影响，造成社会秩序的混乱。而且他们往往不会顾忌当事人的感受，其完全背离了作为一个律师所需要遵守的基本道德要求。其次，该类律师普遍使用的手段就是恶意抹黑党和政府以及公安机关的形象，在国内外造成极其恶劣的社会影响，给社会公众带来了极大恐慌，给社会秩序造成了严重的混乱。例如，对于此类律师来说，如果他们代理的案件被送到了检察院，其为了突出检察院阻止律师阅卷，往往会站在写有检察院的牌匾前高举一份标语，上面写明“辩护律师，请求阅卷”或者“还律师依法阅卷权利”等。而等到其阅卷完毕后，此类律师又会发微博称，“本人到某某检察院进行阅卷，复印一张材料‘很便宜’，才十块钱一张”等。死磕派律师通过动辄几十万名粉丝，成千上万地转发，一句死磕出一个法治社会的做法“感动”无数心灵，利用社会舆论为其代理的案件造势，以此对法官判决造成影响，此种做法是何等的荒谬，对我国法制建设和法治进程造成了极其恶劣的影响。几年前轰动全国的常熟民工案、贵州小河案、北海律师案甚至包括李庄案，都是死磕派律师辩护的典型案例，其很大程度上也

① 根据《中华人民共和国刑法》第293条的规定，寻衅滋事罪，是指肆意挑衅，随意殴打、骚扰他人或任意损毁、占用公私财物，或者在公共场所起哄闹事，严重破坏社会秩序的行为。刑法将寻衅滋事罪的客观表现形式规定为四种：①随意殴打他人，情节恶劣的；②追逐、拦截、辱骂、恐吓他人，情节恶劣的；③强拿硬要或者任意损毁、占用公私财物，情节严重的；④在公共场所起哄闹事，造成公共场所秩序严重混乱的。

② 根据《中华人民共和国刑法》第246条第2款的规定，诽谤罪，是指故意捏造并散布虚构的事实，足以贬损他人人格，破坏他人名誉，情节严重的行为。

是死磕现象的巅峰。①

虽然上述个案具有独特性，但是围绕死磕派律师与当事人和法院关系的冲突及平衡，至少值得学界和实务界进一步探讨，死磕派律师出现，背后的原因往往是律师职业伦理道德规范的不尽完善。截至 2017 年 1 月份，我国律师总人数已经超过 30 万名，律师事务所达到 2.5 万多家。最近 10 年，我国律师人数保持年均 9.5%的增速，以每年 2 万名左右的速度增长；律师事务所数量也是年均 7.5%的增速。2015 年全国律师业务总收入 678 亿元，近 8 年保持年均 12.8%的增速。② 随着律师行业的快速发展，一些律师事务所开始朝着专业化、精品化方向发展，在民商事和刑事领域涌现出一批精品律师事务所。即便是在某一个专业领域内，也开始出现行业分化。也因此，在刑事辩护领域，也随之出现了如上所说的死磕派律师，也随之导致了许多全新的职业伦理道德问题，比如像组织性委托人与律师之间的关系、律师庭外言论的限度等。

因此，当前我国律师职业伦理道德问题较为严重，我们需要深刻认识到中国律师职业伦理问题不是自始固有，而是随着角色变迁而逐渐凸显出来的，因此是一个循序渐进的历史进程。另外，我国应当看到中国律师职业伦理也是制度移植的产物，在域外法治发达的国家，谈到律师职业伦理道德的时候，已经不仅仅是指道德层面的伦理玄谈，而更多指一套相对成熟的有关于律师职业伦理的制度规范和学历解说。律师或准律师通过律师职业伦理规范相关课程的学习可以尽量避免陷入相应的伦理困境乃至法律禁区，而我国，由于发展得较晚，对于这样一种制度和学历的规范仍处于探索之中。③ 律师职业伦理问题反复叩问法学实务界人士的内心，对这些问题的探索过程中，不断出现的案件和激烈争论一定程度上恰恰说明我国当前的律师职业履历规范建设处在一个新的变动期。作为一种舶来品，律师制度和中国传统文化之间有一定的差异和冲突。法律移植是一项系统的工程，需要多方面的制度协调和保障，如果在律师制度上存在缺损和不足，那么势必将会影响到律师的执业行为和价值选择。我国在理解与完善中国律师职业伦理的时候有必要对这些多方面的因素加以思考。

我国《律师法》明确规定，律师执业必须遵守宪法和法律，恪守律师职业道德和执业纪律，拥护《中华人民共和国宪法》及其确立的基本政治制度，是律师执业的前提条件。作为律师，更应该忠于宪法和法律、忠于事实，应该坚定法律信仰，坚守道德良知。党的十八届四中全会以来，依法治国要求科学立法、严格执法、公正司法、全民守法，要求进一步夯实执政兴国的法治基础，那么不得不让人反思，律师该如何保持执业操守？遇到问题律师，该如何进行处理？一切向钱看齐，利用各种不正当手段只为赢取案件的律师该如何对其进行惩处与规范？

在我国，律师职业伦理道德规范建设还存在以下三个问题。首先，对于律师执业过程中出现的一些职业伦理道德问题，特别是一些引起社会广泛关注的问题，律师协会的回应往往存在一定的被动性。其次，在实施律师职业伦理规范的过程中，处罚相

① 兰荣杰：《律师如何批评法官》，载《新世纪周刊》2013 年第 14 期。

② 参见李豪：《我国执业律师人数已突破 30 万》，载《法制日报》2017 年 1 月 9 日，第 1 版。

③ See Stephen Gillers，Rugulation of Lawyers. Problems of Law and Ethics，Wolters Kluwer，2015.

对宽容并且有一定的滞后性。从2017年的律师承接状况来看，现实中本应当受到承接的律师失范行为并没有得到有效的惩戒。最后，律协对律师惩戒基本上处于不公开的状态，公众一般较难知晓，难以及时了解。律协只是定期将律师惩戒的案例作为内部资料在律师群体中进行发放，予以警示，然而相关的惩戒数据却采取了保密的方式。因此，对于公众来说，无法及时获悉对律师的评价情况，使得公众在选择代理人的时候受到不必要的损害，其次对于应当受到惩戒的律师来讲，并没有发挥到有效的警示作用。因此，可以判断，最近十几年来，律师职业伦理规范建设相比于我国快速发展的律师行业来说是落后的，需要及时进行改进。

三、新形势下对律师职业伦理的规制

在过去的三十年中，律师职业伦理规范从无到有，从粗到细的发展历程，成为了律师行业自我管理的有效规范工具，但是这一权利并非自发的，而是社会各界共同努力的结果。在新的时代背景下，我们应当建设完善的律师职业伦理规范，进一步加强对律师的监管，从制度上加强这一社会群体的社会责任。首先，司法部和全国律师协会需要进一步强化对律师的惩戒机制，通过修改目前的规范填补当前律师职业伦理规范的不当之处。其次，各地司法行政机关和律师协会在应对律师职业伦理规范问题上应当采取更为积极主动的态度加以回应。而我国司法部和全国律师协会在2017年就律师惩戒问题颁布了《关于进一步加强律师惩戒的通知》，该通知要求各地区律师协会主动调查并处理通过网络等渠道发现的律师违规执业行为，及时受理并查处对律师违规执业的投诉，严格依据行业规范开展违规惩戒工作。最后，我国应当加强对律师执业信息与惩处信息的公开力度。《律师执业管理办法》于2016年新增的第56条明确提出："司法行政机关、律师协会应当建立律师和律师事务所信息管理系统，按照有关规定向社会公开律师基本信息和年度考核结果、奖惩情况。"而在2017年我国司法部和全国律师协会对此已有了回应。2017年后，司法部和全国律师协会在全国各省律协中设置了维护律师执业权利中心和投诉受理查处中心，专门受理律师维权申请和对律师的投诉，并且每月定期进行通报。未来我国应当继续围绕司法行政机关和律师协会这两个运行机关，建立与完善稳定的领导与执行队伍，使其拥有自己的一套体系，避免随着领导变更而改变运行机制与重视程度，避免律师执业行为规范的建设陷入被遗忘的境地，从根本上坚实地推进行政部门与律师协会两个管理机构的体制改革，将其落到实处。而对于死磕派律师，我国可以从以下几个方面对此类律师的行为进行规范。首先，我国应当建立当事人统一制度①。就是在当事人知晓采取死磕类的辩护方式的内容以及可能遭遇到的风险，并且得到了充分的授权之后，才允许辩护律师采取该种对抗行为。其次是应当采取比例原则。一方面，在具体规制中有必要将这种死磕类行为对法庭或者其他诉讼参与人的危害性降到最低；另一方面，我国应当合理地保护当事人合法利益。唯有将各方利益进行均衡考量，才能将该种行为纳入到正常的良性的轨道中，协调好当事人的利益和法庭的尊严、法制建设等公共利益之间的微妙关系。

① 兰荣杰：《刑辩律师维护当事人利益的行为界限》，载《交大法学》2018年第2期。

此外，我国有必要整合学科间与行业间的隔阂情况，解决问题，整体联通地规制律师执业伦理道德规范。在律师行业快速发展的这几年，虽然国家对律师执业伦理道德有所重视，许多学者也对我国当前存在的问题进行了研究，但是律师职业伦理道德规范的研究与教学一直是法学院研究的边缘地带，在学科教育上，也一直依附于部门法之中，并没有独立的学科地位，也没有相应的律师职业伦理方向的研究生，这就使得律师职业伦理道德的研究一直处于停滞状态，很难培育出职业伦理道德方面的优秀人才。当前我国的律师职业伦理道德研究水平，已经很大程度上制约了律师职业伦理道德规范建设的进程，特别是律师行业队伍的不断扩大和进一步的精细化，中国的律师行业职业伦理势必会遭受到前所未有的难题。因此，在我国司法行政机关与律师协会对律师职业伦理道德规范进行规制的过程中，我国教育界也有必要加强相关学科的建设，打破法律职业与法律职业伦理道德研究之间的隔阂。众所周知，目前我国法律职业伦理道德的学科研究主要是在全国各高校法学院完成的，然而律师职业道德伦理问题往往是在律师执业过程中遇到的，这就导致了理论与实践不对称的问题，而此时就需要有效地将二者进行联通。因此，律师行业可以通过资助项目研究，设立相应的研究学院，开放律师惩戒数据以供研究，或者与高校进行项目合作。

而不仅仅是学科之间，我国律师职业伦理与法官、检察官职业伦理之间也存在着隔阂，自成体系导致律师执业规范相较于另两者较为混乱，因此有必要对其整合，形成一个整体性法律职业伦理，以此更好地对律师执业进行规范。根据我国现行法律职业伦理规范，三个主体各由不同的行为规范规制，尽管这一相对隔离的状态是由我国独特的法律职业发展历程和政治体制所决定的，但是随着法律职业不断发展，不应当单纯地考虑律师职业伦理道德问题，因为其仅仅反映出我国整体法律职业伦理道德的一个侧面，我们需要从整体上对律师、法官与检察官的行为进行整体性的规制，通过三者之间交叉问题的分析，探索出对我国当下整个法律系统进行整体规制的路径，更加全面系统地解决职业伦理道德问题。

回顾过去四十年间，我国律师职业伦理道德规范的建设经历了曲折的发展，现在已经形成了相对完善的律师职业伦理道德管理体制，但是律师行业在新的发展形势下，诸如任某某等死磕派律师扰乱我国社会公共秩序等事件的出现，开始对我国已有的律师职业伦理规范提出了新的要求与挑战。① 自 2013 年以后，我国开始新一轮的司法体制改革。在法律职业伦理道德方面，我国司法行政体制改革和律师管理体制改革也发挥着重要的作用。在这一背景下，司法行政机关和律师协会进一步强化了对律师失范行为的惩戒力度，针对司法实践失范行为，不断改善自身的职业伦理道德体系，坚持职业伦理规范实施机制的常态化，才能实现维护与提升律师职业伦理水准的核心目标。对于法律人本身来说，素质、品格、水平、境界直接影响着法律运行的效果与民众对于法治的信心。律师作为维护法律正义的职业之一，不应该堕落成浑身散发着铜臭气的奸商或者趋炎附势的政治掮客，而应当有天下情怀，社会抱负，有着维

① 黄洪淇：《律师职业伦理规范建设的回顾与前瞻》，载《交大法学》2018 年第 2 期。

护社会正义的职业伦理，以此达成职业特权和职业使命之间的历史性契合。①

第五节　律师同行关系伦理

律师与律师之间既有共同利益，又有行业竞争。每个律师在处理自己与同行的关系时，既要维护自身的利益，又要维护行业的整体利益，即每一个律师都有义务维护律师这个行业在社会上的生存法则，或者说，就是要遵守作为一名律师的行为准则和竞争规则。只有这样，才能营造良好的行业声誉，得到社会的积极评价，使全行业受益，从而推动律师业的健康发展。

一、尊重与合作

《律师执业行为规范》第 72 条规定："律师与其他律师之间应当相互帮助、相互尊重。"互相尊重、互相帮助，是一个有组织的群体的特征和必然要求，也是组织成员凝聚力的体现。广大律师都是国家法制统一和公民合法权益的维护者，拥有共同的理想和事业，面临着共同的历史任务，在为民主和法制的共同目标而共同奋斗。作为律师职业，互相尊重、互相帮助是这个群体组织性的要求之一。其主要表现在以下几个方面：

（1）律师和律师事务所不得阻扰或者拒绝委托人再委托其他律师和律师事务所参与同一事由的法律服务；共同提供法律服务的律师之间应明确分工，密切协作，意见不一致时应当及时通报委托人决定。

（2）在庭审或者谈判过程中各方律师应当互相尊重，不得使用挖苦、讽刺或者侮辱性的语言。

（3）律师或律师事务所不得在公众场合及媒体上发表恶意贬低、诋毁、损害同行声誉的言论。

【案例 6-4】

浙江律师吴某某因发表危害国家安全言论被处分案

一、案情简介

2017 年 7 月 11 日，杭州市律师协会称接到投诉，反映浙江碧剑律师事务所吴某某律师在网络发表不当言论，影响律师职业形象，要求予以查处。该协会立案后查明：自 2014 年 1 月至 2017 年 7 月，吴某某律师在其以律师身份注册的微博、博客、微信公众号等互联网自媒体上发表了《拆迁户，如何做到合法快乐维权?》《郑某究竟是什么东西》《突然都装死了，迟律师的维权路走到头了?》《司法行政部门就是要杀光所有的优秀律师，留下一帮子听他们话的走狗》《懂规矩、守规矩，其实就是肮脏的潜规则》《我认为，中国有两“邪”，堪称宝贝一对：一个是“足邪”，一个是

① 季卫东：《律师的重新定位与职业伦理》，载《中国律师》2008 年第 1 期。

"律邪"》等言论与文章。杭州市律师协会认定其涉及不当言论，且称曾经多次进行善意提醒教育，但吴某某律师不予理会。杭州市律协称对其进行立案调查后，吴某某律师对自己的违规行为没有任何反省和自觉改正的行为，反而继续在网络平台上发表《律师协会，拜托你别这么搞笑好不好》《致律协：律师，当坚守宪法法律的底线（之一至之七）》等文章，歪曲事实、混淆是非，对杭州市律师协会的立案调查工作进行嘲讽和攻击。① 吴某某律师向杭州市律协提出听证申请，但 8 月 15 日听证现场吴某某律师用手机拍摄听证现场并发布微博，在经警告制止后拒绝关闭手机，听证会终止。②

经过调查和听证，杭州市律师协会给予吴某某律师中止会员权利九个月的行业处分，并责令其删除并改正其在微博、博客及微信公众号等自媒体中的不当言论，同时建议杭州市司法局给予吴某某律师相应期限停止执业的行政处罚。之后，吴某某律师向浙江省律师协会提出复查申请，浙江省律师协会组成复查庭对该案进行审查，并作出了维持杭州市律师协会处分决定的复查决定。2017 年 12 月，杭州市司法局认定吴某某律师存在发表危害国家安全、恶意诽谤他人言论两项违法行为，违法次数较多，依法应当从重处罚；但在调查过程中，吴某某律师能够配合调查、有所认识和悔改，具有从轻情节。本着处罚与教育相结合的原则，依法对其作出停止执业九个月的行政处罚。③

二、案例评析

杭州市律协主要是根据《律师协会会员违规行为处分规则（试行）》的规定来进行处罚的，吴某某律师属于律协注册会员，应受该规则约束。吴某某律师的行为违反该规则第 30 条第 1 款第（1）项"具有下列不正当竞争行为之一的，给予通报批评、公开谴责或者中止会员权利一个月以上一年以下的纪律处分；情节严重的，给予取消会员资格的纪律处分：捏造、散布虚假事实，损害、诋毁其他律师、律师事务所声誉的"。第 34 条第 1 款第（3）、（4）、（6）项，即"影响司法机关依法办理案件，具有以下情形之一的，给予中止会员权利六个月以上一年以下的纪律处分，情节严重的给予取消会员资格的纪律处分：（3）以串联组团、联署签名、发表公开信、组织网上聚集、声援等方式或者借个案研讨之名，制造舆论压力，攻击、诋毁司法机关和司法制度的；（4）煽动、教唆和组织当事人或者其他人员到司法机关或者其他国家机关静坐、举牌、打横幅、喊口号、声援、围观等扰乱公共秩序、危害公共安全的非法手段，聚众滋事，制造影响，向有关机关施加压力的；（6）以歪曲事实真相、明显违背社会公序良俗等方式，发表恶意诽谤他人的言论，或者发表严重扰乱法庭秩序

---

① 《市律协发布对吴某某律师处分决定书》，载杭州律师网，http：//www.hzlawyer.net/news/detail.php? id=15533，最后访问时间：2017 年 8 月 18 日。

② 《吴有水律师案听证会终止》，载杭州律师网，http：//www.hzlawyer.net/news/detail.php? id=15506，最后访问时间：2017 年 8 月 15 日。

③ 《杭州市司法局行政处罚决定书杭司罚决〔2017〕21 号》，载杭州市政府信息公开网，http：//www.hangzhou.gov.cn/art/2018/1/11/art_1256323_15085821.html，最后访问时间：2018 年 1 月 11 日。

的言论的”。此外，吴某某律师发表不当言论的行为具有连续性，违规行为应从行为实施终了之日起计算。

此外，根据中华全国律师协会《印发对山东省律师协会有关请示的〈复函〉的通知》（律发通〔2017〕43号）的规定，第34条所列违规行为，不以是否影响司法机关依法办理案件为前提，吴某某律师的违规行为应该受到处罚。

杭州市司法局主要援引如下法律法规规范：

1.《律师法》第49条第1款第8项“律师有下列行为之一的，由设区的市级或者直辖市的区人民政府司法行政部门给予停止执业六个月以上一年以下的处罚，可以处五万元以下的罚款；有违法所得的，没收违法所得；情节严重的，由省、自治区、直辖市人民政府司法行政部门吊销其律师执业证书；构成犯罪的，依法追究刑事责任：……（八）发表危害国家安全、恶意诽谤他人、严重扰乱法庭秩序的言论的……”

2.《律师和律师事务所违法行为处罚办法》第38条规定，“律师、律师事务所有下列情形之一的，可以从轻或者减轻行政处罚：……（四）其他依法应当从轻或者减轻处罚的”。第39条规定，“律师、律师事务所的违法行为有下列情形之一的，属于《律师法》规定的违法情节严重或者情节特别严重，应当在法定的行政处罚种类及幅度的范围内从重处罚：……（二）违法行为性质、情节恶劣，严重损害律师行业形象，造成恶劣社会影响的；（三）同时有两项以上违法行为或者违法涉案金额巨大的”。

3.《浙江省司法行政机关规范行政处罚自由裁量权指导意见（试行）》（浙司〔2009〕172号）第12条第3项“当事人有下列情形之一的，应当从重处罚：……（三）多次实施违法行为，屡教不改的”。

4.《律师行业违法行为行政处罚自由裁量基准（试行）》（浙司〔2016〕19号）第17项规定，律师发表危害国家安全、恶意诽谤他人、严重扰乱法庭秩序言论，发生本项违法行为，情节较轻的，予以停止执业六个月以上九个月以下的处罚，同时可处五万元以下罚款。发生本项违法行为，造成一定影响和危害后果的，予以停止执业九个月以上一年以下的处罚，并处五万元以下罚款。发生本项违法行为，情节恶劣、造成严重后果，或者两次及以上发生本项违法行为的，吊销其律师执业证书。本项违法行为有违法所得的，没收违法所得。

本案中存在以下焦点问题：

1. 吴某某律师言论是否不当

根据杭州市律师协会的调查，吴某某律师在前述文章中使用“什么东西”“走狗”“肮脏的潜规则”“足邪”“律邪”等词语对特定单位和个人进行攻击。在《拆迁户，如何做到合法快乐维权?》一文中煽动当事人滥用诉权。在《郑某究竟是什么东西》一文中称郑某不是东西。在《突然都装死了，迟律师的维权路走到头了?》主观臆断司法部门和其他机关不作为，故意误导公众，挑动对立情绪。在其他文章中也对司法行政部门使用了侮辱性的词汇进行批评和讽刺。

吴某某律师的上述言论确实不妥，作为律师，批评建议也应以文明的方式作出，不应该使用带有侮辱性质的词汇。在公开场合的评论应该有事实依据，不能主观臆断，不能误导公众，更不能煽动群众滥用诉权。

2. 不当言论能否通过行政权认定

吴某某律师在申辩材料中提出，本案不当言论不属于律师协会立案范围，他未违反宪法和法律规定，且在其后续文章中提出不当言论只能由法律认定，不能由行政权认定。吴律师的说法属于偷换概念，法律规范了不当言论的处置条款，行政机关具有执法权，当然有权认定其言论是否不当。若当事人不服行政处罚，可以申请行政复议或是直接提起诉讼。

3. 不当言论是否危害国家安全

虽然吴某某律师对司法和有关部门有不当言论，但是以言论认定危害国家安全似乎不妥。危害国家安全的行为性质应较为严重，非一般言论所能造成。吴律师的不当言论虽然被多人转发，但人数最多也就是几十万人，即便对公众造成误导，也不足以对国家安全造成威胁。杭州市司法局以危害国家安全对吴某某律师进行处罚存在不当。

4. 不当言论与批评建议的边界

公民发表言论应当遵守法律规范的边界，批评建议应该有所依据，不能胡编乱造。此外，公民的批评建议难免会有所偏颇，用词不规范，国家机关和相关部门应该保持适度克制，以维护言论自由。

综合全案来看，吴某某律师违反了以下职业伦理规范：

第一，不遵守社会公德。

《律师法》规定申请律师执业需品行良好。律师应当珍视和维护律师职业声誉，模范遵守社会公德，注重陶冶品行和职业道德修养。吴某某律师在互联网媒体上使用侮辱性词汇对国家司法机关和个人进行评价，属于典型的不遵守社会公德。

第二，不尊重职业共同体。

《律师职业道德和执业纪律规范》第 9 条规定律师应当尊重同行，同业互助，公平竞争，共同提高执业水平。律师应当尊重同行，相互学习，相互帮助，共同提高执业水平，不应诋毁、损害其他律师的威信和声誉。吴某某律师在《突然都装死了，迟律师的维权路走到头了?》一文中对国家司法机关进行没有事实根据的恶意攻击，在《郑某究竟是什么东西》《司法行政部门就是要杀光所有的优秀律师，留下一帮子听他们话的走狗》《懂规矩、守规矩，其实就是肮脏的潜规则》《我认为，中国有两"邪"，堪称宝贝一对：一个是"足邪"，一个是"律邪"》对司法行政部门、律师协会、法学教授、守规律师进行脏话评价，明显不尊重法律职业共同体，是一种典型的诋毁和损害行为。

第三，未正确引导当事人。

吴某某律师在《拆迁户，如何做到合法快乐维权?》一文中指出："要想天平向你倾斜，必须依靠大家的力量。所以，诉讼还是最好的办法。而且，还不能只诉讼一次，为了让拆你房子的部门多当被告，你得想着法子，找各种理由去起诉。现在法院要求一事一诉，正好，你可以把政府拆迁的各个环节都理一遍，然后把所有的环节都

挨个儿起诉。一起强制拆迁，至少可以找出十个八个起诉的事由！想想，你一个人起诉十个八个，如果有十户几十户人家起诉。这个地方拆迁十几户起诉，那个地方拆迁几十户起诉——如果法院都立案审理的话，估计你会把那些尽给政府拆迁出坑爹的歪点子的御用律师和专门应付诉讼的工作人员忙得直吐血！”

“法院判输了怎么办？这个好办呀，一审输了可以上诉再来二审，二审输了还可以申请再审。如果起诉被驳回了，还可以换个理由或者根据驳回的理由调整再诉！只要你找准起诉的理由，不要滥用诉权，耐心地来玩诉讼的游戏。大家团结一致，让那些不依法拆迁你房屋的人，陷入到被人民群众起诉的汪洋大海中去，看着他们在诉讼的海洋中，被淹得上气不接下气，死去活来。你干嘛还不开心呢？”

“如何通过上访来引起可能潜在的某位大领导的注意？这就需要多次、反复上访了。这就是问题一日不解决，上访一日不停止。套用别人的老话说：生命不息，上访不止。许多老上访户就是这样炼成的。”

“这种猫捉老鼠的游戏，天天逗着那些截访的人像只瞎眼猫一样乱转，好不好玩？玩起来开心不开心？所以，你得换个思维角度去玩上访，把上访当成一种游戏，别整天苦哈哈地让自己郁闷不开心。”

从上述言论中，可以看出吴某某律师错误地鼓励滥用诉讼和上访权，故意挑起民众与司法机关和政府的对立，这与一位执业律师寻求化解社会矛盾的工作出发点背道而驰。作为一名执业律师，吴某某律师在文章中提供了多种被其形容为“快乐”的方法，实质是激化社会矛盾，挑起利益冲突，这是一种以律师身份严重误导公众的行为。

总结反思，从维护职业伦理角度出发，律师应该做到以下几点：

第一，审慎发表公开言论。

律师作为法律职业共同体的一员，应该模范地遵守宪法和法律，在享有言论自由的同时应时刻注意自身言行。律师的批评建议应该有事实根据，不能主观臆测，更不能无理取闹，蓄意攻击，以博取眼球。律师发表的专业言论应以法言法语为主，不能采用侮辱性的词汇，采取泼妇骂街的姿势来逞口舌之快。

第二，尊重法律职业共同体。

法官、检察官、律师、司法行政部门、律师协会都是法律职业共同体的重要组成部门。各个要素在感情上要互相尊重，在业务上要互相配合。遇到纷争应该依法依规予以解决，对职业共同体的批评也应该注意方式方法，讲究事实和证据，不能借故讨伐，更不能无中生有，扩大矛盾。

第三，引导当事人依法救济。

维护当事人的合法权利是律师的义务。律师应该忠实勤勉，为当事人提供权利救济服务。律师应该引导当事人依法维权，根据案件情况，采用适宜的策略，在法律和政策的框架下引导当事人完成权利救济。律师不应该鼓动当事人滥用诉权，更不应该煽动当事人多次上访。律师要在合法的框架内为当事人找到合适的救济之路。

第四，服从中国共产党的领导。

中国共产党领导中国已经被写入宪法，律师在执业过程中也应该注意政治纪律。

发表诋毁中国共产党的领导言论是极其错误和不恰当的，对国家机关的批评建议也应该以合理的方式进行，在网上进行谩骂是不对的。

二、禁止不正当竞争

《律师执业行为规范》第77条规定："律师和律师事务不得采用不正当手段进行业务竞争，损害其他律师及律师事务所的声誉或者其他合法权益。"随着我国法学专业人数的扩招以及律师制度改革的不断深入，大批人才加入律师队伍，如此不可避免地出现了"僧多粥少"的局面。律师之间的业务竞争，对律师的生存提出了严峻挑战。当然，任何一个行业都不可避免地存在或多或少的竞争，正当的竞争有助于降低法律服务的成本，提高律师服务质量，甚至有利于整个法律服务行业的优胜劣汰，为当事人选择优秀律师提供更多的机会。① 然而，不正当竞争不仅会阻扰委托人的自愿选择，而且还会引发社会公众对整个律师行业的质疑和不信任，甚至造成司法腐败等问题。因此，实现正当竞争对于律师同行关系而言至关重要。具体而言，律师在执业竞争中应遵守以下行为规范：

（1）律师和律师事务所在与委托人及其他人员接触中，不得采用下列不正当手段与同行进行业务竞争：①诋毁、诽谤其他律师或者律师之名誉、声誉；②无正当理由，以低于同地区同行业收费标准为条件争业务，采用承诺给予客户、中介人、推荐人回扣，以及馈赠金钱、财物或者其他利益等方式争揽业务；③故意在委托人与其代理律师之间制造纠纷；④向委托人明示或者暗示自己或者其所属的律师事务所与司法机关、政府工作人员具有特殊关系；⑤就法律服务结果或者诉讼结果作出虚假承诺；⑥明示或者暗示可以帮助委托人达到不正当目的，或者以不正当的方式、手段达到委托人的目的。

（2）律师和律师事务所在与行政机关、行业管理部门以及企业的接触中，不得采用下列不正当手段与同行进行业务竞争：①通过与某机关、某部门、某行业对某一类的法律服务事务进行垄断的方式争揽业务；②限定委托人接受其指定的律师或者律师事务所提供法律服务，限制其他律师或律师事务所正当的业务竞争。

（3）律师和律师事务所在与司法机关及司法人员接触中，不得利用律师兼有的其他身份影响所承办业务的正常处理和审理。

（4）依照有关规定取得从事特定范围法律服务的律师或律师事务所不得采取下列不正当竞争的行为：①限制委托人接受经过法定机构认可的其他律师或律师事务所提供法律服务；②强制委托人接受其提供的或者由其指定的律师提供的法律服务；③对抵制上述行为的委托人拒绝、中断、拖延、削减必要的法律服务或者滥收费用。

（5）律师或律师事务所相互之间不得采用下列手段排挤竞争对手的公平竞争：①串通抬高或者压低收费；②为争揽业务，不正当获取其他律师和律师事务所收费报价或者其他提供法律服务的条件；③泄露收费报价或者其他提供法律服务的条件等暂未公开的信息，损害相关律师事务所的合法权益。

（6）律师和律师事务所不得擅自或者非法使用社会专有名称或者知名度较高的名称

① 邵云伟、王琼：《建立律师助理制度势在必行》，载《中国律师》2002年第3期。

以及代表其名称的标志图形文字、代号以混淆误导委托人。社会特有名称和知名度较高的名称是指：①有关政党、司法机关、行政机关、行业协会名称；②具有较高社会知名度的高等法学院校或者科研机构的名称；③为社会公众共知、具有较高知名度的非律师公众人物名称；④知名律师以及律师事务所名称。

（7）律师和律师事务所不得伪造或者冒用法律服务荣誉称号。使用已获得的律师或者律师事务所法律服务荣誉称号的，应当注明获得时间和期限。律师和律师事务所不得变造已获得的荣誉称号用于广告宣传。律师事务所已撤销的，其原取得的荣誉称号不得继续使用。

第六节　律师伦理责任及其法律化

律师的法律责任是指律师或律师执业机构在为委托人提供法律服务的过程中，因其自身过错或违法执业给当事人造成的损失所产生的责任。律师在我国法制建设进程中，担负着十分重要的任务，严格规范其执业活动，落实其执业责任，是及时纠正律师行业中不良之风的关键所在。具体而言，律师的法律责任主要可分为以下四种：行政责任、行业处分、民事责任、刑事责任。

一、行政责任

律师的行政责任是指律师和律师事务所在执业过程中违反行政法律、法规、规章等规定时，应当承担的行政法律后果。根据我国《律师法》的规定，对律师个人的行政处罚包括五种：警告、罚款、停止执业、没收违法所得和吊销律师执业证书；而对律师事务所的行政处罚也包括五种：警告、罚款、停业整顿、没收违法所得和吊销律师事务所执业证书。

（一）行政责任形式

1. 警告

警告是律师行政责任中最轻微的一种行政处罚形式，主要适用于情节轻微的行政违法行为。警告是指行政机关向违法的律师或律师事务所发出警戒，申明其有违法行为，对其名誉、荣誉、信誉等施加影响的一种行政处罚。

2. 罚款

罚款是对律师的行政处罚中新增的一种行政处罚，是一种附加适用的行政处罚。罚款是指对有违法行为的律师或律师事务所处以缴纳一定数额的金钱的一种行政处罚。根据《律师法》的相关规定，对律师的行政罚款可分为：5000 元以下、1 万元以下、5 万元以下；对律师事务所的行政罚款适用的幅度是 10 万元以下。

3. 停止执业、停业整顿

停止执业是对律师的一种行政处罚，是指在法定被处罚的期限内，律师本人不得以律师身份继续执业或提供法律服务；停业整顿是对律师事务所的一种行政处罚，是指在法定被处罚的期限内，律师事务所不得提供法律服务。

4. 没收违法所得

没收违法所得是指将律师或律师事务所在执业期间的违法收入予以没收并上缴国库的一种经济性的行政处罚。

5. 吊销律师执业证书、吊销律师事务所执业证书

吊销律师执业证书、吊销律师事务所执业证书是对律师和律师事务所行政处罚中最严厉的一种形式，适用于情节严重的行政违法行为，是指省、自治区、直辖市人民政府司法行政部门取消违法的律师、律师事务所执业资格的行政处罚。

吊销律师或律师事务所的执业证书意味着被吊销证书的律师或律师事务所将永久不得再提供法律服务，这种行政处罚只能由省、自治区、直辖市人民政府司法行政部门作出决定。① 律师、律师事务所被吊销律师执业证书、律师事务所执业证书的，司法行政机关应收缴其执业证书予以注销。

（二）适用情形

律师职业责任中的行政责任在行政处罚方式上差异很大，既不能避重就轻，也不能以偏概全，这就要求行政处罚方式明确、细化。根据我国《律师法》的规定，对律师违法执业的处罚方式由轻到重主要分为以下三个档次：

（1）律师有下列行为之一的，由设区的市级或者直辖市的区人民政府司法行政部门给予警告，可以处 5000 元以下的罚款；有违法所得的，没收违法得；情节严重的，给予停止执业 3 个月以下的处罚：①同时在两个以上律师事务所执业的；②以不正当手段承揽业务的；③在同一案件中为双方当事人担任代理人，或者代理与本人及其近亲属有利益冲突的法律事务的；④从人民法院、人民检察院离任后 2 年内担任诉讼代理人或者辩护人的；⑤拒绝履行法律援助义务的。

（2）律师有下列行为之一的，由设区的市级或者直辖市的区人民政府司法行政部门给予警告，可以处 1 万元以下的罚款；有违法所得的，没收违法所得；情节严重的，给予停止执业 3 个月以上 6 个月以下的处罚：①私自接受委托、收取费用，接受委托人财物或者其他利益的；②接受委托后，无正当理由，拒绝辩护或者代理，不按时出庭参加诉讼或者仲裁的；③利用提供法律服务的便利牟取当事人争议的权益的；④泄露商业秘密或者个人隐私的。

（3）律师有下列行为之一的，由设区的市级或者直辖市的区人民政府司法行政部门给予停止执业 6 个月以上 1 年以下的处罚，可以处 5 万元以下的罚款；有违法所得的，没收违法所得；情节严重的，由省、自治区、直辖市人民政府司法行政部门吊销其律师执业证书：①违反规定会见法官、检察官、仲裁员以及其他有关工作人员，或者以其他不正当方式影响依法办理案件的；②向法官、检察官、仲裁员以及其他有关工作人员行贿，介绍贿赂或者指使、诱导当事人行贿的；③向司法行政部门提供虚假材料或者有其他弄虚作假行为的；④故意提供虚假证据或者威胁、利诱他人提供虚假证据，妨碍对方当事人合法取得证据的；⑤接受对方当事人财物或者其他利益，与对方当事人或者第三人恶意串通，侵害委托人权益的；⑥扰乱法庭、仲裁庭秩序，干扰诉讼、仲裁活动的正常进行的；⑦煽动、教唆当事人采取扰乱公共秩序、危害公共安全等非法手段解决争议的；⑧发表危害国

① 其他行政处罚由设区的市级或者直辖市的区人民政府司法行政部门作出决定。

家安全、恶意诽谤他人、严重扰乱法庭秩序的言论的；⑨泄露国家秘密的。需要注意的是，律师因故意犯罪受到刑事处罚的，由省、自治区、直辖市人民政府司法行政部门吊销其律师执业证书。

根据《律师法》第 51 条第 1 款的规定，律师因违反本法规定，在受到警告处罚后 1 年内又发生应当给予警告处罚情形的，由设区的市级或者直辖市的区人民政府司法行政部门给予停止执业 3 个月以上 1 年以下的处罚；在受到停止执处罚期满后 2 年内又发生应当给予停止执业处罚情形的，由省、自治区、直市人民政府司法行政部门吊销其律师执业证书。

律师事务所有下列行为之一的，由设区的市级或者直辖市的区人民法院司法行政部门视其情节给予警告、停业整顿 1 个月以上 6 个月以下的处罚，可以处 10 万元以下的罚款；有违法所得的，没收违法所得；情节特别严重的，由省、自治区、直辖市人民政府司法行政部门吊销律师事务所执业证书：(1) 违反规定接受委托、收取费用的；(2) 违反法定程序办理变更名称、负责人、章程、合伙协议、住所、合伙人等重大事项的；(3) 从事法律服务以外的经营活动的；(4) 以诋毁其他律师事务所、律师或者支付介绍费等不正当手段承揽业务的；(5) 违反规定接受有利益冲突的案件的；(6) 拒绝履行法律援助义务的；(7) 向司法行政部门提供虚假材料或者有其他弄虚作假行为的：(8) 因本所律师疏于管理，造成严重后果的。

律师事务所因前款违法行为受到处罚的，对其负责人视情节轻重，给予警告或者处 2 万元以下的罚款。

根据《律师法》第 51 条第 2 款的规定，律师事务所因违反本法规定，受到停业整顿处罚期满后 2 年内又发生应当给予停业整顿处罚情形的，由省、自治区、直辖市人民政府司法行政部门吊销律师事务所执业证书。

二、行业处分

《中华全国律师协会章程》第 29 条规定，会员有下列行为之一的，由律师协会视情节分别给予训诫、通报批评、公开谴责、取消会员资格等处分；(1) 违反《律师法》和其他法律法规规定的；(2) 违反本章程和律师行业规范的；(3) 严重违反社会公共道德，损害律师职业形象和荣誉的；(4) 违反律师职业道德和执业纪律的；(5) 其他应受处分的违纪行为。对于会员的违法违纪行为，律师协会有权向有处罚权的行政机关提出处罚建议。

律师职业责任中的行业处分是指特定的机构依照有关法律、法规、规章和律师团体制定的纪律章程，对违反职业道德规范和法定义务的律师实施的各种处罚。律师违反职业道德的影响不仅局限于个人的业务活动、而且还会使整体律师队伍的名誉受损，损害了律师这个职业在公众心中的形象。所以，对于违反职业道德的律师，必须得到应有的处分、惩罚。对于律师行业、从进入律师队伍到每个执业活动，都要从严把关，以保证律师能够履行自己的职责义务以惩罚的方式监督律师，适时将不适合做律师的人从律师队伍中清除。

律师是运用法律知识、技巧为社会提供法律服务的职业人员。律师的行业化是在律师业与其周围社会环境互动过程中形成的；它是分散运作的律师业基于共同的执业使命和属性，为加强职业内部的联系和交流，形成整体力量以强化自身对社会的交涉力和影响力而表现出的一种自我整合过程。① 律师职业具有非常高的专业性和独立性，同时担负着维护当事人合法权益、促进法律制度完善和实现社会正义的使命，它内在地要求律师职业自知自律的管理机制的形成。

关于律师职业责任中行业处分的目的，主要有三个：（1）保护公众，规范律师职业责任的行业处分制度，可以减少甚至阻止律师职业的不当违法行为，使公众和司法免受那些没有履行、将来不会履行或不可能适当履行其对委托人、公众、法律制度和法律职业的职业责任的律师的损害。（2）警戒其他律师，对于违反行业法律、法规和条例的律师，对其进行行业处分，不仅可以警示违法律师本人，还可以引起其他有可能违法的律师的警惕，使他们从中吸取教训，不要重蹈覆辙。（3）维护律师业健康发展，对违反行业规则的律师进行行业处分，并不是为了处罚而处分，而是希望能够通过严格的处分，净化律师队伍，维护律师业的健康发展。任何一个律师的违法行为都会引起当事人和公众对律师能力和品格的信任问题，如果对违法的律师不加以惩罚，就可能会给公众造成律师协会包庇成员的误解，会损害律师协会和整个律师行业的形象。

三、民事责任

律师职业的民事责任是指律师、律师事务所在执业过程中，由于违法执业或过错造成了当事人的损失而承担的民事责任。

1. 法律性质

律师职业责任中的民事责任是一种主体特殊的责任类型，究其本身到底是合同责任还是侵权责任，这种民事责任的性质在学界是存在争议的。大陆法系倾向这种民事责任类型属于违约责任，而英美法系倾向于侵权民事责任，但这也只是一种倾向，并不是完全否认对方的观点。实际上，律师执业的民事责任是具有双重性质的，单纯认定为违约责任或民事责任都是不准确的。

在律师和委托人订立、履行合同的过程中，权利义务是不断发生变化的。假设律师在这个过程中不断违约，产生的责任是不同的：未缔结合同之前，违反先合同义务的缔约过失责任；缔结合同以后，违反合同义务的违约责任；违约行为及某些侵权行为产生的责任。

（1）缔约过失责任。在委托人和律师之间为订立合同需要提前接触交流，但还没有缔约一个实际的合同时，律师因自身过错而违反了先合同义务，并给委托人造成了损失的，此时律师应承担缔约过失责任。

一方面，缔约过失责任虽然不是律师民事责任的主要形式，但缔约过失责任发生在缔结委托合同的过程中，每个正在签订合同的委托人都可能遭受律师不诚信行为的侵害；另一方面，缔约双方在法律知识上的悬殊容易诱使律师利用自身的优势地位损害委托人的利益，为了维护受害人的合法权益，有必要将其列为律师民事责任的一种类型。

（2）违约责任。根据《合同法》第 107 条的规定，当事人一方不履行合同义务或者

① 夏勇：《走向权利的时代》，中国政法大学出版社 1995 年版，第 114 页。

履行合同义务不符合约定的，应当承担继续履行、采取补救措施或者赔偿损失等违约责任。

有偿的委托合同，因受托人的过错给委托人造成损失的，委托人可以要求赔偿损失。无偿的委托合同，因受托人的故意或者重大过失给委托人造成损失的，委托人可以要求赔偿损失。律师在执业过程中，违法执业或违约行为给当事人造成损失，应予赔偿当事人。一方不履行合同义务或者履行合同义务不符合约定，给对方造成损失的，损失赔偿额应当相当于因违约所造成的损失，包括合同履行后可以获得的利益，但不得超过违反合同一方订立合同时预见到或者应当预见到的因违反合同可能造成的损失。

（3）侵权责任。公民、法人由于过错侵害国家、集体的财产，侵害他人财产、人身的，应当承担民事责任。此时委托人可以侵权为由对律师提起侵权之诉，要求律师承担侵权责任。

（4）违约责任与侵权责任的竞合，因当事人一方的违约行为，侵害对方人身、财产权益的，受损害方有权选择依照本法要求其承担违约责任或者依照其他法律要求其承担侵权责任。因此，在律师违法执业或因过错造成委托人损失时，委托人可以根据具体情况选择有利于自己权益救济的方式提起诉讼，要求律师承担相应的民事责任。

2. 构成要件

《律师法》第54条规定，律师违法执业或者因过错给当事人造成损失的由其所在的律师事务所承担赔偿责任。律师事务所赔偿后，可以向有故意或者重大过失行为的律师追偿。实践中，确认律师是否应承担民事责任，首先要认定律师执业中民事责任的构成要件，其构成要件包括：

（1）执业过程中，律师执业责任中的民事责任的产生需与律师的执业行为紧密相关，这是基本要件。如果律师在非执业期间作出违反职业道德和执业纪律的行为，需要承担民事责任的，则不适用律师责任中的民事责任救济制度，律师事务所就不必承担相应的民事责任，此时律师应被视为普通民事行为人。

（2）违法执业或过错行为。律师应当遵守职业道德，维护法律的正确实施，维护社会公平和正义，维护委托人的合法权益。如果律师在执业过程中违法，给委托人造成了损失，律师应当承担相应的民事赔偿责任。如果有行政责任或刑事责任，也应当承担相应的行政责任或刑事责任。

律师的过错行为是构成律师职业民事责任赔偿的重要要件。过错分为两种形态：故意和过失。故意是指行为人明知自己的行为会造成损害结果，并且希望或放任这种结果发生的心理状态。过失是指行为人应当预见自己的行为可能发生损害结果，因为疏忽大意而没有预见，或已经预见而轻信能够避免，以致发生这种结果的心理状态。

律师在执业活动中需要尽到高度注意义务、忠实义务和保密义务，维护委托人的合法权益。违反高度注意义务、忠实义务和保密义务的，即认为是有过错。① 律师的注意义务与一般人的注意义务不同，作为专家的律师需要负有高度注意义务。律师的高度注意义务

① 中国民法典立法研究课题组编：《中国民法典草案建议稿附理由》，法律出版社2004年版，第60页。

是指律师具有专业的法律知识、法律技能，因此要求具有比一般人更高的注意义务。律师的忠实义务是指律师应尽自己的能力为委托人争取最大的合法权益，不得为了自己的私利或其他利益违背委托的权益。律师的保密义务是指律师应为委托人保守其秘密，不得泄露委托人的商业秘密或个人隐私。

在实践中，律师故意侵犯委托人利益的情况是很少见的，大部分都是由于过失给委托人造成损失，例如超时效起诉或上诉，遗失主要证据等。如果律师的行为并无过错，则不应承担相应的民事责任。

如果律师在提供法律服务的过程中没有尽到其应尽的义务，并由此给当事人的合法权益造成损害的，律师应当承担相应的民事责任。

（3）损害事实，委托人合法权益受到损害是律师承担执业民事责任的必备条件，因此可简单概括为：没有损害就没有责任。当律师在提供法律服务的过程中确实存在违法执业行为、过错或重大过失时，如果没有对委托人的合法权益造成损害，律师无须承担民事责任。

《合同法》第 113 条规定："当事人一方不履行合同义务或者履行合同义务不符合约定，给对方造成损失的，损失赔偿额应当相当于因违约所造成的损失，包括合同履行后可以获得的利益，但不得超过违反合同一方订立合同时预见到或者应当预见到的因违反合同可能造成的损失。"因此，律师应当为其违法执业或过错造成委托人的实际损失承担责任。实际损失既包含直接损失，也包含委托人或第三人的既得利益的损失。

（4）因果关系，律师的违法执业或过错行为与委托人的损失之间必须存在因果关系。是否具有因果关系将会影响到律师承担民事责任的范围和数额，因此必须分清因果关系的有无，防止主观臆断，把一切败诉的不利影响全部归结于律师责任。

如果律师存在违法执业或过错行为，但与委托人的损失之间并无因果关系，此种情况下，律师无须承担民事责任。

3. 责任承担主体

律师违法执业或者因过错给委托人造成损失的，由其所在的律师事务所承担赔偿责任。律师事务所赔偿后，可以向有故意或者重大过失行为的律师追偿。因此，律师违法执业产生的民事赔偿主体主要是律师事务所，律师本人存在故意或重大过失时赔偿主体才是律师个人。

律师事务所应当依法开展业务活动，加强内部管理和对律师执业行为的监督，依法承担相应的法律责任。在我国仍不允许律师以个人名义提供法律服务，因此律师必须入职律师事务所才能执业。这就要求律师事务所有监督律师合理合法执业的义务。律师承办业务，由律师事务所统一接受委托，与委托人签订书面委托合同，按照国家规定统一收费并如实入账。也就是说，委托合同是律师事务所与委托人之间签订的合同，律师是接受律师事务所的委托为委托人提供法律服务。律师事务所对其委派的律师的执业行为存在违法执业或过错给委托人造成损失时，律师事务所理应承担赔偿责任。

我国律师事务所目前有三种形式，不同形式的律师事务所承担的责任不同：（1）普通合伙律师事务所的合伙人对律师事务所的债务承担无限连带责任；特殊的普通合伙律师事务所一个合伙人或者数个合伙人在执业活动中因故意或者重大过失造成律师事务所债务的，应当承担无限责任或者无限连带责任，其他合伙人以其在律师事务所中的财产份额为限承担责任；合伙人在执业活动中非因故意或者重大过失造成的律师事务所债务，由全体合伙人承担无限连带责任。（2）个人律师事务所的设立人对律师事务所的债务承担无限责任。（3）国家出资设立的律师事务所以其全部资产对其债务承担责任。

四、刑事责任

律师职业责任中的刑事责任是律师法律责任中处罚最重的责任形式，律师在执业过程中违反了《刑法》及其相关法律而承担的刑事法律上的不利后果。

《律师法》第 49 条规定："律师有下列行为之一的，由设区的市级或者直辖市的区人民政府司法行政部门给予停止执业六个月以上一年以下的处罚，可以五万元以下的罚款；有违法所得的，没收违法所得；情节严重的，由省、自治区、直辖市人民政府司法行政部门吊销其律师执业证书；构成犯罪的，依法追究刑事责任：（一）违反规定会见法官、检察官、仲裁员以及其他有关工作人员，或者以其他不正当方式影响依法办理案件的；（二）向法官、检察官、仲裁员以及其他有关工作人员行贿，介绍贿赂或者指使、诱导当事人行贿的；（三）向司法行政部门提供虚假材料或者有其他弄虚作假行为的；（四）故意提供虚假证据或者威胁、利诱他人提供虚假证据，妨碍对方当事人合法取得证据的；（五）接受对方当事人财物或者其他利益，与对方当事人或者第三人恶意串通，侵害委托人权益的；（六）扰乱法庭、仲裁庭秩序，干扰诉讼、仲裁活动的正常进行的；（七）煽动、教唆当事人采取扰乱公共秩序、危害公共安全等非法手段解决争议的；（八）发表危害国家安全、恶意诽谤他人、严重扰乱法庭秩序的言论的；（九）泄露国家秘密的。律师因故意犯罪受到刑事处罚的，由省、自治区、直辖市人民政府司法行政部门吊销其律师执业证书。"

根据法律规定，并结合我国近年来律师受到刑事责任追究的情况，以下几种是律师执业中常见的罪名。

1. 行贿罪

我国《刑法》第 389 条规定："为谋取不正当利益，给予国家工作人员以财物的，是行贿罪。"律师在提供法律服务的过程中，由于现实中司法活动的复杂性和少数律师的自身素质不高，个别律师为了获得胜诉或非法利益而向有关国家机关工作人员行贿。这严重影响了律师的社会形象，污染了整个律师团队。

《刑法》第 390 条规定："对犯行贿罪的，处五年以下有期徒刑或者拘役，并处罚金；因行贿谋取不正当利益，情节严重的，或者使国家利益遭受重大损失的，处五年以上十年以下有期徒刑，并处罚金；情节特别严重的，或者使国家利益遭受特别重大损失的，处十年以上有期徒刑或者无期徒刑，并处罚金或者没收财产。行贿人在被追诉前主动交待行贿行为的，可以从轻或者减轻处罚。"这就要求律师在执业过程中，无论是受委托人的请托还是为了其他利益，都不得诱导委托人行贿或向法官、检察官等相关工作人员请客送礼。

2. 伪证罪

在我国司法实践中，部分律师为了达到胜诉的目的，提供虚假证据，隐瞒重要事实或者威胁、利诱他人提供虚假证据，隐瞒重要事实，这都是构成犯罪的行为。

我国《刑法》第306条规定："在刑事诉讼中，辩护人、诉讼代理人毁灭、伪造证据，帮助当事人毁灭、伪造证据，威胁、引诱证人违背事实改变证言或者作伪证的，处三年以下有期徒刑或者拘役；情节严重的，处三年以上七年以下有期徒刑。辩护人、诉讼代理人提供、出示、引用的证人证言或者其他证据失实，不是有意伪造的，不属于伪造证据。"

律师作为熟知法律的人士，应当做到严格守法，为委托人争取最大的合法权益，不得片面追求胜诉而指使或诱导委托人或证人作伪证。如果律师触犯了伪证罪，理应承担刑事责任。

3. 泄露国家秘密罪

由于律师的工作性质，有时会在执业过程中获知一些国家秘密，如果律师泄露国家秘密，将会被追究相应的刑事责任。

我国《刑法》第398条规定："国家机关工作人员违反保守国家秘密法的规定，故意或者过失泄露国家秘密，情节严重的，处三年以下有期徒刑或者拘役；情节特别严重的，处三年以上七年以下有期徒刑。非国家机关工作人员犯前款罪的，依照前款的规定酌情处罚。"

律师虽不属于国家机关工作人员，但在为委托人提供法律服务的过程中，法律赋予了律师在执业过程中享有比一般人更多的权利，律师理应承担比一般人更严格的义务，保守国家秘密是律师的义务之一。

4. 法律规定的其他违法行为

《律师法》规定的其他行政违法行为，情节严重构成犯罪的，应当依法追究刑事责任。例如，律师严重扰乱法庭秩序，从而破坏正常的审判活动的进行，造成严重后果的，可以追究其刑事责任。律师在执业过程中，因故意犯罪受到刑事处罚的，将被吊销其执业证书，这意味着律师的职业生涯的终结。因此，对于律师在执业过程中是否存在刑事责任，应当严格依法审慎考量。

【案例6-5】

黑龙江森耀律师事务所涉嫌诈骗案

一、案情简介

2018年5月17日上午，黑龙江省哈尔滨市中级人民法院一审公开开庭审理了被告人宋某国、宋某辉、李某、周某某涉嫌诈骗、寻衅滋事、妨害公务一案。哈尔滨市人民检察院派员出庭支持公诉，被告人及其辩护人到庭参加诉讼。

据了解，黑龙江森耀律师事务所自2015年3月起，便通过电视、报纸、户外广告等媒介，以聘请电视台节目主持人等方式对外宣传：官司不赢，分文不收，进行虚假代理，共骗取约6000多名被害人代理费共计人民币超1亿元。检察院同时指控，被告人对接到群众举报进行暗访调查的哈尔滨市律协工作人员进行辱骂和恐吓行为，并扣押其律师证件、录音笔等物品；此外，被告人还涉嫌以开车阻拦、围堵和对执法人员威胁、辱骂等手段，阻碍哈尔滨市城市管理行政执法局工作人员依法执行职务等违法事实。

庭审中，公诉机关出示了相关证据，四名被告人及其辩护人进行了质证，控辩双方充分发表了辩论意见，四名被告人进行了最后陈述。最后，法院宣布此案择日宣判。

二、焦点问题

本案的焦点问题主要围绕被告人是否实施了符合刑法构成要件的诈骗罪、寻衅滋事罪以及妨害公务罪，在事实认定和法律认定上是否存疑，以及对这三罪的理论问题上是否有可琢磨之处。接下来将主要就这三个问题进行简要论述。

（一）事实问题

本案的事实问题较为清楚，争议较少，在侦查机关较长时间的侦查下已见成效。首先，森耀律师事务所实施了诈骗行为，四名被告人于2015年3月至2016年7月以黑龙江森耀律师事务所、北京金才律师事务所以及黑龙江广福律师事务所名义，进行虚假代理，共骗取约6600名被害人代理费共计人民币1亿余元，并将赃款用于购买房产、车辆、基金、支付广告费等。

其次，被告人对一般公民实施了寻衅滋事行为。被告人宋某辉、李某等人对进行暗访调查的哈尔滨市律协工作人员进行辱骂和恐吓；在被害人住处的门前放置具有祭祀意味的水果，对被害人进行威胁和恐吓，并对来律所退费的被害人进行恐吓，以辱骂被害人、撕毁合同的方式阻止被害人退费。

最后，被告人对国家机关工作人员进行了妨害公务的行为。2015年至2016年，被告人宋某辉和李某曾多次纠集多人以开车阻拦、围堵和对执法人员威胁、辱骂等方式阻碍哈尔滨市城管工作人员拆除森耀违法设置的电子显示屏幕行为。

（二）法律问题

本案的法律问题清晰，根据事实行为以及《刑法》对相关罪名构成要件的具体规定，可得出构成以下罪名的结论。

被告人宋某国、宋某辉、李某、周某某四人构成诈骗罪。满足《刑法》第266条的构成要件：诈骗公私财物，数额特别巨大或者有其他特别严重情节的，处十年以上有期徒刑或者无期徒刑，并处罚金或者没收财产。

被告人宋某辉、李某构成寻衅滋事罪。满足《刑法》第293条的构成要件：有下列寻衅滋事行为之一，破坏社会秩序的，处五年以下有期徒刑、拘役或者管制：……（二）追逐、拦截、辱骂、恐吓他人，情节恶劣的。

被告人宋某辉、李某构成妨害公务罪。满足《刑法》第277条的构成要件："以暴力、威胁方法阻碍国家机关工作人员依法执行职务的，处三年以下有期徒刑、拘役、管制或者罚金。"

（三）理论问题

本案事实和适用法律部分均较为清楚，争议较小，主要争议的理论问题集中在对诈骗罪的判定上，以及对一开始检察院提起公诉时指控的虚假广告罪是否成立进行简要论述。

首先，对被告四人成立诈骗罪是毋庸置疑的。诈骗罪是指以非法占有为目的，使用欺骗方法，骗取他人数额较大财物的行为。而本案中，被告人实施了欺骗行为，用“官司不赢，分文不收”的谎言骗取受害人信任，使对方产生了认识错误，并使得受害人基于该认识错误处分了财物，最终被告人因此取得了财物，使对方遭受了财产损失，本案事实依据完全符合诈骗罪的构成要件及其加重要件，应定诈骗罪。

其次，是否要对被告人以虚假广告罪的名义进行起诉有待商榷。根据案情可知，森耀律师事务所从2015年3月起便通过电视、报纸、户外广告等媒介，以聘请电视台主持人的形式对外宣传其“官司不赢，分文不收”的理念，并私建广告牌。而根据我国《刑法》第222条的规定，虚假广告罪，是指广告主、广告经营者、广告发布者违反国家规定，利用广告对商品或者服务作虚假宣传，情节严重的行为。笔者认为，虽然森耀律师事务所利用广告进行宣传，但是否违反国家规定，是否满足情节严重等构成要件还有待商榷和解释，同时该广告宣传亦不一定均为虚假，故是否构成该罪尚无定论，根据疑罪从无原则，应暂且不定。

三、处置要点和理由

由于本案一审尚未作出生效判决，故笔者将对本案可能采用的判决和量刑作简要分析。

依照《中华人民共和国刑法》第266、277、293条之规定，对于黑龙江省森耀律师事务所涉嫌诈骗一案，处置要点如下：

一、被告人宋某国、宋某辉犯诈骗罪，判处有期徒刑15年，并处罚金或没收财产；

二、被告人宋某辉、李某犯寻衅滋事罪，判处有期徒刑1年；

三、被告人宋某辉、李某犯妨害公务罪，判处拘役3个月，并处罚金。

以上处置要点的理由如下：

被告宋某国、宋某辉、李某、周某某四人分别成立诈骗罪、寻衅滋事罪和妨害公务罪的客观事实及犯罪构成要件均已成立，从上文的事实问题及法律问题中即可得出，符合罪刑法定要求；在量刑上，由于涉案金额已超1亿元，符合诈骗罪中数额特别巨大的情节，对社会造成严重影响，故量刑应在10年以上，同时判处罚金或没收赃款赃物；对寻衅滋事罪及妨害公务罪，因其社会危害性不大，未造成严重后果和极不良影响，故分别处有期徒刑1年及拘役3个月。

本案因尚不知被告人的主观自首、立功、坦白等情况，故量刑时不考虑主观因素在内。

四、案例评析

就现有材料来看，本案的事实和法律适用均是较为清晰明确的，争议同样较少，故对该案例的评析主要集中在对律师，尤其是本案中的刑事律师的职业伦理规范的论述上。

职业伦理，从伦理学上讲，指从事职业活动的主体应该具有的道德品质和应该遵循的行为准则的总和。律师的职业伦理，自然就是律师应该具有的道德品质和应该遵循的行为准则的总和。① 面对舆论的冲击和公民的不理解、不信任，如何在当前境遇下保有自身的职业伦理规范，最大实现和保护当事人的利益，成为一名刑事律师不得不面对的困境。与本案相结合，刑事律师应当努力做到并做好以下几点：

第一，职业伦理观向“非道德”转变。② 职业伦理的非道德性，是指职业伦理逐渐脱离大众道德评价和个体道德体验的轨道，变得与道德的差距越来越大，甚至成为与大众道德评价与个人道德体验毫无关联的执业行为规范。落实到实践中，即要求法官只对法律条文负责，律师同样只需对委托人忠诚，而在对待正义以及公众利益方面，无须承担太多的道德义务。通过遵从职业伦理的具体规定，法官对于两方当事人、律师对于委托人通过法律手段实现道德上邪恶目的的做法漠然置之，无须对此承担道德上的责任。就本案而言，本案的受害人多达6000多名，在社会上、舆论上也引起了不小的风波，律师在辩护前后一定都承担了相当大的压力，但越是这样，律师越是不能败在所谓“道德”面前，而更应无视这些声音，坚定地朝着“非道德”职业伦理观转变，只有心理上“非道德”，在辩护过程中才越能体现公平和正义；如果只是被大众和舆论推着走，那么这才是实质上对几名被告人最大的不公平。

第二，不必为社会负责，更应对委托人忠诚，成为“冷漠的中立者”。③ 随着对抗制的程序模式以及权利至上观念的不断渗透和扩张，虽然各国法律职业在其伦理规范中仍然规定了“为公众利益服务”以及“追求正义”的伦理目标，但在实践中，已经慢慢地被一种“委托人忠诚”“党派性忠诚”“冷漠的中立者”的职业伦理观念所支配。这种伦理观念认为，在处理“公共利益”与“委托人利益”及“当事人利益”之间的冲突上，应当遵循三个原则：首先，是职业伦理至上原则。律师为当事人辩护，决定了他的角色伦理会与大众道德冲突，在这种冲突面前，出于律师角色存在的意义，大众必须容忍律师的角色伦理凌驾于大众道德之上。其次，是对公众与法律的无说明义务道德责任原则。诚如上文所说，律师在对抗制程序中的义务就是为他所代表的一方辩护，并为了委托人的利益而毫不留情地攻击对方。依据角色伦理的逻辑，排除了律师对其他人的一般道德义务，即律师对公众和法律承担的是一种“无说明义务”的道德责任。最后，律师履行保密义务原则。④ 鉴于律师的角色伦理规定其无须对大众负责，那么，其应承担的最重要的义务即是：为顾客积极辩护、无条件地保守秘密。回到“森耀律所涉嫌诈骗案”中，被告人在招供后，无论是公众，还是法官、检察官其辩护律师，都会有各自的一套说辞和主张，那么此时的辩护律师就

① 郭正怀、肖世杰：《刑辩律师职业伦理之塑造》，载《中国刑事法杂志》2011年第6期。

② 李学尧：《非道德性：现代法律职业伦理的困境》，载《中国法学》2010年第1期。

③ 张吉宁：《刑事诉讼法：律师的保密义务和律师的职业伦理》，载《律师与法制》2014年第3期。

④ 郑昉：《从“快乐湖沉尸案”引发的思考——论律师保密义务》，载《律师与法制》2006年第8期。

必须遵守绝对保密的原则，不得以任何理由泄露被告人的相关信息和秘密。一方面，律师履行保密义务是法律的要求。由于其职业的特殊性，在办案过程中总会或多或少知晓当事人的秘密，而律师对此有为当事人保密的义务。例如在日本，法律必须严守就案件所了解的委托人的秘密；在英国，律师和当事人之间的关系的各个方面均受到证据法原则的保护等。① 除此之外，我国《律师法》第 38 条也规定了律师应当保守在执业活动中知悉的国家秘密、商业秘密，不得泄露当事人的隐私。另一方面，律师履行保密义务是自身职业道德的要求，除了法律直接规定外，律师的个人职业道德也要求律师必须履行保密义务，即使是出于对自身荣誉的维护，也会在办案过程中尽可能利用当事人提供的信息维护其利益，否则会面临律师个人名誉受损、承受良心谴责和舆论压力的风险。律师保密义务也是当事人信赖利益的要求。在当事人和律师初次接触时，难免会产生不信任感，当事人或许会试着向律师告知一些案件事实，以试探其是否会为自己保守秘密，只有真正意义上建立了相互信任的关系，律师也才能合理地利用这些信息来维护其利益，而不是向检方检举损害其利益。

第三，严格遵循《律师办理刑事案件规范》，提高刑辩质量。② 不可否认，一直以来我国刑辩律师职业伦理缺失的一个重要原因，正是由于我们的制度欠缺一定的伦理基准，不能保证刑辩律师的执业权利在制度化框架内实现。刑辩律师职业伦理的塑造，必须依靠其群体职业人格的改造，在提高政治素质，加强职业修养，遵守执业纪律的同时，要将律师执业行为融入司法制度和诉讼规范之中，避免剑走偏锋。当前，以审判为中心的刑事诉讼制度改革正在推行，刑辩律师应抓住该契机，通过制度的变革、法律理念的普及，使其自然回归到职业本质，重获公众信任，从而通过普及法治理念提升刑辩律师职业的社会认同度。③ 而《律师办理刑事案件规范》能够最大限度保障刑辩律师依照刑事诉讼法规则从事诉讼活动，既能保证律师运用法律思维、法律语言和法律方式履行职责，又能提高刑辩质量。

第四，通过加强律师职业道德教育强化行业自律。对刑辩律师而言，自律是保持其高尚人格和道德良知并使法律得到诚挚信守的人性保障。首先，必须对刑辩律师进行必要的职业伦理教育，使其明确职业伦理重要性，增强其身份荣誉意识，重树职业形象。其次，加强法律职业共同体的建设，增强刑辩律师在职业共同体中的角色担当，以其特殊作用和无形的道德压力帮助其在职业伦理范围内适度行为，助力法治的不断发展。最后，将刑辩律师自身伦理塑造与社会大众最朴素的公民伦理衔接起来，只有这样，才能以法律精英的名义，真正承担起国家和社会的责任，承担起对人民大众的责任和对民族未来的责任。

综上所述，刑辩律师在案件中的职业伦理规范的适用十分重要，既关系到个案的

---

①　杨仕民：《从快乐湖沉尸案看律师的保密义务》，载《法制博览》2013 年第 2 期。

②　邱乐婷：《刑辩律师的职业伦理研究》，载《西南政法大学学报》2015 年第 10 期。

③　李阳：《刑事辩护律师职业伦理反思——犯罪实践中对律师制度的观察》，载《重庆科技学院学报（社会科学版）》2012 年第 6 期。

公平正义，同时也关系到整个法治社会的建设和构筑。就本案而言，森耀律师事务所的一系列诈骗行为等犯罪固然侵害了人民和社会大众的法益，必须严惩，但应该如何量刑、如何最大限度保护被告方的合法利益，则是刑辩律师的职责所在，亦是其履行职业伦理规范的最好体现。

第七章 公证员职业伦理

随着我国公务员制度的改革，公证员逐渐退出公务员队伍，公证员资格的取得不再经过公务员考试，而要通过国家统一的法律职业资格考试。取得法律职业资格的公证员不再是公务员，而是专业的法律工作者，属于法律职业共同体的一员。除了必须具备坚定的政治信念、优良的道德品质、丰富的法律知识和社会经验等基本素质之外，公证员还需遵守职业伦理规则，并为违反职业伦理承担相应的责任。本章主要介绍我国公证员职业伦理的构成、公证员与其他法律工作主体的关系以及职业责任三个方面。

第一节 公证员职业伦理构成

公证是指国家法律授权公证机构依法对当事人的法律行为、有法律意义的文书和事实的真实性与合法性进行证明的活动。① 作为一种证明活动，公证往往与私证相对，具有一般证据和诉讼证据的效力，可以成为法律行为成立的要件并可作为法院强制执行的根据，并且对社会上重大的法律行为、法律事件具有普遍的引导效力。② 公证员是依法取得资格，由国家按照法定程序任命的，在公证机构专门从事公证证明工作的法律职业人员。

公证员的职业伦理意指公证活动中，公证人员从思想到具体事务的处理所应遵循的行为规范和基本准则。③ 其适用客体不仅涵盖依法获得执业资格的公证员，也囊括了辅助公证的人员和其他工作人员；而在其调整内容方面，则既包括办理公证的业务行为，也覆盖公证人员的主观意识。因此，公证人员的职业道德建设对加快推动公证事业发展具有重要的现实意义，不仅是为社会提供优质高效的公证法律保护，始终维护和不断增强公证公信力的根本保障；也是激励和引导广大公证人员自觉规范思想行为、职业行为，捍卫中国特色社会主义事业的重要方式。2002 年中国公证员协会制定的《公证员职业道德基本准则》（本法于 2010 年 12 月 18 日进行了修订，2011 年版）提出了“忠实法律、尽职履责，爱岗敬业、规范服务，加强修养、提高素质，廉洁自律、尊重同行”四大方面的内容，作为公证员职业准则所在。具体而言，公证员应当遵守以下几个方面的职业伦理：

一、独立行使公证职能

独立行使公证职能是保证公证活动公正性的核心，也是公证机构和公证人员正常有序

① 参见田平安主编：《律师、公证与仲裁教程》，法律出版社 2002 年版，第 30 页。

② 贾旭：《试论公证的法律效力》，载《职工法律天地》2015 年第 5 期。

③ 邹璇：《论公证职业道德建设》，载《法制与社会》2012 年第 33 期。

工作的前提。它包含两部分内容：其一，公证机构应当独立行使公证职能，不受任何组织、团体和个人的非法、不正当干预，公证人员应当坚持独立思考、自主判断，坚持真理；其二，公证机构不以行政区划进行层级区分，各机构保持自身工作的独立性，无须受到上下级关系的影响。

根据我国现行《公证法》第 6 条的规定，公证机构是依法设立，不以营利为目的，依法独立行使公证职能、承担民事责任的证明机构。《公证程序规则》第 3 条也规定公证机构依法独立行使公证职能，独立承担民事责任，任何单位、个人不得非法干预，其合法权益不受侵犯。这表明公证机构是国家专门依法设立的证明机构，独立行使证明权，依法履行公证职责。其依法独立行使公证权是保证公证机构和公证人员提供公证法律服务的基本前提，也是实现其公证职能的需要。只有保证公证活动具有独立性，避免其他机关、组织、团体和个人的非法干预，才能维护公证秩序，保证公证活动的公正性，维护公证机构的权威和当事人的合法权益。

而就公证机构自身而言，《公证法》第 7 条明确规定："公证机构按照统筹规划、合理布局的原则，可以在县、不设区的市、设区的市、直辖市或者市辖区设立；在设区的市、直辖市可以设立一个或者若干个公证机构。公证机构不按行政区划层层设立。"因此，公证机构之间也不存在上下级关系，各公证机构不得相互干扰，以此保证各公证机构独立作出公证活动。

与此同时，公证人员不仅要坚持维护独立公证程序，保证公证行为不被外部机关、组织和团体的干扰，以维护公证机构的公信力和当事人利益，还必须保证公证权利的行使不为他人所占有，不得将公证事务委托给其他人员。《公证程序规则》第 5 条第 2 款规定，"依照《公证法》和本规则的规定，在办理公证过程中须公证员亲自办理的事务，不得指派公证机构的其他工作人员办理"，即明确了公证员必须独立完成公证活动的职业操守。公证机构依法独立行使公证职能并不意味着公证机构不受任何制约和监督①。相关法律规定在授权公证机构独立行使公证职能的同时，也通过一系列的制度和责任设计来约束公证机构的公证活动，确保公证机构能够在法律的框架内进行公证活动，独立行使公证职能。现行的公证权监督制约机制包括以复查为代表的公证机构自我监督机制，以及以提起民事赔偿诉讼为代表的外部监督机制②，内外兼具保证公证机构和公证人员正确适用法律，依法公证。

【案例 7-1】

公证员收受贿赂实例③

常人眼中，到公证处做公证是寻求法律保障，但广州等地 1000 多名群众却偏偏

① 罗厚如主编：《中国公证制度完善研究》，法律出版社 2017 年版，第 16 页。

② 参见汤庆发：《论公证权的监督制约》，载《中国司法》2008 年第 4 期。

③ 案号不详，参见 http：//news. 163. com/05/0112/01/19S2TEG80001122B. html，最后访问时间：2018 年 8 月 5 日。

因为公证书而受骗，导致3000多万元投资款打水漂。而炮制这一虚假公证行为的竟是清远市连山县司法局公证处的主任韦某彬。记者从相关渠道获悉，韦某彬因玩忽职守罪被连山法院一审判处有期徒刑4年。据悉，公证处主任韦某彬因该行为被判刑的案例在广东乃至全国都极为罕见。

2001年10月，清远市连山壮族瑶族自治县天鹅湖生态旅游管理区的投资人韦某因为没有钱投资，遂找到该旅游区副主任陈某商量对策。随后两人商定利用集资手段“空手套白狼”。

2002年3月，陈某等人通过虚报注册资金手段，注册成立了名为“连山县天鹅湖生态旅游管理区”的民营独资企业，陈某在广州设了个办事处。此后，韦某、陈某等人在天鹅湖水库的周边地区到处活动，向当地农民征用土地8475亩。2002年3月至2003年5月29日期间，其在未经金融部门和连山县政府部门批准、尚未获得所征土地合法使用权等情况下，通过天鹅湖管理区驻广州办事处，向投资者允诺“投资水库可返租土地、能收获高额回报”等进行集资诈骗。

在高息利诱下，许多人纷纷上当。为进一步粉饰骗局，韦某、陈某等人找到时任连山县司法局公证处主任、公证员韦某彬，要求韦某彬为他们与投资者的合同进行公证。不可思议的是，面对着这些疑点重重的合同，韦某彬真的为两人出具了616份公证书。见到盖着大红印章的国家出具的公证书，广州等地600多名投资者深信不疑，韦某、陈某两人为此骗得1500万元。

2002年11月至2003年6月期间，陈某、韦某与虞某等人又注册成立了“连山县福堂山区公司”，并在广州设了办事处，随后又利用上述手法行骗。而韦某彬这次更过分，作出了724份虚假公证，他的这一行为，导致广州等地700多名投资者的1936万元打了水漂，全都掉进了陈某等人的口袋。

2004年初，陈某等人的诈骗行径被揭穿，并先后落入法网。2005年1月7日，清远市中级人民法院以集资诈骗罪判处陈某死刑，其余骗子分获死缓等。而韦某彬也因出具假公证书涉嫌玩忽职守罪被检察院立案侦查。2004年3月24日，连山县检察院正式对该案立案侦查，同年6月3日，韦某彬被刑事拘留，同月9日被逮捕，随后被起诉至连山法院。

让人惊讶的是，在出具上千份公证书，导致1千多名广州等地投资者损失3000多万元，陈某等人骗得3000多万元的同时，韦某彬却仅仅收受贿赂不到1万元。据了解，在办理上述合同公证期间，韦某彬收下韦某一部价值3000多元的手机，另有5500元的现金，还收下虞某送的300元。在案发后，韦某彬全部退还上述财物。

2005年连山法院对韦某彬玩忽职守一案作出一审判决，法院认为，韦某彬身为国家工作人员，在任司法局公证处主任、公证员期间，违反法律规定，对工作严重不负责任，不经调查核实合同的真实性、合法性，擅自对手续不齐全、不真实、不合法的事实与文书违法予以公证1340份，并且收受贿赂，为韦某等人非法吸收公众存款3000多万元提供了便利条件，给投资者造成了巨大的间接经济损失和恶劣影响，情节特别严重，构成玩忽职守罪，应依法予以严惩。但鉴于其归案后认罪态度较好，又有积极退赃的行为，结合这两个情节，法院以玩忽职守罪判处韦某彬有期徒刑4年。

二、忠于事实、忠于法律

公证员作为法律职业共同体的组成部分，应当和法官、检察官、律师在法律意识和道德意识上具有相同的标准，忠于宪法和法律，坚持以事实为根据，以法律为准绳，按照真实合法的原则和法定的程序办理公证事务。公证员的核心任务就是通过对法律行为、有法律意义的事实或文书的真实性、合法性进行证明，来维护当事人的合法权益，稳定市场经济秩序和社会秩序，实现公平正义。① 一方面，公证机构办理公证业务需要保证公证对象、程序、档案管理客观存在，明确证明对象的真实性，只有公证事项符合客观实际情况，公证机构才可以遵循法定程序予以办理；另一方面，公证机构办理公证业务、进行公证活动，都应当遵守《公证法》以及与其相配套的行政法规、规章中关于公证制度的规范，确保公证活动在形式上和内容上合法。公证之所以具有特殊的证明效力，就在于它在主体、程序等方面为忠于事实、忠于法律提供了特别的保障。②

我国《公证法》第 3 条规定，"公证机构办理公证，应当遵守法律，坚持客观、公正的原则。"即是真实合法原则在我国公证法中的体现。③ 除此之外，中国公证员协会 2011 年《公证员职业道德基本准则》第 1 条规定："公证员应当忠于宪法和法律，自觉践行社会主义法治理念。"第 3 条规定："公证员应当依法办理公证事项，恪守客观、公正的原则，做到以事实为依据、法律为准绳。"第 6 条规定："公证员在履行职责时，对发现的违法、违规或违反社会公德的行为，应当按照法律规定的权限，积极采取措施予以纠正、制止。"由此可见，忠于事实、忠于法律是公证的重要规则之一，遵守真实合法原则是公证机构和公证人员的基础性职业规范。

【案例 7-2】

公证员未遵守真实合法原则实例④

原告阮某诉称，其母亲薄某曾于 2003 年 5 月 27 日在锦州市公证处立有公证遗嘱，将其与阮某父亲共有的位于锦州市凌河区房屋自有份额遗留给原告。母亲薄某于 2009 年 11 月去世。原告于 2011 年诉至锦州市凌河区人民法院，要求按照公证遗嘱内容继承房产。该院于 2013 年 6 月作出民事判决书，认定被继承人薄某生前经公证处所立遗嘱为代书遗嘱，该遗嘱不符合法律规定，不能作为定案依据，该遗嘱无效。依法分配该房屋，原告分得继承款项 7 万元。原告哥哥对该判决结果不服，上诉至锦州市中级人民法院，该院于 2013 年 11 月作出民事判决书，判决驳回上诉，维持原

① 杨琳：《后现代社会中公证制度的性质定位》，载《中国公证》2015 年第 10 期。

② 武玉文：《论公证书的诉讼证据效力》，载《华章》2012 年第 17 期。

③ 罗厚如主编：《中国公证制度完善研究》，法律出版社 2017 年版，第 15 页。

④ 阮文珍与锦州市公证处公证损害责任纠纷一案，〔2014〕古民一初字第 00197 号。

判。因公证人员未能按照公证细则严格公证，遗嘱中无代书人、见证人签名，且无录音录像、十指指纹等，存在过错，使原告未能按照公证遗嘱内容继承遗产，故诉至法院，要求被告赔偿房屋继承份额损失、公证费、医疗费、多次诉讼的费用等共计17.7万元。

被告锦州市公证处辩称，原告索要赔偿数额无法律依据，请求法院驳回原告诉讼请求。被告单位的公证员依照公证程序以及被继承人薄某的真实遗愿进行公证，该公证遗嘱真实有效。现我方亦未撤销该公证书，该公证遗嘱至今仍具有法律效力。我方根据立遗嘱人的真实意愿，对其遗愿进行公证，而非公证遗嘱卷宗中所附的其他书写内容。原告提到的其中所附内容的瑕疵不影响公证遗嘱的效力。原告所说的录音录像不是公证遗嘱的必备要件。综上，原告所称被告存在的过错均不成立，请求驳回原告诉讼请求。

经法院查明，原告阮某的父亲及母亲薄某分别于1985年、2009年去世。薄某生前曾于2003年5月27日在锦州市公证处立下公证遗嘱，内容为“我与丈夫在锦州市凌河区共有正楼房二室，建筑面积42.6平方米，各为二分之一……我愿将上述房屋中属于我的份额遗留给我的女儿阮某（包括其配偶）。”立遗嘱时，因薄某年事已高且双目失明，本人无书写能力，公证员赵凤霞、刘建设至薄某位于锦州市凌河区家中，为其进行公证。该份公证遗嘱卷宗中同时存有手写“遗嘱”一份，其内容与公证遗嘱内容一致，落款为“立遗嘱人薄某二〇〇三年五月二十七日”。被告对薄某所作的询问笔录中未对该手稿的书写情况进行记载。原告于2011年诉至锦州市凌河区人民法院要求按照该公证遗嘱继承房产份额，其同胞兄弟三人同案参加诉讼。在该案处理中，锦州市凌河区新制南里15~71号房屋价值认定为28万元。法院认定该公证遗嘱卷宗中所附“遗嘱”因薄某本人双目失明、无书写能力，应为代书遗嘱，因不符合代书遗嘱的要件形式，因此未予认定原告提供的公证遗嘱效力，将争议房产依法在被继承人四名子女之间予以分割，原告分得房产继承款项7万元。原告兄弟不服一审判决，上诉至锦州市中级人民法院。市中院认定一审判决认定的事实属实，驳回上诉，维持原判。

法院认为，根据法律规定，遗嘱公证是公证处按照法定程序证明遗嘱人设立遗嘱行为真实、合法的活动。公证机关有责任对立遗嘱人的真实意思进行审查，也有义务按照法律程序对遗嘱进行公证。本案中，原告提供的公证遗嘱因存在瑕疵，导致其效力未被法院确认，原告未能在继承案件中按照公证遗嘱继承房屋份额，对此，被告存在过错，因此被告对原告在继承案件中未予以继承的份额损失12.6万元应当予以赔偿。综上所述，依照《中华人民共和国侵权责任法》第6条、《中华人民共和国公证法》第43条、《遗嘱公证细则》第12条第（4）项、《最高人民法院关于审理涉及公证活动相关民事案件的若干规定》第4条第（4）项、《中华人民共和国民事诉讼法》第142条之规定，判决被告锦州市公证处于本判决生效之日起5日内给付原告阮某赔偿款12.6万元。

三、严格执行回避制度

回避制度是行政程序制度中的回避制度在公证程序中的体现，意指公证员不能为本人及近亲属办理公证，或者办理与本人及近亲属有利害关系的公证。我国《公证法》第23条第3项对此做了明确规定——公证员不得“为本人及近亲属办理公证或者办理与本人及近亲属有利害关系的公证”。同时，我国多部法律规范中对公证员违反回避制度的公证行为的后果做了相应的规定。① 设置公证员回避制度，可以至少实现以下两个目的：其一，可以有效地防止其对公证事项因先入为主而产生枉法公证的行为，以此确保公证事务得到公正处理；其二，可以避免当事人及与公证事项相关的人质疑公证的公正性，以维护公证机构的公信力及权威。

不仅《公证法》和《公证程序规则》对回避制度作了整体的概述性要求，一些具体的业务规则也对回避等事项作了更为细致的规定。例如，司法部2004年《开奖公证细则（试行）》第18条规定即将回避制度落实到了具体的公证操作要求上：“承办开奖公证的公证处及公证人员不得以任何方式与主办单位串通，损害社会公众利益；不得购买或者收受本次有奖活动的彩票、奖票或者设奖物品。”另外，现行的《招标投标公证程序细则》第22条也规定：“公证员应参加评价会议，对违反规定的，应予以纠正，但不得担任评价机构的成员。”由此可见，无论是《公证法》还是具体的实务操作细则都将回避制度写入到条文之中，回避制度已然渗透到了公证活动的方方面面，成为公证员重要的职业规范之一。

四、保守职业秘密

保守职业秘密，是指公证机构及其工作人员，以及其他因公证需要而接触公证事务的人，对于其在公证活动中所接触到的国家秘密、商业秘密或者个人隐私，负有保守秘密的义务。

不管是国际还是国内，公证员保守职业秘密普遍被列为其道德规范之一，以确保公证当事人的信息和相关内容不被泄露。在国际公证员道德守则中，美国公证员协会制定的公证员道德守则即规定，在没有适当授权的情况下，公证员必须坚持永不泄露任何文件的内容，也不能泄露与该文件执行情况有关的事实。② 而国内的公证员职业规范也明文规定了公证员保守秘密的义务。例如，《公证员职业道德基本准则》第5条规定：“公证员应当自觉履行执业保密义务，不得泄露在执业中知悉的国家秘密、商业秘密或个人隐私，更不

---

① 2005年《公证法》第41条规定：“公证机构及其公证员有下列行为之一的，由省、自治区、直辖市或者设区的市人民政府司法行政部门给予警告；情节严重的，对公证机构处一万元以上五万元以下罚款，对公证员处一千元以上五千元以下罚款，并可以给予三个月以上六个月以下停止执业的处罚；有违法所得的，没收违法所得。”

司法部2006年《公证程序规则》第23条规定，“经查属于《公证法》第23条第3项规定应当回避情形的，公证机构应当改派其他公证员承办”。

② See Code of Ethics of American Society of Notaries, “To never divulge the contents of any document nor the facts of execution of that document without proper authority”.

能利用知悉的秘密为自己或他人谋取利益。”保密原则同样适用于公证员助理和公证辅助人员，司法部《公证程序规则》第6条第2款即规定：“公证机构的其他工作人员以及依据本规则接触到公证业务的相关人员，不得泄露在参与公证业务活动中知悉的国家秘密、商业秘密或者个人隐私。”这一原则首先是由公证工作的服务性质及其基本特点决定的。公证制度遵循保密原则不仅有利于防止纠纷，更重要的是保护当事人的合法权益，保障人权。因此，切实做到保密原则，不仅在贯彻执行法律保护公民隐私方面有重要意义，而且在开展国际人权斗争中也有着积极的意义。①

在公证实践中，保守职业保密原则应当做到以下几个方面：（1）公证机构对参加办理公证事务的人要严格加以控制，以必须参与为原则。（2）公证员不仅要对接受委托办理的公证事项保守秘密，也要对拒绝办理公证事项的情况保守秘密。（3）公证员不仅要对公证事项本身保守秘密，而且要对当事人申请公证的动机、目的、作用、后果及实现的方式方法等保守秘密。（4）对于办理公证的有关档案材料，应由专职人员按照保密要求加以保管，未经法定程序，不得查阅和复制。例如，司法部2000年《遗嘱公证细则》第21条规定：“遗嘱公证卷应当列为密卷保存。遗嘱人死亡后，转为普通卷保存。”“公证遗嘱生效前，遗嘱卷宗不得对外借阅，公证人员亦不得对外透露遗嘱内容。”（5）公证员不仅应当保守公证秘密，而且不得利用知悉的秘密为自己或他人谋取利益。

五、注重礼仪

职业礼仪作为一个职业的文化符号之一，不仅有助于促进职业形象的完善，也有利于提升该职业的社会地位。公证员的礼仪规范作为其外在形象与内在素质的综合体现，意义重大，目前相关的法律规范也对公证员的职业礼仪提出了明确的要求。通过中国公证员协会2011年《公证员职业道德基本准则》第11条规定②以及司法部2004年《开奖公证细则（试行）》第13条规定③，公证礼仪的重要性不言而喻，它贯穿了整个公证活动前后，体现在公证标识、公证人员着装、公证用语、公证举止等各方面。良好的礼仪规范对推动公证行业的健康发展、树立公证人员的良好形象起着重要作用，因而也是公证人员职业规范不可忽视的原则之一。

六、严格约束业外活动

由于公证员职业的特殊性以及社会对于公证员期望值的提高，不仅公证员职务内的行为需要加以规范，其业外活动也相应受到严格的约束，以维护公证的公信力。基于公证员行使的是证明权，因而不得再从事其他与公证员职务、身份不相符的活动，例如，不得担

---

① 参见余松毅：《我国公证的保密原则》，载《中国公证》2002年第2期。

② 《公证员职业道德基本准则》第11条规定：“公证员应当注重礼仪，做到着装规范、举止文明，维护职业形象。现场宣读公证词时，应当语言规范、吐字清晰，避免使用可能引起他人反感的语言表达方式。”

③ 《开奖公证细则（试行）》第13条规定：“办理开奖公证，公证人员应当着公证制服，注重形象，举止文明。”

任法官、检察官，不得从事其他商业活动。因为审判职能、法律监督职能与证明职能在诉讼活动中不能集于一身来行使。① 作为公证员职业道德规范的一项基本准则，严格约束公证员的业外活动主要涉及以下内容：

1. 不得从事有报酬的其他职业

实践中曾出现公证员在从事公证业务的同时，兼职其他职业。公证员的有偿兼职不仅不利于管理公证员队伍，而且对公证员的公正形象有所贬损。综合《公证法》第23条规定、《公证员执业管理办法》第23条规定以及《公证员职业道德基本准则》第20条规定来看，公证员应当树立廉洁自律意识，遵守职业道德和执业纪律，不得从事有报酬的其他职业和与公证员职务、身份不相符的活动。公证员之所以不得从事有报酬的其他职责，一是为了防止因涉入其他事务而增加公证员因利益冲突而不能履行职业的可能性；二是为了保证公证员能够专注于公证事务，保证公证的质量。但除了在“有报酬的其他职业”限制之外并没有过多拘束无偿的活动，例如公证员参与公益事业等。

2. 不得滥用公证员的身份和职务

正如前文所述，公证员应当始终遵循中立原则，而利用其身份为本人或者近亲属谋取利益的行为将不可避免地打破中立原则，损害公证员的守法形象和可信性，进而损害公证活动的公信力。因此，国内外公证员道德规范都主张严格规范公证员的行为，禁止公证员滥用其身份谋取私利。

在国际方面，美国公证员协会制定的“公证员道德守则”即规定不将公证作为为自己或他人在任何其他行业或职业中攫取经济利益的手段。② 国内的法律规范也将此条囊括其中，例如，《公证员职业道德基本准则》第21条明确规定公证员应当妥善处理个人事务，不得利用公证员的身份和职务为自己、亲属或他人谋取利益；第22条规定公证员不得索取或接受当事人及其代理人、利害关系人的答谢款待、馈赠财物或其他利益。

第二节　公证员与其他主体的关系

公证员通过自己的劳动，来满足当事人对法律的需求，这种服务的主要受益人并非全体社会成员，③ 而仅是申办公证的当事人得到益处，与国家及社会公共利益没有直接的联系，这一特点也同时反映出公证员自由职业的属性，公证员办理公证事项，完全凭借其个人的知识和技能，并非国家意志的体现，这一点与律师的职业特点相似，但二者的不同之处在于公证员办理公证事务时，并不是站在当事人代理人的立场上来维护其合法权益，而是以中立的第三人身份作出证明，收取公证费用也不能改变其中立的立场。这使得公证员的职业道德规范，既有与法官、检察官的共性，又有与律师的共性，同时还有自己的固有特点。

---

① 马宏俊主编：《公证法学》，北京大学出版社2013年版，第73页。

② See Code of Ethics of American Society of Notaries, “To not use the office of notary public as a means of financial gain, for myself or others, in any other business or profession”.

③ 参见叶自强著：《现代公证制度应用研究》，中国民主法制出版社1996年版，第47页。

一、公证员与同行之间的关系规范

公证员与同行之间的关系规范意指公证员在处理与同行之间的行业关系时所应遵循的规范。任何一个行业都存在业内竞争，公证员行业也不例外。公证员体系内部保持良好的业内关系是保证行业健康稳定发展的前提之一，既便于顺畅地进行公证工作，也便于营造和谐的公证环境，提高公证员的社会形象。公证员与同行的关系主要涉及两方面的问题。

（一）尊重同行

尊重同行是公证员对公证职业所负有的责任之一。一个同业互助、彼此尊重的行业，才能树立良好的职业形象，才能够具有可信性，才能保证公证的公信力。尊重同行的要求表现在两个方面：一是积极的要求，需要公证员时刻维护行业利益和行业形象，相互尊重，密切合作，公平竞争，同业互助，共谋发展①。二是消极的要求，要求公证员不得利用媒体或采用其他方式，对正在办理或已办结的公证事项发表不当评论，更不得发表有损公证严肃性和权威性的言论。② 通过正面规定与反面规定相结合，使互信互助的公证业内关系得以维持，对于促进行业的共同发展至关重要。

（二）公平竞争

公证员之间以及公证机构之间应当具有适度的竞争关系。《公证法》第 7 条规定："公证机构按照统筹规划、合理布局的原则，可以在县、不设区的市、设区的市、直辖市或者市辖区设立；在设区的市、直辖市可以设立一个或者若干个公证机构。公证机构不按行政区划层层设立。"这一规定的目的，是希望保证公证机构之间的适度竞争。然而一旦存在竞争关系，就有可能出现恶性竞争的行为，比如公证员通过诋毁其他公证机构或公证员，或者通过支付佣金和回扣的方式争揽业务。过度的竞争不仅会严重损害公证的质量，损害自然人、法人和国家的合法利益，也会使公证职业形象受到影响。

因此，中国公证员协会 2011 年《公证员职业道德基本准则》第 25 条规定："公证员不得从事以下不正当竞争行为：（一）利用媒体或其他手段炫耀自己，贬损他人，排斥同行，为自己招揽业务；（二）以支付介绍费、给予回扣、许诺提供利益等方式承揽业务；（三）利用与行政机关、社会团体的特殊关系进行业务垄断；（四）其他不正当竞争行为。"此外，中国公证员协会 2003 年《公证行业自律公约》第 6 条规定："公证处、公证人员在办理公证时不得为下列不当行为：（一）利用媒体或者其他方式进行夸大、虚假宣传，误导当事人；（二）利用职务之便谋取不当利益；（三）在名片上印有曾经担任过的行政职务、荣誉职务、专业技术职务或者其他头衔；（四）采用不正当方式垄断公证业务；（五）故意诋毁、贬损其他公证处或者公证人员的声誉；（六）干扰其他公证处或者公证人员正常的公证业务；（七）给付或者承诺给付回扣或者其他利益；（八）公证处未

---

① 《公证员职业道德基本准则》第 23 条规定："公证员应当相互尊重，与同行保持良好的合作关系，公平竞争，同业互助，共谋发展。"《公证行业自律公约》第 5 条规定："公证处、公证人员应当时刻维护行业利益和行业形象，密切合作，相互尊重，同业互助，共谋发展。"

② 《公证员职业道德基本准则》第 13 条规定；"公证员不得利用媒体或采用其他方式，对正在办理或已办结的公证事项发表不当评论，更不得发表有损公证严肃性和权威性的言论。"

经有管理权限的司法行政部门同意，擅自设立办事机构或者分支机构。”通过明文规定禁止不正当竞争的规范，以此保证公证制度的正常健康运行，是处理公证员行业关系的重要举措之一。

【案例 7-3】

公证行业内部恶性竞争案例①

家住宁波市区的林先生近日因生意需要，向宁波市某商业银行申请了 15 万元的住房抵押贷款。因为银行要求抵押贷款公证，他来到宁波某公证处，对方要他交 800 元公证费。林先生又到另一家公证处询问，得知只要付 200 元就可以了。

林先生不相信严肃的公证价格会有高有低，他又到第三家、第四家询问，得知公证费都是 200 元。可同样的一项公证内容，为何在不同的公证处会有不同的收费价格呢？

笔者在接到林先生的线索后，也以 15 万元住房抵押贷款需要公证为名，试着向宁波 4 家公证处询问情况。结果得到的收费价格分别是 400 元、200 元、200 元和 150 元。

据了解，对公证收费，宁波市早就有严格的收费标准：证明其他经济合同，2 万元以下按标的总额的 1%收费；10 万至 100 万元，按标的总额的 4%收费。像林先生的 15 万元的抵押贷款公证，按收费标准应是 600 元。既然有明确的收费标准，为何有些公证处不按标准执行，反而弃高就低呢？

在采访中，宁波市一家公证处的负责人道出苦衷。他说，这是由于争夺客源引起的。各公证处不顾收费标准，拼命压低收费价格以争抢客源。而他所在的公证处，由于强调操作上的严肃性，正在失去一部分公证客源。

他说，这其中，也有当事人不了解公证工作的原因。许多人以为，公证处就是多收费多赚钱，而不知道这是权利与义务对等的关系。当该公证有失公允或发生法律纠纷的时候，赔偿额度就按所收额度的 1000 倍计算。这样，当事人付得多，公证处自然赔得也多了。

这位负责人还说，现在公证处日子很难过，同行的恶性竞争不算，政府还经常用行政命令要求公证处少收费或不收费做公证，这也使收费标准成为摆设。据悉，宁波市目前有公证处 10 多家，原来公证事项还有地域管辖，客源相对稳定。如今地域限制被打破了，为了争抢客源，大家就不惜压价竞争。更有甚者，有的公证处与某些银行订立口头协议或契约，根据介绍来的公证收入按比例返回给银行，名曰“协办费”。为此，有的银行就硬性规定此项目的公证必须在某公证处进行，否则不予承认。

公证处收费不统一的现象引起了宁波市民的不满。一些市民说，难道公证也像商

① 参见宁波市鄞源公证处，http：//www. yygzc. com/detail/162. html，最后访问时间：2018 年 8 月 6 日。

场一样要货比三家吗？那公证还有什么严肃性可言呢？

宁波市管理部门负责人对此表示，各公证处竞相压价，搞不正当竞争，是不允许的。公证处代表着政府的形象，公证处自身不正，何以维护公正？

二、公证员与律师的关系规范

公证员与律师同属于法律服务工作者，由于律师行业的发展步伐要略早于公证行业，使得律师行业处于为公证制度的发展提供宝贵经验和教训的地位上，公证行业在实际操作中习惯性地仿效律师制度的改革，使得公证行业或多或少呈现出与律师行业的相似性，且往往吸收了律师行业发展的长处。① 然而两者的职责特性并非完全一致，厘清二者的差异和各自的职责所在对于两个行业的平衡、健康发展都是至关重要的。公证员行业与律师行业在处理双方业务时也应遵循一定的职业和道德规范。

（一）公证员与律师的联系

纵向来看，随着历史发展，欧洲列强通过殖民统治，将宗主国的法律制度带到被殖民国家，对殖民地产生了深刻的影响，尤其是拉丁美洲国家的公证制度也逐步发展起来，构成了公证业与律师业并行的格局。②

新中国的公证法律制度与律师制度相伴而生，共同度过了一波三折的岁月，律师制度在20世纪50年代曾一度处于鼎盛时期，继而受极“左”路线的影响，被扼杀在摇篮里；公证法律制度虽然也受到极“左”路线的摧残，所幸的是在一些大城市依然保留着公证处，附设在法院中，办理着少得可怜的公证业务。之后，公证制度又体现出旺盛的生命力，在改革开放中焕发青春，突飞猛进地发展，基本上实现了与国际接轨。

我国律师行业与公证行业的相似之处主要包括以下几点：（1）从性质上来看，律师、公证都被界定为市场中介组织；公证业与律师业同属法律服务业；（2）就行业职责而言，二者都是凭借自身的法律知识和技能为委托人提供法律服务，并向委托人收取费用；（3）历史沿革方面，公证员与律师都曾是国家的法律工作者，经历了从国家机构中分离的过程，都受原苏联法律制度的影响走过了初创阶段，留下了大陆法系的痕迹；（4）权能管辖方面，二者都由政府的司法行政机关管理，而且共同由一个职能部门行使管理权。

（二）公证员与律师的区别

横向而言，两大法系中公证员与律师的地位即显示出差异：在普通法系国家，律师业的蓬勃发展，使其触角延伸到社会的各个层面，加之法律制度比较完备，以及判例法的特点，使得律师这一行业成为不可或缺的职业所在，离开了律师就寸步难行；而由于公证的职能并非公证员专属，律师也可以开展公证业务，从而使得本来在社会舞台上就非常活跃的律师更加光彩耀眼，而公证职业则显得有些黯然失色。在大陆法系国家，特别是法国，公证员的社会地位极高，属于国家公务员，由共和国总统任命，非争议性的法律事务都通

---

① 翟雪梅：《公证人的法律定位兼与律师制度相比较》，载《中国公证》2003年第1期。

② 曾静惠、贺婷、谢浪：《拉丁美洲公证制度改革路径及启示——以玻利维亚为例》，载《中国公证》2018年第6期。

过公证来解决，形成了独立的公证法律制度，公证与审判的密切联系更是进一步抬升了其社会地位。①

我国律师行业与公证行业的差异主要在于：（1）在借鉴来源方面，律师制度的改革，在与国际接轨的思想指导下更多地吸收了美国律师制度的长处；而公证制度的改革受国际拉丁公证联盟的影响很大；（2）就执业特点而言，律师的执业特点是站在委托人的立场上为其提供法律服务，委托人的合法权益是第一位的，是通过辩护、代理（含非诉讼法律事务的代理）、法律咨询和代书来完成法律赋予的任务，而公证员行使的是国家证明权，属于国家权力的一部分，通过法律的授权或确认而取得，以出具公证书的形式实现法律预期的功能；（3）从服务目的来看，律师的法律服务主要是为了解决纠纷，一部分非诉讼法律服务是为了避免纠纷，追求的都是维护委托人合法权益；公证是为了预防纠纷、减少诉讼，追求的是真实、合法；（4）就服务方法而言，律师出庭要积极地运用一切合法手段说服法官，使其接受自己的意见，实现诉讼目的；公证员一旦出席法庭，仅仅是为了说明出具公证书的理由，维护的是公证书的权威性、合法性、真实性；（5）在业务发展方面，律师的业务量没有止境，法律越细化、越完备，人们对律师的依赖也就越多，律师队伍的发展取决于市场；而公证业务比较固定，一般不会有太大的波动，公证员的数量与公证管辖区域的人口应当保持一定比例，公证员队伍不能突破比例盲目发展。

（三）公证员与律师的业间规范

近年来，中国公证业出现了迅速发展的势头，公证法律制度也进行了较大幅度的改革，改变了公证处的体制，使其从行政机构转变为事业法人组织，公证员也改变了国家干部的身份，公证员队伍从数量和质量上都有了很大的发展，公证业务拓展很快。与此同时，也存在一些问题，需要进一步研究，突出的是公证业务与律师业务的划分，这不仅是一个法律问题，也需要从职业道德层面加以解决。②

2017 年的《公证法》基本厘清了律师业务与公证业务的关系，改变了公证业务与律师业务的界限不清，又没有法律、法规约束的状态。律师职业道德和公证员职业伦理都有同业竞争的规范，但调整律师与公证员业间的道德规范、法律规范却仍然缺失。公证处改制以后，面对市场的压力和生存所迫，最大限度地开发公证业务，在非诉讼领域必然会和律师发生激烈的竞争，这是一块没有法律规制的空间，对同属法律服务业的公证员与律师来说都很重要。③ 律师与公证员的职能区域竞合将使二者的关系更为纷繁纠缠：律师担任法律顾问，而公证员送证上门，主动服务，也为客户提供法律意见；律师知道房地产、金融业务收取的律师费用较高，公证员也了解这一领域的报酬优渥，前者做法律顾问，后者就对其实行资金监管。为了维护自身利益，律师与公证员难免发生冲突。面对竞争的混乱，法官、检察官、司法行政官员也无可奈何。现实呼唤着相关法律的尽快诞生，更需要公证员与律师两行业出台职业道德规范协调好业间关系。其一，要明令禁止公开的争斗，

① 杨得兵：《大陆法系公证的源起、演变及其法律化》，载《河南牧业经济学院学报》2012 年第 2 期。

② 钱进：《论我国公证实务的公正原则及其道德悖论》，载《马克思主义与现实》2014 年第 6 期。

③ 赵梅凤：《公证处体制改革后如何生存与发展》，载《河北旅游职业学院学报》2011 年第 4 期。

避免把业务上的矛盾冲突扩散到社会上；其二，要杜绝一切诋毁宣传，通过行业协会和司法行政机关协调解决矛盾，协商不成的争揽业务纠纷，由司法行政机关处理；其三，律师协会和公证员协会也应当在司法行政机关的主持协调下，认清形势，顾全大局，从法治的长远角度出发，划出各自的业务范围，把握各自的服务方式和特点，完成好自己的工作。

三、公证员与司法行政机关工作人员的关系规范

公证员与司法行政机关工作人员的关系规范是指调整公证员及司法行政机关工作人员关系的规范。司法行政机关工作人员是人民政府负责司法行政事务的部门工作人员，代表国家实施对司法行政事务的行政管理权。尽管公证员与司法行政机关工作人员的关系并不似与律师的关系那样错综复杂，但是目前尚未有公证员的职业规范提及如何妥善处理与司法行政机关工作人员的关系。

（一）作为公务员身份的公证员与司法行政机关公证人员的关系规范

根据此前1982年《公证暂行条例》的规定，公证处被认为是国家公证机关，《公证暂行条例》第6条规定公证处受司法行政机关领导。因此，原有的公证监督管理体制基本上是按照行政机关的管理模式建立起来的。公证处接受司法行政机关的统一领导，重大事项如人员的聘任、职务的升迁等都由司法行政机关决定，公证处是司法行政机关的组成部分，而非独立的民事主体，也不具有独立的法人资格。同时，公证员为国家公务员，是国家司法行政干部，公证处主任采用任命制。公证行为是国家行为，公证人员的法律责任归于主管司法行政机关。当事人因公证引起的争议也是通过行政复议和行政诉讼解决，因过错给当事人造成的损失适用国家赔偿而非民事赔偿。

在此之前，作为政府行政机关的组成部分，司法行政机关对一系列法律服务事务拥有管理权，其管理方式大多都是上令下从式的行政控制，通过发布指令、任免干部、行政奖惩等行政方式进行垂直领导。但是自1982年以来，司法行政机关工作人员对公证行业的行政控制色彩逐渐减弱，作为公证员工作机构的公证处尽管是由司法行政机关设立的，但在公证事务的办理上已初步具有自主性，公证员协会在教育培训、权益维护、业务交流、纪律惩戒等方面，开始按照公证业务的规律进行管理。①

（二）脱离公务员身份后公证员与司法行政机关公证人员的关系规范

《公证法》颁布实施后，我国对公证权的行政监督管理已经有所淡化，但仍然占据主导地位。司法行政机关对公证行业实行行政管理，即对公证处、公证员和公证协会进行监督和指导。司法行政机关对公证行业进行管理主要体现在诸如公证处的设立、合并、终止审批，公证管辖区域的划定，公证管辖争议的裁决，统一司法考试的组织实施，公证员的遴选，专业技术职务的聘任，颁发公证员证书，公证事务的行政复议，对违法公证机构和公证员处以警告、罚款、停止执业、没收违法所得、吊销执业证书等行政事务上。②

需要指明的一点是，尽管司法行政机关工作人员具有对公证员司法行政事务的行政管

---

① 参见陈瑞华：《司法行政机关的职能定位》，载《东方法学》2018年第1期。

② 参见陈桂明、王德新：《论公证权的性质——立足于政府职能社会化北京的一种认识》，载《河南省政法管理干部学院学报》2009年第3期。

理权，其并没有法律授权或确认的国家证明权，换言之，当公证当事人对公证员出具的公证书持有异议，依法向司法行政机关申请复议时，司法行政机关工作人员主要是对公证员的公证程序进行审查，如果公证程序违法，则依法作出撤销公证书的复议决定；如果没有出现公证程序违法的情况，应予维持，驳回申诉。从理论上讲，司法行政机关工作人员不得就公证事项的真实性、合法性进行审查，因为那属于国家证明权的内容，当事人如对公证事项的真实性、合法性有异议，则只能通过诉讼，由人民法院依审判权作出判决。对于违法的公证员，司法行政机关工作人员可以对其实施行政处罚，受处罚的公证员可以依法申诉或者提起行政诉讼。

（三）2018年国务院机构改革对二者关系的影响

在2018年国务院机构改革中，中央政府的机构势必影响到地方政府机构的变革。国务院机构改革将司法部和国务院法制办公室的职责整合，重新组建司法部，作为国务院组成部门，不再保留国务院法制办公室，从而加强了司法行政机关的管理职能，那么地方各级政府机构也将作出相应的变革调整司法行政机关的组成和职能。迄今为止，国家司法行政机关所担负的职能主要包括三大类：一是处于不断扩张之中的司法行政管理权，包括国家统一法律职业资格考试、公证等司法行政事务管理权；二是处于不断加强之中的生效判决执行权；三是其他法律事务的管理权，包括法制宣传等事项的管理权。

有学者认为，国务院机构改革应当使司法行政机关发挥“宏观性司法行政管理职能”，从行政控制型管理模式向服务型管理模式进行转化，以适应我国公共法律服务体系的建立和完善。① 在对公证人员的管理过程中，司法行政机关人员应当在总结成功经验的基础上，建立一套统一的行业调控制度，允许公证机构按照自负盈亏、自主经营的原则从事法律服务活动，② 将公证人员按照专业法律服务人员加以管理，通过确立法律服务业的准入资格、颁发执业证书、确定服务范围、名册等级、制定并维护职业伦理规范、教育培训、组织纪律惩戒等方式，对公证员进行监督和调控。③

四、公证员与司法人员的关系

公证员与司法人员的关系规范是指调整公证员及司法机关工作人员关系的规范，包括公证员与法官的关系规范以及公证员与检察官的关系规范。公证员与司法人员既有一定的相似之处，在性质、职能等方面又有区别。处理好公证员与司法人员的关系，能够互相促进彼此工作的顺利进行。

（一）公证员与法官的关系规范

公证员与法官存在许多相似之处，以至于公证员有“非讼法官”之称。④ 一方面，公证在历史上曾经属于文书诉讼，就程序的性质角度而言，公证是一种非讼程序，与监护事件、遗产管理事件等法院非讼事件程序基本相同。公证员在其独立性方面类似法官，可

① 参见陈瑞华：《司法行政机关的职能定位》，载《东方法学》2018年第1期。

② 陈瑞华：《司法行政体制改革的初步思考》，载《中国法律评论》2017年第3期。

③ 参见陈瑞华：《司法行政机关的职能定位》，载《东方法学》2018年第1期。

④ 刘媛媛：《浅议公证在家事法领域中的作用》，载《中国公证》2016年第11期。

以控制程序的进行，如指定期日、公证行为的中止等。另一方面，二者在职责内容、执业方式、法律效力方面又有明显的不同。①

实践中，公证员与法官的交集主要发生在公证员以证人的身份出席法庭审判，履行作证的职责的过程当中。在法庭上，公证员主要是对所出具公证书的真实性、合法性作出解释和说明，回答法官、检察官及其他诉讼参与人就所出具的公证书而提出的有关问题。当公证机构被公证当事人因公证事项起诉到法院时，公证员可以作为公证处的诉讼代理人出席法庭，参加诉讼，依法就原告的指控进行答辩，陈述办理公证的程序事实，运用相关法律与原告辩论，维护公证处的合法权益，行使当事人的权利并承担诉讼义务。公证员对于司法行政机关的行政处罚不服而向人民法院起诉时，公证员是行政诉讼的原告，通过庭审活动，请求法官支持原告的诉讼请求，依法撤销行政处罚决定书。

德国的公证人和法官的关系与我国有所不同，在我国，法官与公证员之间没有监督与被监督关系，而在德国，其州高级法院对其辖区内的公证人有一定的管理与监督职能，具体表现在：（1）州高级法院根据申请成为公证人的申请人资料之工作业绩、第二次国家司法考试的成绩、从业年限以及培训成绩来决定申请者能否能为一名公证人；（2）州高等法院内部有专门负责定期检查公证人办证情况、收费情况的法律专家组，同时州高等法院的院长也负责对公证人违法违纪问题的处理。②

公证员在与法官的关系规范上应当做到：（1）尊重法官，遵守法庭的秩序，维护法庭的尊严；（2）按照法院通知的时间准时参加诉讼，不得无故拖延或拒绝出庭；（3）尊重案件的事实真相，不得向法庭提供虚假证据。③

（二）公证员与检察官的关系规范

检察官与公证员的关系主要是监督与被监督的关系。在《关于深化公证工作改革的方案》实施前，公证处是国家行政机关，公证员是国家公务人员，因此公证员必须接受检察官对其履行职务的法律监督。而《关于深化公证工作改革的方案》施行后，公证处和公证员在性质上都发生了变化。但是，在法律上却并没有明确的规定指明主体身份发生变化后应否继续接受检察监督，因此理论上还有继续研究的必要，特别是在全国还有 20 多个合作制公证处试点的情况中，这个问题显得更为复杂化。④

从公证的社会公共管理职能和行使国家证明权的职业特点来看，接受检察官的法律监督还是有其必要性的。但和检察官对其他国家机关工作人员的监督略有不同的是，对于某些基于国家机关工作人员身份的罪名，比如玩忽职守罪、滥用职权罪、徇私舞弊罪、贪污罪等，由于公证员不具备其主体要件，因而不能受到相应罪名的指控。但是，公证员履行职务的行为应当与公务员一样受到检察官的法律监督。其次，在审判监督程序中，公证员可以当事人身份请求检察官提起抗诉。

---

① 参见蒋笃恒：《公证制度研究》，中国政法大学 2002 年博士学位论文。

② 参见中国公证员协会：《德国公证制度简况》，载《中国司法》2005 年第 5 期。

③ 参见马宏俊主编：《公证法学》，北京大学出版社 2013 年版，第 92 页。

④ 霍思伊：《公证体制改革改不动，是因为不愿改》，载《中国新闻周刊》2017 年 8 月 20 日，总第 818 期。

第三节　公证职业责任

广义的公证责任即指公证机构、公证员、公证当事人及参与公证活动的其他人员对违反与公证相关规范的行为造成的损失而承担的后果。狭义的公证责任仅针对公证从业者。公证责任自身即具有两层含义，一方面它是指公证机构和公证员、公证当事人及其他组织和个人在公证过程中应当遵循的准则和要求，另一方面它也意味着其因公证过程中的故意或过失行为而给当事人或其他利害关系人造成损失而应当承担的责任。本书所指的公证责任意指狭义的公证责任。公证职业责任主要有承担法律责任和承担道德责任两种形式。

一、公证职业责任的法理基础

由于公证活动本身所具有的双重属性，学界对公证的性质问题也存在诸多争论。一方面，公证是国家行使公证权，监督和间接管理社会的工具，公证机构必然要履行政府执法部门的非诉职能，从而带有国家权力机关的某些属性；另一方面，公证作为公民自卫权实现的必要手段，使公证机构带有一定的民间服务组织的性质。① 因此，学者们对公证机构以及公证员职业责任的法理基础进行了广泛的研究，但并未达成一致，各个国家及地区对公证职业责任的承担规定繁多，主要的差异存在于对其民事责任的认识之上，参考国内外的立法实践，有关公证职业责任的担责模式主要有以下几种：

（一）公证机构本位说

公证机构本位说意指公证书的公信力由公证机构予以保障，公证人在公证机构执业，公证机构承担第一责任。② 我国即是遵循此种模式的代表国家。按照我国《公证法》的规定，公证员不能独立承担法律责任，承担法律责任的主体是公证机构。《公证法》第16条规定公证员是在公证机构从事公证业务的执业人员，这表明公证员只是公证机构的“在编”人员，其业务和责任不能独立于公证机构，也不能以自己的名义出具公证文书。《公证法》第43条进一步明确公证机构及其公证员因过错给当事人、公证事项的利害关系人造成损失的，由公证机构承担相应的赔偿责任。无论是因公证员的过错还是公证机构的过错，损失均由公证机构承担赔偿责任。但是，公证机构在承担赔偿责任之后，可以向有故意或者重大过失的公证员追偿。③

（二）公证员本位说

公证员本位说即指公证书的公信力由公证人予以保障，公证人独立执业，由公证人承担第一责任。④ 实行这种模式的国家主要是以法国为代表的拉丁公证制度国家。其公证法律责任主体是公证人，公证人所属的公证人事务所只是公证人执业的外在形式和证明机

---

① 杨遂全、苏国强主编：《市场经济与公证立法》，四川大学出版社2003年版，第55页。

② 《中华人民共和国公证法释义》，法律出版社2005年版，第24页。

③ 参见迟洪飞：《中法公证法律责任制度比较》，载《长春师范大学学报（人文社会科学版）》2014年第11期。

④ 《中华人民共和国公证法释义》，法律出版社2005年版，第24页。

构，不具备承担公证法律责任的主体资格，只有公证员才是真正意义上的法律责任主体。按照法国《公证事务法律地位条例》第 1 条的规定，法国的公证人事务所有三种类型，即个人型公证人事务所、合伙型公证人事务所和公司型公证人事务所。但无论是哪种形式的事务所，公证法律责任主体始终是公证人，而非公证机构。①

在公证人本位模式的整体框架下，各国的规定又有细微的不同。比如，以德国和意大利为例，公证人由于过错违反职务义务并造成他人的损害，应承担由此产生的损害赔偿责任。对于公证人适用民法中有关国家公务员违反职务义务的损害赔偿的规定，国家不代替公证人承担责任。而在日本则并非如此，其公证赔偿属于国家赔偿，先由国家赔偿，再向公证人个人追偿。②

二、公证法律责任

公证法律责任是指公证机构及其公证员在公证活动中，因其行使公证职权不当，给当事人或利害关系人的合法权益造成损害所应承担的法律后果。公证主体之所以要承担不利的法律后果，是国家对其违反法定义务、超越法定权利界限或滥用权力违法行为所做的法律上的否定性评价。③ 明确公证机构以及公证员的法律责任，对维护国家法制和公证工作秩序、预防、减少、制裁公证活动中公证机构、公证员的违法行为，提高公证质量，保护公民合法权益有着重要的意义。④ 公证法律责任主要包括民事责任、行政责任和刑事责任。

（一）民事责任

公证民事法律责任是指因公证机构以及公证员在办理公证时存在过错，致使公证文书发生错误，给当事人、公证事项的利害关系人造成合法权益的损害，因而需要依法承担的民事法律上的不利后果。⑤ 对于公证民事法律责任，学界主要存在以下三种观点：

1. 专家责任论

专家责任制度中的“专家”意指具有专业知识或技能，得到执业许可或资格证书，以向委托人提供专业服务为业的专业人士。⑥ 公证员在公证领域已具有足够的知识与技术，所接受的持续训练使其具有专业的谨慎与判断，其公证活动具有与其他专业不同的心智活动特性。因此，公证员在公证执业中因过错致他人损失时应承担相应的专家民事责任。⑦

基于专家责任法理，专家对其执业不当行为应承担过错责任，而这同样适用于公证员。我国《公证法》第 14 条规定，公证机构应当建立业务、财务、资产等管理制度，对

---

① 刘晓兵：《法国公证法律责任制度研究》，载《中国司法》2009 年第 5 期。

② 参见白世宏：《大陆法系国家的公证人法律责任制度——以法、德、日、意等国为视角》，载《中国公证》2012 年第 3 期。

③ 参见罗厚如主编：《中国公证制度完善研究》，法律出版社 2017 年版，第 191 页。

④ 参见王琼、顾潇斐：《关于公证立法的若干思考》，载《中国公证》2005 年第 3 期。

⑤ 王桂芳编著：《公证制度与实务》，广西师范大学出版社 2016 年版，第 31 页。

⑥ 唐先锋、赵春兰、王洪宇著：《我国专家民事责任制度研究》，法律出版社 2005 年版，第 5 页。

⑦ 唐先锋：《中国公证专家民事责任制度研究》，载《社科纵横》2006 年第 2 期。

公证员的执业行为进行监督，建立执业过错责任追究制度，即表明公证员专家责任的归责原则为过错责任原则。公证员的执业过错表现在其对职业注意义务的违反，其注意义务主要体现在两方面，其一是公证员在执业过程中以谨慎、注意的态度处理事务，并采取合理措施避免给他人带来损失；其二则是公证员须拥有一定的专业技能。过错责任原则在公证员专家责任中的适用，既保护了社会公众的合理信赖，又维护了公证员的职业利益，有效地平衡了二者利益。①

2. 一般侵权论

有学者认为，公证机构代表国家行使证明权，而其责任形式是民事侵权责任，这是由于公证具有公权性和自由执业性的双重特征。公证民事法律责任不能被界定为违约责任，而应界定为侵权责任。公证机构违反法律法规所设定的义务导致公证民事赔偿责任，属于公证民事侵权责任。公证证明职责的来源虽然在形式上符合契约模式，但公证机构与当事人之间的关系不是契约关系，而是基于特别法律规定产生的法律关系，即公证法律关系，且利害关系人与公证机构之间也不存在委托关系。② 因此，公证民事赔偿责任的不法行为主要有拒证、伪证和公证过失三类。③

3. 违约责任论

也有观点认为，公证民事责任属于违约之债，其理由在于公证合同具有违约合同的性质，公证机构出具的公证书是公证合同的最终产品，是公证合同项下的权利义务所指向的对象，公证书出现错误或瑕疵是公证机构履行义务有瑕疵，公证机构为此承担的责任也就属于违约之债。④

我国涉及公证民事法律责任内容的相关法律法规的规定体现在《公证法》第 43 条中，公证机构及其公证员因过错给当事人、公证事项的利害关系人造成损失的，由公证机构承担相应的赔偿责任；公证机构赔偿后，可以向有故意或者重大过失的公证员追偿。当事人、公证事项的利害关系人与公证机构因赔偿发生争议的，可以向人民法院提起民事诉讼。

（二）行政责任

公证行政法律责任是指公证机构及公证员在办理公证活动中或者其他与公证有关的活动中，违反行政法律规范或不履行行政法律义务，而依法承担的行政法律后果。⑤ 我国公证机构和公证员承担行政责任的情形主要是由《公证法》进行规定，除此之外，《公证机构执业管理办法》和《公证员执业管理办法》也有对违反相关禁止性规则而对公证机构和公证员给予行政处罚和处分的规范。

根据《公证法》第 41 条的规定，公证机构及其公证员有下列行为之一的，由省、自治区、直辖市或者设区的市人民政府司法行政部门给予警告；情节严重的，对公证机构处

① 参见董佰壹、刘芳：《试论公证员的专家责任》，载《河北广播电视大学学报》2006 年第 4 期。

② 参见段伟、李全息：《论公证民事法律责任》，载《中国公证》2013 年第 10 期。

③ 邰喜彬、徐淑梅：《关于公证民事赔偿责任若干问题的探讨》，载《中国公证》2009 年第 1 期。

④ 林苏云：《浅谈公证民事法律责任》，载《社会探索》2008 年第 4 期。

⑤ 范国祥：《公证员的法律责任》，载《中国公证》2007 年第 8 期。

1万元以上5万元以下罚款，对公证员处1000元以上5000元以下罚款，并可以给予3个月以上6个月以下停止执业的处罚；有违法所得的，没收违法所得：（1）以诋毁其他公证机构、公证员或者支付回扣、佣金等不正当手段争揽公证业务的；（2）违反规定的收费标准收取公证费的；（3）同时在二个以上公证机构执业的；（4）从事有报酬的其他职业的；（5）为本人及近亲属办理公证或者办理与本人及近亲属有利害关系的公证的；（6）依照法律、行政法规的规定，应当给予处罚的其他行为。

《公证法》第42条规定，公证机构及其公证员有下列行为之一的，由省、自治区、直辖市或者设区的市人民政府司法行政部门对公证机构给予警告，并处2万元以上10万元以下罚款，并可以给予1个月以上3个月以下停业整顿的处罚；对公证员给予警告，并处2000元以上1万元以下罚款，并可以给予3个月以上12个月以下停止执业的处罚；有违法所得的，没收违法所得；情节严重的，由省、自治区、直辖市人民政府司法行政部门吊销公证员执业证书；构成犯罪的，依法追究刑事责任：（1）私自出具公证书的；（2）为不真实、不合法的事项出具公证书的；（3）侵占、挪用公证费或者侵占、盗窃公证专用物品的；（4）毁损、篡改公证文书或者公证档案的；（5）泄露在执业活动中知悉的国家秘密、商业秘密或者个人隐私的；（6）依照法律、行政法规的规定，应当给予处罚的其他行为。因故意犯罪或者职务过失犯罪受刑事处罚的，应当吊销公证员执业证书。被吊销公证员执业证书的，不得担任辩护人、诉讼代理人，但系刑事诉讼、民事诉讼、行政诉讼当事人的监护人、近亲属的除外。

而在《公证员执业管理办法》《公证机构执业管理办法》中，还另外规定了司法行政机关查处公证员的违法行为，可以委托公证协会对公证员的违法行为进行调查、核实。公证协会依据章程和有关行业规范，对公证员违反职业道德和执业纪律的行为，视其情节轻重，给予相应的行业处分。公证协会在查处公证员违反职业道德和执业纪律行为的过程中，发现有依据《公证法》的规定应当给予行政处罚情形的，应当提交有管辖权的司法行政机关处理。以欺骗、贿赂等不正当手段取得公证员任命和公证员执业证书的，经查证属实，由省、自治区、直辖市司法行政机关提请司法部撤销原任命决定，并收缴、注销其公证员执业证书。①

综上，公证法律规范基本建立起了较为完整的公证行政责任制度，加强了国家司法行政机关对公证机构和公证人员的监督，有利于预防和减免公证行业违法行为的发生，以维护公证行业的公信力，保护当事人的合法利益。

（三）刑事责任

公证刑事责任是指公证机构及公证员在与公证有关的事宜中破坏公证法律秩序、触犯刑法而应承担的否定性法律后果。②

我国《公证法》第42条第1款明确规定了公证机构及公证人员构成犯罪的情形，包括：（1）私自出具公证书的；（2）为不真实、不合法的事项出具公证书的；（3）侵占、

① 参见《公证员执业管理办法》第30条、第32条、第34条。

② 参见王桂芳编著：《公证制度与实务》，广西师范大学出版社2016年版，第28页；马宏俊主编：《公证法学》，北京大学出版社2013年版，第176页。

挪用公证费或者侵占、盗窃公证专用物品的；（4）毁损、篡改公证文书或者公证档案的；（5）泄露在执业活动中知悉的国家秘密、商业秘密或者个人隐私的；（6）依照法律、行政法规的规定，应当给予处罚的其他行为。

实践中，在我国《公证法》颁布之前，司法部、最高人民检察院曾与1992年发布《关于认真办理公证人员玩忽职守案件的通知》，其中明确规定了公证人员玩忽职守的定义及情形。公证人员玩忽职守，是指公证人员在公证活动中严重不负责任，不履行或不正确履行法定职责的行为。具体表现为：（1）无视国家法律、法规和政策规定，对明显违反国家法律、法规和政策或严重损害国家、集体利益或公民合法权益的行为、文书予以公证的；（2）严重违反办证程序，对应当审查的材料不予审查，应当调查核实的事实不予调查核实，应当报送领导审批的事项不报送审批，对不真实、不合法并严重损害国家、集体利益或公民合法权益的行为、事实或文书予以公证的。但是，公证人员已尽到自己的职责，由于当事人或有关证人故意提供伪证，或当事人双方串通欺骗公证机关，造成公证书不真实或不合法的，以及公证人员在公证活动中虽有失职行为，但不属于严重不负责任，而是由于制度不完善、法律政策规定不明确，或由于工作缺乏经验、业务素质不高造成的，不属于公证人员玩忽职守。①

然而，在2006年施行《公证法》之后，最高人民检察院于2010年废除了《关于认真办理公证人员玩忽职守案件的通知》，按照《公证法》和《刑法》的规定，公证人员玩忽职守构成犯罪的行为应当适用《刑法》第229条的规定，且由于新颁布的《公证法》使公证人员摆脱了国家公证人员的身份，故此前刑法中罪名主体为国家机关工作人员的罪名，如玩忽职守罪、滥用职权罪、徇私舞弊罪、贪污罪等都无法适用于公证人员。因此，尽管我国《刑法》并没有明确的“枉法公证罪”，但《刑法》第229条“提供虚假证明文件罪”规定：“承担资产评估、验资、验证、会计、审计、法律服务等职责的中介组织的人员故意提供虚假证明文件，情节严重的，处5年以下有期徒刑或者拘役，并处罚金。前款规定的人员，索取他人财物或者非法收受他人财物，犯前款罪的，处五年以上十年以下有期徒刑，并处罚金。第一款规定的人员，严重不负责任，出具的证明文件有重大失实，造成严重后果的，处三年以下有期徒刑或者拘役，并处或者单处罚金。”即是对公证人员刑事责任的规定。

【案例7-4】

公证员承担法律责任实例②

2004年12月3日，在西安宝马彩票案中承销商杨某某等诈骗案、贾某某等体彩工作人员受贿案等分别由西安中级人民法院宣判。这起案件曾在全国引起强烈反响，整个事件回顾如下：

① 参见刘金华、俞兆平著：《公证与律师制度》，厦门大学出版社2015年版，第88页。

② 西安宝马彩票案，参见人民网，http://www.people.com.cn/GB/shehui/1062/3030951.html，最后访问时间：2018年8月16日。

3月23日，在西安市6000万元即开型体育彩票销售现场，西安市灞桥区青年刘某抽得特等奖草花K，在随后进行的二次抽奖中，抽中特等A奖：一辆价值48万元的宝马轿车和12万元现金。随后主办方组织刘某坐上宝马车，进行全市巡游宣传。

3月24日，刘某要求兑奖未果，西安市体育彩票管理中心认为刘某所持彩票为假票，表示将暂缓为其兑奖。3月26日，陕西省体彩中心召开紧急新闻通气会表示，经国家体育总局体育彩票管理中心鉴定，确认这张中奖彩票是一张由草花2涂改成草花K的假彩票。3月27日，刘某的代理人其伯父在刘某家中向媒体表示，该假彩票绝不是刘某伪造，所谓的假彩票不是刘某原来的彩票。如果是假彩票，肯定是体彩中心内部人员掉包。陕西省体彩中心有关负责人称，西安市体彩中心已向公安部门报案。

4月8日，刘某向西安市新城区法院起诉，要求西安市体彩中心履行兑奖义务。

4月底，陕西省、西安市公安、纪检监察部门介入调查此案。

5月初，这起震惊全国的宝马假彩票案侦破取得重大进展，三名主要涉案人员体彩承包商杨某某、“托儿”刘某某和岳某被公安机关刑事拘留。

5月13日，西安市政府决定：由于新城区公证处及现场公证员严重失职，西安市新城区委、区政府责令新城区司法局局长赵某作出深刻检查，责令新城区公证处主任郭某停职检查，现场公证员董某被吊销公证员执业证。5月31日，为了进一步明确公证人员的现场监督职责，维护开奖活动秩序和社会公众利益，司法部颁布了《开奖公证细则（试行）》。

6月3日，制作假彩票、冒领大奖的犯罪嫌疑人刘某莉和黄某某被警方刑事拘留。杨某某等人诬陷刘某的假彩票实为刘、黄二人利用胶水和刀片所造。同时，陕西省专门成立了由省委常委、政法委书记赵正永任组长，时任省委常委、常务副省长陈德铭和副省长潘连生任副组长的案件处理协调领导小组，对1998年以来，陕西全省的即开型体彩销售进行全面清查，并对有关国家工作人员的失职和渎职行为进行调查。6月4日15时，在接受陕西省体育局和西安市体育局负责人的公开道歉后，西安小伙刘某从西安宝马汽车销售公司开走了他摸彩票中得的宝马车。

6月23日，随着“西安宝马彩票案”的重重黑幕被揭开，杨某某在陕北经手的彩票发行中的舞弊诈骗行为被查实。目前，榆林市3个县的4名公证员涉嫌玩忽职守受到查处。

7月7日，西安市碑林区公证处原主任万某某和公证员李某分别以滥用职权和玩忽职守罪被刑事拘留。新城区公证处公证员董某涉嫌玩忽职守罪被逮捕。

三、公证员道德责任

公证员道德责任是行业自律的一种表现形式，意指公证协会对公证员违反职业道德规范以及其他行业规则的行为，依照协会章程或有关规定而实施的惩戒行为。公证人是行使证明权的法律专业人员，其职业道德规范是公证人群体形象的展现。① 公证员违反职业道德和法律规范，是对公证行业名誉的损害，需要公证员担负一定的道德责任，公证道德责任是公证法律责任的必要补充，有助于使公证员在透明公正的机制下进行公证活动，维护公民个人、组织的合法利益。国外对公证道德责任的相关规范将公证员协会作为追究公证员道德责任的主体，而非国家机关，例如在阿根廷，若是出现公证人违反法律法规与职业规范的情况，造成公证行业名誉受损的情况发生，则由公证人公会与公证监管法院对事件进行联合审理，审理处置结果包括警告、罚款、停职、撤职等处分。②

为加强公证员职业道德建设，保证公证员依法履行公证职责，维护和增强公证公信力，2010 年中国公证协会修订了《公证员职业道德基本准则》，规定了以忠于事实、忠于法律、爱岗敬业规范服务、加强修养提高素质、清正廉洁同业互助为纲的公证员职业道德规范，然而对于公证员如何承担其因违反职业道德准则而背负的道德责任，我国目前的法律规范尚不完善，仅有一部尚在试行的《公证员惩戒规则》追究公证员的职业道德责任。该规范将追究公证道德责任的主体设定为中国公证员协会和省、自治区、直辖市公证员协会（以下简称省级公证员协会）设的立惩戒委员会，惩戒委员会是对公证员实施惩戒的专门机构。对公证员的惩戒种类有：（1）警告；（2）严重警告；（3）罚款；（4）记过；（5）暂停会员资格；（6）取消会员资格。暂停会员资格期限为 3 个月至 12 个月。

除此之外，该规范还规定了予以违反职业道德的公证员暂停公证员协会会员资格惩罚的情形，包括：（1）利用职务之便牟取或收受不当利益的；（2）违反职业道德和执业纪律，情节严重的；（3）一年内连续出现 6 件以上错误公证文书的；（4）受到记过惩戒后，6 个月内又有第 14 条所列行为的；（5）其他损害公证行业利益的行为，后果严重的。同时还规定了取消违反职业道德的公证员协会会员资格的情形，包括：（1）泄露国家机密、商业秘密和个人隐私给国家或者公证当事人造成重大损失或者产生恶劣社会影响的；（2）故意出具错误公证书的；（3）制作假公证书的；（4）受刑事处罚的，但非职务的过失犯罪除外；（5）违反公证法规、规章规定，后果严重的；（6）对投诉人、举报人、证人等有关人员打击报复的；（7）案发后订立攻守同盟或隐匿、销毁证据，阻挠调查的；（8）违反职业道德和执业纪律，情节特别严重的；（9）受到暂停会员资格惩戒，恢复会员资格 12 个月内，又有该规则第 15 条所列行为的；（10）其他违法违纪或者损害公证行业利益的行为，后果特别严重的。

对于受到严重警告、记过惩戒的公证员，规定其当年不得晋升职务、级别，不得参加外事考察活动。受到暂停会员资格惩戒的，3 年内不得晋升职务、级别，不得参加各级公证员协会组织的外事及具有福利性质的活动。有办理涉外公证业务资格的公证员受到记过和暂停会员资格惩戒的，暂停办理涉外公证业务。对于受到惩戒处理的公证员，将通过适当的方式予以通报。③

① 参见马宏俊主编：《公证法学》，北京大学出版社 2013 年版，第 177 页。

② 冯健：《完善公证法律责任体系的若干思考》，载《法制与经济》2012 年第 6 期。

③ 参见《公证员惩戒规则（试行）》第 5 条、第 11 条、第 15~19 条。

【案例 7-5】

公证员担责判罚过轻①

成都市金堂县农民杨某，2006 年 9 月初到成都市房地产交易中心办理户口方面的相关证明时，意外得知自己早在 7 年前就被成都市律政公证处公证为“死亡”，他在 1999 年卖出的一套房产被“妻子严某”继承，然而这个严某只是他房子的买主而不是他妻子。一桩匪夷所思的虚假继承权公证，就这样突然浮出水面。

在成都市律政公证处，记者翻阅了继承权公证书。公证书上明确写道：“被继承人杨某于一九九六年七月在成都市死亡”“被继承人婚后无子女”“被继承人杨某的上述遗产由妻子严某一人继承”。

“这些全都是假的！”杨某告诉记者，他先后结过两次婚，第一任妻子侯某，第二任妻子张某；他有两个儿子。杨某对自己被公证“死亡”的事情一无所知，他看到那份宣布他“已经死亡”的公证书时，感到恐惧，于是到成都市律政公证处投诉。“晓得自己被国家机关宣布死亡后，我接连几天晚上都做噩梦，胸口被什么东西压得喘不过气来。”

接到投诉后，成都市律政公证处立即进行查证，发现这份公证的卷宗已经不翼而飞，而卷宗编号本上的原始记录也被人抠烂涂改，当年办理此公证的公证员、现成都市律政公证处副主任尹某也否认此事。杨某盛怒之下，对尹某挥起了拳头。就在尹某被打后不久，神秘失踪的公证卷宗却突然找到了。成都市律政公证处主任李某说，卷宗是尹某主动交出来的，是他自己密封的。

记者多次联系尹某，他以“公证处对此事有新闻发言人”为由，婉拒采访。李某说尹某从 10 月 25 日请了病假，一直没来上班。杨某说，他只和严某打过一次交道，1996 年 5 月他以金牛区白果林小区的一套自有房产作为抵押，向金堂县白果农村合作基金会贷款 4 万元。后来做小生意失败无法按时还贷，合作基金会就在 1999 年 7 月 1 日，将抵押房产作价 13 万元卖给了严某，当时双方还签了《买卖房屋合同》，卖房所得除还贷外，杨某得余款 6 万多元。

既然是正当的房产交易，为何要煞费苦心搞假公证变成继承房产呢？

据成都市律政公证处负责人介绍，尹某对于办理虚假公证的目的一直保持沉默。但这桩公证的申请人严某却向媒体透露了真实原因：当时购买二手房要缴税，找中介私下交易不用上税，是中介带她到公证处办理公证的，她给了尹某 5000 元钱作为报酬。

四川省司法厅公证工作处有关负责人认为，虚假公证产生的原因除了公证员没有认真履行审查责任外，另外就是申请人隐瞒事实真相并提供了虚假证明材料。然而，严某否认是她向公证处提供了虚假证明材料。她说当时根本不知道公证材料的内容，公证员告诉她在哪里签字她就在哪里签字，她不知道公证材料中竟然把她公证成了杨某的妻子，也不知道自己是“继承”了杨某的房产，更不知道杨某居然被公证成

① 参见深圳新闻网，http://www.sznews.com/news/content/2006-12/20/content_704180.htm，最后访问时间：2018 年 8 月 10 日。

“死人”。杨某说，当时他只签了《买卖房屋合同》，根本不知道还发生了假公证的事情。知道自己被公证“死亡”后，他找尹某理论，尹某在其办公室里曾提出“私了”，答应把房产的一半公证给他作为补偿，条件是“不撤销公证”。但这个方案遭到杨某的拒绝。

追溯这桩典型的假公证案，记者发现，虚假证明材料居然顺利地连闯审查、审批等数道关口。记者在公证卷宗中查阅到，“四川省金堂县精工铸造厂”1999年7月20日出具《证明》：“我单位职工杨某于一九九六年七月因车祸死亡，其妻是严某。”但杨某告诉记者，他一直没有固定工作，与“四川省金堂县精工铸造厂”没有任何关系。

成都市律政公证处主任李某认为，这些证明材料作为死亡和婚姻证明材料明显缺乏权威性。死亡证明应该由医院和公安部门出具，夫妻关系证明应该有结婚证书。记者在公证卷宗中查阅到，这桩公证是由当时公证处主任签发的。四川省社会科学院研究员胡某则说，公证是一个从业人员具有较大权力、个人能够发挥较大作用的行业，在监督机制不完善的情况下，公证员个人有意或无意的疏漏都将使失实文书甚至违法行为发生法律效力，在现实生活中产生严重后果。四川大学法学院专门从事公证法律研究的王雪峰副教授认为，公证人员素质参差不齐、职业化水平较低是公证质量不高的重要原因。

之后，有关部门对尹某作出了停职3个月、罚款2000元的处罚决定。对此，一位专家认为，这样的“处罚”简直可笑，如此低的违规违法成本，对于亟须规范整顿的公证行业，并不是一件好事。近年来违法公证的事件在各地时有发生，这与处罚偏轻不能说没有关系。

四、公证员追责程序

公证机构及其公证员因公证过程中的故意或过失行为而给当事人或其他利害关系人造成损失后，需要一系列配套的追责程序以落实其责任的承担，由于我国的法律规范对公证机构和公证员责任追究的程序未能制定得详尽严密，通过对相关国家和地区对应法律制度的研究，能够发现我国在追责主体和追责程序两方面有尚待完善的地方。

（一）追责主体

在大多数大陆法系国家，基于公证人员身份的双重性，追究公证人违反义务而承担的责任的机构也由此具有双重性。① 一方面，公证人是国家公职人员，准用政府对国家公务员的惩戒制度，因此公证人必须尊重来自政府的惩戒权力。如在法国，公证人由司法部任命，自然要受到司法部的监督，同时还要接受法院、检察院的监督，司法部长在听取法院、检察院的监督意见之后，可以作出拒绝任命的决定或提出惩戒建议。② 另一方面，公

① 马宏俊：《试论公证法律责任的若干问题》，载《司法改革论评》2007年第2期。

② 白世宏：《大陆法系国家的公证人法律责任制度——以法、德、日、意等国为视角》，载《中国公证》2012年第3期。

证人又是独立的法律执业者，设立了自治管理组织，谋求行业自律。根据《法国公证机关条例》，各省设立公证人公会，各上诉法院管辖区内设立大区公证人理事会，司法部设公证人高等会，并且它们应吸收与其委员名额相等的公证人事务所的书记员或职员组成混合委员会，对公证人的违纪行为可以根据案情进行纪律处分，对公证人之间的纠纷进行调解和裁定，对第三人关于公证人职务行为的异议进行审理，对公证人职务行为的损害赔偿诉讼提出自己的意见。①

而在英美法系国家，追责主体则与大陆法系国家差别较大。在英国，公证人法律责任的追责主体主要是教区主事。坎特伯雷大主教下属的执业资格办公室负责授予公证人资格，执业资格办公室还是监督公证人的主要机构，该办公室有权对从事欺诈或不诚信的公证人进行处理，并有权在具有充分理由的情况下撤销其执业资格。而在美国，不同类别的法律责任由不同的追责主体负责实施。民事责任主要由州务卿或法院追责，行政责任主要由州政府州长追责，刑事责任则主要由法院追责。②

根据我国《公证法》第 41、42 条可知，我国追究公证机构以及公证员行政责任的主体一般是省、自治区、直辖市或者设区的市人民政府司法行政部门，民事责任和刑事责任一般由司法机关进行追责，而公证协会依据章程和有关行业规范，对公证机构违反执业规范和执业纪律的行为，视其情节轻重进行责任追究，并给予相应的行业处分。

（二）追责程序

参考其他国家和地区的追责程序规定，追责程序一般根据追责主体的不同以及追究责任的性质不同有所区分。法国公证法律责任依所追究责任的性质而作区分：公证人的民事责任，其中主要是公证赔偿责任，需要先认定损害，再由申请人根据《法国公证机关案例》或其他公证法的规定直接向大审法院提起民事诉讼；公证人刑事责任的追究程序则有检察官指挥司法警察进行初步调查，再将初步调查结果报至检察官，由其决定是否进行正式调查。③ 如果检察官认为公证人有可能构成犯罪，即向预审法官提出正式调查的请求，即预审，经预审后，如果预审法官认为公证人犯罪事实不成立或者不必起诉，可以裁定不起诉，反之则将案件移送正式法庭审判。公证人的纪律责任由各级公证人公会根据职权进行追究，其一，可以通过其内设的纪律检查委员会自行启动，或者应申请人投诉或共和国检察官要求启动；其二，还可以由共和国检察官向大审法院内设的公证人法庭提起，而公证人的行政责任追究较为严格，司法部不能单独而直接地对公证人进行行政处罚，而应有司法部设立的专门监督公证行业的检察官向大审法院提出处罚建议，由大审法院内设

① 参见白世宏：《域外公证人法律责任制度之比较——以法、德、英、美等国为中心》，载《司法改革论评（第六辑）》2007 年第 2 期。

② 参见白世宏：《域外公证人法律责任制度之比较——以法、德、英、美等国为中心》，载《司法改革论评（第六辑）》2007 年第 2 期。

③ 白世宏：《大陆法系国家的公证人法律责任制度——以法、德、日、意等国为视角》，载《中国公证》2012 年第 3 期。

的公证人法庭予以审查后，才能对确有重大违规行为的公证人处以处罚。①

而我国台湾地区的追责程序则由民间公证人惩戒委员会发起。台湾的民间公证人惩戒委员会由四位高等法院或者分院法官以及三位民间公证人组成，主任委员由委员互选产生。民间公证人惩戒复审委员会由五位最高法院法官及四位民间公证人组成。地方法院或者分院认为其辖区内的民间公证人有追责事由的，应当报请高等法院或者其分院审查，并移送民间公证人惩戒委员会审议。地区公证人公会认为会员有追责事由的，经过会员大会或理事、监事联席会议决议后，送请民间公证人惩戒委员会审议。民间公证人惩戒委员会受理惩戒案件后，于决议前，应进行相应的调查，并给予公证员充分申辩的权利。受惩戒的公证人移送惩戒之公证人公会，惩戒处分确定后，民间之公证人惩戒委员会或惩戒复审委员会应将全卷函送受惩戒处分人所属高等法院或其分院，报请司法院分别命令执行；其惩戒处分为停职或撤职者，并应将议决书刊登公报。②

我国的追责程序一般由公证员所在地的司法行政机关发起，公证员有《公证法》第41、42条所列行为之一的，由省、自治区、直辖市或者设区的市司法行政机关依据《公证法》的规定，予以处罚。公证员有依法应予吊销公证员执业证书情形的，由所在地司法行政机关逐级报请省、自治区、直辖市司法行政机关决定。司法行政机关对公证员实施行政处罚，应当根据有关法律、法规和司法部有关行政处罚程序的规定进行。

公证协会依据章程和有关行业规范，对公证员违反职业道德和执业纪律的行为，视其情节轻重，也应给予相应的行业处分。公证协会在查处公证员违反职业道德和执业纪律行为的过程中，发现有依据《公证法》的规定应当给予行政处罚情形的，应当提交有管辖权的司法行政机关处理。以欺骗、贿赂等不正当手段取得公证员任命和公证员执业证书的，经查证属实，由省、自治区、直辖市司法行政机关提请司法部撤销原任命决定，并收缴、注销其公证员执业证书。另外，由中国公证员协会和省、自治区、直辖市公证员协会设立的惩戒委员会可以接受投诉，并对经查证投诉属实的公证员予以惩戒处理，应当由司法行政机关予以行政处罚的，惩戒委员会可以书面建议司法行政机关予以行政处罚。惩戒决定书应当在15日内送达被惩戒人及其所在的公证机构。惩戒决定应当报同级司法行政机关备案，省级公证员协会惩戒委员会作出的惩戒决定应当报中国公证员协会备案。

（三）追责时效

不论是2017年修订的《公证法》抑或是2004年即实施的《公证员惩戒规则（试行）》，都没有对公证员追责的时效进行规定。因此，公证员的追责时效认定只能根据具体所追究的责任进行判断。

根据2017年新发布实施的《民法总则》第188条规定，“向人民法院请求保护民事权利的诉讼时效期间为三年。法律另有规定的，依照其规定”。因此，当事人向人民法院请求保护其民事权利而追究公证机构及其公证员民事责任的追责时效为3年。

就公证员行政责任的追究而言，可以参照《行政处罚法》第29条规定：“违法行为

① 参见刘晓兵：《法国公证法律责任制度研究》，载《中国司法》2009年第5期。

② 参见台湾“公证法”第56~62条。

在二年内未被发现的，不再给予行政处罚。法律另有规定的除外。前款规定的期限，从违法行为发生之日起计算；违法行为有连续或者继续状态的，从行为终了之日起计算。"

对于公证员刑事责任的追责时效，可以参考《刑法》第 87 条的规定："犯罪经过下列期限不再追诉：（一）法定最高刑为不满五年有期徒刑的，经过五年；（二）法定最高刑为五年以上不满十年有期徒刑的，经过十年；（三）法定最高刑为十年以上有期徒刑的，经过十五年；（四）法定最高刑为无期徒刑、死刑的，经过二十年。如果二十年以后认为必须追诉的，须报请最高人民检察院核准。"

五、公证员救济程序

《牛津法律大辞典》载明，救济"是纠正、矫正或改正发生或业已造成伤害、危害、损失或损害的不当行为"。[①] 公证法律责任救济意指法律、法规和规章提供给行为人的，为保护自己的合法权益，抗辩不当责任追究的权利。[②] 在大多数情况下，公众的注意力往往集中在公证当事人和利害关系人的权利救济，而忽略了公证员的权利救济。我国公证法律责任的救济规范主要体现在《公证机构执业管理办法》第 28 条和《公证员执业管理办法》第 31 条中。总体而言，国内对公证法律责任救济的规定较为笼统，且缺少细节规定，仍然需要改进不足、完善细节，以保护公证员的合法权益。

（一）相关国家和地区公证员法律责任救济制度的规定

参考有关国家和地区对公证法律责任救济的规定，绝大多数规定散见于其他各实体程序法里，而缺少单行的公证法律规范全面阐释公证法律救济程序。

《法国公证法》首先在公证员接受监督的过程中赋予了公证员申辩的权利。根据《法国公证法》的规定，公证员需要接受法务大臣的监督，而法务大臣根据其所做的规定，指定法务局或地方法务局长办理对其管辖区域内的公证人的事务进行监督。当公证人在职务内外出现有与其地位不相称的行为时提出警告，但在警告前应允许该公证人辩解。[③] 除此之外，公证人对司法部的处罚决定不服可以向大审法院提起诉讼，对税务部门的处罚决定不服可以向行政法院提起诉讼，对法院的处罚决定不服可以提起上诉。《韩国公证人法》的相关规定与之相似，区别在于韩国的公证员由司法部长进行监督，但司法部长的监督权也包括当公证人在职务内外出现与公证人地位不相称的行为时，提出警告，但在警告前应允许该公证人辩解。[④]

《意大利公证法典》规定，公证委员会应其主席、检察官的请求或当事人的控告而作出决定。决定前，由主席通知该公证人在 10 日内提出自己的辩解意见。公证委员会决定

① 李俊：《从公民权利救济角度看我国信访制度改革》，载《求索》2007 年第 6 期。

② 马宏俊主编：《公证法学》，北京大学出版社 2013 年版，第 194 页。

③ 《法国公证法》第 74 条、第 76 条，转引自《中外公证法律制度资料汇编》，法律出版社 2004 年版，第 726 页。

④ 《韩国公证人法》第 78 条、第 79 条，转引自《中外公证法律制度资料汇编》，法律出版社 2004 年版，第 956 页。

的副本应在 5 日内发给该公证人和初审法院的共和国检察官。公证人或共和国检察官可在接到副本之日起 8 日内向初审法院提出申诉，法院在听取公证人意见后，由合议庭作出裁决。①

根据《加拿大不列颠哥伦比亚省公证人条例》的规定，不列颠哥伦比亚省的公证人协会会员如果提出理事对其采取的纪律处分是错误的，应当在此项判决或决议作出后的 14 日内，以书面形式向理事提出，上诉由法院受理。上诉时，会员和理事或各自辩护人有权出庭、引证和陈述情况，负责审理上诉的法院应重新审理和判决有争议的事项。②

我国台湾地区“公证法”对公证员法律责任的救济制度也作出了规定。首先，其第 59 条规定赋予了被付惩戒的公证人充分申辩的权利：“民间之公证人惩戒委员会受理惩戒案件后，于议决前，应为相当之调查，并予被付惩戒人充分申辩之机会，亦得通知前条之移送机关或公会为必要之说明，前项之议决，应作成议决书。”其次，受惩戒处分的公证员如果对公证人惩戒委员会的议决不服，可以提出重申和再审，且再审的事由和程序参照公务员的相关规定。台湾地区“公证法”第 60 条规定：“受惩戒处分人、依第 58 条第 3 项移送惩戒之公证人公会，对于民间之公证人惩戒委员会之议决有不服者，得于议决书送达之翌日起 20 日内向民间之公证人惩戒复审委员会请求复审。前条之规定，于前项复审程序准用之。关于停职、撤职之处分，经惩戒复审委员会议决确定后，受惩戒处分人得向原惩戒复审委员会请求再审议。其请求再审议之事由及程序，准用公务员惩戒法之规定。”

（二）国内现有的救济途径

由于我国新修订的《公证法》强调公证机构和公证员的独立性，且公证机构已非国家行政机关，因此，公证员的权利救济无法再适用公务员的法律责任救济程序，但是仍然可以从中有所借鉴。

其一，我国《公证法》对公证员的权利救济作出了总体概述，《公证法》第 22 条规定：“公证员有权获得劳动报酬，享受保险和福利待遇；有权提出辞职、申诉或者控告；非因法定事由和非经法定程序，不被免职或者处罚。”

其二，《公证机构执业管理办法》第 38 条第 1 款规定了公证机构在被科以行政处罚前依法应当享有的权利，即司法行政机关在对公证机构作出行政处罚决定之前，应当告知其查明的违法行为事实、处罚的理由及依据，并告知其依法享有的权利。口头告知的，应当制作笔录。公证机构有权进行陈述和申辩，有权依法申请听证。第 38 条第 2 款赋予了公证机构对行政处罚不服，可以依法申请行政复议或者提起行政诉讼的权利。

而相对应地，《公证员执业管理办法》第 31 条第 1 款则对公证员受到行政处罚前享有的权利进行了规定：“司法行政机关在对公证员作出行政处罚决定之前，应当告知查明的违法行为事实、处罚的理由及依据，并告知其依法享有的权利。口头告知的，应当制作

① 黄风译自《意大利公证法典》（1984 年罗马版），转引自《中外公证法律制度资料汇编》，法律出版社 2004 年版，第 797 页。

② 《加拿大不列颠哥伦比亚省公证人条例》第 36 条。

笔录。公证员有权进行陈述和申辩，有权依法申请听证。”与公证机构不服行政处罚而依法行使申请行政复议、行政诉讼的权利一样，《公证员执业管理办法》第31条第2款规定公证员对行政处罚决定不服的，可以依法申请行政复议或者提起行政诉讼。

第八章　仲裁员职业伦理

相较于法官，仲裁员具有明显的民间性质，尽管如此，其作为法律职业共同体中的一员，仍应该遵守其他法律职业工作者应该遵守的职业伦理，并承担因违反职业伦理所产生的责任。仲裁员所应该承担的职业伦理责任不仅包括法律责任，还包括契约责任和道德责任。本章主要从仲裁员职业伦理责任构成、职业伦理保障及职业责任三个方面对仲裁员的职业伦理进行阐释。

第一节　仲裁员职业伦理构成

仲裁（arbitration）又称公断，是指当事人双方在争议发生前或争议发生后达成协议，自愿将争议交给第三者，并由其作出裁决，从而使纠纷得到解决。仲裁员便是解决当事人争议的第三人。在众多的解决纠纷方式中，仲裁之所以备受青睐，不仅是因为其程序快捷、灵活，而且是基于仲裁员具有较高的素质及职业操守，能够公正地审理案件。

仲裁员的职业伦理，也叫职业操守或道德规范，意指仲裁员在解决当事人争议的过程中所应该具有的规范行为和良好的道德表现。就仲裁员的职业伦理构成而言，其首先应该具备一般法律职业人员所具备的基本职业道德，即忠诚、公正、廉洁和勤勉。① 除此之外，结合仲裁制度的特殊性，仲裁员还应该具备独立的品质。具体而言，仲裁员的职业伦理主要由以下部分构成：

一、忠诚

仲裁员作为纠纷的裁决者，判定当事人之间的权利与义务关系，应当秉承忠实、恪守诚信。忠实诚信本质上包含两层含义，其一，仲裁员应当忠实于宪法和法律，一切仲裁活动以法律为准绳。长期以来，由于仲裁的民间性质，仲裁员能否被视为真正意义上的法律职业人一直饱受争议，但从仲裁法的规定上来看，仲裁应当“符合法律规定”，显然将忠实于宪法和法律置于首要之地。其二，仲裁员应当忠实于事实，具有诚实守信的品质。仲裁员一旦接受选定或指定，就要忠于职责，付出相应的时间精力，保质保量地审结案件。如果仲裁员缺乏忠诚，那么公正严密的仲裁活动就无从谈起。

总体而言，仲裁员忠于事实、忠于法律的职业伦理首先在《仲裁法》的条文中得到了体现，《仲裁法》第 7 条的规定：“仲裁应当根据事实，符合法律规定，公平合理地解

---

① 张利兆：《仲裁员职业道德探讨》，载《北京仲裁》2012 年第 4 期。

决纠纷。”即明确了仲裁员应当恪守忠实的职业规范。

具体来看，于2006年8月14日第四届北京仲裁委员会第五次会议修订通过，自2006年9月1日起施行的北京市《仲裁员守则》则阐述了仲裁员诚实信用的具体内涵，根据北京《仲裁员守则》第3条的规定，仲裁员应诚实信用，只有确信自己具备以下条件，方可接受当事人的选定或北京市仲裁委员会主任的指定。

1. 能够毫不偏袒地履行职责

仲裁员只有不偏不袒地处理案件，才能使当事人得到公正的结果。无论是由哪一方的当事人选任，被选任的仲裁员都不代表任何一方当事人的利益，而要在双方当事人之间保持中立，平等地对待双方当事人。

2. 具有解决案件所需的知识、经验和能力

仲裁是专业性、实践性很强的工作，需要具备很强的解决争议的知识、经验和能力。如果被选定的仲裁员不具备一定的学识与经验，就很难处理好专业问题，而大大降低处理案件的效率和准确性。因此，仲裁员必须确信自己具有丰富知识和经验以解决该案，才能接受选定或指定，否则就不应接受选定或指定，以免在仲裁中无法发挥作用，影响仲裁的质量。拒绝接受自己不熟悉专业领域的案件，即是仲裁员忠实于现实情况的表现，也是对当事人、对仲裁委员会负责的表现。

3. 能够付出相应的时间、精力，并按照《仲裁规则》与《北京仲裁委员会关于提高仲裁效率的若干规定》要求的期限审理案件

仲裁员在接受指定或选定时应首先考虑自己是否有足够的时间和精力办理案件。作为兼职，仲裁员因本职工作繁忙或个人事务繁多，可以选择不接受选定或指定，而一旦接受选定或指定，“受人之托，忠人之事”，就不应再以工作繁忙为由耽误案件审理。否则，不仅延后了案件的审理进程，也使自己和仲裁庭的信誉受损。

4. 参与审理且尚未审结的案件不满10件

仲裁员的精力有限，手中案件太多难免顾此失彼，影响办案质量。再者，仲裁员办案不仅涉及自己的时间，也牵扯其他仲裁员的时间，案件过多，很有可能导致与其他仲裁员在时间安排上发生冲突，从而干扰仲裁进程，影响仲裁效率。因此，如果仲裁员正在审理的案件太多，就应当正视现实情况，拒绝选任或指定，以确保更好的仲裁效果。

针对实践中一些仲裁员不考虑自己的实际能力、业务水平和时间安排，违反诚实信用原则，盲目接受委任而损害当事人信赖利益的情况，北京《仲裁员守则》强调了仲裁员诚实看待自己的能力问题和时间问题，也是对诚实信用原则的看重。①

除此之外，仲裁员应忠实于职责的信托关系，应当为当事人保密。保密性是仲裁的重要特征之一，也是仲裁与民事诉讼相比所具有的一大优势，因为各当事人的商业秘密和贸易活动不会在纠纷解决过程中泄露。② 仲裁员要忠实地履行保密义务。保密义务包括两个方面：一是仲裁员不得向当事人或外界透露本人的看法和合议庭合议的情况，对涉及仲裁

---

① 参见姜秋菊：《美国仲裁协会新修订之仲裁员行为规范评介》，载《北京仲裁》2004年第1期。

② 马德才编著：《仲裁法学》，南京大学出版社2016年版，第76页。

程序、仲裁裁决的事项应保守秘密。二是仲裁员要为当事人保密，尤其是要保护当事人的商业秘密不被泄露。这是由仲裁程序的不公开审理原则决定的，因此，仲裁员应有保密意识。泄露仲裁秘密，是违反仲裁员职业道德的行为，不仅不利于裁决的作出，而且会给当事人造成重大损失影响其商业前景。保密作为仲裁员的一项职业道德义务，被国家律师协会列入道德准则当中。① 仲裁员不应利用在仲裁中了解的情况牟取私利或损害他人。仲裁员应保守仲裁程序和决定的秘密。裁决宣布前不应透露讨论情况和案件结果。除非法律要求，不得在裁决后程序中给予协助。不应就报酬问题与当事人讨价还价或与当事人单方面接触。

【案例 8-1】

仲裁员违反保密原则②

申请人湖南运通房地产开发有限公司与被申请人长沙市建设工程集团有限公司建设工程施工合同纠纷一案，长沙仲裁委员会于 2015 年 1 月 6 日作出裁决，因湖南运通房地产开发有限公司不履行，长沙市建设工程集团有限公司于 2015 年 7 月 3 日向法院申请强制执行，法院于 2015 年 7 月 10 日作出执行裁定：将本院执行的湖南运通房地产开发有限公司与长沙市建设工程集团有限公司建设工程施工合同一案指定长沙市开福区人民法院执行。湖南运通房地产开发有限公司认为该案的仲裁程序严重违法，长沙仲裁委员会仲裁裁决有不予执行的情形，应当不予执行。法院于 2015 年 10 月 13 日作出〔2015〕长中民执异字第 00463 号执行裁定：驳回湖南运通房地产开发有限公司请求不予执行长沙仲裁委员会于 2015 年 1 月 6 日作出的裁决书的申请。湖南运通房地产开发有限公司不服该裁定，向湖南省高级人民法院申请执行监督，该院于 2016 年 11 月 2 日作出〔2016〕湘执监 79 号执行裁定：撤销长沙市中级人民法院〔2015〕长中民执异字第 00463 号执行裁定，本案发回长沙市中级人民法院重新审查。湖南运通房地产开发有限公司提出本案仲裁委在程序方面存在问题，其中包括仲裁庭在该案的合议过程中邀请仲裁庭以外的人员，特别是鉴定机构的鉴定人员参与讨论合议，并形成意见，该行为直接影响了本案仲裁裁决结果，严重违反法定程序，认为长沙仲裁委员会在处理该案中，无论是实体还是程序上均出现重大错误。

经法院查明，2014 年 7 月 31 日，仲裁庭合议时长沙仲裁委员会的其他人员及鉴定机构的鉴定人员均参加了，但长沙仲裁委员会的其他人员及鉴定机构的鉴定人员均未对案件事实发表评议意见。仲裁庭成员就鉴定中的相关问题当场向鉴定机构的鉴定

---

① See The Code of Ethics for Arbitrators in Commercial Disputes Approved by the American Bar Association House of Delegates on February 9, 2004 Approved by the Executive Committee of the Board of Directors of the AAA, CANON VI.

② 湖南运通房地产开发有限公司与长沙市建设工程集团有限公司建设工程施工合同纠纷一案，〔2017〕湘 01 执异 8 号。

人员进行了询问，并发表了评议意见。2014 年 10 月 17 日，仲裁庭合议时鉴定机构的鉴定人员参加了，仲裁庭成员就鉴定中的相关问题当场向鉴定机构的鉴定人员进行了询问，并发表了评议意见。

法院认为，关于仲裁庭在该案的合议时邀请仲裁庭以外的人员及鉴定机构的鉴定人员参加，程序是否违法并是否直接影响公正仲裁裁决的问题。《最高人民法院关于适用〈中华人民共和国仲裁法〉若干问题的解释》第 20 条规定，仲裁法第 58 条规定的“违反法定程序”，是指违反仲裁法规定的仲裁程序和当事人选择的仲裁规则可能影响案件正确裁决的情形。仲裁庭在该案的合议时邀请仲裁庭以外的人员及鉴定机构的鉴定人员参加，但在合议时仲裁庭以外的人员及鉴定机构的鉴定人员并未对案件事实发表评议意见，仲裁庭对鉴定机构的鉴定人员就鉴定中的相关问题当场向鉴定机构的鉴定人员进行了询问。仲裁庭在仲裁庭以外的人员在场的情况下发表评议意见，违反了保密原则，其仲裁程序违法，但该程序违法并不影响案件的公正裁决。

在要求仲裁员忠实于法律、忠实于事实的规范中，对仲裁证据的真实性、合法性的审查也是不可缺失的一环。我国《仲裁法》第 43 条规定，当事人应当对自己的主张提供证据，仲裁庭认为有必要收集的证据，可以自行收集。由此可见，仲裁庭有自主收集证据的权利。仲裁证据的运用规则相对独立自由。各国相关法律通常都对诉讼活动中法院的证据运用作出了相当严格的规定，其原因在于人民对于“司法公正是最后的公正”这样的内心信仰，对法官的查证和采证限制较多，其中尤以大陆法系为典型。反观仲裁领域，极少发现对仲裁庭的审查和采证作出硬性规定，其中，尤以国际商事仲裁为典型。仲裁证据的提交和评估大多取决于仲裁员的证据理念，并以此判断当事人各方提出的证据是否“合理”“可信”，仲裁机构通常不愿采用可界定的证据规则限制证据的形式、提供和接受。① 但是这样的习惯也使仲裁员对证据的真实性、合法性的审查更为严格。如果仲裁员明知仲裁证据不符合证据的客观性、合法性要求，仍然适用仲裁证据并作出了违背事实和法律的仲裁结果，除了对制作伪证的当事人予以处罚，还应当对仲裁员进行处罚，因为其违背了忠诚原则。

二、公正

公正是指仲裁员在仲裁过程中始终保持一种不偏不倚的态度，中立于双方当事人，不对任何一方当事人产生偏袒抑或是歧视。公正是仲裁的灵魂和生命。仲裁员以公正性对待案件不仅是对所有当事人公平的仲裁程序的重要保证，而且能够增加其实体公正的可预见性，符合理性当事人的自然正义理念。② 这就要求仲裁员必须站在客观公正的立场，考虑

① 汪祖兴著:《中国仲裁制度的境遇及改革要略》，法律出版社 2010 年版，第 162 页。

② 张圣翠、张心泉:《我国仲裁员独立性和公正性及其保障制度的完善》，载《法学》2009 年第 7 期。

案件的全部情况，查清事实，分清是非，合法、公正地作出裁决，维护当事人双方的合法权益而不考虑各种利益和人情关系，本着自己的良知和对法律精神的理解进行裁决，绝对不能偏袒任何一方当事人。仲裁员如果将自己视作当事人一方的代表，只考虑当事人一方的情况，只维护当事人一方的利益，就难免产生倾向性，影响裁决的公正性。比如在实践中，仲裁员应当注意提问和表达意见的方式，不得出现倾向性；本着查证事实的目的提问，避免偏向或诱导性的提问；应当给予双方同等的辩论机会。除此之外，就仲裁证据的问题而言，仲裁员不应偏袒某方当事人，串通当事人一方伪造证据或者提供虚假证据。作出公正的裁决是当事人对仲裁员的首要期待，也是仲裁员的职责所在。正如被誉为“国王良心守护者”的英国大法官马修黑尔爵士的“自我警示录”写道：“不论公众是否喜欢，也不论法庭上出现的是掌声还是嘘声，我都应公正裁判而不受其左右。只要完全依照公正原则行事，则不必考虑旁人说长道短。”①

在立法方面，国际上对公正性的要求在《商事争议中仲裁员的行为道德规范》中体现为第1条第4款规定的“仲裁员应当公平对待各方当事人，不应被外界压力、公众舆论、外部批评和自身利益左右。仲裁员应该避免对任何一方有偏袒或反对的行为和陈述。”② 北京市《仲裁员守则》第6条明确指明：“仲裁员在仲裁过程中应平等、公允地对待双方当事人，避免使人产生不公或偏袒印象的言行。”这突出了公允平等的重要性。

【案例 8-2】

仲裁员枉法仲裁实例③

2000年12月25日，王某以衡阳市拆迁处房地产综合开发安置中心（以下简称拆迁安置中心）和金滔农资股份有限公司（以下简称金滔公司）（甲方）的名义与凌某母子（乙方）签订了《城市房屋拆迁补偿协议书》，该协议加盖了拆迁安置中心的印章。2001年5月，刘某从王某手中受让了拆迁安置中心开发的“金滔大厦”项目。刘某与凌某签订了《拆迁补偿协议》《补充协议》《商品房购销合同》，凌某取得了“金滔大厦”某处门面。2007年4月19日，凌某将门面以月租金3300元出租给他人，租期至2009年7月20日止。后在开发“金滔大厦”过程中，刘某因资金短缺陆续向其同学借款100余万元。此后其同学因犯罪被司法机关羁押，刘某于2005年1月13日与其进行了结算。刘某向同学出具了借条，借期1年，并附抵押，约定该抵

① 参见北京法院网，http：//bjgy. chinacourt. org/article/detail/2007/12/id/859227. shtml，最后访问时间：2018年7月21日。

② The Code of Ethics for Arbitrators in Commercial Disputes，Canon I（D），“Arbitrators should conduct themselves in a way that is fair to all parties and should not be swayed by outside pressure，public clamor，and fear of criticism of self-interest. They should avoid conduct and statements that give the appearance of partiality toward or against any party.”

③ 王健与拆迁安置中心买卖合同纠纷一案，〔2016〕湘04执复30号。

押门面的产权办理在同学母亲名下，待借款还清后再转回产权。至2007年，刘某只归还借款20余万元。同年5月，刘某到监狱再次与同学结算，同学自愿减免借款利息和部分本金。刘某向同学出具了102万元的借条，借期2年，以某处门面作为抵押，并约定将该门面产权办理到该同学名下，待借款还清后再将产权转回。此后因“金滔大厦”项目拖欠国有土地使用费，无法进行竣工验收，刘某提议通过仲裁程序办理房屋所有权证。其同学同意后，刘某便持《商品房买卖合同》（售房单位为拆迁安置中心，并加盖印章）到监狱，由同学在买受人处签名，并将签订时间倒签为2004年6月18日。房屋买卖合同的标的物为衡阳市中山北路“金滔大厦”1单元103房，面积为162.9平方米，价款48万余元。

刘某的父亲与衡阳仲裁委员会仲裁员刘某后系衡阳市房产管理局的同事，且关系较好。刘某通过父亲联系刘某后，希望仲裁收费给予优惠。2007年8月，刘某后将刘某带到书记员张某办公室，要张某给予关照。同年9月18日，刘某将同学的仲裁申请书连同同学签订的《商品房买卖合同》、同学的身份证复印件等资料交给张某，但未提交同学的购房发票，也隐瞒了衡阳市中山北路“金滔大厦”1单元103号门面已拆迁安置、出售给他人的事实。仲裁适用简便程序，刘某后为独任仲裁员。在仲裁程序中，该案申请人同学未到场，刘某既代表其同学，又代表被申请人拆迁安置中心。衡阳仲裁委在没有进行审理的情况下，于同月28日作出仲裁调解书，调解书内容为：刘某的同学购买拆迁安置中心开发的“金滔大厦”1单元103号门面归其所有，拆迁安置中心在调解书生效之日起7日内为其办理该门面权属登记手续。

另查明，刘某在与凌某签订《商品房购销合同》时，未向凌某说明“金滔大厦”1单元103号门面在此前已经为借款提供抵押担保，此后也未将该门面已经安置、出售给他人的事实告知其同学。2008年10月，刘某同学的母亲向该门面承租人出示房屋所有权证，要求收取租金时，凌某遂以仲裁程序违法等向相关部门投诉、举报。2011年8月30日，石鼓法院作出判决，认定仲裁员刘某后、书记员张某为徇私情故意违背事实和法律，作出具有法律强制执行效力的仲裁调解书，情节严重，判决仲裁员刘某后、书记员张某构成枉法仲裁罪，免予刑事处罚。

三、公道正派

与侧重于仲裁过程中的公平正当不同，公道正派是仲裁员道德守则中着重强调的仲裁员基本品质，前者侧重职业行为的不偏不倚，后者言及仲裁员个人品德素质的要求。在形容仲裁员品质之于仲裁制度的重要性时，英国仲裁员协会前主席哈特威尔教授有过一段著名的论述：“法官享有全部的荣誉，是国家政权的上层人物，他们装备了所有的防护措施，也值得当然的敬仰；而仲裁员只是劳动者，其责任是将工作做到极致，除了当事人的授权，他们一无所有。但是在国际商事领域中，没有什么荣誉会高于你被专业同事们或商业伙伴们选作为仲裁员，去处理他们之间的争议，作出他们无法作出的决定。”①仲裁员的信誉是仲裁的生命力，是仲裁得以生存、发展的必要条件。② 仲裁制度的优势能否得到充分发挥，在很大程度上将取决于仲裁员的能力与素质。一个合格的、符合仲裁制度要求与当事人合理预期的仲裁员应当具备两个基本条件：一是拥有处理案件所需的学识和能力，二是具有较高的道德水准与职业操守。二者相比，后者往往更为重要。正因如此，我国《仲裁法》第 13 条明确了仲裁员必须具备公道正派的品质，要求仲裁委员会应当从公道正派的人员中聘任仲裁员。

四、独立

仲裁独立是公正性的保障，仲裁员的中立地位及其内在心理与外在行为的独立性，是居中公正裁判的前提。③ 失去了独立性的仲裁，就不是真正的仲裁。仲裁员应当独立地审理案件、作出裁决，不应把作出裁决的职责托付给他人，或慑于外界压力而摇摆不定，影响决断。

仲裁员在法律和仲裁规则的范围内，依其特有的专业知识、经验依法独立地审理案件。其一，仲裁员的仲裁行为不受仲裁委员会的干预：仲裁委员会依照法律规定的条件并结合实际情况聘任仲裁员，依法对违法的仲裁员予以除名；依法决定是否受理案件，根据当事人的委托或者依法指定仲裁员；以及从事其他有关仲裁的管理和实务性工作。一旦仲裁庭组成，仲裁委员会即不再介入仲裁审理和裁决的实质性工作，对案件的审理与裁决完全由仲裁庭独立进行。其二，仲裁员的仲裁不受行政机关、社会团体和个人的干涉，尤其是行政机关不得对案件的审理与裁决施加消极的影响。

国际法律规范要求仲裁员独立仲裁，不应允许外界压力影响最终的决定，更不应将仲裁移交给他人进行。④《仲裁法》第 8 条明确规定仲裁依法独立进行，不受行政机关、社会团体和个人的干涉；第 14 条规定仲裁委员会独立于行政机关，与行政机关没有隶属关系。仲裁委员会之间也没有隶属关系。北京《仲裁员守则》第 11 条规定，仲裁员应当独立地审理案件，不因任何私利、外界压力而影响裁决的公正性。此外，仲裁庭还要独立于

---

① Geoffrey M. Hartwell, from the text of a lecture given to the Summer School at Keble College, Oxford for the Diploma in International Commercial Arbitration and revised for the Western Counties Branch of the Chartered Institute of Arbitrators on 23 January 1997. “The judge has all the honor and panoply that go with his office. He or she is a high Officer of the State, worthy of every respect and entitled to every deference. That must be right. An arbitrator is just a worker, under a duty to do his best, but with no authority other than the will of the parties themselves.” 参见 http://geoffrey.beresfordhartwell.com/bath.htm. 最后访问日期：2018 年 7 月 20 日。

② 姜秋菊：《仲裁员行为规范的比较研究》，武汉大学 2004 年硕士学位论文。

③ 曹海俊：《仲裁员行为规范考察仲裁实务的视角》，载《法制与社会》2014 年第 27 期。

④ The Code of Ethics for Arbitrators in Commercial Disputes, Canon V (A), “The arbitrator should, after careful deliberation, decide all issues submitted for determination. An arbitrator should decide no other issues. (B) An arbitrator should decide all matters justly, exercising independent judgment, and should not permit outside pressure to affect the decision. (C) An arbitrator should not delegate the duty to decide to any other person.”

法院，虽然法律授予法院对裁决有必要的监督权，但是这并不等于仲裁附属于审判。惟其如此，才能为仲裁的公正性、权威性创造良好的外部环境与条件。由此，确定了仲裁独立必须作为仲裁员的职业伦理之一予以坚守。

【案例 8-3】

仲裁员违背独立原则，统一思想实例①

申请人诉称2013年5月28日，申请人与被申请人签订商品房买卖合同，将申请人开发建设的某栋房屋出卖给被申请人，后由于各种原因导致交房期限顺延，但庆阳仲裁委员会在仲裁该案时存在仲裁员未独立、公正地审理案件，庆阳仲裁委员会对同类型的十余起案件以会议的形式统一思想及审理观点，致申请人败诉的情形。

经审理查明并综合全案证据，法院认为仲裁员应独立、公正地审理、裁决案件，但庆阳仲裁委员会工作人员曾以会议的形式要求系列案件仲裁员统一思想及审理观点，与《中华人民共和国仲裁法》的规定不符。

除上述所言，仲裁机构以及仲裁员的独立性还应当体现在证据制度方面，尽管我国现行法和仲裁委员会的仲裁规则都规定了仲裁机构自行收集证据的权力，但是鉴于仲裁机构民间性的特点，实践中仲裁机构的独立取证权尚存在诸多问题，一旦有关组织或者个人拒绝提供仲裁机构所需的证据，仲裁员就陷入了无能为力的境地，使得仲裁的进程及其公正性受到了损害。对此，有学者认为应当赋予仲裁机构收集证据的完全权力，同时规定独立的仲裁证据保全制度，具体包括：（1）将仲裁证据保全改造为仲裁程序中的特别裁决程序，对于当事人的证据保全申请，由仲裁机构或者仲裁庭进行审查；（2）仲裁案件受理之后，仲裁庭组成之前，当事人申请保全的，由仲裁机构决定；（3）仲裁庭组成之后，当事人申请证据保全的，由仲裁庭决定，或者由仲裁庭委托的其中某一仲裁员作出决定；（4）保全决定作出后，如果无须采取强制措施，由仲裁机构或者仲裁庭委托的该机构工作人员进行证据保全；（5）如果根据拟保全的证据的特点，可能需要采用强制手段或者面临其他特殊情形的，仲裁机构可以申请人民法院提供司法支持，并将保全决定书发送人民法院，收到仲裁机构申请的，人民法院应当予以协助。②

五、廉洁

廉洁是指仲裁员不利用仲裁权谋取个人私利，不接受当事人请客、送礼及提供的任何利益。③ 廉洁与公正往往是相辅相成的关系，仲裁员廉正清明，洁身自好，是仲裁公正的基础与保障。

《仲裁法》并没有关于廉洁的直接规定，但是北京《仲裁员守则》第7条规定，仲裁

---

① 驰昊公司与贺世俄申请撤销仲裁裁决纠纷一案，〔2016〕甘10民特11号。

② 参见宋朝武：《仲裁证据的非诉化及其路径选择》，载《河南社会科学》2010年第3期。

③ 张利兆：《仲裁员职业道德探讨》，载《北京仲裁》2012年第4期。

员不得以任何直接或间接方式接受当事人或其代理人的请客、馈赠或提供的其他利益；第9条规定，仲裁员亦不得代人打听案件情况或代人向仲裁庭成员、秘书实施请客送礼或提供其他好处和利益。对仲裁员提出这样的要求，也是国际商事仲裁的通例。如《国际仲裁员行为准则》规定仲裁员不应接受任何一方当事人的任何礼物，或当事人实质性的、直接或间接的招待。单独仲裁人和主持仲裁人更应该谨慎行事，避免与任何一方当事人有社会或专业上的接触，除非其他各方都在场。① 英国皇家御准仲裁员学会的《仲裁员道德行为规范》第2条第4款规定"非有另一方仲裁当事人在场或经双方同意，仲裁员不得以直接或间接方式接受任一方礼物或实质性款待"。美国仲裁协会与美国律师协会的规范要求仲裁员在"接受指定后或担任仲裁员期间，应当避免建立金钱、商业、职业、家庭或社交联系，或谋求金钱或私利……在案件裁决后的相当一段时间，担任仲裁员的人们应当避免建立上述关系"。② 作为仲裁员要有良好的道德修养，不得利用仲裁权谋取个人私利，贪取钱财。尽管目前存在着当事人受不正之风影响，不择一切手段赢得仲裁的行为，在这种情况下，仲裁员更应保持清醒头脑，自觉抵制金钱、物质的诱惑，做到不吃请，不收礼。

【案例 8-4】

仲裁员接受吃请实例③

王某于2015年1月向安庆仲裁委员会提起仲裁，请求确认其与张某、操某、长键公司2014年6月18日所签订的《房屋所有权转让协议书》合法有效并裁决张某、操某、长键公司向其交付涉案房产及协助办理房屋产权变更登记手续。安庆仲裁委员会受理后，依法由祖某担任首席仲裁员，徐某、刘某组成仲裁庭进行审理。后王某申请仲裁庭全体回避，徐某、刘某及办案秘书亦自行申请回避，安庆仲裁委员会遂作出决定，同意徐某、刘某、办案秘书予以回避，但对王某要求首席仲裁员祖某回避的请求，口头予以驳回。后安庆仲裁委员会选定汪某、潘某重新组成仲裁庭并仍由祖某担

① Rules of Ethics for International Arbitrators, rule 5.5, "No arbitrator should accept any gift or substantial, hospitality, directly or indirectly, from any party to the arbitration. Sole arbitrators and presiding arbitrators should be particularly meticulous in avoiding significant social or professional contacts with any party to the arbitration other than in the presence of the other parties."

② The Code of Ethics for Arbitrators in Commercial Disputes, Canon I. C, "After accepting appointment and while serving as an arbitrator, a person should avoid entering into any business, professional, or personal relationship, or acquiring any financial or personal interest, which is likely to affect impartiality or which might reasonably create the appearance of partiality. For a reasonable period of time after the decision of a case, persons who have served as arbitrators should avoid entering into any such relationship, or acquiring any such interest, in circumstances which might reasonably create the appearance that they had been influenced in the arbitration by the anticipation or expectation of the relationship or interest."

③ 王孝志与张向文、操亚梅、安庆长键商贸有限公司申请撤销仲裁裁决一案，〔2016〕皖08民特19号。

任首席仲裁员，王某依然多次申请首席仲裁员祖某回避并以祖某接受其宴请及购物卡为申请回避理由，安庆仲裁委员会对此均予以驳回。仲裁庭开庭审理时，王某因其要求首席仲裁员祖某回避的请求未予采纳拒绝参与庭审并宣告退庭，仲裁庭随即宣布该案书面审理。后王某书面申请撤回仲裁申请，安庆仲裁委员会作出决定，不同意王某撤回仲裁申请。

案外人陈某向法院陈述，其与王某系亲戚关系且与祖某熟悉，其邀请祖某、徐某吃饭并由王某公司工作人员马某陪同，吃饭时其向祖某提起王某仲裁一案并请求尽快办理，且由马某结账。后陈某就王某仲裁一案联系祖某，祖某也向其介绍了相关案情。徐某向法院陈述，陈某邀请其与祖某吃饭，陈某席间谈论了王某仲裁一案，陪同吃饭的还有王某公司工作人员马某。马某庭审中陈述，陈某受王某之托请祖某、徐某吃饭并由其陪同，吃饭时也谈论了王某仲裁一案，饭后由其结账且费用系王某支付。

六、勤勉

仲裁员要有高度的责任感，认认真真地对待每一起案件，一丝不苟，认真核实证据，查明事实，正确适用法律，公平、公正地解决争议，才能不辜负当事人的信任与期望。仲裁员勤勉高效是仲裁优势——简便快捷的保证。当事人对仲裁最大的要求，就是公正、及时地解决争议。如果仲裁员不严格遵守时间，不积极地推进仲裁、尽快结案，就会加重当事人在时间、精力、财力上的负担和损失，甚至会使仲裁失去意义，正所谓“迟来的正义非正义”。

仲裁员通常都有自己的职业和事务，往往工作繁忙，但是当事人选择了仲裁，有偿请求仲裁员尽快解决他们之间的纠纷，仲裁员接受指定后若不积极作为，实际上便造成了当事人利益的损害。因此，大多数国家的法律对此都有严格的规定，例如，《国际仲裁员行为准则》规定仲裁员应当投入足够的时间和精力，能够满足当事人考虑案件所有情况的合理要求，并尽其所能使仲裁的费用不至于占过高的比例。①《商事争议中仲裁员的行为道德规范》规定仲裁员应当尽快作出公正高效的决定，防止拖延、骚扰当事人或其他参与者，或者发生其他滥用职权扰乱仲裁程序的情形。②

另外，当发现仲裁员不适当地拖延履行职责时，当事人可以据此理由提出仲裁员回避请求；仲裁庭超出法律规定或当事人规定的期限作出裁决，如果因此造成裁决书被宣告无效，仲裁庭应负赔偿义务。即使是持“仲裁员责任豁免理论”的英美法系国家也有判例

① Rules of Ethics for International Arbitrators, Rule VII, “All arbitrators should devote such time and attention as the parties may reasonably require having regard to all the circumstances of the case, and shall do their best to conduct the arbitration in such a manner that costs do not rise to an unreasonable proportion of the interests at stake.”

② The Code of Ethics for Arbitrators in Commercial Disputes, Canon I. F. “An arbitrator should conduct the arbitration process so as to advance the fair and efficient resolution of the matters submitted for decision. An arbitrator should make all reasonable efforts to prevent delaying tactics, harassment of parties or other participants, or other abuse or disruption of the arbitration process.”

判定，仲裁员应当对没有及时裁决的行为承担民事责任，认为不公正的延迟裁决不是司法行为，应当承担责任。仲裁员如果不能迅速处理纠纷，应该在指定之时就拒绝接受案件。仲裁员的勤勉义务是仲裁员道德操守的重要体现，对此加以明确规定不仅有利于保证仲裁的效率，也有利于增强当事人对仲裁的信任。① 有鉴于此，国内仲裁机构所制定的仲裁员守则多数对仲裁员的勤勉高效也提出了要求。例如，《北京市仲裁委员会关于提高仲裁效率的若干规定》从提高仲裁效率着眼，作了如下规定：

1. 提前预防仲裁员因无法保证办案时间而导致案件超出审理期限

《北京仲裁委员会关于提高仲裁效率的若干规定》第 3 条规定：“仲裁员在组庭后连续满 20 天不能参加案件审理的，应及时告知本会，并视情况决定是否接受选定或指定，或者退出案件审理；仲裁员在审理期限内连续满 60 天不能参加案件审理的，应拒绝接受选定或指定，或者退出案件审理。”此规定可以有效防止某些仲裁员因无法保证办案时间而导致的审理超期限。

2. 对开庭审理与裁决书制作时间予以明确规定，要求每一个环节均按时间要求进行，以保证整个程序高效、顺畅地展开

从仲裁程序各阶段入手，对仲裁庭每个仲裁阶段的审理时间包括首次开庭时间、每次开庭之间的时间间隔以及裁决书制作时间等作了详细的规定。同时还规定“仲裁庭未经合议或经合议对裁决未达成基本共识”的情况下，拟定裁决书的方法以及时间要求。其目的在于在保证审理质量与裁决质量的前提下，每一步骤连接紧凑、避免迟延，从而保证仲裁庭在规定期限内尽快结案，确保仲裁制度优越性的发挥。

3. 仲裁员应在规定期限内提供制作裁决的书面意见

《北京仲裁委员会关于提高仲裁效率的若干规定》第 9 条第 2 款规定：“仲裁庭未经合议或经合议对裁决未达成基本共识的，仲裁员应自审理终结之日或合议之日起 5 日内，就案件事实、证据、定性、责任、适用法律、裁决意见和理由等提出制作裁决的书面意见，由首席仲裁员或其指定的仲裁员进行汇总，拟定裁决书草稿。”之所以这样规定原因有三：第一，制作裁决是仲裁庭成员的共同责任和义务，在国际上，仲裁裁决都是由仲裁员制作，除了负责起草裁决的仲裁员，其他仲裁员也会将自己对“案件事实、证据、定性、责任适用法律、裁决意见和理由”的意见，通过书面形式，提供给负责起草裁决的仲裁员。《北京仲裁委员会关于提高仲裁效率的若干规定》提出这样的要求，是为了增强仲裁员的责任感，制约不阅卷、不提供制作裁决意见的不负责任行为。第二，仲裁员提供裁决制作意见（首席仲裁员指定其他仲裁员起草仲裁裁决时，亦应提供自己的制作裁决的意见），有利于仲裁员研究案情，提高裁决质量。第三，有利于各成员尽快充分反映不同意见，仲裁庭集思广益，提高仲裁效率。

4. 增加规定仲裁员迟延情况下本会予以更换的权力

根据《北京仲裁委员会关于提高仲裁效率的若干规定》第 12 条第 4 项的规定，仲裁员迟延致使案件超审限，情节严重的，本会有权在征得当事人同意后予以更换。一方面，留有更换仲裁员的余地可以保证当事人能够获得及时的救济，另一方面也增加了仲裁员的

① 王琼妮：《关于仲裁员行为规范的探讨》，载《仲裁研究》2005 年第 2 期。

危机意识，由于更换的规定直接针对其正在办理的案件，因而有利于督促仲裁员按照规定的时间要求推进仲裁程序。

第二节 仲裁员职业伦理的保障

从内外因的角度看，仲裁员伦理强调的是从内因上对仲裁员进行约束，但是从内外因的辩证关系上看，外因能够影响内因，并对主体产生作用。① 因此，仲裁员职业伦理的实现，除了加强仲裁员自身的行为准则和道德要求，外在的保障制度也是不可或缺的。具体而言，仲裁职业伦理的保障主要包括仲裁机构的中立性、仲裁员的回避以及仲裁庭的组成等方面。

一、仲裁机构的中立性

仲裁机构是指依据有关国家的仲裁立法或者相关国际条约而设立的，供双方当事人以意思自由选定的，管理其日常事务性工作，为仲裁活动的顺利进行提供场所以及相关事务上的服务，并具有固定名称、地址、组织形式和章程、仲裁规则、仲裁员名册以及完整的办事机构和管理制度的民间性组织。②

仲裁作为一种提供商事纠纷解决机制的法律专业服务，其民间性、独立性、自愿性的根本特征决定了提供仲裁服务的仲裁机构在法律上的中立性，意味着仲裁机构可以独立行使仲裁职能。③ 其中立性体现在对外、对内两个方面。从外部而言，仲裁机构不受外部干预，它不是代表国家解决纠纷的机构，其对争议案件的管辖权完全建立在当事人双方自愿达成的仲裁协议的基础上，而非强制，法律赋予仲裁机构的独立运作不受行政机关、司法机关干预的权利。我国《仲裁法》第 8 条规定仲裁依法独立进行，不受行政机关、社会团体和个人的干涉；第 14 条规定仲裁委员会独立于行政机关。而从内部而言，各仲裁机构之间也没有隶属关系，其并非按照行政区划层层设立，而是相互平行，相互独立。我国《仲裁法》第 10 条第 1 款规定仲裁委员会可以在直辖市和省、自治区人民政府所在地的市设立，也可以根据需要在其他设区的市设立，不按行政区划层层设立；第 14 条规定仲裁委员会之间也没有隶属关系。

二、仲裁员的披露与回避制度

仲裁员披露是一项被普遍接受的、用以保证仲裁权主体公正性的原则，它是指仲裁员主动披露其与当事人或代理人之间的某种关系，以便当事人和仲裁机构考虑此种关系是否影响该仲裁员的独立性和公正性。仲裁员披露不仅被规定在仲裁法及仲裁规则中，在仲裁员行为规范中也有明确规定。《国际仲裁员行为准则》第 4 条即规定，仲裁员应披露所有

---

① 曹海俊：《仲裁员行为规范考察仲裁实务的视角》，载《法制与社会》2014 年第 27 期。

② 马德才编著：《仲裁法学》，南京大学出版社 2016 年版，第 45 页。

③ 参见涂卫、王晓川：《我国仲裁机构的法律定位——以仲裁管理体制改革为背景的考察》，载《中国青年政治学院学报》2012 年第 2 期。

可能引起对其公正性或独立性的正当怀疑的事实或情况。如果不进行这样的披露，就会产生一种偏见。仲裁员应当披露：（1）任何过去或现在的商业关系，无论是直接的还是间接的，如第3条所述，包括事先指定的仲裁员，任何一方的争议，或任何一方当事人的代表，或任何被认为是仲裁中潜在重要证人的人。就目前的关系而言，披露的义务无论其大小如何都适用，但对于过去的关系，只有在与仲裁员的专业或商业事务有关的情况下，才需要披露。对于仲裁员不披露他所不知道的间接关系，除非通过合理的询问来确定，否则仲裁员将不会被取消资格；（2）任何与当事人一方或已知有可能成为仲裁重要证人的实质性社会关系的性质和持续时间；（3）与其他仲裁员任何关系的性质（包括先前作为仲裁人的联合服务）；（4）仲裁员对这一争端事先了解的程度；（5）任何可能影响仲裁员履行其职责的承诺。披露的义务持续整个仲裁程序，如果有新的事实或情况也需要及时更新。披露应以书面形式披露，并通知所有各方和仲裁员。当指定仲裁员时，任何先前向当事人披露的信息都应与其他仲裁员进行沟通。①《商事争议中仲裁员的行为道德规范》对披露的规定与《国际仲裁员行为准则》大致相同②，只是增添了当不确定某一事项是否应该披露时的规范，《商事争议中仲裁员的行为道德规范》规定任何对某一事项是否应该予以披露的怀疑都应以倾向于披露为最终决定。同时，该道德规范还规定除非披露的其他程序被规定在当事人协议、应用规则、某一组织的实际规范或法律当中，否则披露应当向各方当事人作出。③

国内的仲裁法并未直接对披露作出规定，而是将其融入回避规范之中。北京《仲裁员规则》则采用了国际通行的仲裁员信息披露制度，明确了信息披露是仲裁员的重要义务，要求仲裁员决定接受选定或者指定的，知悉与案件当事人或者代理人存在可能导致当事人对仲裁员独立性、公正性产生怀疑的情形，应当书面披露，并且这种披露义务持续于整个仲裁过程中；仲裁员的披露将由仲裁机构转交双方当事人，并允许当事人提出书面意见。这样规定既增强了对仲裁员的约束力，也为当事人申请回避提供了必要的信息，保障了当事人的知情权。由于仲裁员一般不是专职人员，其来源也呈现多元性，所以仲裁员与当事人的关系通常远比法官同两造的关系更为复杂。一般而言，能够担任仲裁员的人通常是社会各届知名人士，他们的本职工作既可能是桃李满天下的教授、专家型行政干部，还可能是律师、会计师，抑或工程技术人员、商界人士，因此有时会有仲裁员与其学生、仲裁员与其下级、仲裁员与其同业竞争者出现在同一案件中的情况。有时即使仲裁员具备极为高尚的品德，不为这些关系所影响，也难免招致社会的不信任和非议。有鉴于此，北京《仲裁员守则》第5条规定，仲裁员接受选定或指定时，有义务书面披露可能引起当事人对其公正性或独立性产生合理怀疑的任何事由，包括但不限于：（1）是本案的当事人、代理人或当事人、代理的近亲属的；（2）与本案结果有利害关系的；（3）对于本案事先提供过咨询的；（4）私自与当事人、代理人讨论案件情况，或者接受当事人、代理人请

① Rules of Ethics for International Arbitrators, rule 4.

② The Code of Ethics for Arbitrators in Commercial Disputes, Canon II. A-C.

③ The Code of Ethics for Arbitrators in Commercial Disputes, Canon II. D & E.

客、馈赠或提供的其他利益的；（5）在本案为当事人推荐、介绍代理人的；（6）担任过本案或与本案有关联的案件的证人、鉴定人、勘验人、辩护人、代理人的；（7）与当事人或代理人有同事、代理、雇佣、顾问关系的；（8）与当事人或代理人为共同权利人、共同义务人或有其他共同利益的；（9）与当事人或代理人在同时期审理的其他仲裁案件中同为仲裁庭里的仲裁员，或者，首席仲裁员两年内曾在其他仲裁案件中被一方当事人指定为仲裁员的；（10）与当事人或代理人有较为密切的交谊或嫌怨关系的；（11）其他可能影响公正仲裁的情形。

该守则第5条第2款对持续披露作了规定，即在仲裁过程中，如果发生可能引起此类怀疑的新情况，仲裁员应继续履行披露义务；未履行披露义务，将视为该仲裁员违反本守则，即使未予披露的事由本身并不构成不宜担任仲裁员的情形。这样规定使得仲裁员披露制度与国际商事仲裁的普遍实践比较接近。

披露一方面是保持仲裁公正性的制度，另一方面也构成了仲裁回避制度的基础。值得注意的是，回避并不是披露必然的结果。仲裁员经过披露，若当事人并未申请仲裁员回避，该仲裁院依然可以继续仲裁审理程序。①

仲裁回避制度是确保仲裁公正的重要制度，本质上是一项对仲裁权主体公正性的监督机制，意在保障裁决者的中立，排除可能影响裁决公正且与当事人有利害关系的因素。②仲裁员的回避总体分为两类，即仲裁员自行申请回避与当事人提出回避申请两种。我国立法对此两种回避都进行了规定。《仲裁法》第34条规定仲裁员有下列情形之一的，必须回避，当事人也有权提出回避申请：（1）是本案当事人或者当事人、代理人的近亲属；（2）与本案有利害关系；（3）与本案当事人、代理人有其他关系，可能影响公正仲裁的；（4）私自会见当事人、代理人，或者接受当事人、代理人的请客送礼的。第35条规定了当事人提出回避的时间：当事人提出回避申请，应当说明理由，在首次开庭前提出。回避事由在首次开庭后知道的，可以在最后一次开庭终结前提出。第36条规定了回避的决定主体，即仲裁员是否回避，由仲裁委员会主任决定；仲裁委员会主任担任仲裁员时，由仲裁委员会集体决定。第37条规定了仲裁员回避后的再选问题：仲裁员因回避或者其他原因不能履行职责的，应当依照本法规定重新选定或者指定仲裁员。因回避而重新选定或者指定仲裁员后，当事人可以请求已进行的仲裁程序重新进行，是否准许，由仲裁庭决定；仲裁庭也可以自行决定已进行的仲裁程序是否重新进行。国际上对于回避制度也予以立法强调，《商事争议中仲裁员的行为道德规范》即规定如果各方当事人都要求仲裁员回避，则仲裁员必须回避。如果仲裁员因被控偏袒而被一方当事人要求回避，则仲裁员应当回避，除非存在下列情形：（1）当事人的协议或者当事人约定的仲裁规则，或者适用的法律，确立了对仲裁员提出异议的程序，在这种情况下，应当遵循异议程序；（2）在没有适用程序的情况下，如果仲裁员在仔细考虑了这一问题后，确定提出回避的理由不充分，

① 乔欣：《仲裁公正性基础：披露与回避制度的完善》，载《民事程序法研究》2013年第2期。

② 李广辉、刘璐、向敏健：《我国仲裁回避制度立法完善研究》，载《汕头大学学报（人文社会科学版）》2017年第4期。

而且仲裁员仍然可以公正公平地审理并作出裁决。①

需要特别指出的是，仲裁员回避制度在国际规范上存在例外，即非中立仲裁员制度。在国际商事仲裁中，有些国家要求仲裁员必须是中立的，不代表任何一方当事人的利益，而另一些国家却允许经当事人约定，有非中立仲裁员的存在，在仲裁过程中可以偏向于指定他的一方当事人。这就导致仲裁员行为准则的具体内容之间存在差异。美国仲裁协会和美国律师协会共同制定的《商事争议中仲裁员的行为道德规范》与国际仲裁员协会制定的《国际仲裁员行为准则》就代表了两个不同的类型，具有典型意义。不过，无论在哪种情形下，仲裁庭作为一个整体都应毫无例外地保持公正、独立以及仲裁程序的公正性、裁决的公平合法性。这是任何一种仲裁制度存在的基础和先决条件。

具体而言，非中立仲裁员情况下的机制如下，一方当事人指定的仲裁员偏向这一方，另一方当事人指定的仲裁员则偏向另一方，由于仲裁员人数保持对等关系，数量上保持均衡；此时另一方当事人要求这一方当事人指定的仲裁员回避时，则不必回避。双方指定的仲裁员若达成一致即形成裁决意见定案，若无法形成一致意见时，则交由第三名仲裁员裁断，第三名仲裁员则必须是中立的，因此整个程序仍然是公平的，仲裁结果自然也能保持公正。非中立仲裁员的出现，必然有一定的渊源，或经当事人约定，或依惯例如此行事，但不管怎样，都必须符合仲裁法的要求，否则裁决将没有执行力。

美国仲裁协会和美国律师协会共同制定的《商事争议中仲裁员的行为道德规范》准许当事人指定的仲裁员为非中立仲裁员，与中立仲裁员分别遵循不同的规范。但国际仲裁员协会制定的《国际仲裁员行为准则》则采取坚决措施，要求坚持中立仲裁员的行为准则。

《商事争议中仲裁员的行为道德规范》虽然规定仲裁员可为非中立的，但作为前提条件，却首先要求，应使有关人士从一开始就了解其不是中立的仲裁员。根据该规范，除非双方当事人均告知所有仲裁员或合同、仲裁规则或管辖法律要求所有仲裁员为中立仲裁员，否则，当事人指定的仲裁员为非中立仲裁员。非中立仲裁员在如下几个方面与中立仲裁员遵守不同的规范：(1) 在接受指定后或担任仲裁员期间，中立仲裁员不得与当事人建立金钱、商业、职业、家庭或社会联系，或谋求金钱或私利，非中立仲裁员不在此限；(2) 非中立仲裁员也应向当事人和其他仲裁员披露有关关系和私利，以便他们了解现存的或显然会发生的倾向，然而只需披露这种关系和私利的性质和范围，而中立仲裁员的披露却更为详尽；(3) 非中立仲裁员在非指定方当事人单独一方要求其回避时，可不回避，而中立仲裁员一般应当回避；(4) 非中立仲裁员可与指定方当事人商讨第三名仲裁员人

① The Code of Ethics for Arbitrators in Commercial Disputes, Canon II (G), If an arbitrator is requested by all parties to withdraw, the arbitrator must do so. If an arbitrator is requested to withdraw by less than all of the parties because of alleged partiality, the arbitrator should withdraw unless either of the following circumstances exists: (1) An agreement of the parties, or arbitration rules agreed to by the parties, or applicable law establishes procedures for determining challenges to arbitrators, in which case those procedures should be followed; or (2) In the absence of applicable procedures, if the arbitrator, after carefully considering the matter, determines that the reason for the challenge is not substantial, and that he or she can nevertheless act and decide the case impartially and fairly.

选，而中立仲裁员不能这样做；（5）非中立仲裁员在通知其他当事人和仲裁员后便可就任何问题与指定方当事人接触，且只要通知将就某类事项接触的意图，在此后接触便无须逐次披露。而这对中立仲裁员是严格禁止的；（6）非中立仲裁员在就规范准许事项与指定方当事人书面联络时，无须通告，中立仲裁员则恰恰相反；（7）非中立仲裁员可与当事人商定报酬。非中立仲裁员可倾向于作出有利于指定方当事人的裁决，而中立仲裁员一概不得如此行事。①

虽然非中立仲裁员可在上述方面不受规范的约束，但除此之外，在其他各方面均须遵守规范的要求。特别是，非中立仲裁员不得卷入任一方当事人或证人的拖延策略和干扰仲裁的行为，也不应向其他仲裁员作不真实的或使人误入歧途的报告，这是规范明文禁止的。

【案例 8-5】

仲裁员违反回避原则实例②

2015 年 7 月 15 日，天邦公司与长春汽车经济技术开发区管理委员会（下称汽开区管委会）建设工程合同纠纷一案由长春仲裁委员会立案受理。2015 年 7 月 17 日，天邦公司选定高某为本案仲裁员。2015 年 8 月 6 日，汽开区管委会选定徐某为本案仲裁员。因双方当事人未能就本案首席仲裁员人选达成一致，由长春仲裁委员会主任指定孙某为本案首席仲裁员，于 2015 年 8 月 26 日组成仲裁庭，并于 2015 年 9 月 22 日、2015 年 12 月 3 日两次开庭审理。

天邦公司申请法院调取孙某辞去首席仲裁员的申请书作为本案证据，本院对该申请予以准许，调取了孙某辞去仲裁员的申请。该申请书内容为：本人因近期工作繁忙，申请辞去长仲裁字〔2015〕第 269 号案件首席仲裁员职务。落款时间为 2016 年 3 月 24 日。

2016 年 9 月 12 日长春仲裁委员会作出长仲裁字〔2015〕第 269 号仲裁裁决，该仲裁裁决第 2 页记载：2016 年 3 月 24 日，本案首席仲裁员孙某书面请求回避，长春仲裁委员会主任依据《长春仲裁委员会仲裁规则》（以下简称《仲裁规则》）的规定，重新指定李某为首席仲裁员，于 2016 年 5 月 31 日重新组成仲裁庭。重新组成的仲裁庭依据《仲裁规则》第 29 条第（3）项之规定决定对已进行的仲裁程序重新进行。仲裁庭分别于 2016 年 6 月 23 日和 2016 年 7 月 4 日两次开庭对本案进行了审理。

2016 年 6 月 23 日仲裁庭庭审笔录第 3 页、第 4 页记载：

首席：双方对本仲裁庭组成情况有无异议？是否申请仲裁员回避？天邦公司：无异议，不申请。汽开区管委会：不申请，但对仲裁庭组成有异议……首席：在第一次组庭时双方是否选定首席仲裁员？双方：没有选定首席。首席：天邦公司此次是否有

① The Code of Ethics for Arbitrators in Commercial Disputes, Canon IX & Canon X.

② 长春汽车经济技术开发区管理委员会与吉林省天邦房地产开发有限公司申请撤销仲裁裁决纠纷一案，〔2016〕吉 01 民特 27 号。

选定首席仲裁员的意愿？天邦公司：没有。首席：因一方当事人没有重新选定首席的意愿，故不需要重新选定仲裁员，按照《仲裁法》的规定，仲裁委重新指定的首席仲裁员是合法的。

2016年7月4日仲裁庭庭审笔录第2页记载：

首席：汽开区管委会于今日提交了关于首席仲裁员的说明，认为有违法情形，现在仲裁庭代表仲裁委向双方释明：本案原首席仲裁员孙某自行回避，自动辞去仲裁员职务，仲裁委主任依据《仲裁规则》第29条的规定进行更换首席仲裁员。根据《仲裁规则》的规定重新指定的首席仲裁员，不存在违法情形。

对此法院认为：

长春仲裁委员会于2016年9月12日作出的长仲裁字〔2015〕第269号裁决存在《中华人民共和国仲裁法》第58条第1款第（3）项仲裁庭的组成违反法定程序应予撤销的情形，依法应当予以撤销。

首先，《中华人民共和国仲裁法》第37条第1款规定，仲裁员因回避或者其他原因不能履行职责的，应当依照本法规定重新选定或者指定仲裁员。《仲裁规则》第29条规定：(一) 仲裁员有以下情形之一的应当更换，当事人应当在收到通知之日起5日内重新选定：1. 因出差、出国或者其他原因不能保证办案时间的；……(二) 由主任指定的仲裁员不能依法或者按照本会规定履行职责的，主任有权更换……(三) 重新选定或者指定仲裁员后，当事人可以请求已经进行的仲裁程序重新进行，是否必要，由仲裁庭决定；仲裁庭也可以自行决定已进行的仲裁程序是否重新进行。2016年3月24日，原首席仲裁员孙某提出辞去仲裁员职务申请，仲裁委主任有权批准。

但是对孙某辞去仲裁员职务的原因，在2016年7月4日由李某为首席仲裁员的仲裁庭审中向双方当事人释明及仲裁裁决内容均为孙某自行回避。《中华人民共和国仲裁法》第34条与《仲裁规则》第28条均规定仲裁员的回避包括以下四种情形：(1) 是本案当事人或者当事人、代理人的近亲属的；(2) 与本案有利害关系的；(3) 与本案当事人、代理人有其他关系，可能影响公证仲裁的；(4) 私自会见当事人、代理人或者接受当事人、代理人的请客送礼的。从孙某辞去仲裁员职务的申请来看，孙某辞去仲裁员职务的原因系工作繁忙，不属于仲裁员回避的情形，仲裁委以原首席仲裁员自行回避为由更换仲裁员违反了《中华人民共和国仲裁法》第34条与《仲裁规则》第28条关于仲裁员回避的规定。

其次，对《仲裁规则》第29条由主任指定的仲裁员不能依法或者按照本会规定履行职责的，主任有权更换的规定的理解申请人与被申请人并不一致。申请人汽开区管委会认为第二次组庭的首席仲裁员应由当事人重新选定，如果选定不成再由长春仲裁委员会主任指定，假使此种理解正确，那么长春仲裁委员会主任未经双方当事人选定就直接指定李某作为第二次组成仲裁庭的首席仲裁员的做法违反法定程序；被申请人天邦公司认为由于第一次组庭的首席仲裁员系指定产生，则第二次组庭的首席仲裁员的产生无须再经过双方当事人选定，由长春仲裁委员会主任直接指定即可。假使此种理解正确，那么李某作为再次组庭的首席仲裁员，在2016年6月23日仲裁庭审中询问本次组庭当事人是否有选定首席仲裁员的意愿，重新启动选定仲裁员的程序，与李某已经是仲裁委主任指定的首席仲裁员的仲裁庭组成程序相违背，亦违反法定程序。

仲裁程序与司法程序不同，仲裁程序的当事人依法可以选择处理纠纷的仲裁员，因此仲裁员的选择和仲裁庭的组成在仲裁程序中具有举足轻重的作用。特别是首席仲裁员不仅是仲裁程序的组织者，而且在法定情形下对仲裁结果有决定性的影响。《中华人民共和国仲裁法》第 53 条规定，仲裁庭不能形成多数意见时，裁决应当按照首席仲裁员的意见作出。基于仲裁员对仲裁程序的重要作用，以及仲裁裁决中仲裁员的组成违反法定程序的情形，法院认为以上情形属于《最高人民法院关于适用〈中华人民共和国仲裁法〉若干问题的解释》第 20 条“仲裁法第 58 条规定的‘违反法定程序’是指违反仲裁法规定的程序和当事人选择的仲裁规则可能影响案件正确裁决的情形”之规定所明确的违反法定程序的情形。根据《中华人民共和国仲裁法》第 58 条第 1 款第（3）项规定，法院裁定撤销该仲裁裁决。鉴于该点理由足以撤销涉案仲裁裁决，对申请人提出的其他撤销理由法院不再评判。

三、仲裁庭的组成

仲裁庭由仲裁员组成，仲裁员的选任方式存在多种情形。有当事人选定的，也有仲裁机构指定的，还有法院决定的，甚至可以有选定的仲裁员选任仲裁员等。我国《仲裁法》依据不同的情况，分别规定了当事人选定和仲裁机构指定两种方式选任仲裁员组成仲裁庭。①《仲裁法》第 30 条规定仲裁庭可以由三名仲裁员或者一名仲裁员组成。由三名仲裁员组成的，设首席仲裁员。第 31 条强调了当事人约定的仲裁员组成仲裁庭的情况，规定当事人约定由三名仲裁员组成仲裁庭的，应当各自选定或者各自委托仲裁委员会主任指定一名仲裁员，第三名仲裁员由当事人共同选定或者共同委托仲裁委员会主任指定。第三名仲裁员是首席仲裁员。当事人约定由一名仲裁员成立仲裁庭的，应当由当事人共同选定或者共同委托仲裁委员会主任指定仲裁员。第 32 条则规定了仲裁机构指定仲裁员组成仲裁庭的情况：当事人没有在仲裁规则规定的期限内约定仲裁庭的组成方式或者选定仲裁员的，由仲裁委员会主任指定。

《北京仲裁委员会仲裁规则》的规定与之大致相同，区别主要在于其规定仲裁员除例外情况外普遍适用三人仲裁员组成仲裁庭的情形。《北京仲裁委员会仲裁规则》第 20 条规定仲裁庭的组成：（1）除非当事人另有约定或本规则另有规定，仲裁庭由三名仲裁员组成。（2）双方当事人应当自收到仲裁通知之日起 15 日内分别选定或者委托主任指定一名仲裁员。当事人未在上述期限内选定或者委托主任指定仲裁员的，由主任指定。（3）双方当事人应当自被申请人收到仲裁通知之日起 15 日内共同选定或者共同委托主任指定首席仲裁员。双方当事人也可以在上述期限内，各自推荐一至三名仲裁员作为首席仲裁员人选；经双方当事人申请或者同意，本会也可以提供五至七名首席仲裁员候选名单，由双

① 杭州仲裁委员会主编：《仲裁员实务》，浙江大学出版社 2015 年版，第 34 页。

方当事人在本会规定的期限内从中选择三至四名仲裁员作为首席仲裁员人选。推荐名单或者选择名单中有一名相同的，为双方当事人共同选定的首席仲裁员；有一名以上相同的，由主任根据案件具体情况在相同人选中确定，确定的仲裁员仍为双方当事人共同选定的首席仲裁员；推荐名单或者选择名单中没有相同的人选，由主任在推荐名单或者选择名单之外指定首席仲裁员。(4) 双方当事人未能依照上述规定共同选定首席仲裁员的，由主任指定。(5) 案件有两个或者两个以上的申请人或者被申请人时，申请人方或者被申请人方应当共同协商选定或者共同委托主任指定一名仲裁员；未能自最后一名当事人收到仲裁通知之日起 15 日内就选定或者委托主任指定仲裁员达成一致意见的，由主任指定。(6) 在追加当事人的情况下，被追加的当事人可与申请人或被申请人作为一方选定仲裁员；未能共同选定该方仲裁员的，则仲裁庭全部成员均由主任指定。(7) 当事人选择居住在北京以外地区的仲裁员的，应当承担仲裁员因审理案件必需的差旅费。如果未在本会规定的期限内预交的，视为未选定仲裁员。主任可以根据本规则的规定代为指定仲裁员。(8) 仲裁员拒绝接受当事人的选定或者因疾病以及其他可能影响正常履行仲裁员职责的原因不能参加案件审理的，当事人应当自收到重新选定仲裁员通知之日起 5 日内重新选定仲裁员。未能在该期限内重新选定仲裁员的，由主任指定。

第三节 仲裁员的职业责任

从学理上而言，要探究仲裁员的职业责任，首先应当明晰何为“责任”。一般而言，“责任”包括两层含义：第一层含义可以对应到英文中的“responsibility”，即当事人应当履行的义务和责任；而第二层含义则对应英文单词“accountability”，意指由于当事人违反职责规定而应承担的相应后果。仲裁员职业责任是指仲裁员在履行职责过程中应当遵循的准则和要求，以及仲裁员因职业行为中的故意或过失行为而给当事人造成损失时应当承担的责任，其一般包括契约责任、法律责任、道德责任和行业责任等形式。

一、仲裁员职业责任的法理基础

由于仲裁性质的双重性和复杂性，学界对仲裁的性质问题即存在诸多争论，仲裁员与当事人的法律关系定位不清，责任不明，因而尽管学者们对仲裁员职业责任的法理基础进行了广泛的研究，但并未形成定论，各个国家及地区的仲裁员协会对仲裁员的职业责任规定也纷繁多样，定义不一，尤其是在契约责任和法律责任方面。从概括意义上来讲，有关仲裁员职业责任的理论主要有仲裁员责任豁免说、仲裁员责任承担说和仲裁员责任有限豁免说三种。

(一) 仲裁员责任豁免说

仲裁员责任豁免说的主要内容为：仲裁员的仲裁行为豁免于民事责任，仲裁员对于仲裁过程中因其过失或其他情况而导致的裁决不公而给当事人带来的损失不承担任何个人责任。豁免说的主要依据主要有三：其一，类比法官的司法豁免论，认为实施准司法活动的仲裁员，行使权利应当与法官一样受到保护；其二，出于保证仲裁程序完整性的考量，避免因随意指控仲裁员造成仲裁程序的碎片化；其三，认为责任豁免有利于排除仲裁员的心理顾虑，避免仲裁员过于小心翼翼而无法迅速有效地解决纷争。虽然仲裁员责任豁免说可以保证仲裁员独立审理仲裁，但明显缺乏对仲裁公正性的保证，可能导致仲裁员滥用自由裁量权而出现仲裁不公。①

英美法系国家普遍强调仲裁的"准司法性"，进而赋予有"准法官"身份的仲裁员以仲裁责任豁免权。例如，2000 年《美国统一仲裁法》第 14 条第 1 款即明确规定："仲裁员或仲裁机构在履行职能时，如同本州法院之法官在行使司法职能时享有同等之豁免，不负民事责任。"②除了仲裁机构所在地的国家立法免除仲裁员责任，仲裁机构设立的仲裁规则也将仲裁院的责任予以免除，如《新加坡国际仲裁中心仲裁规则》第 38 条规定："任何仲裁员（包括任何紧急仲裁员）、任何仲裁庭任命的人员（包括任何行政秘书和专家）以及新仲的院长、仲裁院成员、董事、高级职员和一般雇员，无须就在适用本规则由新仲管理的仲裁中的任何过失、作为或不作为向任何人承担责任。"③

（二）仲裁员责任承担说

仲裁员责任承担说的主要内容是指仲裁员不应享有仲裁的职务豁免，应当承担违反法律的义务。在实践中仲裁员的责任主要表现为注意义务责任和公正责任，前者是指仲裁员在履行职责时，应具有专业注意（Professional Care），如果违反该义务造成损失需要负法定责任；后者是指仲裁员公正地履行职责，不得接受贿赂，不得欺诈和滥用职权，否则可以撤销裁决或者对裁决提出异议，并且可以要求仲裁员对有关损失承担个人责任。④

基于仲裁行为的契约性质以及法官的民事责任理论，大陆法系国家普遍认为仲裁员责任承担说能够使仲裁员受到制度的监督和约束，有利于保证仲裁的公正不失偏颇，因此主要采用了此说。但对基于不同主观方面的不同行为一概让仲裁员承担同样的民事责任、刑事责任，似乎不符合权利救济多样化的要求。⑤

（三）仲裁员责任有限豁免说

无论是仲裁员责任豁免理论还是仲裁员承担责任理论，难免都有剑走偏锋之嫌，有鉴于此，在扬弃以上两种理论的基础上出现了折中的解决办法，即仲裁员责任有限豁免说，认为仲裁员的仲裁行为仅在一定范围内豁免于民事责任，但是超出一定范围则不能免除其责任，而应当承担相应的法律责任。其理论依据有三：其一，仲裁员责任绝对豁免容易使

---

① 参见黄志勇：《仲裁员的民事赔偿责任之比较研究》，载《仲裁研究》2004 年第 2 期。

② Uniform Arbitration Act, Section 14, (a) "An arbitrator or an arbitration organization acting in that capacity is immune from civil liability to the same extent as a judge of a court of this State acting in a judicial capacity."

③ Singapore International Arbitration Centre Arbitration Rules, 38.1, "Any arbitrator, including any Emergency Arbitrator, any person appointed by the Tribunal, including any administrative secretary and any expert, the President, members of the Court, and any directors, officers and employees of SIAC, shall not be liable to any person for any negligence, act or omission in connection with any arbitration administered by SIAC in accordance with these Rules."

④ 肖永平编著：《中国仲裁法教程》，武汉大学出版社 1997 年版，第 67~68 页。

⑤ 参见宋汉林：《论仲裁员的法律责任》，载《甘肃联合大学学报（社会科学版）》2007 年第 1 期。

仲裁员滥用仲裁权力，不利于保证仲裁质量；其二，仲裁员承担完全责任容易使仲裁员过于谨小慎微而不利于积极仲裁，影响仲裁进程和效果；其三，仲裁员在仲裁过程既要扮演准法官的角色，又要扮演仲裁合同履行者的角色，因此对其不应科以完全责任，也不应完全不科以责任。①

随着1996年《英国仲裁法》的出台，“有限豁免”成为主流与发展趋势。“仲裁员对其在履行或试图履行作为仲裁员的职权过程中的作为、不作为不承担任何责任，除非其作为或不作为表明其违反了‘诚信原则’。”（《英国仲裁法》第29条第1款）英国仲裁员在一定范围内享有责任豁免，如果仲裁员的作为或不作为是出于“恶意”，那么他就要对当事人遭受的损失承担法律责任。仲裁员责任有限豁免论的焦点问题在于有限豁免的尺度如何把握，所谓“一定的范围”主要是指：（1）仲裁员必须是真正的仲裁员，而不是一般的调解者。（2）仲裁员的指定和仲裁协议必须有效。（3）仲裁员在与其有利害关系的案件中应该回避。如果仲裁员明知自己与该案有利害关系而没有遵守有关回避的规定，则不能享受仲裁豁免。（4）仲裁员应该完成仲裁任务。（5）仲裁员应及时作出裁决。（6）仲裁员应公正裁决。仲裁员在仲裁中如有接受贿赂等严重过错，受损方有权从犯有过错的仲裁员那里得到赔偿。② 也有学者给出了否定性的豁免范围，即在以下情况中不得豁免仲裁员的责任：（1）仲裁员在其与案件有利害关系时没有回避；（2）仲裁员无正当理由终止职务；这属于程序方面的约束；（3）仲裁员没有及时作出裁决；（4）仲裁员出于“恶意”未能公正地审理和裁决，如仲裁员接受当事人贿赂等，即属于实体方面的限制。③

二、仲裁员职业责任的归责原则

仲裁员职业责任的归责原则主要是从民事责任的归责原则中演绎而来的。民事侵权的归责原则主要有过错责任原则、过错推定原则、无过错责任原则和公平责任原则。④ 目前学界对仲裁员的归责原则存在诸多看法，较为主流的观点认为宜以过错责任作为仲裁员的归责原则。鉴于仲裁活动所具有的司法性、契约性，结合民事责任中的归责原则以及学者对仲裁员职业责任归责原则的研究，本书也认为将仲裁员的职业责任归责原则归为过错责任原则较为适当，对于仲裁员的契约性行为适用于过错责任原则；而对于其准司法行为，在一定范围内原则上适用司法豁免，但仲裁员故意侵害当事人合法权益的除外。

过错责任初次得到确立是公元前287年罗马平民会议通过的《阿奎利亚法》，明确规定了过错责任的内容。随着罗马法复兴和法典化运动的兴起，过错责任原则逐渐完成了法制化的进程。1804年《法国民法典》在近代法上首次正式确立了过错责任原则，其后，近现代国家先后广泛采用了过错责任原则。⑤

---

① 李玉婷：《试论仲裁员责任》，载《学理论》2011年第21期。

② 参见黄雅萍：《仲裁员责任制度研究》，载《涉外仲裁司法审查》，法律出版社2006年版，第270页。

③ 郭楠：《仲裁员责任制度探讨》，载《司法改革论评》2009年第00期。

④ 杨解君主编：《行政责任问题研究》，北京大学出版社2005年版，第237页。

⑤ 参见孔祥俊：《论侵权责任的归责原则》，载《中国法学》1992年第5期。

过错责任原则也称过失责任原则，它是以行为人主观上的过错为承担民事责任的基本条件的认定责任的准则。按照过错责任原则，行为人仅在有过错的情况下，才承担民事责任；没有过错，就不承担民事责任。

适用过错责任原则的理由在于仲裁行为的契约性质。仲裁是基于当事人的合意创立的，当事人直接或间接地指定仲裁员或仲裁机构为解决其争议服务，同时为仲裁服务支付费用，仲裁员接受指定后通过提供专业知识解决争议并由此接受报酬，这是一种契约行为。① 因此，如果仲裁员在仲裁过程中有过失行为，或者有故意或严重失误行为侵害当事人利益的行为，违背了仲裁的契约规范，那么就应当承担相应的违约责任。比如，未经知会当事人即聘请专家证人；无正当理由的辞职；违反保密义务，泄露当事人商业秘密等。

《中华人民共和国仲裁法》第 38 条规定："仲裁员有本法第 34 条第 4 项规定的情形，情节严重的，或者有本法第 58 条第 6 项规定的情形的，应当依法承担法律责任，仲裁委员会应当将其除名。"由此可知，仲裁员的责任豁免适用于大部分情形，但对于以下情形：私自会见当事人、代理人，或者接受当事人、代理人的请客送礼的，且情节严重的；以及仲裁员在仲裁该案时有索贿受贿，徇私舞弊，枉法裁决行为的，依法承担责任。由此仲裁员对自己的过错行为承担责任，且上述两种过错行为都存在着严重的主观恶意，是严重的故意非法行为。②

三、仲裁员的责任形式

仲裁员的责任承担主要包含三种形式：其一，承担由仲裁行为的契约性质带来的契约责任；其二，承担以民事责任和刑事责任为主的法律责任；其三，承担个人道德责任。

（一）契约责任

仲裁员承担契约责任的法理基础基于仲裁的"契约性"，由于仲裁员的仲裁权来源于仲裁协议，自仲裁员的仲裁行为产生之日起仲裁员与当事人之间就是一种合同关系。尽管为了让法院承认仲裁员所拥有的裁判权使得仲裁员具有"私人法官"的特殊地位，并使当事人与仲裁员之间的合同关系具备一定的特殊性，但这种特殊性并未改变契约关系的本质。③ 基于这种合同关系，仲裁员接受当事人的指定，按照当事人期待提供服务，利用专业知识解决争议，审理裁决。因此，如果仲裁员在执行职务过程中有懈怠行为，或者有侵害当事人的不当行为，应当与其他为当事人提供服务的技术专业人员一样，为其故意或过失行为给当事人造成的损失承担仲裁责任。④

（二）法律责任

由于仲裁员并非国家行政机关工作人员，而是具有民间性的事业单位法人，仲裁行为也不是行政行为或国家裁判行为，再加上仲裁法规定仲裁机构独立于行政机关，不受行政

① 张圣翠：《仲裁民事责任制度探析》，载《上海财经大学学报》2009 年第 1 期。

② 参见詹礼愿著：《中国内地与中国港澳台地区仲裁制度比较研究》，武汉大学出版社 2006 年版，第 64 页。

③ 参见李凤琴：《我国仲裁机构民事责任制度探析》，载《法治研究》2011 年第 11 期。

④ 黄志勇：《仲裁员的民事赔偿责任之比较研究》，载《仲裁研究》2004 年第 2 期。

机关的干涉，因此仲裁员无须承担行政责任。那么仲裁员承担的法律责任即主要集中在民事和刑事责任上。

在我国《仲裁法》颁布实施以前，有关仲裁的法律法规对仲裁员的仲裁责任未作明确规定，实践中也没有出现仲裁员承担仲裁责任的案例。1995 年颁布生效的《仲裁法》对仲裁责任作出了规定：仲裁员私自会见当事人、情节严重的，或者接受当事人、代理人的请客送礼、情节严重的，或在仲裁案件时有索贿受贿、徇私舞弊、枉法裁判的，应当依法承担法律责任，仲裁委员会应当将其除名。① 2017 年修订后的《仲裁法》第 38 条规定："仲裁员有本法第 34 条第 4 项规定的情形，情节严重的，或者有本法第 58 条第 6 项规定的情形的，应当依法承担法律责任，仲裁委员会应当将其除名。"由此规定了两种承担法律责任的情形，即私自会见当事人、代理人，或者接受当事人、代理人的请客送礼的；仲裁员在仲裁该案时有索贿受贿，徇私舞弊，枉法裁决行为的。学界对于该种法律责任究竟为何种法律责任争议甚多。除此之外，在采取仲裁员有限责任论的国家，大多并不将仲裁员应承担民事责任的范围仅限于我国立法规定的两项，而一般规定了以下情形：(1) 仲裁有悖于仲裁程序开始的自愿性，仲裁过程的对抗性及仲裁裁决自动的司法复议权；(2) 仲裁员在处理与自己有利害关系的案件时没有按要求申请回避；(3) 仲裁员未能及时裁决；(4) 仲裁员提前退出仲裁；(5) 仲裁员在仲裁过程中欺诈当事人，使当事人付出不必要的费用；(6) 仲裁员在仲裁过程中没有尽到专业谨慎的责任；(7) 仲裁员违反保密义务。② 我国的法条将仲裁员承担责任的范围限制得过于狭窄，一些应当承担法律责任的基本行为如仲裁员违反保密义务，泄露了在仲裁过程中获悉的当事人商业秘密、仲裁员故意拖延仲裁程序或无故退出仲裁等并未作出规定。③

在国际仲裁立法上，仲裁员的法律责任通常指的是民事责任，而规定仲裁员应当承担刑事责任的国家是比较罕见的。我国《刑法》第 399 条之一规定："依法承担仲裁职责的人员，在仲裁活动中故意违背事实和法律作枉法裁决，情节严重的，处三年以下有期徒刑或者拘役；情节特别严重的，处三年以上七年以下有期徒刑。"由此，通过枉法仲裁罪体现刑法确立的仲裁员的刑事责任。

对于将仲裁员的行为责任纳入到刑法的范围之内，学界褒贬不一。支持将仲裁纳入刑法范围的学者认为：其一，仲裁具有准司法性质，即使仲裁人员不是名义上的司法人员，实际上却行使了国家授权的一部分司法权力，因此应当遵循立法同等原则，将与徇私枉法、徇情枉法等实质上相同的枉法仲裁也纳入刑法。其二，枉法仲裁行为也具有严重的社会危害性，只有将枉法仲裁行为入刑使其成为"达摩克利斯"之剑，以预防枉法仲裁。其三，枉法仲裁罪的设立有利于确保仲裁职责的履行和仲裁机构的正常运转，保障公民个

① 刘晓红：《确定仲裁员责任制度的法理思考——兼评述中国仲裁员责任制度》，载《华东政法大学学报》2007 年第 5 期。

② 姜霞著：《仲裁司法审查程序要论》，湘潭大学出版社 2009 年版，第 206 页。

③ 参见方亚树、王迪：《关于构建我国仲裁员责任制度的法律思考》，载《贵州民族学院学报（哲学社会科学版）》2012 年第 2 期。

人、集体和国家的合法利益，推动我国仲裁事业的发展。① 而反对将仲裁员的行为纳入刑法的学者则认为，枉法仲裁罪的设立，首先没有考虑到仲裁契约性的本质，仲裁员本身可能是其他领域的专才，并未接受系统的法律训练和教育，可能出现按专业公正行事却与法律相抵触的行为；其次，枉法仲裁罪的内涵尚未明确，导致法官享有较大的自由裁量权，不利于仲裁的发展；最后，枉法仲裁罪可能导致当事人滥用刑事控告权，一方面使得仲裁员过于谨慎，阻碍仲裁事业的发展，另一方面也可能导致仲裁裁决执行程序的延迟甚至中断。②

（三）道德责任

仲裁员被普遍要求保持公正、不偏不倚，作为审理裁决的中立一方即暗含了其道德义务。具体而言，道德责任指仲裁员的不当行为暴露后，在社会上的形象和声誉受到损害，人们对其品质的评价降低，其被指定为仲裁员的机会减少。道德责任一般而言需要通过仲裁员职业道德规范予以规范，指引仲裁员按照职业伦理进行职业行为。

随着仲裁在解决各种争议中的运用不断发展，它已成为我们这个社会赖以公正地确定法律权利的司法制度的重要组成部分，因此，仲裁员不仅对仲裁当事人承担责任，对于整个社会也负有重大的责任。仲裁员的权力源自于公众的信任与授权，仲裁员是崇尚争议、主持公道的理想人物化身。有鉴于此，一方面，仲裁行业的兴衰依赖于仲裁员的个人品质，而另一方面，成为仲裁行业中的一员对于仲裁员个人而言也是其名誉的认证。正因为此，我国《仲裁法》第 38 条所明确的具有严重违法行为的仲裁员应当由仲裁委员会将其除名，可以被认为是一种道德责任的承担。一旦仲裁员被仲裁委员会予以除名，显然对于仲裁员个人的声誉而言是一个严重的打击，是对其仲裁事业的否定评价，并由此产生了对仲裁员思想和道德上的惩罚，即道德责任的背负。

仲裁协会或仲裁机构应当对仲裁员的行为进行有效的约束和监督管理。通过自律性质的规范在法律以外对仲裁员的不当行为予以规制，也是仲裁员责任体系的重要环节之一。③ 完善仲裁协会的行业监督，应当使仲裁协会充分发挥仲裁委员会监督机构的职责，保障仲裁员遵循仲裁员的职业道德。

四、仲裁员追责程序

仲裁员追责程序意指因仲裁员故意或过失违反法律、法规及仲裁法定程序，造成严重后果的，而追究其责任的程序。

（一）追责主体

与公证员相似，仲裁员的追责程序并未体现在仲裁法的法条之中，只能根据仲裁员具体承担的责任进行判断。如果仲裁员可能依法承担的仲裁责任为民事责任，则可以提起民事诉讼的方式追究仲裁员的责任，那么仲裁员民事责任的追责主体即为人民法院，人民法院受理民事赔偿案件、确定仲裁员的民事责任、裁判追究民事赔偿责任。也有学者认为，

---

① 参见徐立：《枉法仲裁罪的立法正当性探讨》，载《法学杂志》2009 年第 5 期。

② 参见马德才编著：《仲裁法学》，南京大学出版社 2016 年版，第 89 页。

③ 参见李挺：《对仲裁员责任制度的思考》，载《学理论》2010 年第 5 期。

以仲裁的方式来追究仲裁的民事责任也是可行的，其理由在于仲裁职能行使者与当事人的法律关系为特殊服务合同关系，而“合同纠纷”是可以仲裁的，何况只要欲追究责任的当事人与有关仲裁职能行使者都同意以仲裁来解决问题，那么以简便快捷的方式解决民事争议的意愿就应被尊重。①

而就仲裁员的刑事责任而言，其一般是由司法机关进行追责。同时，如果仲裁员只涉嫌轻微犯罪而司法机关不予追究被告人刑事责任时，受害当事人有权对涉嫌犯罪的仲裁员提起自诉。②

（二）追责程序

尽管我国仲裁法并未对仲裁员追责程序有明确的规定，但是我国各省市发布的相关规定可以在一定程度上体现对仲裁员追责程序的理解。比如，《哈尔滨仲裁委员会仲裁案件过错责任追究规定》即规定，仲裁案件发生过错，由仲裁委员会主任指定人员进行调查，形成调查报告，向仲裁委员会主任会议报告。调查报告内容应当包括事实情况、人员责任、处理意见。调查时间，不超过 30 日；确实需要延长时间的，经仲裁委员会主任批准可以适当延长。对有过错责任的仲裁员的处理，由仲裁委员会主任会议在听取调查报告后，形成处理意见，需要解除聘用关系和清除仲裁员队伍的，提请仲裁委员会决定。③

再如，《广东省劳动仲裁错案责任追究试行办法》规定，各级劳动争议仲裁委员会对经立案查处认定的错案，要写出查处报告，提出处理意见，及时对相关责任人员作出错案追究决定。在错案追究的有效期间，根据错案情节轻重，对错案责任人给予下列处理：（1）情节轻微的，责令有关责任人员作出书面检查，由所在单位给予批评教育；（2）情节较重，但错案未造成重大影响的，责令改正，由地级以上市或省级劳动仲裁机关进行通报批评；（3）错案频繁，仲裁员当年发生 2 件或以上错案，审批人当年发生 4 件或以上错案的，对办案仲裁员和案件审批人，给予暂停办案、审批或不予通过年审的处理，经省劳动仲裁机构培训考核合格后再继续履行职责；（4）情节严重，错案造成严重后果的，由所在单位和上级劳动仲裁机关给予行政处分，取消仲裁员资格，解聘仲裁员职务；构成犯罪的，交由司法机关依法追究刑事责任。④

（三）追责时效

就仲裁员的民事责任而言，由于要求仲裁员承担民事责任的时效并未被《民法总则》规定为特殊时效，根据 2017 年新发布实施的《民法总则》第 188 条规定，“向人民法院请求保护民事权利的诉讼时效期间为三年。法律另有规定的，依照其规定”。因此，当事人向人民法院请求保护其民事权利而追究仲裁员民事责任的追责时效为 3 年。

就仲裁员的刑事责任而言，由于《刑法》第 399 条之一规定，依法承担仲裁职责的人员，在仲裁活动中故意违背事实和法律作枉法裁决，情节严重的，处 3 年以下有期徒刑或者拘役；情节特别严重的，处 3 年以上 7 年以下有期徒刑。根据《刑法》第 87 条的规

① 参见罗国强：《仲裁责任制度研究》，载《国际贸易法论丛》2007 年第 00 期。

② 参见罗国强：《仲裁责任制度研究》，载《国际贸易法论丛》2007 年第 00 期。

③ 参见《哈尔滨仲裁委员会仲裁案件过错责任追究规定》第 7 条、第 8 条。

④ 《广东省劳动仲裁错案责任追究试行办法》第 16 条、第 18 条。

定，追究仲裁员刑事责任的时效为10年。

毋庸置疑，我国仍然需要建立起一套相应的、完整的追究仲裁员责任的机制和程序，包括受理案件的管辖法院、诉讼时效、归责原则和举证责任等，① 以确保明确的仲裁员责任机制能够让责任承担落实到位，也能使其执业更为谨慎。

五、仲裁员救济程序

当仲裁员因职业行为而使其基本权利受到损害时，仲裁员也应当有依据明确的法律规定寻求救济和帮助的权利，尤其是在目前我国法条更多注重对当事人的救济，而较少提及仲裁员的救济的情况下，更应当加强对仲裁员救济机制的完善。

我国《仲裁法》并未规定仲裁员救济的相关内容，但是个别省市的仲裁委员会规定则有仲裁员救济程序的体现。首先，各规定对仲裁员的救济体现在调查过程中赋予仲裁员知情权和陈述权。如《哈尔滨仲裁委员会仲裁案件过错责任追究规定》第8条规定，对有过错责任的仲裁员的处理，由仲裁委员会主任会议在听取调查报告后，形成处理意见，需要解除聘用关系和清除仲裁员队伍的，提请仲裁委员会决定。在作出处理决定前，仲裁委员会秘书长应当将调查结果通知被调查人，并听取被调查人的陈述。其次，赋予了仲裁员申请复议的权利。《广东省劳动仲裁错案责任追究试行办法》第20条即规定，错案责任人对错案的认定及应承担责任不服的，可在收到错案追究决定后30日内向作出错案追究决定的劳动争议仲裁委员会申请复议。受理复议的劳动争议仲裁委员会应在接到复议申请的30日内书面答复申请人。对复议决定不服的，可在15日内向省级劳动争议仲裁委员会申请复查，省级劳动争议仲裁委员会的复查决定是最终决定。复议、复查期间，不停止对错案责任人的追究决定执行。除此之外，《哈尔滨仲裁委员会仲裁案件过错责任追究规定》第10条规定，受到过错责任追究的仲裁员对处理决定不服的，可以在接到处理决定之日起7日内向仲裁委员会申请复核。在仲裁委员会进行复核期间，处理决定可以暂缓执行。

① 石现明：《略论我国仲裁员和仲裁机构民事责任制度的构建》，载《理论与改革》2011年第4期。

第九章　法学教育者的职业伦理

第一节　法学教育者的角色定位

教师正式地成为一种社会职业，是在人类社会分化为阶级以后出现的。随着社会生产力的发展，教育事业逐渐发展起来，教师的职业活动亦开始日益复杂起来。教育劳动是社会活动的一个特殊领域，它的目的是要求教师在教育劳动的过程中使受教育者具有特定社会所希望的知识和品德，以便使学生在完成学业之后，能担负起一定的社会责任，以适应社会发展的需要。教师是以自己的知识、品德和才能来影响和教育学生的。教师在自己的劳动过程中不仅要同社会发生联系，而且要与学生及家长发生联系，因而，不可避免地要产生这样或那样的矛盾，这就需要道德来进行调节。由此，逐步形成了与教育职业劳动紧密相连的道德观念、心理习惯、生活理想和行为规范，成为指导教师处理各种利益关系和矛盾的基本准则——教师职业伦理。

一、高校教师职业伦理的内涵及特征

高校教师职业伦理有十分丰富的内涵，它是多重性职业道德要求的总称。

1. 高校教师职业伦理的一般伦理定向①

高校教师职业伦理作为处理高校教师的各种社会关系的道理，体现的是社会对高校教师的要求，社会占主导地位的价值取向，具有外在性、社会性、共同性、普遍性等特征，其中高校教师德性伦理与交往伦理具有主体性和内在性特征，是一种指导高校教师人际关系的“统一思维”。高校教师职业伦理，是教师专业成熟的重要条件，也是从事大学教育教学的必备条件。

2. 高校教师职业伦理的特殊伦理定向②

高校教师职业伦理是指履行大学教育教学的专业人员必须共同遵守的专业精神和专业规范，是大学教师与大学生、与其他教师及教师集体、与高等教育事业、与社区及社会等伦理关系的总和。高校教师职业伦理包含教师的价值观、事业心、责任感、敬业精神等专业精神，包含平等、和谐的教师人际关系，也包含同事之间相互信任、进取与诚信的学术尊重，更包含对社会和谐发展的良心、使命和责任感等。它不同于普通的教师伦理规范，而是从“专业”的角度，按照“专业”的要求来确定的具体的伦理规范，对教师的伦理

---

① 许烨:《当代高校教师职业伦理及其建构研究》，湖南大学 2014 年博士学位论文。

② 许烨:《当代高校教师职业伦理及其建构研究》，湖南大学 2014 年博士学位论文。

素质提出了较高要求，体现的是高校教师应当必备的专业素质与专业精神。

高校教师职业伦理具有如下基本特征：

首先，高校教师职业伦理既包括多向性的社会伦理基础，又包括群体性的社会关系，是多向性与群体性的统一。所谓多向性的社会伦理，指的是社会关系的多元实际状态，即在现实社会生活中，人与人之间的多元伦理现实。① 而群体性的社会关系"应该"，指的是高校教师这一群体的社会关系理想状态，即高校教师与他人之间关系的"应该"——教师主体关于"我应该怎样"的一种自我追求和对教师与社会交往关系的理想状态的追求，或者说人们、社会对教师提出的理想的道德要求。人类的思想方式可以把粗糙的识别道德的自然禀赋随着时间的推移而转化为确切的实践原则，从而把那种病态的被迫形成的社会一致性，最终转化为一个道德的整体。高校教师职业伦理的多向性与群体性相统一的特质，也主要源于伦理主体的客观关系与主观意识相统一的特点。从客观关系来看，高校教师职业伦理总有一定的实体表现，即物质承载者；高校教师职业伦理的生成是一个不以教师的意志为转移的客观过程；高校教师职业伦理所体现的教师与他人之间的职责和义务关系也是客观的，因为在社会生活中，社会对教师这一特定角色和身份有着具体的规范和要求，由此构成的教师的职责和义务都是客观存在的。从主观意识来看，高校教师职业伦理作为社会生活中教师与他人之间的职责和义务关系的一种体现，内在地包含着教师主体的道德认识、道德情感、道德意志、道德信念以及价值观念，如教师道德情感的丰富性需要体现在情感胸怀的博大、情感体验的细微、情感调控的自觉、以情化人的灵活等。这种体现便是一种群体性规定，使得教师主体在思考与对方的关系时，能够从现实社会关系的实际出发，着眼于自身与他人关系的"应该"，在相应伦理精神和道德观念的指导下，根据相应的道德原则和道德规范来认识和处理自己与知识、与学生、与同行、与集体、与社会的关系，从而促进自身与他人之间关系的和谐与进步。

其次，高校教师职业伦理具有道义性与导向性。教师之所以受到历代社会、民俗的尊重，很重要的一条就是与教师自身对道德的深刻认识，对道德修养的严格要求，道德水平处于较高层次有关。从某种意义上来说，教育的事业，也是道德和情感的事业。正如苏霍姆林斯基所说的那样："教育者的崇高的道德品质，实质上是我们称之为教育的这个微妙的人类创造领域中获得成功的最重要的前提。"② 高校教师具有一种使自己社会化的倾向；因为他在这样的一种"为师"的状态下才感到自己不止于"是（自然）人"而已。也就是说，"教师"这一身份使他的自然禀赋得到了发展，但是个性使然和个人的非社会的本性可能使他产生一种被孤立化（单独化）的倾向，希望按照自己的意愿来工作、生活。这种自我意愿和社会意愿之间的矛盾，推动着他克服自己的懒惰倾向，唤起自己的全部能力，并且由于社会期望的驱使，而要他承担一定的道义责任，以此在他的同胞之间为自己争取一席之地。由于高校教育活动的目的是为社会培养中高级专门人才，对象是趋于社会化的青年学生，手段是高校教师的真才实学、人格品德，时空上具有弹性和自由度，而高

① 刘幸菡、杨蕾：《教师专业伦理视角下高校师德建设若干问题的思考》，载《北京教育》2014年第11期。

② 转引自王荣德著：《教师职业伦理》，重庆大学出版社2013年版，第14页。

校教师的社会活动是多方面的——不同类的活动——教学活动与交往活动——要求不同的习惯，公正、节制、审慎、有爱心、宽容等德性正式由不同类的活动分别塑成的；当然，同类的活动能够形成相同的德性，相同的品质追随着相同的实现活动；但从全社会的宏观角度和个人活动的多方面来看，品质正是以实现活动而不同。习惯总是存在于一定种类的活动中和一定的范围内；习惯必然具有多样性；正是由于习惯在教师伦理德性中所具有的决定性作用，德性也成为具体的、多种多样的。

最后，高校教师职业伦理需要具备一定的担当性与去魅性。高校教师职业伦理影响之深，表现在它直接作用于人的心灵，因而需要具备一定担当性。“一年之计，莫如树谷；十年之计，莫如树木；终身之计，莫如树人。”① 高校教师的职业作为一种对精神的辅助生产，是教师通过心灵的努力去完成的。其成果也在劳动对象的心灵上产生，帮助大学生形成一个完善的美好的丰富的内心世界，这是人全面发展的一个重要标志。高校教师承担着影响人的心灵成长的功用，通过教师的道德来影响学生的思想品德，改变着学生的精神面貌，影响学生一生的发展。高校教师在教育中抱有怎样的劳动态度，表现怎样的道德品行，完全取决于教师的责任感和内心的自我监督。只有当这些外在的监督转化为教师内心的自我监督时，外在的监督才能真正发挥作用。这种转化过程就是教师的自觉行为，有赖于教师在社会生活中、在课堂上都能时刻牢记自己的神圣职责，自觉地担当起为人师表的角色。而根据马克斯·韦伯的理论，行政管理过程中的价值因素是被作为一种“巫魅”而加以祛除的，官僚制的非人格化与行政人员的职业道德是不可兼容的。②

作为一个自由主义者，韦伯最为关注的是在一个官僚化时代如何挽救人的精神自由，他反对国家权力对大学人事任免的干预。韦伯担心，在理性化官僚化时代，大学教师变成这样三种人，“没有灵魂的专家”，“业余爱好者”，“讲台上的先知”，从而丧失学者的尊严和责任感。③ 在理性化时代，作为道德的领路人，高校教师需要摒除一切杂念，如对权力的渴望、对权威的欲望、对行政级别的虎视眈眈，而专职走向对学生的培养、对学术的追求在一个“诸神争斗”的多元价值观的世界上，一个人生活的意义来自于他的选择和热情献身。高校教师选择了“以学术为志业”，学术就是他的“神召”和“使命”，是他生活意义的来源。个人“应当侍奉什么样的神”，最终是按照个人良心来决定的。实际上，只有自己决定自己价值观的人，才能对抗官僚化时代的无所不在的铁笼，才能挽救人的精神自由。由此高校教师职业伦理有其一定的“祛魅”作用，为教师在从教生涯中能坚守己任，敬岗爱业提供明确的方向。没有高校教师的职业伦理，学术自由和大学精神一定无从谈起，在今天这样一个官僚化无处不在的时代，大学将变成一个没有精神的“铁的牢笼”。④

二、法学教育者与高校教师的共性：教师职业

法学教育是高等教育的一部分。法学教育者是供职于高等院校法学专业、从事法学教

① 《管子·权修》。

② 张康之著：《论伦理精神》，江苏人民出版社2010年版，第27页。

③ 邢亚珍：《讲台上的禁欲——韦伯论大学教师的职业伦理》，载《高教探索》2010年第6期。

④ 李瑛：《张伯苓的服务社会办学理念和实践探究》，载《高教探索》2010年第6期。

学和科研的教育工作者，教师职业是其在社会中从事的作为主要生活来源的工作。社会学理论认为，人只有被结合到某种社会群体中才能生存。人群的结合可以有很多种方式，但大体上说来，主要有血缘、地缘、业缘三大类。这就是说，个人注定要被结合到某一种或几种群体中去。法学教育者是以业缘方式结合在一起的社会群体，其具有所有高校教师职业群体的共同属性。①

首先，必须取得高校教师资格。《教师法》第 10 条和《高等教育法》第 46 条都规定了作为教师职业准入门槛的教师资格制度，其中《高等教育法》明确规定了高校教师资格的政治条件、学历条件、能力条件等基本条件。作为法学教育者，当然也要求符合相应条件并取得高校教师资格证书，才具有担任高校教师的资格。其次，取得高校教师资格的法学教育者，和其他高校教师一样，在高校里扮演着“教育家”的职业角色，其工作内容涵盖教育、教学和科研，所不同的只有教学内容和研究领域的差异。法学教育者主要是按照法学本、专科培养方案的要求，对学生进行法学专业知识的传授，通过对法学基本概念、基本原理、基本制度和法律规范的阐释，帮助学生完成法学知识的系统化学习，培养法律思维，形成基本的法治理念。最后，为完成教育教学任务，法学教育者也得具备作为教师的基本教学能力。如，系统化教学设计能力、教学实施能力、教学监控能力、教学研究能力、较强的沟通与社交能力、利用现代教育教学技术的能力、高水平的反思能力等。但现实的情况是，从我国法学教育者的教育背景来看，基本上都没有接受过正规的师范教育，一般都是从法学硕士或法学博士毕业之后，便到高校从事法学教学和研究工作，而且大多数高校在招聘法学教育者的时候，特别强调本科专业与研究生专业的一致性，最好是从本科、硕士到博士都是法学专业教育背景。正常来讲，师范教育是培养教师的常规渠道，接受师范教育是获得教师技能的前提条件，通过系统地教育教学理论学习、教材教法的研习和较长时间的教学实习，才能真正掌握作为一名教师所需的基本技能，潜移默化地形成教师的品格。

三、法学教育者的个性：法律职业

法学教育的根本目标，即法学教育者职业使命的根本落脚点是培养社会需要的合格法律人才，但“知识传授者”的单纯“教育家”角色定位制约了合格法律人才的培养。法律人才的培养，不仅要遵循高等教育的一般规律和要求，而且还应当遵循法律职业和法学教育的特殊要求。侧重于法律知识的传授，而不重视学生法律职业能力培养的法学教育，一个根本性缺陷就是缺乏法律技能和技巧的训练，法科学生走上实际岗位时动不了手，办不了案，解决不了具体纠纷。这也正是我国现行法学教育面临的基本现实，主要表现在：首先，我国高校法学教育的培养方案基本上大同小异，一个共同点就是在课程设置上，理论课程占比重较大，而实践课程极少；其次，在教学内容上，主要是基本法学概念、基本原理和制度的讲解和传授，同时也是对学生进行考查的主要内容；再次，在教学方法上，还是多以传统“填鸭式”教学法为主，教师把完成课堂讲授当成自己的任务，师生之间仅限于课堂上的“讲”与“听”；最后，作为法学研究和法学理论教学的高校与法律实务

① 李文革：《应用型教学视野下法学教师角色思考》，载《法制与经济》2016 年第 7 期。

部门之间，缺少应有的合作与互动。应该说这种状况对我国法学教育和法律职业的发展是不利的。实际上，法学教育既是我国高等教育的重要组成部分，也是我国司法制度的重要组成部分。众所周知，现代社会有一个法律职业群体，称为“法律共同体”或者“法律人”。对于法律职业共同体的概念，国内外学者有不同的表述，学界并不统一，但一般都认为作为法律职业共同体的基本要素通常应该包括：职业生活的同质性、知识背景及认识方式的同质性、价值目标的同质性、行为规范体系的同质性等。同样，对于法律职业共同体的构成，学界也有不同的观点。埃尔曼在其《比较法律文化》中把法律职业分为五类：第一类是那些对法律冲突予以裁判的人，其中最重要的是法官和治安官，另外还有仲裁人、检察官、在准司法机构以及行政法院中工作的官员等；第二类是代理人，即代表有关当事人出席各种类型审判机构的审判的人员；第三类是法律顾问，通常他们不出席法庭；第四类是法律学者；第五类是一种各国极不一致，然而其重要性却在不断增加的人员，即受雇于政府机构或私人企业的法律职业者。① 其中法官、检察官、律师、法学学者这四类人最具法律职业的典型性，而且这四类职业普遍存在于各国，在一个法治国家中，他们基本上主持着法律的运作和循环，是法治理念和法律精神的主要载体。埃尔曼并没有把法学教育者作为法律职业群体中的一个独立的共同体。笔者认为法学教育者群体是以法学学者为核心，与其他法律职业共同体广泛交叉而形成的一个独特群体。该群体在整个法律职业共同体中居于相当特殊的地位，部分因为该群体有别于共同体其他人群的整体性思维方式，部分源自该群体在共同体中独特的结构性定位与功能。

如果说法官（检察官）群体是法律职业共同体的权力中心，律师群体是法律职业共同体的实践中心，以法学学者为核心的法学教育者群体则构成了整个法律职业共同体的知识建构中心和从业主体生产中心。该中心是法律职业共同体的建构、沟通和共享法学知识和信息的枢纽；同时也是法律职业共同体与社会环境之间、法律职业共同体内部各职业群体之间，实现主体资源交流与共享的枢纽。

四、法学教育者的角色特征

法学教育作为高等教育一个相对特殊的组成部分，其教育对象与教育目的的特殊性，使得法学教育者在群体构成和教育使命、方法和共同体规范等层面都表现出有别于其他专业教师的特质。

（一）与法律职业共同体中的其他群体有较大的角色交叉

与人文社会科学领域的其他教师群体相比，法学教育者中很多主体具有法律实务领域的从业资格，甚至就是或曾经是法律实务领域的从业者。法学教育者同时是执业律师或仲裁员的现象在法学院很常见（英美法系国家的法学院甚至要求，教师队伍中从业的法官、检察官、律师不能低于法定比例，否则不允许开办法学院）。② 即使是主要从事理论法学

---

① ［美］埃尔曼著：《比较法律文化》（中译本），贺卫方、高鸿钧译，生活·读书·新知三联书店1990年版，第105~106页。

② ［美］罗伯特．斯蒂文斯著：《法学院——19世纪50年代到20世纪80年代的美国法学教育》，闫亚林等译，中国政法大学出版社2003年版，第44~81页。

研究的法学教育者，通常也保持着对法律实践领域的高度关注。而同样的情况在其他教师群体中并不明显，例如：社会学教师主体从事教学和研究，做社会服务工作的比例不高；商学或经济学教师从事实际经营活动的比例也不高。

（二）法学教育者在教育教学中要实现知识、技能和价值的三重传递

法学作为一门独立的社会科学，具有非常独特的知识对象，人们可能从形而上的抽象理论、思辨的法律原则或对不可言说知识的实践各个层次对待法学知识的传授。①。法律是社会秩序和社会结构的固化和显性表达，是人类理性和利益集中博弈的场域，因此法学教育者必须有广博的知识、丰富的社会经验和科学的理论工具，才有可能深入领悟法律的精神要义，才能传承并丰富共同体的知识信息，为共同体提供共享的价值体系和精神信念；法学本身是一个具有独特价值追求、独特理性原则、独特思维范式和独特操作技术的职业领域，因此法学教育者必须是法律职业共同体的资深成员，才有可能全面把握法律原则和法律规范，才有可能向其他职业共同体提供合格的教育产品，满足法律实务领域的人才需求。

（三）独特的规范体系

法学教育者职业共同体的规范体系集中反映着该职业群体的精神特质，同时也是该群体社会角色的制度化体现。② 法学教育者职业群体的规范体系以培养法律规范的制定者和运用者为根本目标，以追求正义为核心价值诉求，要求法学教育者在研究、教学和法律实践中，在价值追求层面秉承以下准则：（1）有限的普遍主义：法学教育者的学术研究活动可以一定程度上超越主权和地域的限制，但任何法律制度的构建或改进，任何一个立法建议的提出，本身都是一个群体的、民族的、独特性的利益考量问题，无法超脱历史、民族和群体的价值和利益限制。因此法学教育者研究和教学过程中的普遍主义是受到限制的，是特定历史时期、特定主权范围内的普遍主义。（2）规则理性：法律人追求的正义和哲学家、社会科学家不同，是一种以规则（确切的说是法律规范）为核心的正义。法学教育者在知识传承的过程中，以法律规范的价值立场作为“一种正义”的立场来予以解释和维护。这种以法律规则为核心的理性表现为：将法律规范体系作为一种经验事实来加以研究；以现行法律规范体系为核心来进行知识和技能的传授。（3）价值权衡：法学教育者的科研、教学、法律实践和职业评价中，价值权衡无处不在，甚至可以说，价值权衡本身就是法学和法律的精髓所在。在多元化的价值观念发生冲突时，法学教育者通常将法律规范本身作为取舍标准。③ 在行为上遵循：（1）崇法型思维与批判理性的平衡；（2）法律事实与社会事实的区分；（3）程序正义基础上的秩序建构等基本准则。

第二节　法学教育者的职业伦理

法学教育者作为高校教育者的一个组成部分，同样需要遵守高校教育者的一般职业伦

---

① 翁开心：《论法学院的知识对象与知识目标对制度变革和社会转型的回应》，载《中国社会科学院研究生院学报》2005 年第 1 期。

② 邹晓玫：《法学教师职业共同体之规范体系研究》，载《未来与发展》2013 年第 11 期。

③ 邹晓玫：《法学教师职业群体的社会角色构成》，载《管理观察》2013 年第 12 期。

理。但法学教育者有不同于高校教育者的个性，本节法学教育者的职业伦理也正是基于该个性进行阐释。

一、公正

公正是教师职业道德的一个重要范畴，是教师必备的职业道德品质。每一种道德品质都会相应地对应着某类行为态度。公正作为教师的一种重要道德品质，对应着教师在教育、教学过程中分配教育、教学资源的行为态度。作为教育、教学的直接实施者，教师实际上掌握着与每个学生的健康成长密切相关的各种教育、教学资源的分配，这种教育、教学资源既包括物质性资源，也包括各种精神性资源。因此，公正意味着教师是否对学生的行为和表现予以相应的对待，公平地对待每一个学生，公平地分配各种教育、教学资源。

一个没有公正品质的教师不可能真正热爱每个学生，也不可能正确对待和评价学生，这是学生最不能原谅的。法学教育者由于其本身的特点，其职业伦理应更加体现公正。

（一）教师公正意味着平等地保障每个学生的受教育权利

教师公正，首先与教师是否能够切实地保障学生由法律所赋予的各种与教育有关的权利具有密切关系。为了进一步分析这个问题，让我们先来看看《中华人民共和国教育法》（以下简称《教育法》）对受教育者权利的相关规定。《教育法》第 37 条规定："受教育者在入学、升学、就业等方面依法享有平等权利。学校和有关行政部门应当按照国家有关规定，保障女子在入学、升学、就业、授予学位、派出留学等方面享有同男子平等的权利。"第 43 条规定："受教育者享有下列权利：（一）参加教育教学计划安排的各种活动，使用教育教学设施、设备、图书资料；（二）按照国家有关规定获得奖学金、贷学金、助学金；（三）在学业成绩和品行上获得公正评价，完成规定的学业后获得相应的学业证书、学位证书；（四）对学校给予的处分不服向有关部门提出申诉，对学校、教师侵犯其人身权、财产权等合法权益，提出申诉或者依法提起诉讼；（五）法律、法规规定的其他权利。"根据上述《教育法》的规定，无疑地，教师对待学生的公正，首先就是教师依据《教育法》的有关规定，充分尊重每一个学生作为一个受教育者所应享有的各项权利，依法平等地保证每一个学生所应享有的各项权利，而不得利用其职权随意剥夺学生依法所享有的各项权利。从上述《教育法》的有关规定来看，平等是公正的核心。"与公正无私切近相关的概念就是平等；平等常常既是正义概念的组成部分也是正义实践的一个要素，在很多人看来，平等是正义的精髓。……正义就是对所有的权利给予平等的保护。"① 那么，什么是平等呢？萨托利认为："平等表达了相同性概念……两个或更多的人或客体，只要在某些或所有方面处于同样的、相同的或相似的状态，那就可以说他们是平等的。"② 照此看来，平等是人们相互间的相同性。但是，人们之间可能具有许多相同性，那么，我们所讨论的平等是指哪一种相同性呢？是人们相互间与权利、利益有关的相同性。法国《人权宣言》认为："平等就是人人能够享有相同的权利。"我国的《辞海》也认为，平等是

① ［英］约翰·斯图亚特·穆勒著：《功利主义》，刘福胜译，光明日报出版社 2007 年版，第 65 页。

② ［美］乔·萨托利著：《民主新论》，冯克利、阎克文译，东方出版社 1998 年版，第 340 页。

“人与人之间在经济、政治、文化等方面处于同等地位，享有同等的权利”。可见，平等实乃权利平等。无疑地，在这里，对平等的界定与上述对公正的界定是相一致的。

平等对待学生，意味着教师要无偏私地对待学生。“正义与偏私是不一致的；没有正确地应用偏私和优先，对某个人比对其他人更偏爱、更优先，就是不公正。”① 学生作为受教育者，其身份角色是相同的。作为受教育者，他们都应享有同等的被法律赋予的各种受教育的权利，都应该在人格自尊上得到教师的平等相待。这种平等相待要求教师首先同等对待不同家庭出身、不同社会背景的学生，平等地分配为各种法律所规定的基本的受教育权利。其次，是在人格上平等地对待类型不同的学生，如因为学生的成绩、能力、潜力高低、相貌美丑、性格差异、（学生）职务不同、表现好坏而在态度上区别对待学生，尤其是不应在态度上歧视某些学生，或者予以某些学生以“特权”。

（二）教师公正意味着按照学生的相关特征给予相应的对待

教师应该平等地保障每一个学生依法享有的作为一个受教育者的基本权利，同等地尊重学生的人格尊严，不歧视任何一个学生。那么，是否这样就是教师公正对待学生的所有内涵了呢？例如，对于两个成绩、能力不同的学生，给予的教育资源完全一样，是否就是教师公正地对待学生了呢？显而易见，如果说一种教育资源提供给一个成绩优秀的学生能够促进其进步的话，那么，同样的教育资源提供给一个成绩不好的学生，却有可能超越了他目前所能接受的水平，从而造成了他学习上的挫败感，这同样不能说是公正的。要解决这个问题，就需要对教师公正作进一步的探讨。

让我们回到萨托利的平等概念。萨托利认为，平等表达了相同性概念。可以说，实际上萨托利对平等的界定隐含了这样的意思在内：同等地对待相同的人，不同等地对待不同等的人。这实际上也是亚里士多德对公正概念的理解。亚里士多德认为：“分配的公正在于成比例，不公正则在于违反比例。”② 运用到人身上，即意味着公正在于同等地对待同等的人，不同等地对待不同等的人。所谓同等地对待同等的人，其意思是，在相关特征上情况相同的人有权受到相同方式的待遇。例如，两个处于同一学习水平的学生应该享有同等的教育资源，如相同的受关注程度，同样的参与学习、表达与交流的机会等；但是，这意味着人若在相关特征上各不一样，则应受到不同的待遇。在这里，每个学生都理应按照自己的实际情况享有自己能从中受益的教育资源。判断是否公正的标准是，学生是否从所给予他们的教育资源中受益。基于此，衡量分配给学生的教育资源是否公正的标准，不在于教育资源的多少，而是在于是否恰当，这种恰当包括资源的数量、质量、类型，提供的方式等是否能让学生从中受益。③ 如果提供给学生的教育资源数量足够多，但却超越了他目前所能接受的水平，从而造成了他学习上的挫败感，这同样不能说是公正的。这样，教师对待学生的平等原则就应该分解为两个不同的具体原则：一是基于学生作为一个受教育

① ［英］约翰·斯图亚特·穆勒著：《功利主义》，刘福胜译，光明日报出版社 2007 年版，第 67 页。

② ［美］约翰·罗尔斯著：《正义论》，何怀宏等译，中国社会科学出版社 1988 年版，第 62 页。

③ 余维武：《课堂教学中的教育公平问题——对一个课堂教学案例的分析》，载《上海教育科研》2007 年第 2 期。

者所应享有的相同的基本权利的完全平等原则；二是基于学生具体特征的不同或者差异所应给予的比例平等原则。所谓完全平等原则，即作为受教育者，每一个学生都应该同等地享有法律所给予的每一项基本权利，如同等地参加教育、教学计划安排的各种活动，同等地使用教育、教学设施、设备、图书资料；在学业成绩和品行上获得公正评价，完成规定的学业后获得相应的学业证书、学位证书，等等。① 对于这些基本权利，教师应该对所有的学生一视同仁，不得任意侵犯甚至剥夺。所谓比例平等原则，就是教师在充分尊重学生的基本权利的基础上，在具体的教育、教学活动中，根据不同学生的不同相关特征，提供不同的教育资源。衡量比例平等原则的标准是，提供的教育资源是否适合不同的学生，是否能够最大限度地促进每一个学生的健康成长。

实际上，我们平常所说的因材施教，本质上就是根据学生的不同特征公正地分配不同的教育、教学资源。在这里，就涉及一个确定什么是相关特征的问题。就与教育所涉及的特征而论，我们通常认为学生的能力、需要及兴趣等是相关的特征。这又引出了另一个相关的问题：教育资源的分配怎样与这些相关特征发生联系？通常我们会假定能力差异与一个人所受教育的类型和数量有关。但是，我们应该怎样来决断向能力不一的人提供什么样的教育资源？例如，我们可以这么认为：能力低的学生理应比能力高的学生得到更多的教育资源，因为他们需要更多的教育资源。

但我们也可以这么认为：能力高的学生理应得到更多的教育资源，因为他们能够利用更多的教育资源。在现实中，学生通常不能自己决定拥有自己所要或所需的教育资源。那么，作为教育者，我们怎么去抉择学生所应享有的是什么样的教育资源？我们能否这么认为：由于此人具有某种特征，他或她就应当受到某种教育。无疑地，这样的思维方式只有在各种需要从不发生冲突的条件下才有可能，但同样无疑地，这样理想的条件几乎是不存在的。显而易见，遵循比例平等原则不是一件容易的事情，需要教师具有良好的判断力、道德敏感性，需要教师具有突出的实践智慧。对教育公正的追求，要求教师在教育实践中努力培养和提升这种实践智慧。

（三）教师公正意味着关照处于不利地位的学生

平等地确保学生的受教育的基本权利，在此基础上按照学生的相关特征给予相应的对待，做到这两点，是否就是教师公正的所有含义了呢？笔者认为这两点尚未完全涵括教师公正的全部意涵。前面我们说到，教师公正意味着要公正而无偏私地对待学生。

公正与偏私是不一致的，对某个人比对其他人更偏爱、更优先，就是不公正的。② 这说的是在通常的情形下如此，但实际上，在现实当中，我们会意识到，在某些特殊的情况下，对某些人、某些特殊群体优先照顾，不仅不是不公正的，相反，是更加符合公正的精神，更加能够促进教育公平和社会公平，也是更加符合人道主义的精神的。这些受到优先照顾的人和群体通常是在同样的社会环境中处于不利处境的人。为了说明这一点，让我们进一步引进罗尔斯的正义观。

罗尔斯把自己的正义观分为“一般的”和“特殊的”。“一般正义观”的初次表述是：

---

① 王海明：《平等问题的哲学思考》，载《南通大学学报（社会科学版）》2011年第1期。

② 金世红：《论高校教师公正评价权的实施》，载《西南科技大学高教研究》2015年第1期。

"所有社会价值———自由和机会、收入和财富、自尊的基础———都要平等地分配，除非对其中的一种价值或所有价值的一种不平等分配合乎每一个人的利益。"① 所谓的"特殊正义观"就是指罗尔斯的两个正义原则。第一个原则：每一个人对与所有人所拥有的最广泛平等的基本自由体系相容的类似自由体系都应有一种平等的权利。第二个原则：社会和经济的不平等应这样安排，使它们：(1) 在与正义的储存原则一致的情况下，适合于最少受惠者的最大利益；并且，(2) 依系于在机会公平平等的条件下职务和地位向所有人开放。罗尔斯关于正义的第一个原则要求平等地分配基本权利和义务；第二个原则则认为社会和经济的不平等（例如财富和权力的不平等）只要其结果能给每一个人，尤其是那些最少受惠的社会成员带来补偿利益，它们就是正义的。

第二个原则意味着，只有当不平等有利于最不利者的最大利益时，这些不平等才是可容许的。② 否则，则是不容许的。根据这条原则，我们就有从处境不利者的角度判断什么是公正的必要。我们思索应采取的做法，都应该能表明处境不利者同他或她所能成为的处境好的人是一样的。现在的任何不平等都必须表明是为了造福所有的人（包括得利少的人）。例如，在推荐学生上大学或者保送读研究生的时候，如果两个学生大多相关特征都是同等的，如成绩同等，其他表现同等，但家庭出身不同，即一个学生出身于社会上层家庭，另一个学生出身于社会底层家庭。那么按照罗尔斯的第二个原则，在只有一个推荐指标的情况下，教师在推荐学生上大学或者保送读研究生时，便应该考虑优先推荐出身于社会底层家庭的贫穷学生，这不应被视为偏私和不公正，相反是合乎公正的原则的。同样，在给予学生有关经济资助的时候，基于公正的原则，在其他条件和特征相同的情况下，也应该优先照顾那些经济处境最不利的学生。

在这两个例子当中，处境优越的学生即使不能获得推荐和得到经济资助，他们也能够依靠其优越的处境，把机会的丧失对他们个人发展带来的不利影响减少到一个尽可能低的程度，甚至是有可能没有什么影响；但是，这些机会对于处境最不利的学生，则非常有可能对于他们的个人发展产生巨大帮助，使得他们能够继续延续他们的学业，获得进一步发展和完善他们才能的机会，并最终有可能把他们从不利的处境中解救出来。

从结果上看，这样做，减少了社会的不平等，促进了社会的总体平等。罗尔斯的第一个正义原则可以被称为"平等的自由原则"，第二个正义原则的第一个部分被称为"差别原则"，第二个部分则被称为"公平的机会平等原则"。需要指出的是，在第一个正义原则与第二个正义原则之间，在差别原则和公平的机会平等原则之间，关系可能是和谐的，也可能是冲突的。罗尔斯认为，在两者冲突的场合，正义原则应该通过优先规则来安排次序，即只有首先满足了在先的原则，才能考虑后面的原则。这样，只有先满足了第一个正义原则，然后才能够满足第二个正义原则，同样，只有先满足了公平的机会平等原则，然后才能够满足差别原则。③ 因此，教师只有在平等地尊重和保障学生为法律所赋予的基本

① 参见姚大志：《罗尔斯正义原则的问题和矛盾》，载《社会科学战线》2009 年第 9 期。

② 龚廷泰：《社会可以容忍怎样的不平等？——兼评〈论不平等的法律调控〉》，载《金陵法律评论》2012 年第 1 期。

③ 姚大志：《罗尔斯正义原则的问题和矛盾》，载《社会科学战线》2009 年第 9 期。

的受教育权利的前提下，才有从处境不利者的角度判断如何保证和促进教育公正的必要。

综上所述，教师公正作为教师的一种重要的职业道德品质，对应着教师在教育、教学过程中分配教育、教学资源的行为态度。这种教育、教学资源既包括物质性资源，也包括各种精神性资源。一个公正的教师，应根据学生的具体情况，相应地采取上述三种不同的公正原则，来分配与学生的健康成长密切相关的各种教育、教学资源。在这三种分配公正的原则中，第一种，也就是平等地保障每个学生的受教育权利是最为基本的公正原则。只有在确实保障每一位学生为法律所给予的基本的受教育权利的基础上，教师才能根据学生不同的相应情况，善用教师的教育智慧，来决定如何按照学生的相关特征给予相应的对待，怎样对待处于不利地位的学生。

法学教育者践履公正的职业道德，其宗旨归根结底都是为了促进学生的健康成长，为了促进教育公正，为了有助于建设一个更加合乎正义的社会。

二、正义

在英文中，公正与正义为同一个词即“justice”，但在中文中，二者的使用是有区别的。例如我们都认为反侵略战争是正义的，但是不能说它是公正的战争。公正涉及的主要是在社会关系中，权利与利益的分配问题，希望通过公正原则，使其分配更加合理。正义涉及的主要是人的尊严与价值的问题，它面对的不是物质世界，而是人的意义世界，它要解决的不是个人权利与利益的分配问题，而是人的价值追求与实现。① 罗尔斯在其著作《正义论》中，把正义定义为“公平的正义”，因为，他是根据“无知之幕”之后的公平来分配社会基本权利和义务。我认为这种“公平的正义”就是公正。正义是人追求平等与自由的一种理念，而公正通过制度来实现正义理念。正如有的学者所言，“公正只是正义的某种特殊存在形态，是社会普遍认同的正义，是一种与一定的制度因素相联系的正义。”② 因此，正义包含公正，公正只是正义的一部分，即公正的事情一定是正义的，而正义的事情不一定是公正的。

正义或许是人类最难以界定的基本范畴之一，然而自法学形成之时起，法律职业共同体就从未放弃过对正义的阐释和追求，并将自己的职业使命确定为追求正义之事业。自古罗马法学家乌尔比安首先将法学界定为“神事与人事之知识，正义和非正义之科学”之后，中外法学家给出的正义之界定不胜枚举。虽然对正义之确切内涵尚莫衷一是，但“法学是追求正义之学”这一点却能够获得不同时代、不同国度的法律人的广泛共识。作为法学学科的核心价值诉求，追求正义必然成为法学教育者职业共同体在学术研究、人才培养和法律实践中的最终价值追求。法学教育者职业活动中的“正义”主要包含以下几个层面的内容：

（一）在法学学术研究和立法参与过程中以社会正义为首要追求

社会正义作为个体正义的对称物，是指社会各个领域的基本制度及其所包含的规则和原则的合理性和正当性。法学教育者在法学学术研究及立法参与过程中，主要进行的是对

① 陈思坤：《人的尊严伦理及价值》，载《教育学术月刊》2010年第12期。

② 王桂艳：《正义、公正、公平辨析》，载《南开学报（哲学社会科学版）》2006年第2期。

现有法律规范的批判性反思和重构，其本质是对社会关系进行法律上的设定和调整。每一项法律制度的出台或修改，都将对为数众多的社会主体的重大利益产生根本性影响，因此，法学教育者在这些职业活动过程中，应当以社会正义的实现为首要追求。

（二）在法律实践和案件咨询过程中以实现个案正义为基本落脚点

法律实践是法学教育者法学研究和教学的基础和资料来源，对疑难案件进行学理讨论并给出符合法律论证逻辑的解决方案本身就是法学教育者学术研究活动的重要组成部分。个案正义是指在具体的法律案件的事实情境中，按照法律规则和原则进行正当的处理，使当事各方的利益均获得应有的保护。个案正义是法学教育者在给出具体案件的法律处理意见时应当考虑的首要正义维度。①

（三）在法学人才的培养和教育过程中以正义感的培养和塑造为一切知识和技能传授的前提和归宿

缺失了正义感的法律知识会如同丧失灵魂，容易在制度的价值权衡中迷失基本立场；缺失了正义立场的法律技术有可能沦为为恶人开脱罪责逃避惩罚的帮凶。因而，法学人才培养的教学和实践环节，都不能缺少正义感的塑造和强化，唯如此才有可能真正造就出有社会责任感、有职业担当的法律职业人群体。

第三节 法学教育者法治思维的塑造

教师是经过专业训练、具有职业技能和职业道德的人，与其他行业人员的最大区别在于他们内在的思维观念，而不是知识。与其说教师是以传授知识为重要目的，毋宁说法律知识所承载的价值观与思维方式对于学员更为重要。因为法律知识可以随时学习，法律条文可以随时查找，但是法律思维方式却是要靠长期的专门训练才能养成的。学员一旦获得法律的思维方式，将会保持相对的稳定性，且终身受益。法学教育者作为我国高等教育界一个特殊的社会群体，他们能否真正树立和坚持正确的法治思维方式，直接决定着我国法学教育的整体水平和质量，进而间接地推动和制约我国法治建设的进程和方向。

一、法学教育者的法治思维直接决定着我国法学教育的整体水平和质量

经过几个世纪的发展，以大学为承载机构的法学教育体系已遍及世界各地，并成为打造法律精英，推动法学兴盛发达的重要力量，也成为各国高等教育体系中不可或缺的有机组成部分。② 我国法科学生的法学专业知识和技能，归根到底取决于法学教育者的整体素质和学术水平。法学教育者是否能树立正确的法治理念，是否能真正地确立现代法治理念，养成现代法治思维方式，会在很大程度上决定、影响和制约我国法学教育的整体水平和质量，并最终间接地决定、影响和制约我国当前和未来的法治中国、法治政府和法治社会的一体化建设进程。

首先，从法学教育者自身素质上说，法学教育者只有自身真正树立起现代法治理念，

① 于东莉：《浅谈公平责任的法学思考》，载《职工法律天地》2017 年第 8 期。

② 李永红主编：《法理学》，厦门大学出版社 2007 年版，第 106 页。

坚持真正的法治思维方式，才有可能培养出具有现代法治理念和思维方式的法科学生。①反过来说，如果法学教育者自身都没有真正树立起现代法治理念，没有养成真正的现代法治思维方式，那么，他们培养和教育出来的学生就很难真正树立起现代法治理念，很难真正养成现代法治思维方式。因为“打铁先得本身硬”，榜样的力量是无穷的。无论是现代法治理念，还是现代法治思维方式，并非人天生就有的，而是需要在后天的社会环境影响和有目的、有意识的法治培养教育下逐渐生成的。期望法治理念和法治思维能在法学专业学生自身自发地生长出来，这是没有根据的，也不符合当代世界各国法治发展的实际。无论是旧社会的统治者和被统治者，还是新社会的领导人、公务员和其他普通公民，甚至是国家立法机关、行政机关和司法机关的相关法律人，都不可能天生地具有现代法治理念和法治思维，不可能在不受外在社会环境影响和有意识的培养教育下而天然地内生出现代法治理念和法治思维。也就是说，法治思维方式需要后天的自觉学习和培养才能逐渐地养成。

尤其是我国的青年大学生，在党和政府积极提倡和大力推进法治中国建设的大环境下，如果经过学校有目的、有意识和有计划地培养和教育，很容易认同、确立和坚持法治理念，逐渐养成法治思维方式。因为法科大学生同其他专业的大学生一样一般处于 18 岁至 22 岁之间，作为一个特殊青年群体，他们的人格心理特征尚未定型，可塑性很强，正是高尚人格养成的关键时期；他们离开父母和家庭走向独立的社会生活，面临“心理断乳期”，因而这个时期是培养他们的道德自律精神和法治精神的最好时机。作为法科大学生，他们进入大学后，随着对自己所学专业的认知和未来法律职业理想的憧憬，特别是随着法学教育者有目的、有意识地引导，很容易培育法律人的崇高人格和社会责任感。对法科学生来说，他们只有坚信，惟有法律才是法律人行为的唯一准则，惟有正义才是法律人追求的至高精神，才能成为真正的法律人。法科学生必须真正理解法律的价值，并牢固树立起对法律的信仰，才能为成为合格的法律人奠定思想基础。因为法科学生只有在学生时代就胸怀对法律的崇敬之情，才有可能在未来忠诚于法律，致力于弘扬法律的精神；也只有在学生时代就相信法律，尊重法律，竭力维护法律的尊严和权威，维护正义，他们才有可能在未来通过自己的所作所为使世人看到法律的光辉，感受到法律的温暖。② 如果法学教育者能结合法治中国建设过程中具体而生动的案例，再与法院、检察院、法律事务所、政府机关密切合作，有目的和有计划地对法科学生进行现代法治理念和法治精神教育，引导他们逐步树立和养成现代法治思维方式，是最有可能、最容易培养和树立法治思维方式的途径。③

因此，每一位法学教育者首先自身要有明确而坚定的现代法治理念，自觉树立和养成

---

① 梅龙生：《论法科学生职业素质的培养》，载《黑龙江省政法管理干部学院学报》2010 年第 1 期。

② 盖玉彪等：《论法学教育中德育的补强》，载《教育部高校法学学科教学指导委员会中国法学教育研究会 2013 年年会暨“法学教育与法律职业”论坛论文集》，第 181 页。

③ 刘继虎：《论法律职业伦理养成教育》，载《教育部高校法学学科教学指导委员会中国法学教育研究会 2013 年年会暨“法学教育与法律职业”论坛论文集》，第 212 页。

真正的现代法治思维方式。只有这样，他们才有可能通过自身的教育教学活动，自觉地培养、教育和引导法科学生，使他们通过长期的法律学习、思考和实践，逐渐养成自己的现代法治思维方式。

其次，从法学教学内容来说，法学教育者不管讲授任何法学课程，都应当在教学内容中自觉体现和贯彻法律应当追求公平正义的法治理念，侧重于培养和教育法科学生致力于理解和掌握现代法治理念，逐步养成现代法治思维方式。因为在大学本科甚至硕士生和博士生期间学习的具体法学知识，在走向社会之后，大多数将会逐渐忘记，只有其中贯穿的法治理念和精神以及法治思维方式最不容易忘记。即使留在高校任教的法学教育者，如果不再从事某一具体科目如刑法、海商法、金融法或国际法等方面的研究，也可能会忘记这些学科中的具体知识点。如北京大学法学院陈瑞华教授曾说，除刑事诉讼法及相关学科以外，他在本科阶段学习的许多其他法学专业知识都已经忘记了。①

因而从建设社会主义法治国家、法治政府和法治社会的大目标上说，教育法科学生树立起真正的现代法治理念和法治思维方式，其价值要大大地优于或重于教育培养学生掌握某些具体的法学知识和技能。因为“法治实质上是一种思维方式”，以法治思维看待问题，才可能真正地实现法治②。学生真正掌握了法治思维方式，才是合格的法科毕业生。否则，他们可能是学校给社会培养的一批“饿虎”。现在社会上有一种说法，即某些法科专业出身的法官和检察官甚至比过去那些转业军人出身的法官和检察官更坏，因为他们更懂得如何规避法律。从黄某某案、“上海高院法官嫖娼案”等可以看出，这些社会传言并非都是虚言。此类现象值得我们深思。

从法学教育者方面来说，第一，我们一方面要把法律当作一门社会科学去研究和讲授，加强对法学的实证研究和经验研究，因为正如法学家霍尔姆斯所说，法律在本质上是经验的和地方的。中国的法治建设必须在中国的本土经验中逐渐生成，照搬西方法治经验是行不通的。另一方面，我们还要把法律当作一门价值科学和规范科学去研究和讲授，注重法律、法学的价值属性。从这个意义上说，法学教育者在法学教育教学中，绝对不能坚持所谓马克斯·韦伯式的“价值中立”原则。相反，法学教育者的教学内容必须要有明确的价值导向，这就是要给学生明确地传授法律和法治的终极价值目的——追求公平正义。第二，法学教育者必须明确承认和坚持“恶法非法”的理论主张，并对现实中的一切“恶法”和历史上的一切“恶法”都要旗帜鲜明地予以谴责和批判，从理论和实践两方面深入分析恶法的利弊得失，并通过各种正当方式，大声疾呼有权机关尽快通过法定程序对现实中的恶法予以修改或废除。否则，如果连法学教育者和研究者都片面地坚持国家有权机关按照法定程序制定和颁布的一切法律法规不管好坏和实际效果如何，都是必须坚持、不能违背的法律（即默认现行法是良法），那么，我们在社会实践中如何在政治体

---

① 陈瑞华著：《法律人的思维方式》，法律出版社 2011 年版，第 3 页。他在同一页上说：“尤其是那些在法律本科阶段为应付考试所‘背诵’过的法律规则、制度、知识乃至理论，由于长期不再接触和使用，更是与我们形同陌路了。”

② ［美］博登海默著：《法理学：法律哲学与法律方法》，邓正来译，中国政法大学出版社 1999 年版，第 507 页。

制、经济体制、文化教育体制等方面进行改革？我们如何能够突破和修正原有的那些不合理的制度，甚至废除那些明显的“恶法”？例如，过去有关劳教的制度在当今中国社会就是恶法，因而已被我国人大废除。第三，法学教育者要改革现存的教条式课程知识测试方法，注重培养学生以公平正义理念为指导，能在一般法治理念和精神指导下分析具体案例、解决现实问题的能力。譬如以闭卷考试为例，这种考核方式更多地是考查学生记忆法律知识的能力，而非分析、推理和解决现实法律问题的能力。尤其是在考试中有大量的客观性选择题，这些题目关注较多的是所谓法学理论上的结论“正确与否”，而不是更多地关注是否重视法律事实和法律推理，不是以追求公平正义，是否有良好社会效果为目的。这种考试方式显然难以培养法科学生的求异思维，在面对现实社会中每一不同个案时，学生往往不知所措。而标准考试的答案唯一性本身就违背了法律专业的特点。这样培养出来的学生，一定只是套用理论、生搬硬套法条有余，而推陈出新、开拓进取的创新能力明显不足。

最后，从法学教学方法和目的上说，法学教育者只有培养和教育学生树立起正确的法治理念和法治思维方式，才是最好的法学教学方法，才是真正达到了法学的教学目的。这里的“理念”就是现代法治理念，这里的“规律”就是按照法治思维方式分析和处理具体法律事务的规律。因此，第一，法学教育者必须自觉摒弃法律工具主义理念，甚至要重新反思和修正传统的法律本质上的所谓国家意志论观点。第二，要以培养和教育法科学生具有法律头脑和法治思维为目的。法律教育不能以培养个人谋生能力为目的。否则，正如我国近代法学家杨兆龙先生所说，在法律教育中忽视法律伦理教育和法治精神培养，不顾学生的道德修养和法治思维方式培养，“那无异替国家社会造就一班饿虎”①。

二、法学教育者的法治思维间接影响我国法治建设进程

首先，法学教育者的教书育人活动间接地决定、影响和制约着法治中国建设的整体水平和健康持续发展。当今中国法治建设第一线的主力军基本上都是高校培养出来的法学科班出身的法律人。如果没有大学传授给他们的知识、技能、智慧和思想，特别是法科教育中蕴含的法治理念和法治精神，要想把中国建成真正的法治国家是不可能的。法科教育最根本的目的则是要培养教育学生的法治理念和法治思维。否则，学习者掌握再多的法律知识和技巧也是枉然。现实生活中许多法科出身的法官、检察官知法犯法就是明证。他们显然并非不懂法，并非没有法律知识，而是骨子里没有法治理念和法治精神，不能按照法治思维方式思考和处理案件，结果导致有些曾经身居要位的法官和检察官也身陷囹圄，这是对我国法学教育和法治现实的莫大讽刺。此类“昨日法袍在身，今日银铛入狱”现象，很值得我们深思。

其次，法学教育者的学术活动、社会活动和研究成果，也间接地决定、影响和制约着公检法机关工作人员和律师等法律人的法治思维方式，影响着中国法治建设的进程。这主要表现在如下几个方面：第一，法学教育者作为法律人直接参与、影响和推动着法治中

① 王健著：《中国近代的法律教育》，中国政法大学出版社2001年版，第324页。

国、法治政府和法治社会建设三位一体建设进程。① 从广义上说，法学教育者也是法律人的重要组成部分。所谓法律人，通常就是指由法官、检察官、律师和法学家等人所组成的法律职业群体。他们一般由三类人才组成：一是应用类法律人才，主要指法官、检察官和律师；二是学术类法律人才，主要指立法人员、法律教师和法学研究人员；三是指法律辅助类技术应用人才，也包括公证员、仲裁员等。这个群体受过专门的法律专业训练，具有娴熟的法律技能。因此，只要具有较高法律素养，推崇利用法律解决问题，内心向往法治的人，都可称为广义的法律人。法学教育者，尤其是当前我国高校的法学教育者多是科班出身，具有法学专业的本科、硕士和博士学位，终身从事法学教学，甚至兼职从事律师工作、法律顾问、立法咨询、立法机关的法律委员会委员甚至领导职务等，将他们称为法律人似无争议。第二，一些知名法学教授不仅直接地参与国家的立法和法律监督活动，通过在立法过程中的理论研究、建议和参与立法调研咨询和法律监督等活动，在国家的立法和法律监督咨询等活动中发挥着重要的影响作用。因此，如果没有这些法学专家、学者的直接参与，我国的法治建设不会达到现在这样高的水平。第三，在现实的执法和司法活动中，法学教育者也经常发挥着极其重要的影响作用。在不少有重大社会影响的刑事、行政和民事案件中，无论在立案环节还是在审判环节甚至执行环节，都有知名法学专家和教授的重要影响作用。例如，在著名的刘涌黑社会案、药家鑫杀人案、重庆李庄案、温州吴英金融诈骗案、许霆“盗窃 ATM 案”等案件中，法学教育者尤其是著名法学家的参与和发声，在很大程度上影响了这些事件的进程和案件的最终判决。

三、正确塑造法学教育者的法律思维品格

法学教育者作为一个脑力劳动者显然是以他的智力在为学员服务，不仅要说服学员，而且还要说服自己。由于法学教育者本身所处的地位，不能靠以权压人，也不能靠以势压人，只能以理服人、以情服人，尤其从理的角度上服人。作为教师，要注意讲课的意识，而讲课的意识是来源于思维的意识。所以作为一个很好的法学教育者，不仅要修炼自己的讲课艺术，还要在自己的思辨艺术上加以注意，成为具有很高理性思维的人。②

（一）准确运用法律专业术语

法律是一种专门的技术知识，法律术语是构建这项专门知识的基石。相当广泛的社会问题，不论它们来自平头百姓还是高层论坛、不论它们是具体的还是抽象的，都可以成为法律的调整对象，即通过运用法律职业术语转化为法律问题进行分析判断。法律活动的专业化取决于一种专门的技术知识的形成，而这种技术知识又必须借助特定的专业术语加以表达。法学教育者运用专业术语进行观察、思考和判断，这是区别于大众的思维要素。法学教育者将分散的法律认知方法通过集中式的传授方式，给予法律学习者以共同取向的法律思维，使法律知识成为至少在职业共同体内具有类似基础的专业语言，成为法律职业人沟通、交往的基本途径。要把握自身专业术语的准确性应注重提高以下两个方面的能力：

① 杨富斌：《高校法学教师坚持法治思维的意义和作用》，载《河北法学》2014 年第 12 期。

② 戴芳、孔祥林、江海洋：《论法学教师法律思维方式的塑造》，载《中共南京市委党校南京市行政学院学报》2006 年第 2 期。

第一，对法律理论知识的全面掌握。法律博大精深，有基本法和单行法、有上位法和下位法、有实体法和程序法，对任何一门独立的法律学科都应具有严谨的治学态度。第二，对法律条文的正确理解。

（二）保持思维方式的独特性

独特的思维方式是法学教育者职业最具创造力的体现。对于法学教育者来说，自己不再是一个系统知识的传输者，而是一种带有个性特点的思维方式的示范者。① 任何创造性的活动都离不开思维，但法学教育者的思维方式必须具有独特性，因为法学教育者是在给学生示范一种思维的方式或“范式”。为保持这一思维方式的独特性，法学教育者应时刻注重提高自己独特的洞察、反思和辨析的能力。法学教育者的教育洞察力主要来自于对法治社会生活的感受和内在体验，同时对这种内在感受体验的反思，从而提高批判辨析能力。法学教育者必须不断地反思自己定型化的思维方式，并对某一案例表面的现象提出批判性的问题，运用法理分析其中的因果关系和法律构成。反思和批判的目的不仅是为了更好地理解知识与课程，最根本的是为了影响学生。

（三）合理运用法律的逻辑性

法律的适用，就是将案件事实置于法律规范构成要件之下，从而获得特定结论的一种逻辑思维过程。众所周知，逻辑学是以研究推理为主要任务，所以，法律的逻辑性关注的核心问题是法律推理。强调推理的逻辑是为了保证法律的结论能够被合理地推出，而任何一个具体案件，在事实方面总是具体的，相互区别的，不同的学员有着各自分析案例的方法，即使对于同一案件也会侧重于“选择”不同方面的事实，因此，正确推理方法的选择就显得极为重要。法学教育者所起的作用就是能够熟练运用法律推理这一工具，教会学员来论证结论的合理性。② 法律推理的一个基本要求是我国刑事、民事诉讼法中所规定的“以事实为依据，以法律为准绳”。事实和法律就是法律推理的两个已知判断（前提），必须根据这两个前提才能推导出结论（结果）。为了正确地适用法律，法学教育者必须先确定案例事实，同时又必须确定适用于该案例事实的有关法律规定，然后，从已确定的事实和法律规定出发推出结论。推理手段和思维方式的多样化增加了结论错误的概率，差之毫厘，谬以千里，一个细小的疏忽都可能导致结论的偏差。这就要求法学教育者小心求证，做到逻辑严谨，思维缜密。总之，法律推理在法律适用过程中是一个必不可少的组成部分。

（四）维护思维的独立性

法学课堂作为场所，本身不具有理性的思维能力，法律知识的精深概念，最终只能以法学教育者独立思维的形态表现出来。这一独立性的维护，应注重以下几方面：第一，夯实法理基础。法学教育者的独立思维是建立在法理分析的基础上的，扎实的法理基础是案例分析的前提和保障。③ 第二，建立一个相对独立的自由思维空间。无论是面对立法的空

---

① 夏锋平：《试论依法治国时期高校法学教育的使命》，载《兰州教育学院学报》2015 年第 3 期。

② 戴芳、孔祥林、江海洋：《论法学教师法律思维方式的塑造》，载《中共南京市委党校南京市行政学院学报》2006 年第 2 期。

③ 曹缅：《“案例”与法理学教学》，载《石河子大学学报（哲学社会科学版）》2011 年第 S1 期。

白还是法律的冲突，法学教育者运用辩证推理处理疑难案件都必须经历一个“找法”的过程。此时，法学教育者必须凭借理性独立作出判断，并以此来解决法律适用的疑难，最大程度避免在分析法律案例时受来自社会上与法律规则相冲突的观念及非法的诱因对思维的控制与影响。第三，合理运用否定之否定分析问题的方法。准确的结论多数情况下是在不断怀疑乃至最终确定的过程中产生的，法学教育者应常常拟定反对观点可能作出的反应，然后再针对这些可能性一一给予反驳，对两个或两个以上的结论予以甄别和选择，这是为真正“发现”法律提供了方法论上的保障。也正因如此，法律工作者对于事实和法律的交叉怀疑构成了不同于普通社会民众的独特品质。法学教育者就是要通过法学课堂的载体来使自己具备独立性的思维空间得以延伸，为学员构筑一个可以自由思考和呼吸的法律王国，避免法律的完整性和统一性遭受损害，最大限度地维护法理精神。①

（五）树立正确的程序意识

人们经常说：“程序是法律的生命”“程序优越于权利”，这说明，思考法律问题不能绕过对法律程序问题的学理探究。因为不触及程序问题，法律之最根本的问题则不能得到解决。法律程序是指法定的，人们在交往行为中必须遵循的前提、条件、步骤、过程和环节。法律程序中的每一个环节、步骤、方式、方法是人们按法律进行交往行为的前提，法律主体根据法律交涉的每一个过程，都有法律上的明确规定。法律作为实践理性，需要能通过一定方法贯穿在人们交往行动的过程中，应服从法律特有的规定才能产生预期效果。从此意义上讲，在所有的社会规范中，法律是最有要求、也最具有实践操作性的程序性规范。程序的合法性、公正性在法律适用中占有重要地位。法学教育者当然要以合法性来思考问题，才能保证对每个案件均能作出准确的判断。法学教育者在课堂上应当强调依托程序进行思考，充分认识程序公正的独立价值，承认由程序公正所得出的结论。程序合理性思维就是对学员思维的引导和约束。

（六）尊重文字的客观性

法学教育者通过书面文字折射出的证据来查找案例事实，再将所有事实依法律逻辑联系起来，以导出正确的法律结构，这就成为法学教育者在教学中的主要任务。因此，离开了书面文字来谈论法学教育者的思维，就等于在建造空中楼阁。辩证推理是法学教育者进行主观评价和判断的思维方式，但结论绝不应是法学教育者仅凭主观臆断而得出的结论，法学教育者应当根据客观存在的辩证矛盾，作出符合事物发展规律、社会公共利益和公序良俗的结论。法学教育者在传授知识时如果脱离了案例分析，就等于法律教学失去了源头的活水。教师在衡量学员法律知识的掌握进而判断法律思维确立性的情况时，也需要凭学员对案例分析的过程和得出的结论来把握。因此，法学教育者授课时应从案例本身出发，深入分析书面文字中蕴含的客观的因果关系，真正注重法律论证的细节。那么，课堂教育所提供给学员的才是明确的法律知识，而不是混乱、模糊的概念。法律判断是以事实与规则认定为中心的思维活动，因此法律思维首先是要服从规则而不是听从情感。因此，在法学教育者的思维方式中，情绪化、感情化的倾向必须克服，否则就难以成为一个合格的法

① 李叶青：《高校法学课堂中案例教学法的应用与创新》，载《太原城市职业技术学院学报》2014年第3期。

学教育者。①

教育部、中央政法委员会联合发布《关于实施卓越法律人才教育培养计划的若干意见》(教高〔2011〕10 号),将高尚的法律职业道德品质确定为卓越法律人才的基本素质之一,并要求“强化法律职业伦理教育”。学者们也公认,合格的法律人才须具备两个方面的专业素质,一是法律知识与法律技能;二是法律职业伦理。而贯彻于这两个方面的核心精神因素是法治理念和法治思维方式。法学教育者自己首先应当成为这样的卓越法律人才;否则,要培养出卓越的法科毕业生只能是空想。对于坚守法律职业道德操守的法学教育者应当予以大力表扬和奖励,而对那些不能坚持基本法律职业操守者,则要予以批评教育和责令改正。对个别公开发表和践行反对法治的害群之马,则要从法学教育者队伍中依法清除。只有这样,才能逐渐形成高校良好的法治校园文化环境,并进而培养和教育出有良好法律和法治素养的法科毕业生。

① 戴芳、孔祥林、江海洋:《论法学教师法律思维方式的塑造》,载《中共南京市委党校南京市行政学院学报》2006 年第 2 期。

第十章　监察伦理

2016年习近平总书记在十八届中央纪委六次全会上指出："要坚持党对党风廉政建设和反腐败工作的统一领导，扩大监察范围，整合监察力量，健全国家监察组织构架，形成全面覆盖国家机关及其公务员的国家监察体系。"之后，设立监察委员会机构的试点方案在北京市、山西市、浙江省开展。2018年3月11日，十三届全国人一次会议通过的《中华人民共和国宪法修正案》在"国家机构"一章中，确立了监察委员会作为国家机构的法律地位。3月20日，《中华人民共和国监察法》（以下简称《监察法》）获表决通过，这是中国法治化的里程碑。监察委员会是与立法机关、行政机关、司法机关同一级别的监察机关，使我国"一府两院"的国家机关模式变成"一府两院一委"的结构形式。监察委员会是具有中国特色的反腐机构，为纪委合署对我国所有党员及公职人员的违法犯罪行为、非法违纪、滥用职权等行为进行调查、查处与监督。对于这个新生的机构，在适应我国法治化进程中，该如何有效运用手中的权力以达到社会和谐稳定，促进法治进程，牵动着所有人民的心。监察官的职业伦理在一定程度上发挥着不可替代的作用。

第一节　监　察　官

一、监察官的定义和由来

"监察"一词，包含了监督、考察、检举之意。而"监察官"顾名思义，指有监督、考察、检举之职的人员。这类人员监察的对象往往是国家机关及其工作人员。负有监察之职的人员在我国最早出现于《周礼·天官》记载中，被称为"大宰"和"小宰"，在秦汉时期被称为"御史"或"刺史"，汉代时还有"言官"，与"御史"同为负有监察之职的人。御史和言官同时存在，只是负责对不同的人进行监察，实际上凸显了监察职权的扩大和这一职位的重要性。唐代时也采用此种御史和谏官并行的政策，并延续到了宋代。我国古代负责监察职位的人员虽并未被称为监察官，但这一职位却一直存在了两千多年。直至今日，负责监察之职的人员在各行政机构和司法机关内一直存在。

"徒法不足以为政，徒法不足以自行。"为确保国家监察权属性，使之运行不偏离法治轨道，不仅需要完备的法律制度体系，也需要高效的法治实施体系，而法治实施的核心和主体在于"人"，在于执行监察法律规定的监察主体。在2018年的十三届全国人大一次会议上，人大代表表决通过了《监察法》，用法律的形式明确了负有监察之职的机关为监察委员会，监察委负有监察之职的人员叫做“监察官”。① 监察官作为国家监察权的行使主体，其职业素养直接关系国家监察权的统一高效运行。② 而在国外，负有监察之职的人员是在 1809 年于瑞典首先产生的，最初称为“专员”（commissioner）、“诉苦官”（complaints officer），后又称为“监察专员”（ombudsman）。③ 这之后，大多数国家开始沿用这一称呼并保留至今。

二、监察官的产生和任免

《监察法》第 8 条④规定了监察官的产生与任免，即监察委最高长官（主任）是由全国人大直接选举产生，其余人员由主任提名任免，但需经过全国人大同意。第 8 条还规定了国家监察委主任每届任期与全国人大任期相同。

《监察法》第 9 条⑤规定了地方各级监察委监察官的任免。此任免亦分为两种方式，即县级以上各级监察委员会主任由本级人大代表任免，其余人员需要主任提请本级人大常委会任免。另外，第 9 条还规定了县级以上监察委员会主任的任期和本级人大的任期相同。

《监察法》第 10 条⑥实际上表明了上下级监察委之间是领导关系，而监察官既受本级人大及其常委会领导监督，也受到上级监察委的领导监督。但对于监察官的任免却是完全由人大掌握，上一级监察委只能对下一级监察官领导与监督，却无任免权，这种设计确保了监察官能够充分发挥监督职能，对所有公职人员进行监督，不受任何机关、任何团体和个人的权力威胁和干扰，强化监督问责、惩治腐败，更能深入开展反腐败工作和廉政建设，维护宪法和法律的尊严。

根据《监察法》第 10 条的规定，可以得出两点结论：其一，国家监察委员会领导地方各级监察委员会的工作。领导的本义是率领并引导，其本身包含着教育、管理和监督。国家监察委员会在全国监察体系中处于最高地位，主管全国的监察工作，率领并引导所属

① 《中华人民共和国监察法》第 14 条规定，国家实行监察官制度，依法确定监察官的等级设置、任免、考评和晋升等制度。

② 江国华著：《中国监察法学》，中国政法大学出版社 2018 年版，第 55 页。

③ 赵强利：《瑞典行政监察专员制度研究》，山东大学 2004 年硕士学位论文。

④ 《监察法》第 8 条规定：国家监察委员会由全国人民代表大会产生，负责全国监察工作。国家监察委员会由主任、副主任若干人、委员若干人组成，主任由全国人民代表大会选举，副主任、委员由国家监察委员会主任提请全国人民代表大会常务委员会任免。国家监察委员会主任每届任期同全国人民代表大会每届任期相同，连续任职不得超过两届。国家监察委员会对全国人民代表大会及其常务委员会负责，并接受其监督。

⑤ 《监察法》第 9 条规定：地方各级监察委员会由本级人民代表大会产生，负责本行政区域内的监察工作。地方各级监察委员会由主任、副主任若干人、委员若干人组成，主任由本级人民代表大会选举，副主任、委员由监察委员会主任提请本级人民代表大会常务委员会任免。地方各级监察委员会主任每届任期同本级人民代表大会每届任期相同。地方各级监察委员会对本级人民代表大会及其常务委员会和上一级监察委员会负责，并接受其监督。

⑥ 《监察法》第 10 条规定：国家监察委员会领导地方各级监察委员会的工作，上级监察委员会领导下级监察委员会的工作。

各内设机构及地方各级监察委员会的工作，一切监察机关都必须服从它的领导。在《监察法》中确立这样的监察机关领导关系，能够保证“全国一盘棋”，即保证全国监察机关集中统一领导、统一工作步调、统一依法履职。其二，上级监察委员会领导下级监察委员会的工作，地方各级监察委员会负责本行政区域内的监察工作，除了依法履行自身的监督、调查、处置职责外，还需对本行政区域内下级监察委员会的工作实行监督和业务领导。

三、监察官制度的作用和意义

监察官的本质是监督，建立监察官制度是从制度体系上保障监察官监督权的独立行使。各国监察官职责的共通之处都是对公权力机关及其工作人员进行监督，国家为了确保这一职责不被空设并能得到严格贯彻执行，往往会建立与监察官行使职责相配套的一系列条件和制度，如监察官的任免条件、任职资格、奖惩制度等，这一系列制度共同组合构建了监察官制度，通过严明的制度，监察官监督职权的行使不会受到政治、经济、个人等不良因素的影响，为监察官独立行使监督职权提供了安全感。

监察官制度不仅是对监察官权利的保障，更明确了其“权力”的边界，是对监察官自身的约束与监督。整个制度对权责两方面的规定实际上便为监察官的行为划定了明确的界限，界限之内依法行使职权是对这个职位的负责，界限之外对越权行为的追究是对被监督对象的保护。这个制度不仅是监察官的正衣镜和调整书，更是对一切被监督对象的保护。监察官制度能够促使国家机构及其工作人员行使权力公正廉明、风清气正，更能对贪污腐败行为起到良好的震慑作用。各国的监察官职责中都带有对贪污腐败、职务违法行为的监督调查，这表明反腐是监察官日常工作的一项重要任务。建立监察官制度是国家从制度和法律上对贪污腐败进行的一项长期斗争的战略性措施。完备的制度体系，能使国家机关及其工作人员严格守法，清正廉洁，也是对国家利益、社会利益的保护。

第二节 监察官职业伦理概述

一、监察官职业伦理的概念和特点

监察官的职业伦理是监察官在履行监察职能的过程中所应遵守的道德观念和行为规范的总和。由于监察委员的特殊法律地位，该行业的职业伦理有自己的特点，其不同于司法伦理、行政伦理和一般的社会伦理，其特点主要表现在以下几个方面：

（一）主体特定

监察官职业伦理有特定的对象，相较于一般的社会职业伦理，对监察官有较高的要求。要想成为一名监察官首先就必须具备一定的法律知识、具有一颗忠于党忠于人民的心和不畏强权作风优良的基本素养。监察官无论是在履行职务还是在日常生活中，都必须严格规范自己的一言一行，树立监察官在公职人员以及所有公民面前的良好形象。监察官这个名词我们并不陌生，历代对御史官员都要求德才兼备、知识渊博，要有具备行使御史制度的能力。今天，我国虽然没有明确规定监察官的准入制度，但监察主体应该自觉提升自己的业务水准，随时更新法律知识，为更好地履行职权竭尽全力、积极进取。

（二）对象特定

监察官的行为就是监察官职业伦理的特定对象。监察官职业伦理的对象是指无论是监察官的职业活动还是日常的生活活动，只要其行为可能会影响监察官的良好的形象，就都属于监察官职业伦理约束的范围。立法职业伦理的对象是立法机关的立法行为，司法职业伦理的对象是法官的审判行为和检察官的逮捕、提起公诉的行为，行政机关也即各级人民政府的职业伦理是行政单位的执法行为，而监察机关职业伦理包括监督行为、调查行为、问责和政务处分行为，在一定程度上表现出准司法属性和行政属性。因此，监察官在履职过程中或在职务外的活动中都应严格依照监察职业伦理规范自身的行为。

（三）具有政治性

监察委是具有中国特色而设立的国家机关，主要通过对公职人员的监督和对违法犯罪的公职人员的调查，维护公平正义，是国家机器的重要组成部分，是由人大设立，共产党领导的反腐政治机构，具有政治属性。从本质上讲，监察权具有政治性、社会性、民主性、公正性和人民性等多种属性。监察官作为反腐专员，要把握政治定位，明确政治责任，维护国家政治安全，确保正确政治方向。因而监察官职业伦理当然也具有很强的政治性，其就本质是党统一领导下的反腐败工作机构。法律随着社会发展而不断发展，监察官依据法律赋予的权利依法履行监察权、调查权和处置权，体现了统治阶级的意志。依据相关法律可知，监察官要忠于党忠于人民，维护国家的反腐工作顺利推进和法治社会稳定发展。

（四）更强的自律性

监察官行使对公职人员和公权力机关的监督权、对违法失职人员的处置权、对违法犯罪人员的调查权等一系列法律活动。监察官可谓承担着党和人民赋予的重任，不仅要接受社会监督、舆论监督，更要保持自我监督，这对于监察官遵守职业伦理的自律性要求更高。在对监察官履行职责的规章制度还未历经实践的检验，还可能存在不完善的前提下，监察官更加要坚定自己遵守职业伦理的信念，做到不为五斗米折腰，加强自我监督。监察官是具有中国特色社会主义性质的反腐机构的工作人员，不管是其外在行为规范还是内在的道德良知都必须保持高度的一致性。如果监察官作为反腐工作人员却存在贪污腐败、滥用职权等违法行为，不仅会面临伦理道德的谴责，还会使我国的反腐事业偏离轨道，达得适得其反的效果。因此，监察官职业伦理要求监察官恪尽职守、两袖清风，否则将会受到法律严厉的制裁。

二、监察官职业伦理的规范依据

监察官的职业伦理规范是指监察官在履行监察职能的过程中所应遵守的道德观念和行为规范的总称。2018 年 3 月 11 日十三届人大一次会议高票通过了《宪法修正案》，大篇幅规定了有关监察委员会的内容，确定了监察委员会在宪法中的地位，形成了“一府、两委、两院”的新国家政权机构体制。《宪法》明确规定，监察委员的职能属性是与立法权、行政权、司法权同级的监察权，《监察法》依据《宪法修正案》将行使国家监察职能的机关纳入到国家机构体系的相关规定，在宪法层面下明确了监察委由同级人大产生，丰富和发展了我国的人民代表大会制度，推进了我国治理体系和治理能力现代化的进一步发展。在党组织关系中，当纪委纳入到监察委的范围内，是其本质上属于党的工作部门，是在党的部门加挂了一个国家机构的牌子。监察权是在立法权、行政权、司法权之外的第四种权利。监察官行使的监察权是主体，其主要职权是调查、处置、监督，融合了党纪监察、违法调查、违纪处置等多项权利，这也就决定了监察官具有多个方面的职业伦理的规范。

我国监察官职业伦理规范是对监察官职业行为的一系列规定，主要体现在党的文件、公务员权力义务相关文件以及《宪法》《监察法》《检察院组织法》中。2018 年 3 月第十三届全国人民代表大会通过第五次《宪法修正案》，主要增加了监察委员会作为最高监察机关的相关规定。在《宪法修正案》第 62、63、67 条以及第三章第七节都对监察委作出了相关规定。《检察院组织法》在第 4、5、7 条规定，监察机构对有关公职人员的违法犯罪行为行使侦查权和检察权时应严格按照《检察院组织法》的相关规定。2018 年 3 月通过的《中华人民共和国监察法》是反腐工作的立法，是一部对监察官履行职责起到统领性和基础性作用的法律。

第一，有关监察官作为党员身份的职业伦理基本规范。有关作为党员的监察职业伦理规范主要规定在《中国共产党章程》等相关文件中，该文件对党员的处分主体、程序和相关规则做了比较全面的规定。依据监察官的层级，从基层委员会到党中央，纪律处分共分为五个等级：警告、严重警告、撤销党内职务、留党察看、开除党籍。在纪律处分程序上，根据党员所犯错误的严重性和复杂性，还存在由所在委员会三分之二多数通过处分、追认等情形。

第二，有关监察官作为公务员身份的伦理规范的基本内容。监察官作为我国反腐败机构的专职人员，其首先是一名公务员，其相关内容规定在《公务员法》中，该法制定了符合公务员自身特点的道德规范等文件。公务员法对于职业伦理规范主要表现在权利义务对等方面，其内容有对公务员的监督约束和激励保障。公务员是国家的公职人员，是人民的仆人，是为人民服务的，但是在现实社会中，有的公务员拿着人民赋予的权力实施损害人民权益的行为，因而，作为公务员行为依据《公务员法》就必须对其职业伦理规范作详细规定，创新公务员监督约束和激励保障制度，切实保障公民的合法权益。

第三，监察官职业伦理的相关文件。规定主要在于《监察法》《中华人民共和国纪律处分条例》。由于监察委是整合了纪检、检察院的反贪和反渎部门、行政监督，当然《行政监察法》在《监察法》实施以后就失效了，但检察机关的相关职业伦理规范文件可以借鉴。比如《检察官法》涉及检察官职业伦理的内容，包括恪守职业道德义务以及包括对检察官职业权力的保障，因而，监察官职业伦理在执法过程中也应恪尽职守、弘扬道德文明。《中华人民共和国纪律处分条例》关于职业伦理的内容有坚持党要管党、从严治党，坚持实事求是，违法违纪必须受到处分。《监察法》共分为总则、监察机关及其职责、监察范围和管辖、监察权限、监察程序、反腐国际合作、对监察机关和监察人员的监督、法律责任、附则九大部分，该法涉及的监察官职业伦理内容包括忠于职守、秉公执法、保守秘密。

三、监察官职业伦理的功能

与其他社会职业伦理和法律伦理一样，监察官职业伦理也具有激励约束的功能。监察官职业伦理主要是指通过运用相关法律，对违背监察官职业伦理的行为进行惩戒，提升监察官职业伦理的权威性。激励机制就是指通过对表现良好的监察官实施奖励机制，比如授予“道德模范”“优秀先进个人”“优秀干部”等光荣称号，激发其为国效力，不辱使命的强大精神动力。职业伦理作为一种行业标准，监察官职业伦理具有评价监察官履职行为规范与否、是否符合设立标准、是否符合广大人民群众的内心期待的功能。此外，监察官职业伦理在一定程度上指引着监察官的行为与思想，使监察官按照职业伦理的要求克己复礼，坚决与违法违纪行为相斗争，与违法犯罪行为相抗衡。2004 年我国将“国家尊重和保障人权”写入《宪法》，注重监察官职业伦理道德的提升是保障人权的关键。保障人权是指保障人作为人所具有的基本权利，也即监察官在履行职责的过程，要保障被监督人所享有的申诉、人格尊严不受侵犯的权利。尊重和保障人权，在法治的框架下行使监督权是以创造法治文明为核心的政治文明的要求，是维护社会公平正义，保护人民利益和促进社会和谐稳定发展的重中之重。

第三节　监察官职业伦理的构成

根据我国《宪法》的相关规定，监察委由各级人大产生，对其负责，受其监督。而国家的一切权力属于人民，因而监察委的设立就是为了巩固我国民主体制，巩固政权。鉴于监察官的特殊法律地位，首先它是一个政治机关，其职责主要是反腐。监察官首先是一名公务员，因此拥有公务员属性；其次，监察委员会拥有对公职人员的贪污贿赂的犯罪行为的调查权，它不同于检察院对刑事案件的侦查权，但表现出调查刑事案件的准司法属性；再次，监察官在行使职权过程中，对于公职人员的违纪行为，拥有问责、讯问、作出政务处分的权利，表现出行政属性；最后，监察官拥有狭义范围内的监督权，也即对公职人员和党员干部的违法违纪行为进行日常监督，表现出御史属性即狭义意义上的监察。监察官职业伦理表现出多样性，监察官在履行职责的过程中，必须严格规范自身的一言一行，时时刻刻以伦理道德约束自己的行为。

一、政治伦理

监察官作为反腐机构的执行者，而监察委又是党领导下的政治机关，因而监察官首先是一名公职人员，公职人员的履职行为对社会公众的行为发展具有导向作用，代表着整个社会阶层的政治价值取向。因而，监察官首先必须树立“公仆志”，怀有忠党、爱民的情怀。一切以党和人民的利益出发，忠于党、忠于人民。

（一）忠于党的领导

忠于党是监察官首先应该遵守的职业伦理。监察委员会是开展反腐工作的政治机关，由本级人大选举产生，对其负责，受其监督，监察官的主要职责就是进行全国范围内的反腐工作。古话说得好，“政者、正也”。从政的人员手握权利的特殊性，使从政人员的道德品质就超越了个人的道德和职业道德的范畴，不仅会影响办公效率，还关系到整个社会的道德状况和运行环境。因此，监察官必须正人先正己，始终坚持党的领导，紧跟党的步伐，坚持自己的职业使命。认真学习习近平总书记的系列讲话精神以及党章党规，紧跟时代的步伐，坚持走中国特色社会主义道路，坚持法治建设，绝不走偏。

理想信念是思想和行为的总开关。没有理论上的清醒，就没有政治上的坚定。习近平总书记强调，“要炼就‘金刚不坏之身’，必须用科学理论武装头脑，不断培植我们的精神家园”。① 加强理论武装，始终是共产党人坚定理想信念的根本途径。列宁曾指出，“从革命理论中能取得一切信念”。② “坚定理想信念，必须建立在对科学理论的理性认同上，建立在对历史规律的深刻把握上。”③ 首先，马克思主义深刻揭示了自然、社会和人类思维发展的普遍规律，是我们立党立国的根本指导思想，是共产党人的“真经”，其真理性就在于它提供了科学的世界观和方法论，要坚定对马克思主义的信仰，必须坚信其客观真理性。其次，共产主义是建立在对人类社会发展规律正确认识基础上的科学预见，是最科学、最进步、最美好的人类理想，描绘出生产力高度发达、社会产品极大丰富、人的精神境界极大提高的美好景象，是共产党人对未来更高级社会形态必然性的坚信和追求，要坚信共产主义远大理想的科学性。最后，习近平新时代中国特色社会主义思想更是揭示了中华民族伟大复兴之路，显示了道路自信、理论自信、制度自信、文化自信，具有强大的生命力。

（二）人民的利益至上

我国《宪法》第 1 条明确规定我国的国体为人民民主专政也即人民当家做主，党的宗旨就是全心全力为人民服务，监察官也应忠于人民，一切以人们利益至上。《宪法》第 2 条有更明确的体现：“中华人民共和国的一切权力属于人民。”国家的权力应该取之于民，用之于民，坚持人民是国家的主人，一切反腐工作的开展都是围绕人民的利益展开。人民群众的需求是监察官履行职责的指向标，要时刻想着为人民谋福利，而不是用权力为自己行方便。党员领导干部更要时刻以优秀党员的标准要求自己，脚踏实地做好每一件事情，不能心存邪念，否则就可能使手中的权力成为自己谋取私利的工具，所以，注重道德修养，清白做事，清白做人，才能不负人民群众的期盼。监察委的设立就是通过对所有行使公共权力的国家公职人员进行监督，以确保他们依法履职，从根本上维护人民民主制度。

二、准司法伦理

监察委吸收了原先属于检察院的行使对国家公务人员贪污犯罪、受贿罪等刑事侦查权，但需要指明的是，此处监察官对全国范围内的公职人员的调查权不同于检察院的刑事侦查权，监察官可以依照《检察组织法》针对检察院有关贪污贿赂犯罪的相关规定行使调查权，但其主要是严格按照《监察法》的相关规定履行职责，因此，监察官具有准司

① 《习近平总书记系列重要讲话读本》，人民出版社 2014 年版，第 161 页。

② 方文彬：《以高度的理论清醒坚定理想信念》，载《解放军报》2017 年 3 月 29 日。

③ 方文彬：《以高度的理论清醒坚定理想信念》，载《解放军报》2017 年 3 月 29 日。

法属性，也即在履行职责的过程中，必须严格依照法律至上、独立职权、公平公正、程序正义的准司法属性伦理规范自身的言行举止。

（一）法律至上

我国是社会主义法治国家，法律处于第一位，任何人都要都要遵守法律，没有人能够凌驾于法律之上，违反法律的行为都要受到法律的制裁。因此，监察官在履行职责的过程中，必须严于律己，任何公权力都不能超越法律。在调查公职人员贪污、贿赂犯罪的过程中必须以事实和证据说话，不能在毫无证据和法律依据的情况下，随意作出决定。在对公职人员的违纪监督的过程中，也应敢于和熟人红脸出汗，而不是罔顾法律，靠人情说话。由于监察官处于特殊的位置，这也就对法律约束监察官的行为提出了更高的要求，所以，监察官应努力学习法律知识，不断丰富自己的法律修养，崇尚法律的权威，这样才能确保人民安居乐业，社会和谐稳定。

（二）独立职权

现代法治国家越来越重视对公民自由和人权的保障，监察官被赋予对公职人员贪污腐败犯罪的调查权，享受特殊的地位和社会信任。依据《监察法》第 4 条的规定，监察官在履行职责的过程中应当保持独立，只有在独立的情况下才能保证公正。① 如何做到以权制权，但却不会越权，这就要求监察官独立履行职责，依靠法律和事实说话，不受来自外力的干扰与压迫。在这一原则中，“依法”是前提，“独立”是核心。首先，监察委员会作为行使国家监察职能的专责机关，履行职责必须遵循社会主义法治原则的基本要求，必须严格依照法律开展活动，既不能滥用或超越职权、违反法定程序，也不能无担当、不作为，更不允许利用职权徇私枉法，放纵职务违法犯罪行为。其次，监察委员会独立行使监察权，不受“其他”机关、社会团体和个人的干涉。② 行政机关、社会团体和个人不得利用职权、地位，或者采取其他不当手段干扰、影响监察官依法行使职权。当然，监察委员会的办公机制、职责内容以及人员来源等因素决定了其履行职责时不能离开人民法院、人民检察院、公安机关、国家安全机关、审计机关以及质检部门、安全监管部门等各个部门的协助、配合，同时也需要上述机关的监督制约。在实际工作中，纪检监察机关不仅同审判机关、检察机关形成了互相配合、互相制约的工作关系，同执法部门也是如此。而《监察法》据此作出的明确规定，是将客观事实，即客观存在的工作关系制度化、法律化，以进一步保障监察委员会依法正确地行使监察权。具体而言，监察机关与其他国家机关的关系为：

1. 监察与被监察的关系

监察委员会作为“行使国家监案职能的专责机关”，将依法监察公职人员行使公权力的情况，并通过综合运用“监督、调查和处置”三项职权，对“公职人员依法履职、秉公用权、廉洁从政从业以及道德操守情况”进行监督检查，对“涉嫌贪污贿赂，滥用职权，

① 《监察法》第 4 条规定：监察委员会依照法律规定独立行使监察权，不受行政机关、社会团体和个人的干涉。监察机关办理职务违法和职务犯罪案件，应当与审判机关、检察机关、执法部门互相配合，互相制约。监察机关在工作中需要协助的，有关机关和单位应当根据监察机关的要求依法予以协助。

② 参见杨建顺：《国家监察体制改革十大课题》，载《中国法律评论》2017 年第 6 期。

玩忽职守、权力寻租、利益输送、徇私舞弊以及浪费国家资财等职务违法和职务犯罪”进行调查。此外，监察机关还可通过“政务处分”“监察建议"“问责”“移送起诉”等处置手段对其他国家机关进行监察。由此，监察机关通过对其他国家机关公职人员履行职责行为的具体监督，实现了对包括行政机关、检察机关和审判机关在内的具体行为的监察。

2. 互相配合的协作关系

“互相配合”，主要是指监察机关与司法机关、行政机关等国家机关在办理职务违法犯罪案件方面，要按照法律规定，在正确履行各自职责的基础上，互相支持和协作，形成高效的工作联动机制与资源共享机制，以扼制违反法律规定，各行其是，互不通气，甚至互相推诿现象的出现。鉴于监察委员会成立后，我国将构建起集中统一且权威高效的反腐败体制，因此其他国家机关有配合监察机关开展监察工作的法定义务。如《监察法》第34条就明确提出了“审判机关、检察机关、公安机关、审计机关等国家机关在工作中，发现公职人员涉嫌贪污贿赂、失职渎职等职务违法或者职务犯罪问题线索，应当移送监察机关，由监察机关依法调查处置”的规定。此外，“监察权限”一章还明确列举了在线索移交、调查、查询、冻结、搜查、通缉和限制出境等各项工作中的协作规定。但应当特别注意的是，互相配合的协作关系应当首先建立在权力分工的基础上，即对于其他国家机关的法定权力，监察机关既不能侵入也不能越权代替，互相配合应当确保各自的职权能够独立行使。

3. 互相制约的监督关系

“互相制约”，主要是指监察机关与司法机关、执法部门在追究违法犯罪过程中，通过程序上的制约，防止和及时纠正错误，以确保案件质量，正确运用法律惩罚违法犯罪，保护无辜和社会秩序。作为职务犯罪侦查的法定主体，监察机关必须接受司法机关对其工作的监督。不同于公安机关对监察委员会的配合，检察机关和审判机关要更多地承担其对监察工作的监督职责。具体而言，检察机关将通过审查起诉的过程对监察委员会的工作进行监督和制约，如对其移送起诉的案件，除“认为犯罪事实已经查清，证据确实充分，依法应当追究刑事责任的”可以直接起诉外，检察机关还要能够在特定条件下提出“退回补充侦查”“自行补充侦查”“不起诉”等其他决定，从而形成对其办案过程和结果的双重监督和制约。换言之，监察委员会虽然拥有一定的处置权，但其处置权不能代替审判权，其处置结果也并非最终的裁判结果。换言之，被监督人是否构成犯罪的裁判权只能由审判机关行使。

（三）公平正义

公平正义是社会主义法治的核心价值，是监察官的灵魂，如果监察官不能在履行职责时做到公平正义，那么设立该职位只会加速腐败的进程，使公众对该职位的设立产生怀疑，不利于反腐工作的顺利开展，不利于社会法治建设。在监察官职业伦理道德中，公平正义是第一位的，只有监察官坚持公平正义，才能守住内心的道德与良知。其主要体现在以下四个方面：一是不因私欲而影响公平正义；二是始终坚持法律至上；三是坚持程序公正和实体公正相结合；四是不受来自任何方面的诱惑和压迫。严厉打击公职人员的违法犯罪行为，努力做到真正将权力关进笼子里，提升公职人员在人民心目中的良好形象。

（四）程序正当

程序正当是监察官在履行职务的过程中所必须严格遵守的伦理规范。正如张建伟教授所言："当调查范围覆盖刑事案件的时候，这种调查权就与'刑事侦查权'有着相同的实质，只是不冠以'侦查'之名，规避了《刑事诉讼法》的约束。"① 虽然此处监察官的调查权不同于刑事侦查权，但在监察官对公职人员的犯罪行为进行调查的过程中依然要坚守程序公正。程序公正是公正合理行使监察权的重要手段，即使《监察法》对监察官行使调查权的程序作出了比较详细的规定，但为确保调查不至于损害被调查人的合法权益，监察官依然要明确自己的职责所要达到的目的，合法、合理、公正调查。按照《监察法》的相关规定，监察官拥有收集证据的义务，但却没有明确规定监察官有向司法机关移送证据的义务，在侦查、公诉期间律师有介入权，而监察官在调查的过程中，律师却没有介入权，对监察对象的留置也没有依法申诉的渠道，这都不利于监察权的有效实施。依据宪法的理念，监察委的设立就是为了实现权力重置，分权制衡，以权制权。为规范监察官的职业伦理，合理治理贪污腐败，程序正当是关键。

（五）严格执行回避制度

监察法中的回避是指监察人员在监察工作中因监察人员的身份与人际关系等因素导致可能影响监察事项公正处理的情形。采用回避制度是程序正义的要求，因为回避制度的核心即在于禁止与案件有任何形式的偏私、偏见的，可能影响监察事项公正处理的监察人员，参与该案的监督、调查、处置活动，是确保监察人员"外观上公正"的基础，也是衡量程序公正与否的重要尺度。② 因此，监察机关在监察工作中应当严格按照《监察法》第58条规定的情形采用回避制度，以避免监察事项受监察人员的私人情感利益关系而出现公正性危机。

1. 回避的类型

监察人员回避的类型有以下两种；其一，自行回避，即监察人员知道自己具有应当回避情形的，主动向所在机关提出回避的申请；其二，"监察对象、检举人及其他有关人员也有权要求其回避"，是指监察人员明知自己应当回避而不自行回避或者不知道、不认为自己应当回避而没有自行回避的，监察对象、检举人及其他有关人员有权要求他们回避。监察人员在监察案件办理中居于中心地位，负责监察工作的各项事务办理，对具体的监察案件的办理承担着主体责任。监察人员的客观、中立决定着监察事项的公正、正确办理，为了防范廉洁风险，必须对办理监察事项的监察人员实行回避制度。

2. 回避的情形

《监察法》中的回避应当具体包含以下几种情形：

第一，监察人员是监察对象或者检举人的近亲属的。监察对象和检举人是监察事项中最为重要的当事人之一，监察对象是监察事项中各个部分所指向和针对的目标，没有了监察对象，监察事项也就脱离了实践性而成为空洞的理论性内容。检举人则是监察事项的起

① 张建伟：《法律正当程序视野下的新监察制度》，载《环球法律评论》2017年第2期。

② 参见谈江萍、饶兰兰：《我国刑事诉讼回避制度的完善》，载《江西社会科学》2008年第9期。

点，监察事项的出发点就是检举人，通过检举人的检举举报，得到线索和材料，从而启动监察程序，正式进入监察事项的处理程序。而如果作为监察事项中监察对象或者检举人的近亲属参与了案件办理，由于血缘的羁绊和长期相处的感情，在办案过程中难免产生不利于工作的情绪，从而影响到监察事项的公正办理。

第二，监察人员担任过本案证人的。证人是监察对象、检举人以外与监察事项关系最为密切的人员，承担着提供证据推动调查继续进行的责任，证人的发言也会对监察对象和检举人两者之间的角力产生重要影响。担任过证人的监察人员，他的言语即成为证据，对整个案件发挥效力，成为监察人员掌握的证据之一，如果再参与办案，那么就是监察人员自己"提出"证据，自己办理案件，这将会导致监察工作难以被信任。

第三，监察人员本人或者他的近亲属与办理的监察事项有利害关系的。监察人员及其近亲属如果和办理的监察事项之间存在利害关系，那么监察事项的处理结果必然影响到监察人员及其近亲属的利益，或者有利，或者不利。而任意的结果都可能导致监察人员出于对自身利益的考量而非法干预监察事项，试图获得更多的利益或者避免对自己不利的后果，因而若存在利害关系，原则上就应当予以回避。

第四，有可能影响监察事项公正处理的其他情形的。这是一条兜底条款囊括了其他未提到的或者难以列举的，有可能影响到监察事项的公正处理的情况。根据这一兜底条款，监察机关可以灵活地处理实践中的特殊情况。

3. 脱密期管理制度

监察人员如果工作涉密，那么在其离开监察机关的具体岗位或者不再履行监察职责后，应当严格遵守监察机关脱密期管理规定，严守保密义务，不得向他人泄露相关秘密。《保守国家秘密法》（2010年）第38条规定："涉密人员离岗离职实行脱密期管理。涉密人员在脱密期内，应当按照规定履行保密义务，不得违反规定就业，不得以任何方式泄露国家秘密。"脱密期管理，是指在一定期限内，从就业、出境等方面对离岗离职涉密人员采取限制措施。"离岗"，是指离开涉密工作岗位，仍在本机关、本单位工作的情形。"离职"，是指辞职、辞退、解聘、调离、退休等离开本机关、本单位的情形。脱密期管理期间，监察人员应当遵守下列规定：与原机关、原单位签订保密承诺书，作出遵守保密义务、不外泄所知晓国家秘密的承诺；不得违反规定就业；按照个人有关事项报告的要求，向负责脱密期管理的机关单位进行重大事项报告；及时清退所持有和所使用的国家秘密载体和涉密信息设备，并办理移交手续；未经审查批准，不得擅自出国（境）；不得到境外驻华机构、组织或者外资企业工作；不得为境外组织人员或者外资企业提供劳务、咨询或者服务。① 涉密人员的脱密期应当根据其接触、知悉监察机关秘密和国家秘密的密级、数量、时间等情况确定。一般情况下，核心涉密人员为3~5年，重要涉密人员是2~3年，一般涉密人员为1~2年。脱密期自监察委员会批准涉密人员离开涉密岗位起计算。对特殊的高涉密人员，可以依法设定超过上述期限的脱密期，甚至在就业、出境等方面予以终

① 参见国家保密局指导管理司：《涉密人员离岗离职的保密管理》，载《保密工作》2015年第12期。

身限制。涉密人员离岗的脱密期管理由监察委的相应部门负责。涉密人员离开监察委员会、调入国家机关或者其他涉密单位的，脱密期管理应当由调入单位负责；属于其他情况的应该由监察委员会、保密行政管理部门或者公安机关负责。离岗离职的监察委涉密人员应当积极主动配合有关涉密管理部门工作，自觉接受涉密管理和监督。

4. 从业限制

监察人员掌握监察权，不仅要对监察人员在职期间的行为加以严格约束，而且也要对监察人员辞职、退休后的行为作出一定限制，避免监察人员在职期间利用手中权力为他人谋取利益换取辞职、退休后的回报，或在辞职、退休后利用自己在原单位的影响力为自己谋取不当利益。因此，《监察法》第 59 条第 2 款规定："监察人员辞职、退休三年内，不得从事与监察和司法工作相关联且可能发生利益冲突的职业。"对于"可能发生利益冲突的职业"，是一项监察人员应当履行谨慎注意的义务，指在辞职、退休 3 年之内，如果打算从事的职业与监察和司法工作有关，且可能招致他人怀疑与原工作内容产生利益冲突的，应当事先征求原单位同意。需要注意的是，如果监察人员是被辞退、被开除而离职的，不适用这一从业限制的规定。

此外，《监察法》中的从业限制既不同于《刑法》（2015 年）上的从业惩罚，也不同于《公务员法》（2017 年）、《法官法》（2017 年）、《检察官法》（2017 年）上的从业限制规定。《刑法修正案（九）》设置了从业惩罚制度，其目的在于犯罪预防，也是对因利用职业便利实施犯罪，或者实施违背职业要求的特定义务的犯罪被判处刑罚的犯罪人的一种惩罚措施。而《法官法》《检察官法》则要求法官或者检察官不得兼任人民代表大会常务委员会的组成人员，不得兼任行政机关、检察机关以及企业、事业单位的职务，不得兼任律师。其规制的时间限定为从业期间而非从业结束后，是对法官或者检察官不得担任兼职的限制，其目的在于确保司法独立和司法活动的廉洁性，以确保正常的司法工作不受影响。而《监察法》上的从业限制规定只强调主动正常离职的监察人员不应从事与监察和司法工作可能产生利益冲突的职业，而非具体指出不应从业的职业类型，其目的更为明确。

三、政务伦理

监察职责关系重大，监察队伍的素质高低、业务水平和品行德性的良莠对监察工作的成败与否起着决定性作用。打造一支忠诚、干净担当的监察队伍有助于反腐败斗争及党风廉政建设，也是纪检监察工作的内在需求，更是加强纪检监察干部战斗力及凝聚力的可靠保证。① 因此，监察人员必须严格要求自己，做到对党忠诚、本人干净、敢于担当。

（一）对党忠诚

忠诚意识要求每一个监察人员对党忠诚，对人民忠诚，对党和人民的事业忠诚。对党忠诚，永不叛党，是《中国共产党章程》对党员的基本要求，也应当是监察人员铭记的

① 李和生：《浅谈加强纪检监察干部队伍建设的几点思考》，载《法制与社会》2013 年第 4 期。

准则。习近平总书记强调；“对党忠诚，不是抽象的而是具体的，不是有条件的而是无条件的，必须体现到对党的信仰的忠诚上，必须体现到对党组织的忠诚上，必须体现到对党的理论和路线方针政策的忠诚上来。”① 这就要求监察人员必须把对党忠诚作为首要政治原则来坚持，作为首要政治品质来锻造。监察人员对党的忠诚应该体现在监察工作的每一件具体事项当中，始终站在党和人民的立场行使监察权力。监察人员在工作中发现或遇到任何有损党和人民利益的现象与行为都要无条件反对，与任何破坏党的事业、侵犯人民群众利益的贪污腐败分子作斗争。

（二）本人干净

习近平总书记指出，“廉洁自律是共产党人为官从政的底线”。廉洁自律也应当是监察人员必须遵从的底线，不可越雷池一步。要做到干净，就必须保持共产党人的政治本色，真正集干净与干事于一身、勤政与廉政为一体。要始终严格要求自己，把好权力观、金钱观、美色观，清清白白做人、干干净净做事、坦坦荡荡为官。监察人员必须认真落实中央关于全面从严治党的各项决策和部署，始终做到廉洁自律，个人干净，永葆共产党人清正廉明的政治本色。习近平总书记指出；“一个人能否廉洁自律，最大的诱惑是自己，最难战胜的敌人也是自己”②，“贪如火，不遏则燎原；欲如水，不遏则滔天”。监察人员应当牢牢守住自己的政治生命线，思想上必须清醒，要树立正确的世界观、人生观，价值观和正确的权力观、地位观 、利益观，坚定崇高理想信念，任何时候都把党和人民利益放在第一位；要思想纯正，品行端正，在各种诱惑面前把握住自己，守得住清贫、耐得住寂寞、稳得住心神、经得住考验，严守党纪国法，牢记规章制度，时时处处严格约束自己。生活上也必须做到清正廉洁，倡导高尚正派、恬淡健康的生活方式，筑起防线，抗拒诱惑。

（三）敢于担当

敢于担当是指监察人员在监察工作中有强烈的责任意识，敢于承担责任，切实履行好法律赋予的职责。对外来说，监察工作是一份“ 得罪人”的活儿，监察人员必须以党和人民的利益为重，铁面执法，不怕得罪人。监察人员应当勤于履责、勇于担责、敢于负责，敢想敢做敢当，牢固树立责任重于泰山的意识，在敢于担当中历练提高，在真抓实干中建功立业，创造经得起实践、人民、历史检验的业绩。习近平总书记指出：“担当大小，体现着干部的胸怀、勇气、格调，有多大担当才能干多大事业。”③ 因此，监察机关内部管理与监督也需要有担当的领导来带领，监察机关领导人员要高瞻远瞩和有责任意识，为党和国家的事业发展带出好队伍。

基于此，监察人员应当积极以忠诚、干净、担当的标准严格要求自己，提升自己的党

---

① 《习近平谈治国理政》（第二卷），外文出版社 2017 年版，第 189 页。

② 中共中央文献研究室编：《习近平关于全面从严治党论述摘编》，中央文献出版社 2016 年版，第 181 页。

③ 中共中央文献研究室编：《习近平关于全面从严治党论述摘编》，中央文献出版社 2016 年版，第 123 页。

性修养，加强党性锻炼，经受住各种考验，切实履行法定职责，完成党和人民赋予的重托。

四、监督伦理

监察委的首要职责就是进行监督，监察官按照宪法和法律的有关规定行使监督权，确保权力不被滥用，真正将权力关进笼子里。这与古代历史中的御史监察制度中所表现出来的效果是一脉相承的，因此，监察在行使监察职权的过程中要始终保持刚正不阿、廉洁清正的高尚伦理观。

（一）刚正不阿、清正廉洁

刚正不阿、绝不知法犯法，是监察官所应秉承的理念。监察委员会行使着狭义的监察权，依据《监察法》第 11 条第 1 款①的规定，监察官对全国范围内的公职人员的履职行为进行监督。这与检察院的专门监督有所区别。由于监察的对象都是公职人员，而中国本就是个人情社会，相互之间的关系网复杂、宽泛，相互之间存在的工作以外的一些联系很正常，这对监察官开展监督活动带来了很大的难处。面对自己所熟识、有交情的人等，如何能做到不为面子、不为人情、不为压迫，铁面无私不逊法外情，这就要求监察官具备强烈的伦理意识和道德意识，刚正不阿，违者必究。廉洁清正是监察官最基本的职业道德。该要求是习近平总书记提出的五条干部标准之一，也是党一贯的政治本色。第一，不求曰清。不贪图名利、不追求个人特权和私利，是清雅高尚的品格。第二，不偏曰正。不偏不倚、秉公用权，就能养成浩然正气。“正”与“公”相伴而生，正直的人，公私分明，不是没有私利，而是不用公权谋私利；不是没有私情，而是不用公权谋私情。监察官手握监察监督大权，用好了能够利国利民，用不好就会害人害己。当监察官面对群众的时候，除了讲公事公办的规矩，也应当设身处地地思考；当监察官查处违法违纪的时候，既要有嫉恶如仇的立场，也要有悲天悯人的情怀。除了有铁面无私的手段，更要有不枉不纵的公心。监察机关处理一个干部，不仅仅是让纪律和法律得到执行，更是为了让问题不再发生，让悲剧不再重演，从而挽救更多的干部。第三，不受曰廉。不接受他人馈赠的财物，是廉洁的基本要求。以清正心，以正用权，以廉自律，以洁修身，这就是清正的要求。

俗话说：在职一阵子，做人一辈子。廉不嫌贫，勤不言苦。要想在所在的职位上作出一番业绩，为后人所敬仰，犹如“包黑公”流芳百世，就必然要不怕贫穷与辛苦，清正廉洁，在其职谋其位。

（二）秉公执法

秉公执法主要是指监察官在履行职责过程中应实事求是，正确运用权力，客观、公

---

① 《监察法》第 11 条规定：监察委员会依照本法和有关法律规定履行监督、调查、处置职责：（一）对公职人员开展廉政教育，对其依法履职、秉公用权、廉洁从政从业以及道德操守情况进行监督检查；（二）对涉嫌贪污贿赂、滥用职权、玩忽职守、权力寻租、利益输送、徇私舞弊以及浪费国家资财等职务违法和职务犯罪进行调查；（三）对违法的公职人员依法作出政务处分决定；对履行职责不力、失职失责的领导人员进行问责；对涉嫌职务犯罪的，将调查结果移送人民检察院依法审查、提起公诉；向监察对象所在单位提出监察建议。

正地执行国家法律。秉公执法要求监察官在日常工作和执法办案的过程中，都必须尊重事实，一切以证据说话，以事实为依据，以法律为准绳，不徇私枉法，客观公正地严格执法。公正是人们对于一切社会事务的基本追求，是人民群众对国家机关的殷切希望。“丘也闻有国有家者，不患寡而患不均”,① 执法不公，办案偏袒是对监察工作的严重践踏，也为国法不容，为人民唾弃，监察官如果在工作中收受好处，徇私枉法，那么就是自绝于党，自绝于人民，等待他的只有法律的制裁和自取灭亡。监察机关是党实施全面依法治国的政策，而监察官是该机关的执行主体，承担着维护国家清正风气与和谐稳定、维护宪法和法律权威、保障法律在全国范围有效实施、促进社会公平正义的重担。规范监察官公正执法，是维护社会公民合法权益，进一步完善监察职能的迫切要求。

监察官应当牢牢树立秉公执法的意识，不断深入学习法律知识和党规党纪，增强对秉公执法观念的深刻认识。监察官要时刻牢记公正监察不仅是党和人民的期盼，也对全面推进依法治国和反腐倡廉具有重大推动作用。因而，监察官要通过不断对秉公执法理念的学习，将秉公执法的意识铭刻在每一位监察官脑中，作为自己行为的理论导向和前进的不竭动力，促使监察官自觉、主动公正执法。

五、监察官职业伦理的责任

监察官职业伦理是调整监察官在履行职责所形成的内部和外部社会关系所应遵守的伦理道德。通过上诉对监察官职业伦理范畴的分析，我们了解到监察官职业伦理的宽泛性，鉴于监察委员的特殊法律地位，该行业的职业伦理有着符合其行业规范的特殊责任，主要责任如下：

（一）维护宪法和法律

宪法是党和人民意志的集中体现，是制定其他一切法律的依据。因此，树立法律权威首当树立宪法权威，而树立宪法权威的重要途径就是确保法律的合宪性。②《宪法》第5条明确规定：“中华人民共和国实行依法治国，建设社会主义法治国家。国家维护社会主义法制的统一和尊严。一切法律，行政法规和地方性法规都不得同宪法相抵触。一切国家机关和武装力量，各政党和各社会团体，各企业事业组织都必须遵守宪法和法律。一切违反宪法和法律的行为，必须予以追究。任何组织或者个人都不得有超越宪法和法律的特权。”“宪法至上原则”为建设中国特色社会主义法治国家奠定了思想与制度基础。同时，基于中国共产党执政党的特殊地位，《中国共产党章程》在总纲中也明确指出，“党必须在宪法和法律的范围内活动”。以上规定，是建设中国特色社会主义法治国家必须深刻把握的内涵。因此，制定《监察法》，加强国家监察工作，就应当充分尊重宪法和法律。在此次国家监察体制改革中，宪法稳定性、连续性和权威性基本得到彰显，如十三届全国人大一次会议对《宪法》作出部分修改，把党和人民在实践中取得的重大理论创新、实践

---

① 《论语·季氏将伐颛臾》。

② 参见江国华：《司法立宪主义与中国司法改革》，载《法制与社会发展》2016年第1期。

创新、制度创新成果上升为宪法规定，实现了宪法的与时俱进。①

2018 年《宪法》修改的重要内容之一，就是增加有关监察委员会的各项规定，即对国家机构作出了重要调整和完善，并通过相应的《监察法》来保证宪法确立之制度得到切实落地——在第十三届全国人民代表大会上，先通过《宪法修正案》，再审议《监察法》，及时将宪法修改所确立的监察制度进一步具体化，是我们党依宪执政、依宪治国的生动实践和鲜明写照。② 人民代表大会制度是我国的根本政治制度，是坚持党的领导、人民当家作主、依法治国有机统一的根本政治制度安排。人民行使国家权力的机关是全国人民代表大会和地方各级人民代表大会。《监察法》根据《宪法修正案》将行使国家监察职能的专责机关纳入国家机构体系，明确监察委员会由同级人大产生，对它负责，受它监督，拓宽了人民监督权的路径，提高了社会主义民主政治之制度化、规范化、法治化水平，丰富和发展了人民代表大会制度的内涵，推动了人民代表大会制度与时俱进，对推进国家治理体系和治理能力现代化具有深远意义。

在我国，立法机关主要负责制定法律，司法机关实施法律，严格按照以法律为依据、以事实为准绳将各种条文应用到具体案件中，监察机关也要严格依照相关法律的规定进行监督、调查，维护宪法和法律的权威，使法律能够得到有效实施。维护宪法和法律主要表现在以下几个方面：

首先，法律往往被看做统治阶级的意志的表现，代表国家主权的形式，代表国家的权威。其次，法律被看成社会多元化的社会群体在发生利害关系之后，解决、化解矛盾冲突下的产物，维持着社会秩序稳定。再次，法律是道德的最低标准，在一定程度上指引人们的行为向善，提升公民的人格素质和法律素养。保障宪法和法律全面有效的实施是实现全面依法治国、社会廉洁清正的必要手段，维护宪法和法律的权威就是维护党和人民共同意志的权威。要想保障人民的合法权益都能得到有效保障，就必须保障宪法和法律公平公正的实施。因而，监察官作为反腐的中坚力量，必须带头依法办事，维护宪法和法律，不凌驾于法律之上，不触碰法律红线，始终对宪法和法律保持敬畏之心。监察官作为法治建设的主力军，始终要有坚定的法律信仰，始终做到忠于国家、忠于党、忠于人民、忠于宪法和法律。因此，监察官职业伦理要求监察官必须遵守宪法和法律，正确认识党和人民与法律之间的关系，既要坚持党的领导又要维护公民利益，还要严格遵守法律。深化监察官的法律信仰，使监察官在规范自身职业活动的同时，荣升内心对法律权威维护的自豪感，如此才能促进法律公正、有效实施。

（二）以事实为根据，以法律为准绳

以事实为根据，以法律为准绳，是正确开展监察工作不可分割的两个方面。事实是前提，是基础和根据，法律是标准、尺度，二者相互联系，缺一不可。“以事实为根据”，主要是指公职人员是否违法犯罪，罪轻还是罪重，都要以事实为根据，对事实情况既不夸

---

① 参见王晨：《关于〈中华人民共和国宪法修正案（草案）〉的说明——2018 年 3 月 5 日在第十三届全国人民代表大会第一次会议上》，载《全国人民代表大会常务委员会公报》2018 年第 2 期。

② 参见李建国：《关于〈中华人民共和国监察法（草案）〉的说明——2018 年 3 月 13 日在第十三届全国人民代表大会第一次会议上》，载《全国人民代表大会常务委员会公报》2018 年第 2 期。

大，也不缩小，做到客观公正。“以法律为准绳”，是指监察机关开展监察工作，包括案件线索处置、初核、立案、调查、作出处置决定等都要以《监察法》等法律法规为标准。①

本条要求监察工作必须以事实为根据，以法律为准绳，这是以法律为准绳的社会主义法制原则和辩证唯物主义认识论在监察工作中的具体体现。它要求监察机关在开展工作，特别是在查处违纪案件中，必须从实际出发，尊重客观事实，以客观存在的真实情况作为判断是非、正确处理问题的基础，而不能先入为主，主观臆断或以其他任何事实或法外的东西作为依据。要做到尊重客观事实，一切从实际出发，就必须进行深入细致的调查研究，广泛，充分地了解收集有关的材料和证据，并且经过认真分析，反复验证，去粗取精，去伪存真，以揭示事物间的内部联系，这样才能作出符合实际的判断，作出正确的处理，从而保证监察工作的质量，防止发生差错，使处理的监察事项经得起现实和历史的检验。

此原则类同于实事求是，重证据、重调查研究的原则。主要有以下几点要求：首先，要求监察官树立正确的思想路线。一切从实际出发，实事求是，是马克思主义的思想路线和科学的思想方法、工作方法，也是我们党在长期革命实践中形成的优良传统和作风。监察官必须遵循这条思想路线，对于客观存在着的事实既不夸张更不允许虚构，警惕克服工作中的主观性、片面性、表面性和官僚主义作风。其次，重证据、重调查研究是实事求是的基础环节，监察机关对检查、调查事项的真实情况的全面了解，只能来源于艰苦细致的证据收集、调查研究活动，此外别无其他途径。在检查和调查中只有全面客观地收集证据材料，加以去伪存真、由表及里地分析研究，才能为正确判断和形成监察决定或监察建议提供真实的、客观的依据。相反，如果违背这个原则，先入为主，以偏概全，形而上学地认识和处理问题，就会作出违背客观实际，甚至错误的监察决定或监察建议，从而给党和国家的事业造成损失。

（三）在适用法律上一律平等，保障当事人的合法权益

“在适用法律上一律平等”是指监察机关对所有监察对象，不论民族、职业、出身、性别、教育程度都应一律平等地适用法律，不允许有任何特权。“保障当事人的合法权益”是指严格遵循相关法律规定，不得违法侵犯公民、法人和其他组织的合法权益。这里的“当事人”，既包括被调查人，也包括涉案人员等其他人员。此项原则体现了宪法关于任何组织或个人都不得有超越宪法和法律的特权以及中华人民共和国公民在法律面前一律平等的社会主义法治原则。具体而言，这一原则包括以下几方面的含义：第一，任何监察对象的合法权益都平等地受法律的保护；第二，任何监察对象都必须遵守法律和纪律，不得有超越法律和纪律的特权；第三，一切违反法律和纪律的行为都必须受到追究。根据这一原则，监察机关对一切监察对象的合法权益都要依法保护，一切违反法律和纪律的行为都必须根据事实和情节，按照法律、法规和纪律的规定，在职权范围内作出处理，绝不能因监察对象的地位、身份、职务等的不同而有所区别，应切实做到秉公办事，执纪公平。

---

① 江国华著：《中国监察法学》，中国政法大学出版社 2018 年版，第 37 页。

第四节 监察官的违纪责任

《监察法》贯彻“权力与责任对等”或者称“权力与责任平衡”原则，既充分赋予了监察机关履行监察职责所必需的权力，又对监察机关及监察人员行使监察权之具体行为进行规制。本节内容主要是对监察机关及监察人员违法违纪行为之情形和追究责任之规定。

一、监察机关及监察人员违法违纪行为之情形

根据《监察法》之规定，监察机关及监察人员违法违纪行为之情形体现为如下方面：

（一）未经批准、授权处置问题线索，发现重大案情隐瞒不报，或者私自留存、处理涉案材料的

《监察法》第37、38条分别对问题线索处置程序和要求及需要采取初步核实方式处置的问题线索分别作出规定，对于问题线索的处置应当严格按照《监察法》的规定履行审批手续。对于未经批准、授权处置问题线索，发现重大案情隐瞒不报，私自留存处理涉案材料导致发生重大违纪违法问题的，要追究有责任的领导和相关责任人员的责任。

（二）利用职权或者职务上的影响干预调查工作、以案谋私的

利用职权或者职务上的影响，是指利用本人职权或职务范围内的权力施加影响，包括监察工作人员利用自己主管、分管、经手、决定或处理以及经办特定事项的权力，依靠、凭借自己的权力去指挥、影响下属或利用其他人员的与职务、岗位有关的权限影响。利用职权或者职务上的影响干预调查工作，主要指监察人员利用职权及与职务有关的便利条件干预、影响调查工作，谋取私人利益等不正当利益。《监察法》第57条对防止干预案情作出规定，目的是完善过程管控制度，避免出现干预案情、以案谋私、泄露案情的情况出现，体现了对监察人员的严格要求。

（三）违法窃取、泄露调查工作信息，或者泄露举报事项、举报受理情况以及举报人信息的

违法窃取、泄露调查工作信息即违反国家规定和《监察法》要求，通过秘密手段窃取本人不应知悉的在监察工作中获取的调查信息和将调查工作信息泄露给他人的行为。调查工作信息一经泄露，会妨碍调查工作，引发被调查对象的警惕心理，甚至可能出现逃跑的情形，从而损害国家利益与公共利益，削弱《监察法》的权威性。此外，泄露商业机密与被调查对象的隐私也会有损其私权利的保障。因此，必须追究这类行为的实施者和帮助者的法律责任。泄露举报事项、举报受理情况以及举报人信息行为人的法律责任，体现出《监察法》对举报制度的充分重视。然而，当前我国的举报制度并不完善，在实践中举报人个人信息泄露的事件屡见不鲜。关于举报的规定分散于多部法律法规中，许多法律也只是笼统的规定，但都要求受理部门负有对举报人个人信息保密的义务。如最高人民检察院颁布的《关于保护公民举报权利的规定》、《刑事诉讼法》、《食品药品投诉举报管理办法》等都有保护举报人信息的相关规定。因此，为了保护举报人，鼓励举报和监督，并提高问题线索的收集效率，《监察法》必须对泄

露举报信息的行为严格追责。

（四）对被调查人逼供、诱供，或者侮辱、打骂、虐待、体罚或者变相体罚的

刑事司法领域，确立了非法证据排除规则，即指违反法定程序，以非法方法获取的证据，不具有证明力，不能为法庭所采纳。①《监察法》第3条也对非法证据作出规定，以非法方法收集的证据应当依法予以排除，不得作为案件处置的依据。根据《监察法》第40条规定，监察机关对职务违法和职务犯罪案件进行调查收集证据，严禁以威胁、引诱、欺骗以及其他非法方式收集证据。因而，为了确保上述条文的强制力与执行力，对被调查人逼供、诱供，或者侮辱、打骂、虐待、体罚或者变相体罚的行为应依法追究责任。

（五）违反规定处置查封、扣押、冻结财物的

《监察法》第23、24条对监察机关实施查封、扣押、冻结的强制措施作出规定，主要包括以下方面内容：

（1）冻结财物的内容和要求。根据工作需要，可以依照规定查询、冻结涉案单位和个人的存款、汇款、债券、股票、基金份额等财物，冻结的财产经查明与案件无关的，应当在3日内解除冻结，予以退还。（2）查封、扣押财物的要求。具体有：①是用以证明被调查人涉嫌违法犯罪的财物；②应当收集原物原件，会同持有人或者保管人、见证人，当面逐一拍照、登记、编号，开列清单，由在场人员当场核对、签名，并将清单副本交财物、文件的持有人或者保管人；③设立专用账户、专门场所，确定专门人员妥善保管，严格履行交接、调取手续，定期对账核实，不得毁损或者用于其他目的；④价值不明物品应当及时鉴定，专门封存保管；⑤经查明与案件无关的，应当在3日内解除查封、扣押，予以退还。

结合《监察法》之规定，对于违反规定处置查封、扣押、冻结财物，可如下理解：①随意扩大查封、扣押、冻结范围的；②使用或者损毁查封、扣押财物的；③在查封、扣押法定期间不作出处理决定或者未依法及时解除查封扣押的；④监察机关有关人员将查封、扣押的财物以及依法处理所得的款项截留、私分或者变相私分等情形。

（六）违反规定发生办案安全事故，或者发生安全事故后隐瞒不报、报告失实、处置不当的

所谓办案安全事故，主要是指在监察工作中尤其是在留置期间发生的安全事故，包括在留置期间或调查取证期间，因监管不当造成调查对象自残自伤自杀或者生病死亡及伤人等情形，或因刑讯逼供等非法调查取证手段造成调查对象伤亡等情形出现的安全事故。对于违反规定发生办案安全事故或发生安全事故后隐瞒不报、报告失实、处置不当的，应追究责任。

（七）违反规定采取留置措施的

《监察法》第22、43、44条分别对采取留置措施的条件、采取留置措施程序、被留置人员的权利保障作出规定。之所以用三个条款对留置措施进行规制，主要是考虑到留置措施涉及限制公民人身自由，其具体实施可能直接影响公民基本权利的实现，而保障公民

① 参见陈光中主编：《证据法学》，法律出版社2015年版，第242页。

基本权利始终应是政治体制改革的终极价值和目标。① 因此，采取留置措施应严格依照《监察法》设置的条件、程序及权利保障要求进行。如果违反了这些规定，即应对负有责任的领导人员和直接责任人员依法给予处理。

（八）违反规定限制他人出入境，或者不按规定解除出入境限制的

（1）限制出境措施实质是对出境自由②的一种限制，③ 是对公民的自由和权利的一种克减，必须严格规范以确保公民权利的合法保障。《监察法》第 30 条对限制出境措施之适用进行规定，监察机关便应严格按照其规定执行。对于违规限制出境或不按规定解除出境限制的，则应当依法追究相关人员的法律责任。

（九）其他滥用职权、玩忽职守、徇私舞弊行为的

该项是一个兜底条款，是对《监察法》中未明文列举的监察人员其他滥用职权、玩忽职守、徇私舞弊违法违纪行为承担责任的规定。监察机关作为行使监察职能之专责机关，监察人员公正廉洁、尽职守、不谋私利是保障监察权公正高效行使的必备要求，任何滥用职权、徇私舞弊、玩忽职守的行为都是应当追究责任的。

其具体形式有；①滥用职权，是指监察人员违反法律规定或者超越法定范围行使职权。监察人员对权力的滥用势必导致对他人人身权和财产权的侵害。②徇私舞弊，是指为了私情和一己私利，用欺骗或其他不正当方式而违法乱纪的行为。监察人员利用本人职权范围内的权限或者本人职务、地位所形成的便利条件为自己或者他人谋取私利，袒护或者帮助违纪人员掩盖错误事实逃避制裁，或者利用职权陷害他人的行为都属于徇私舞弊行为。③玩忽职守。表现为不认真履行监察职责，不实施职务上所要求实施的行为，对职责范围内管辖的事务不负责任，敷衍塞责；对于监察对象可能给公共财产、国家和人民利益造成损失的行为不及时采取有效措施加以制止；在履行监察职责过程中擅离职守等。对玩忽职守的监察人员追究责任，一定要注重主客观要件的统一，只有在造成了损失后果的情况下才追究责任。这个损失后果可能是因玩忽职守而造成的财物损失，也可能是该行为所造成的国家和人民财产利益以外的其他利益损失，如损害国家机关的声誉、妨碍监察机关职责的正常履行等。

二、监察机关及监察人员违法违纪行为之责任

根据《监察法》之规定，监察机关及监察人员有上述违法违纪行为时，应承担责任。其具体要义有；（1）承担责任之主体。承担责任的主体是负有责任的领导人员和直接责任人员。负有责任的领导人员，是在监察活动中起决定、批准、指挥等作用的人员，一般

---

① 参见秦前红、石泽华：《监察委员会留置措施研究》，载《苏州大学学报》2017 年第 4 期。

② 出境自由是迁徙自由的一种，也经常与入境自由合称为出境自由，出境自由包括短期从一国境内移居他国境内的自由，如出国旅游、参观、访问、学习和探亲等，也包括长期定居他国甚至脱离国籍的自由。出境自由的主体是有国籍的公民，也有短期或者长期留居本国的外国人。参见汪进元：《人身自由的构成与限制》，载《华东政法大学学报》2011 年第 2 期。

③ 参见刘志欣、董礼洁：《诉讼程序中限制出境措施的完善与救济——对公民出境自由的限制与救济》，载《法律适用》2013 年第 11 期。

是某一监察机关的主要负责人。直接责任人员是在监察机关中实施具体调查行为并起较大作用的人员，既可以是领导人员也可以是一般监察干部。（2）承担责任之形式。《监察法》规定是"依法给予处理"。这里的依法给予处理是根据不同情节依法作出处理，包括行政处分、政务处分、问责等；构成犯罪的，依法追究刑事责任。

【案例 10-1】

贵州省高速公路开发总公司纪委原副书记、监察室原主任唐某某受贿案

2004 年以来，唐某某利用职务上的便利，通过泄露工程招标信息、介绍施工队伍、帮助追讨工程款等方式，为他人谋取利益，先后收受贿赂共计 493 万元。

2013 年 4 月，唐某某因受贿罪被判处有期徒刑 12 年，并被依纪依法收缴其违纪违法所得；同年 5 月，受到开除党籍处分，并解除劳动关系。

【案例 10-2】

广东省梅州市纪委原正科级纪律检查员、监察员吴某某受贿案

2012 年 6 月，梅州市拍卖行副处级干部魏某因涉嫌违法违纪被梅州市纪委调查，为得到吴某某的关照，当年 7 月 1 日，魏某在梅州市火车站进城大道送给吴某某人民币 4 万元。2012 年 7 月 31 日至 9 月 10 日，仅 40 天时间里，吴某某利用其抽调至广东省纪律检查委员会"4·09"专案组，趁调查梅县嘉园集团有限公司董事长房某涉嫌违法违纪之机，先后 7 次共收受房某贿赂款共计人民币 1025 万元、港币 22 万元。案发后，侦查机关扣押赃款人民币 631.9548 万元及赃款购买的路虎极光、丰田锐志小轿车各一辆。

2013 年 9 月 4 日，广东省韶关市中级人民法院对梅州市原纪律检查委员会干部吴某某涉嫌受贿一案进行公开审理，并被依纪依法收缴其违纪违法所得。

【案例 10-3】

黑龙江省纪委信访室原正科级纪律检查员、监察员朱某某受贿案

2007 年 11 月，朱某某利用其信访干部的特殊身份，借中央纪委信访室对大兴安岭林业管理局原副局长王某有关问题进行了解、王某请求其帮忙之机，假装为王某到上级机关疏通关系，先后两次收受、骗取王某所送 60 万元。2009 年 10 月，朱某某受到开除党籍、开除公职处分，被判处有期徒刑 10 年，并被依纪依法收缴其违纪违法所得。

参考文献

一、著作类

1. 《邓小平文选》第3卷，人民出版社1993年版。
2. 张文显、信春鹰、孙谦主编：《法律职业共同体研究》，法律出版社2003年版。
3. 孙谦：《检察：理念、制度与改革》，法律出版社2004年版。
4. 孙谦主编：《检察理论研究综述（1999—2009）》，中国检察出版社2009年版。
5. 张文显：《法治与法治国家》，法律出版社2011年版。
6. 张文显：《法的概念》，法律出版社2011年版。
7. 张文显：《司法理念与司法改革》，法律出版社2011年版。
8. 陈光中主编：《刑事诉讼法》，北京大学出版社、高等教育出版社2014年版。
9. 樊崇义：《刑事诉讼法哲理探索》，中国人民公安大学出版社2010年版。
10. 宋希仁主编：《社会伦理学》，山西教育出版社2007年版。
11. 田秀云等：《角色伦理——构建和谐社会的伦理基础》，人民出版社2014年版。
12. 罗国杰等：《德治新论》，研究出版社2002年版。
13. 唐凯麟：《伦理学》，高等教育出版社2001年版。
14. 李建华等：《法律伦理学》，湖南人民出版社2006年版。
15. 石文龙：《法伦理学》，中国法制出版社2006年版。
16. 赵震江主编：《法律社会学》，北京大学出版社1998年版。
17. 何家弘：《外国刑事司法制度》，中国人民大学出版社2006年版。
18. 何家弘主编：《检察制度比较研究》，中国检察出版社2008年版。
19. 怀效锋主编：《法院与法官》，法律出版社2006年版。
20. 怀效锋主编：《司法惩戒与保障》，法律出版社2003年版。
21. 怀效锋主编：《法官行为与职业伦理》，法律出版社2006年版。
22. 林钰雄：《检察官论》，法律出版社2008年版。
23. 黎敏：《西方检察制度史研究——历史缘起与类型化差异》，清华大学出版社2010年版。
24. 齐树洁主编：《英国司法制度》，厦门大学出版社2007年版。
25. 齐树洁主编：《美国司法制度》，厦门大学出版2010年版。
26. 全亮：《法官惩戒制度比较研究》，法律出版社2011年版。
27. 邵建东主编：《德国司法制度》，厦门大学出版社2010年版。
28. 宋冰编：《程序、正义与现代化——外国法学家在华演讲录》，中国政法大学出版社 1998 年版。

29. 宋英辉等：《外国刑事诉讼法》，法律出版社 2006 年版。

30. 台北律师公会主编：《法律伦理》，台湾五南图书出版股份有限公司 2012 年版。

31. 唐凯麟：《伦理学》，高等教育出版社 2001 年版。

32. 王公义主编：《中外司法体制比较研究》，法律出版社 2013 年版。

33. 最高人民法院司法改革小组编：《美英德法四国司法制度概况》，韩苏琳编译，人民法院出版社 2002 年版。

34. 王戬：《不同权力结构模式下的检察权研究》，法律出版社 2011 年版。

35. 魏武：《法德检察制度》，中国检察出版社 2008 年版。

36. 项退结编译：《西洋哲学大辞典》“社会伦理”条目，（台湾）国立编译馆 1978 年版。

37. 许身健主编：《法律职业伦理论丛》（第二卷），知识产权出版社 2015 年版。

38. 徐静村主编：《21 世纪中国刑事程序改革研究》，法律出版社 2003 年版。

39. 张千帆：《西方宪政体系》，中国政法大学出版社 2001 年版。

40. 中国政法大学刑事法律研究中心组织编译：《英国刑事诉讼法》（选编），中国政法大学出版社 2001 年版。

41. 周宗良：《中国司法转型的实然、应然与路径——从达玛什卡的司法类型学出发》，载《厦门大学法律评论》第十二辑，厦门大学版社 2006 年版。

42. 党江舟：《中同讼师文化——古代律师现象解读》，北京大学出版社 2005 年版。

43. 季卫东：《法治秩序的建构》，中国政法大学版社 1994 年版。

44. 李学尧：《法律职业主义》，中国政法大学出版社 2007 年版。

45. 刘小吾：《走向职业同体的中国法律人——徘徊在商人、牧师和官僚政客之间》，法律出版社 2010 年版。

46. 刘思达：《失落的城邦》，北京大学出版社 2008 年版。

47. 卢学英：《法律职业共同体引论》，法律出版社 2010 年版。

48. 任喜荣：《刑官的世界：中国法律人职业化的历史透视》，法律出版社 2007 年版。

49. 孙笑侠等：《法律人之治》，中国政法大学出版社 2005 年版。

50. 陈宜、李本森主编：《律师职业行为规则论》，北京大学出版社 2006 年版。

51. 金邦贵主编：《法国司法制度》，法律出版社 2008 年版。

52. 王进喜：《美国律师职业行为规则理论与实践》，中国人民公安大学出版社 2005 年版。

53. 陈长文、罗智强：《法律人，你为什么不争气？——法律伦理与理想的重建》，法律出版社 2007 年版。

54. 姜世明：《法律伦理学》，台湾元照出版公司 2010 年版。

55. 姜世明：《举证责任与真实义务》，台湾新学林出版股份有限公司 2006 年版。

56. 台湾东吴大学法学院主编：《法律伦理学》，台湾新学林出版股份有限公司 2009 年版。

57. 王惠光等：《法律伦理核心价值探讨》，台湾新学林出版股份有限公司 2007 年版。

58. 郭道晖：《法理学精义》，湖南人民出版社 2005 年版。

59. 龚祥瑞：《比较宪法与行政法》，法律出版社 2003 年版。

60. 范健：《法理学——法的历史、理论与运行》，南京大学出版社 1995 年版。

61. 李本森：《法律职业道德》，中国政法大学出版社 2004 年版。

62. 刘正浩、胡克培：《法律伦理学》，北京大学出版社 2010 年版。

63. 台北律师公会主编：《法律伦理》，台湾五南图书出版股份有限公司 2011 年版。

64. 刘坤轮：《中国法律职业伦理教育考察》，中国政法大学出版社 2014 年版。

65. 李本森：《法律职业伦理》，北京大学出版社 2005 年版。

66. 甄贞：《检察制度比较研究》，法律出版社 2010 年版。

67. 王桂五：《中华人民共和国检察制度研究》，法律出版社 1991 年版。

68. 龙宗智：《检察制度教程》，中国检察出版社 2006 年版。

69. 石少侠：《检察学新论》，中国检察出版社 2013 年版。

70. ［美］米尔伊安·R. 达玛什卡：《司法和国家权力的多种面孔——比较法视野中的法律程序》，郑戈译，中国政法大学出版社 2004 年版。

71. ［法］爱弥尔·涂尔干：《职业伦理与公民道德》，渠东、付德根译，上海人民出版社 2006 年版。

72. ［法］贝尔纳·布治克：《法国刑事诉讼法》，罗结珍译，中国政法大学出版社 2009 年版。

73. ［法］孟德斯鸠：《论法的精神》（上册），张雁深译，商务印书馆 1961 年版。

74. 《德国刑事诉讼法》，宗玉琨译，知识产权出版社 2013 年版。

75. 《美国律师协会职业行为示范规则（2004）》，王进喜译，中国公安大学出版社 2005 年版。

76. 《德国联邦公务员法　德国联邦公务员惩戒法》，徐久生译，中国方正出版社 2014 年版。

77. 《美国政府道德法　1989 年道德改革法、行政部门雇员道德行为准则》，蒋娜、张永久、邵丽坤、朱圳、马帅译，中国方正出版社 2013 年版。

78. ［美］艾伦·德肖维茨：《致年轻律师的信》，单波译，法律出版社 2009 年版。

79. ［美］艾伦·德肖微茨：《最好的辩护》，唐交东译，法律出版社 1991 年版。

80. ［美］安索尼·T. 克罗曼：《迷失的律师：法律职业理想的衰落》，田凤常译，法律出版社 2010 年版。

81. ［德］罗伯特·霍恩：《德国民商法导论》，楚建译，中国大百科全书出版社 1996 年版。

82. ［美］布莱恩·甘迈迪：《美国法律伦理》，郭乃嘉译，商周出版社 2005 年版。

83. ［美］德博拉·L. 罗德：《为了司法/正义：法律职业改革》，张群、温珍奎、丁见民译，中国政法大学出版社 2009 年版。

84. ［美］赫尔德等：《律师之道》，袁岳译，中国政法大学出版社 1992 年版。

85. ［美］赫恩等：《英国律师制度和律师法》，陈庚生等译，中国政法大学出版社 1992 年版。

86. ［美］罗伯特·戈登：《律师独立论——律师独立于当事人》，周璐嘉等译，中国政法大学出版社 1992 年版。

87. ［美］罗斯科·庞德：《通过法律的社会控制》，沈宗灵译，商务印书第 2010 年版。

88. ［日］森际康友编：《司法伦理》，于晓琪、沈军译，商务印书馆 2010 年版。

89. ［美］罗伯特·N. 威尔金：《法律职业的精神》，王俊峰译，北京大学出版社 2013 年版。

90. ［英］丹宁勋爵：《法律的正当程序》，李克强等译，法律出版社 2011 年版。

91. ［英］哈特：《法律的概念》（第二版），许家馨、李冠宜译，法律出版社 2011 年版。

92. ［美］德沃金：《认真对待权利》，信春鹰、吴玉章译，中国大百科全书出版社 1998 年版。

93. ［德］马克斯·韦伯：《学术与政治》，冯克利译，三联书店 1998 年版。

94. ［日］佐藤博史：《刑事辩护的技术和伦理》，张凌、于秀峰译，法律出版社 2012 年版。

95. ［美］罗斯科·庞德：《法理学》（第一卷），邓正来译，中国政法大学出版社 2004 年版。

96. ［德］马克思·韦伯：《论经济与社会中的法律》，中国大百科全书出版社 1998 年版。

97. ［美］埃尔曼：《比较法律文化》，贺卫方、高鸿钧译，三联书店 1990 年版。

98. ［美］伯尔曼：《法律与革命》，贺卫方等译，中国大百科全书出版社 1993 年版。

99. ［英］弗朗西斯·培根：《论司法》，载《培根论说文集》，水天同译，商务印书馆 1983 年版。

100. ［美］伯尔曼：《法律与宗教》，梁治平译，中国政法大学出版社 2003 年版。

101. ［英］威廉·葛德文：《政治正义论》，何慕李译，商务印书馆 1980 年版。

102. ［美］戈尔丁：《法律哲学》，齐海滨译，三联书店 1987 年版。

103. ［美］德沃金：《法律帝国》，李常青译，中国大百科全书出版社 1996 年版。

二、论文类

1. 孙谦：《维护司法的公平和正义是检察官的基本追求——〈检察官论〉评介（一）》，载《人民检察》2014 年第 7 期。

2. 姚建宗：《国家统一司法考试与我国司法官遴选：基本认识与框架设计思路》，载《法制与社会发展》2002 年第 2 期。

3. 龙宗智：《论司法改革中的相对合理主义》，载《中国社会科学》1999 年第 2 期。

4. 单民、董坤：《检察官职业伦理比较研究》，载《中国司法》2013 年第 9 期。

5. 葛晨虹：《罗国杰德治理论及其新德性主义伦理学》，载《道德与文明》2015 年第 4 期。

6. 李军、陈淑萍：《中外法官职业伦理比较》，载《内蒙古民族大学学报（社会科学版）》2013 年第 3 期。

7. 韩大元、于文豪：《法院、检察院和公安机关的宪法关系》，载《法学研究》2011 年第 3 期。

8. 金泽刚：《司法改革背景下的司法责任制》，载《东方法学》2015 年第 6 期。

9. 陈洪涛：《大陆法系与英美法系法官素质之考察——以英法两国为例》，载《中国政法大学学报》2008 年第 4 期。

10. 范愉：《当代中国法律职业化路径选择——一个比较法社会学的研究》，载《北方法学》2007 年第 2 期。

11. 刘俊生：《公务员惩戒权设定：五国经验及其解释》，载《南京社会科学》2007 年第 5 期。

12. 陈光中：《比较法视野下的中国特色司法独立原则》，载《比较法研究》2013 年第 2 期。

13. 钱福臣：《宪政基因概论——英美宪政生成路径的启示》，载《法学研究》2002 年第 5 期。

14. 陈瑞华：《法学研究方法的若干反思》，载《中外法学》2015 年第 1 期。

15. 施鹏鹏：《不日而亡？——以法国预审法官的权力变迁为主线》，载《中国刑事法杂志》2012 年第 7 期。

16. 施鹏鹏：《为职权主义辨扩》，载《中国法学》2014 年第 2 期。

17. 孙琴、刘俊：《法国司法官考评制度及其适用》，载《人民检察》2013 年第 7 期。

18. 陶珂宝：《日本和法国的法官惩戒制度简介》，载《法律适用》2003 年第 9 期。

19. 田秀云：《角色伦理的理论维度和实践基础》，载《道德与文明》2012 年第 4 期。

20. 王恩海：《各国冤案预防与救济》，载《检察风云》2014 年第 1 期。

21. 王恒、常士訚：《宪制下的权力平衡〈基本法〉与德国民主的巩固》，载《云南行政学院学报》2013 年第 6 期。

22. 王守安：《司法官职务序列改革的体制突破与司法价值》，载《当代法学》2014 年第 1 期。

23. 王欣、黄永茂：《国外检察官考核考评制度之比较及启示》，载《江苏大学学报（社会科学版）》2013 年第 2 期。

24. 王雅琴：《德国“法治国”的理论与实践》，载《太原大学学报》2014 年第 4 期。

25. 吴海江：《中国道路的世界意义及其话语体系构建》，载《北大马克思主义研究》2015 年第 4 辑。

26. 项焱：《议会主权原则下的英国司法审查——以 2005 年〈宪法改革法〉为视角》，载《求是学刊》2010 年第 6 期。

27. 闫召华：《公诉不端：美国的实践及其启示——基于判例与规则的双重分析》，载《中国刑事法杂志》2010 年第 7 期。

28. 赵峰、秦岭：《公务员重大过错行政侵权赔偿责任研究》，载《江苏警官学院学报》2004 年第 4 期。

29. 张建军：《我国司法官遴选制度的建构》，载《国家检察官学院学报》2005 年第 5 期。

30. 郑先红、徐前、凌瑾：《英国司法制度概述及启示》，载《中国司法》2011 年第 12 期。

31. 周弘：《全球化背景下“中国道路”的世界意义》，载《中国社会科学》2009 年第 5 期。

32. 朱景文：《论法治评估的类型化》，载《中国社会科学》2015 年第 7 期。

33. 程味秋：《两大法系刑事诉讼模式之比较》，载《比较法研究》1997 年第 2 期。

34. ［英］马塞尔·柏宁斯、克莱尔·戴尔：《英国的法官》，载《现代法学》1997 年第 2 期。

35. 何怀宏：《底线伦理的概念、含义与方法》，载《道德与文明》2010 年第 1 期。

36. 陈景辉：《忠诚于法律职业的职业伦理——法律人道德困境的基本方案》，载《法制与社会发展》2016 年第 4 期。

37. 王申：《司法责任伦理是法官存在的必要条件》，载《江海学刊》2016 年第 4 期。

38. 朱孝清：《错案责任追究与豁免》，载《中国法学》2016 年第 2 期。

39. 崔永东：《法官责任的定位于规则》，载《现代法学》2016 年第 3 期。

40. 陈光中、王迎龙：《司法责任任制若干问题之探讨》，载《中国政法大学学报》2016 年第 2 期。

41. 魏胜强：《错案追究何去何从——关于我国法官责任追究制度的思考》，载《法学》2012 年第 9 期。

42. 陈虎：《逻辑与后果——法官责任终身制的理论反思》，载《苏州大学学报（哲学社会科学版）》2016 年 2 期。

43. 李艳荣：《浅谈对法律职业道德的认识》，载《职业教育》2010 年第 1 期。

44. 夏锦文：《法律职业化：一种怎样的法律职业样式——以司法现代化为视角的考察》，载《法学家》2006 年第 6 期。

45. 孙笑侠：《法律家的技能与伦理》，载《法学研究》2001 年第 4 期。

46. 张文显：《法律职业共同体引论》，载《法制与社会发展》2002 年第 6 期。

47. 王申：《法官法律知识的本源与确证》，载《现代法学》2012 年第 2 期。

48. 徐显明：《对构建具有中国特色的法律职业共同体的思考》，载《中国法律评论》2014 年第 3 期。

49. 郑成良：《法治理念与法律思维》，载《吉林大学社会科学学报》2004 年第 4 期。

50. 林来梵：《谈法律思维模式》，载《东南学术》2016 年第 3 期。

51. 孙光宁、焦宝乾：《法治思维引导下的法律方法论研究》，载《政法论丛》2014 年第 5 期。

52. 郑成良：《论法律形式合理性的十个问题》，载《法制与社会发展》2005 年第 6 期。

53. 罗培新：《从政府管制走向市场导向》，载《法学》2003 年第 5 期。

54. 王天林：《法律与伦理的契合与冲突——以拒证特权制度为视角》，载《政法论坛》2010 年第 3 期。

55. 陈金钊：《法治时代的法律位置——认真看待法律逻辑与正义修辞》，载《法学》2011 年第 2 期。

56. 邹川宁：《关于法官职业道德的理解与限定》，载《法律适用》2001 年第 10 期。

57. 莫纪宏：《法律职业化是司法公正的制度保障》，载《中国司法》2015 年第 1 期。

58. 叶方兴、李志江：《论道德法律化限度研究的基本路径——以对传统的研究路径反思为中心》，载《河海大学学报（哲学社会科学版）》2009 年第 3 期。

59. 危文高：《法律职业伦理教育的主要问题与反思》，载《法学教育研究》2015 年第 2 期。

60. 孙笑侠：《职业伦理与大众伦理的分野——为什么要重塑我们的法律职业伦理》，载《中外法学》2002 年第 3 期。

61. 李林：《通过法治实现公平正义》，载《北京联合大学学报（人文社会科学版）》2014 年第 3 期。

62. 陈岚、赵慧：《诊所法律教育论纲》，载《武汉大学学报（人文科学版）》2000 年第 6 期。

63. 陈宜：《试论法律职业伦理教育》，载《中国司法》2005 年第 4 期。

64. 阮兴树：《中西伦理的概念和比较》，载《上海师范大学学报》1989 年第 4 期。

65. 冉光芬：《黑格尔“道德”与“伦理”之辩》，载《思想教育研究》2009 年第 9 期。

66. 李学尧：《法律职业主义》，载《法学研究》2005 年第 6 期。

67. 崔宜明：《韦伯问题与职业伦理》，载《河北学刊》2005 年第 4 期。

68. 渠敬东：《职业伦理与公民道德——涂尔干对国家与社会之关系的新构建》，载《社会学研究》2014 第 4 期。

69. 唐永春：《法律职业伦理的几个基本问题》，载《求是学刊》2003 年第 30 卷第 5 期。

70. 宋远升：《论检察官职业伦理的构成及建构》，载《法学评论》2014 年第 3 期。

71. 孙笑侠：《法律家的技能与伦理》，载《法学研究》2001 年第 4 期。

72. 李学尧：《非道德性——现代法律职业伦理的困境》，载《中国法学》2010 年第 1 期。

73. 王守安：《美国检察官职业伦理规范建设与启示》，载《人民检察》2016 年第 15 期。

74. 卢乐云：《德国检察官为何受宠备至——德国检察官选任与考核机制见闻》，载《人民检察》2011 年第 1 期。

75. 张幼平：《欧洲检察官职业道德和行为指南——“布达佩斯指南”（节选）》，载《中国检察官》2011 年第 7 期。

76. 张志铭、徐媛媛：《对我国检察官职业伦理的初步认识》，载《国家检察官学院学报》2013 年第 5 期。

77. 孙谦：《深刻认识中国检察制度的特色》，载《求是》2009 年第 23 期。

78. 朱孝清：《中国检察制度的几个问题》，载《中国法学》2007 年第 2 期。

79. 李文嘉：《检察官伦理的养成》，载《国家检察官学院学报》2015 年第 6 期。

80. 史彤彪：《法律的比喻赏析和研究》，载《政治与法律》2011 年第 8 期。

81. 苏力：《中国法官的形象塑造》，载《清华法学》2010 年第 3 期。

82. 赵玮：《检察官职业伦理的内涵和时代特色》，载《人民检察》2013 年第 19 期。

83. 陈超：《立检为公执法为民》，载《法律与监督》2014 年第 9 期。

84. 高其才：《中国律师执业中的法律与关系因素》，载《法学家》2008 年第 6 期。

85. 宋远升：《国家、社会、职业三维视角下律师的“政治人”角色及其形塑》，载《山东大学学报（哲学社会科学版）》2014 年第 4 期。

86. 赵晓耕、陆侃怡：《清末诉讼法改革对于律师制度的借鉴》，载《北方法学》2011 年第 5 期。

87. 李俊：《国家与律师：从零和博弈到协同发展》，载《政治与法律》2008 年第 6 期。

88. 吴丹红：《刑事诉讼中的律师保密义务》，载《刑事法评论》2006 年第 1 期。

89. 陈瑞华：《辩护律师调查取证的三种模式》，载《法商研究》2014 年第 1 期。

90. 兰荣杰：《刑辩律师维护当事人利益的行为界限》，载《交大法学》2018 年第 2 期。

91. 曾静惠、贺婷、谢浪：《拉丁美洲公证制度改革路径及启示——以玻利维亚为例》，载《中国公证》2018 年第 6 期。

92. 陈瑞华：《司法行政机关的职能定位》，载《东方法学》2018 年第 1 期。

93. 陈瑞华：《司法行政体制改革的初步思考》，载《中国法律评论》2017 年第 3 期。

94. 刘媛媛：《浅议公证在家事法领域中的作用》，载《中国公证》2016 年第 11 期。

95. 段伟、李全息：《论公证民事法律责任》，载《中国公证》2013 年第 10 期。

96. 张利兆：《仲裁员职业道德探讨》，载《北京仲裁》2012 年第 4 期。

97. 黄志勇：《仲裁员的民事赔偿责任之比较研究》，载《仲裁研究》2004 年第 2 期。

98. 李凤琴：《我国仲裁机构民事责任制度探析》，载《法治研究》2011 年第 11 期。

99. 徐立：《枉法仲裁罪的立法正当性探讨》，载《法学杂志》2009 年第 5 期。

100. 石现明：《略论我国仲裁员和仲裁机构民事责任制度的构建》，载《理论与改革》2011 年第 4 期。

101. 付子堂：《对利益问题的法律解释》，载《法学家》2001 年第 2 期。

102. 陈景辉：《同案同判：法律义务还是道德要求》，载《中国法学》2013 年第 3 期。